La Mujer Ideal

Geneva Hilgeman

EDITORIAL UNILIT

Publicado por
Editorial **Unilit**
Miami, Fl. U.S.A

Primera edición 1975 Comité Femenil Nacional de la U.C.E.
Segunda edición 1989 Geneva Hilgeman
Tercera edición 1992 Editorial Unilit

Derechos de autor ©1992 Geneva Hilgeman
Todos los derechos reservados. Ninguna porción de este libro, parcial o total puede hacerse sin previo permiso escrito de su autora, salvo de citas breves para artículos.

Citas bíblicas tomadas de Reina Valera, (RV) revisión 1960
© Sociedades Bíblicas Unidas
Usada con permiso

Cubierta diseñada por: Julio Rey

Producto 498424
ISBN 1-56063-304-2
Impreso en Colombia
Printed in Colombia

CONTENIDO

Capítulo 1: LA MUJER COMO MUJER 11
A. Dios Crea a Eva: 11
1. Comunión 11
2. Creación 12
3. Casamiento 14
4. Conducta 15
B. El Enemigo: Lucero se hace Satanás 18
1. Creación 18
2. Capricho. 19
3. Caída 20
4. Complot 21
5. Cuerpos para Moradas 27
6. Castigo Eterno 34
C. Eva Se Encuentra con el Enemigo: 38
1. Caída 38
2. Castigo 43
Capítulo 2: LA MUJER COMO CREYENTE. 55
A. "FRUCTIFICAD" -- Gén. 1:28, Juan 15 55
1. "En Cristo" -- Un Bautismo 56
2. ¿Qué es el Fruto? 58
B. Juan 15 60
1. Introducción 60
2. No LLeva Fruto 61
a. "Lo Quitará" -- Diferentes interpretaciones 63
b. Sansón, el Ejemplo 65
3. Lleva Fruto 67
a. Gedeón, el Ejemplo 70

La Mujer Ideal iii

4. Lleva Más Fruto	72
a. Los Discípulos, Ejemplos	72
5. Lleva Mucho Fruto	78
a. La Biblia	80
b. La Oración	83
1) La Oración y Sus Leyes	84
2) La Oración y la Manera Cómo	88
3) La Oración y el Contenido	94
4) La Oración y Sus Impedimentos	99
5) La Plenitud del Espíritu	101
Capítulo 3: LA MUJER COMO ESPOSA CREYENTE	113
A. "MULTIPLICAOS" -- Gén. 1:28	113
B. "La Obra de Tu Fe" -- "DEJAR" -- 1 Tes. 1:3,9	115
1. Dejando a Los Demás Jóvenes -- "NOVIAZGO"	116
a. 2 Cor. 6:14-17 -- "UNION"	120
2. Dejando a Los Padres -- "MATRIMONIO"	123
3. Dejando La Vida Vieja -- "LA VIDA DE SOLTERA".	124
C. "El Trabajo de Vuestro Amor" --"SERVIR"--1 Tes. 1:3,9	126
1. Vístete de Amor -- "TU CARACTER" -- 1 Cor. 13:4-6	129
2. Anda en el Amor -- "TU CONDUCTA" -- 1 Cor. 13:7-8	131
3. La Responsabilidad de la Esposa	138
a. Efesios 5:18-6:9	141
4. Sumisión	151
5. Límites en la Sumisión	153
6. Relaciones Sexuales Matrimoniales	156

7. Separación 157
D. "Tu Constancia en La Esperanza"
-- "CAMBIO",1 Tes. 1:3,1 160
Capítulo 4: LA MUJER COMO MADRE CREYENTE . .165
A. Introducción: "LLENAD LA TIERRA" -- Gén. 1:28 .165
B. El Infierno: Destino de Hijos Incrédulos 166
C. Responsabilidad de Preparar Hijos 168
D. El Hogar: Un Refugio 170
E. La Mujer Sabia Edifica Su Casa 172
F. VELAD POR: 174
La Vida 175
Los Valores .183
La Educación 190
La Lengua .198
La Limpieza .207
Los Amigos .214
El Altar 216
El Decoro 229
La Disciplina 239
El Desarrollo 245
Capítulo 5: LA CREYENTE EN LA COMUNIDAD . . .267
A. Introducción: "SOJUZGAD" -- Gén. 1:28 267
B. Tres Niveles de la Vida Cristiana 270
1. Primer Nivel -- "YO" 270
2. Segundo Nivel -- "OTROS" 278
3. Tercer Nivel -- "CRISTO" 287
C. La Mujer y Sus Vecinos 290
D. La Mujer y Su Comunidad y Gobierno 296
Capítulo 6: LA MUJER COMO LÍDER CREYENTE . .305

A. Introducción: "SEÑOREAD" -- Gén. 1:28 305
B. Victoriosa Sobre La Carne 306
C. La Mujer Victoriosa: Ejemplo 314
  1. Como Miembro de La Iglesia 314
    a. En El Bautismo 314
    b. En Asistir Cultos 316
    c. En Diezmar 320
    d. En Ser Diaconisa 329
  2. Como Líder de la Sociedad Femenil 336
    a. ¡Tú Puedes! "Valentina" 336
    b. ¿Habrá Pérdida en Los Cielos? -- 1 Cor. 3:12 . . . 338
    c. Propósitos de la Sociedad Femenil 341
    d. Organización 344
    e. Cómo Escoger Miembros de la Directiva 345
    f. ¡Ten Cuidado del Líder a Quien Sigues! 353
    g. ¿Jefe o Líder? 354
    h. Responsabilidades de la Directiva 354
    i. Cómo Dirigir Reuniones 356
    j. Cómo Planear Programas 356
    k. Sugerencias Para Estudios en Grupos 366
    l. Cómo Preparar Mensajes 385
D. SECTAS FALSAS 397

DEDICATORIA

Este libro está cariñosamente dedicado al Comité Femenil Nacional de la Unión Cristiana Evangélica por los años de gozo y compañerismo y por la comunión preciosa que compartimos en servir juntas a nuestro Señor y Salvador.

RECONOCIMIENTOS

Con un corazón humilde agradezco a Jorge, mi marido, quien sufrió en silencio las muchas horas de abandono para que yo pudiera dedicar el tiempo preciso en escribir este libro. También por su valiosa evaluación constructiva, por su ayuda y más que todo por alentarme cuando me vió a dos dedos del descenso al "Valle de Desánimo" por causa del cansancio mental.

Agradezco al Comité Femenil Nacional de la Unión Cristiana Evangélica por su valeroso apoyo al efectuar sugerencias y artículos para ser incluídos en el último capítulo.

Gracias a Tito y Sara Montero y Lesley Kayser por dar tanto de su tiempo en redactar el manuscrito de las dos ediciones. También quiero agradecer al Señor Raul Prado, las Señoras Teresa Tejada de Ledezma y Marilyn de Wry por asegurar que el libro saldría legible en el español y gramaticalmente correcto.

Agradezco a mi hijo, Tomás, y a mis amigos Daniel Rocha y Russell Hobbs por ayudarme con la computadora, y también al Señor Robin Little quien era una ayuda imprescindible en asumir la responsabilidad de buscar y entregar el manuscrito a manos de los editores.

No me olvido de mis queridas amigas que me animaron con sus palabras alentadoras, "*La Mujer Ideal*" ha sido una gran bendición para mí. Lo he utilizado tanto en convenciones para mujeres, en estudios bíblicos y en aconsejar a otras. ¿Cuándo saldrá de nuevo? Avíseme por favor." Gracias, amigas.

Y por último todos mis agradecimientos a mi Dios, quien utilizó este libro en su primera edición más allá de todas mis esperanzas en las vidas de tantas personas. Anhelo que utilice la segunda edición aun más. Te digo, mi amado Dios, "¡Gracias!"

PREFACIO

Desde la caída de Eva en el huerto de Edén hasta la generación de hoy en día, las necesidades básicas de las mujeres son las mismas, no importa en cual cultura se encuentran. La diferencia sería solamente en la intensidad y el ambiente de la persona.

El intento de este libro es para que cada persona que lo lea, puede encontrar por la gracia de Dios la ayuda necesaria para satisfacer sus necesidades. Y para los que siguen buscando, hay respuestas exitosas a sus preguntas tal como:

¿Quién soy yo?

¿Para qué existo yo?

¿Por qué tengo que sufrir tanta tristeza y problemas en mi vida?

¿No hay esperanza para mí?

¿No hay nadie que se preocupe de mi alma?

¿Es posible encontrar paz y gozo en mi mundo?

¿Puede sobrevivir mi matrimonio vacilante?

¿Es posible ayudar a mis hijos a salir en esta vida más exitosos que yo?

¿Soy yo responsable por la vida de otras? ¿a Dios? ¿a mi iglesia?

¿Puede una persona como yo aprender a ayudar en mi iglesia?

Oro fervientemente para que cada uno que lea estas páginas, que medita en sus mensajes y que aplica las verdades a su vida cotidiana, experimente la vida abundante ya provista por nuestro Señor y Salvador Jesucristo.

Anhelo que la segunda edición de este libro resulte en una bendición más profunda, un ánimo más especial, y una ayuda más específica que la primera.

Sra. Geneva Hilgeman
Cajón 3216
Santa Cruz, Bolivia
Sur América

x La Mujer Ideal

Capítulo 1

La Mujer como Mujer

PARTE A

DIOS CREA A EVA

1. COMUNION
2. CREACION
3. CASAMIENTO
4. CONDUCTA

1. COMUNION: Génesis 2:18
   Y dijo Jehová Dios: No es bueno que el hombre esté solo...

El hombre fue hecho con el fin de tener comunión con Dios.

El Sr. Pascal, ilustre físico francés dijo: "En el corazón de cada hombre hay un vacío creado por Dios, el cual no puede ser satisfecho por ninguna cosa creada sino solo por Dios el Creador."

San Agustín oró: "Tú nos has hecho por ti mismo, oh Dios, y nuestros corazones no se quedan tranquilos hasta que encuentran descanso en ti."

2. CREACION: Génesis 2:21,22

... Dijo Dios: Hagamos al hombre a nuestra imagen, conforme a nuestra semejanza. ...

Génesis 1:26.

Con mucho gozo y con mucha expectativa Dios tomó el polvo de la tierra y formó al hombre, como el alfarero forma una vasija preciosa. Dios hizo al hombre del polvo, de nada que valía, para que el hombre, después de su creación no pudiera jactarse de lo que él era.

En este vaso de barro que se llamó hombre, Dios puso todo su tesoro, sus riquezas, todos sus planes, y sus expectativas. Como el mundo anhela una herencia de oro, de plata, de casas, de tierras, de joyas, así Dios anhela tener al hombre, a la mujer, al joven, a la niña como las riquezas de su herencia (Efesios 1:18). ¿No es una maravilla saber que tú, que has recibido a Cristo como tu Salvador, eres la herencia preciosa de Dios? Tú eres una joya, y Dios quiere refinarte como el oro para que tu vida refleje la gloria de tu Dios.

Dios puso más que sus tesoros en esta estatua de barro. El le dió su espíritu de vida --un poco de sí mismo-- y "fue el hombre un ser viviente".

Para que el hombre sea a la imagen de Dios, Dios tuvo que darle no solamente un espíritu, por el cual él podía participar en la comunión y la adoración de su Dios, sino también tuvo que darle un alma. Dentro del alma Dios puso más de sus características. Dios podía pensar, razonar, discernir, hacer decisiones, etcétera. Dios podía amar, sentir gozo, experimentar paz, ser bueno, benigno, gozarse de la vida, ser entusiasta. Así Dios puso también en el alma del hombre las mismas emociones para que el hombre tuviera la capacidad de sentir todas las emociones tan hermosas que Dios podía sentir. Dios tenía una voluntad. Con la voluntad Dios podía escoger lo que El quisiera pensar; lo que quisiera amar; lo que El quisiera hacer. Para que el hombre sea a la imagen de Dios, Dios puso en el alma de él una voluntad también. Con su voluntad el hombre podía escoger. El podía escoger amar a Dios o no. Podía escoger obedecer a Dios o no. Podía escoger hacer lo que quería hacer, pero si lo que él escogía hacer era contrario a la voluntad de Dios, el hombre tendría que sufrir la consecuencia.

Cuando Dios hizo al hombre con voluntad libre, El reconocía el peligro de que el hombre escogiera no obedecer a Dios y no amar a su Creador. Pero Dios no quería una máquina para amarle, una máquina a la cual Dios tuviera que dar cuerda para hacerle adorar a Dios. No, El quería a un hombre que escogiera adorarle porque de veras amaba a Dios con todo su corazón, un hombre que sin ser exigido pudiera expresar su gratitud a Dios por su bondad y por su amor para con el hombre. Y esto es lo que Dios anhela de ti. El te ama y quiere que tú respondas a su amor sin ser exigido.

Por eso, más tarde cuando Dios vió a los hombres cayendo en la trampa de Satanás, Dios les dijo según Exodo 20:23,24:
> No hagáis conmigo dioses de plata, ni dioses de oro os haréis.
> ALTAR DE TIERRA harán para mí. . . .

Cosas hechas de oro y de plata nos hablan de obras de hombres: lo que Dios no quiere. Dios quiere para sí mismo el altar más sencillo, más humilde, EL ALTAR DE TIERRA. El altar de tierra nos habla del altar del corazón porque Dios hizo al hombre del polvo de la tierra, y el sacrificio que Dios quiere de ti es un corazón contrito y humillado. Dios dice en Prov. 23:26: "Dame, hijo mío, tu corazón." ¿Has dado tu corazón al Dios amante, hija mía?

Con un espíritu y con un alma, el hombre ya fue hecho a la imagen de Dios. Pero su cuerpo era distinto. Su cuerpo no era a la imagen de Dios porque Dios es Espíritu y un espíritu no tiene cuerpo. El cuerpo fue hecho para contener el espíritu y el alma, y para que *llevara esta imagen de Dios* y mostrarla a las generaciones futuras. El resultado de eso fue que todas las generaciones futuras tendrían no solamente un espíritu y un alma a la imagen de Dios sino también un cuerpo a la imagen del hombre (Adán). Vemos, entonces que el hombre fue creado en tres partes:

a) espíritu--a la imagen de Dios
b) alma------a la imagen de Dios
c) cuerpo----a la imagen de *Adán*

La palabra "hombre" en el idioma original de Hebreo en Génesis 1:26 "...hagamos al *HOMBRE* a nuestra imagen..." es una palabra genérica que quiere decir "*SER HUMANO*" -- hombre y mujer.

En Juan 4:24 leemos lo siguiente:
> Dios es Espíritu, y los que le adoran, en espíritu y en verdad es necesario que adoren.

Adán, el hombre creado a la imagen de Dios, podía tener comunión con su Dios, podía compartir su amor espiritual con Dios, porque Dios, quien es Espíritu, dió espíritu a Adán. Pero Adán teniendo cuerpo humano también, necesitó de otra persona humana con quien podía compartir su amor físico, una que fue hecha como él, una que era parte de él, para que él pudiera compartir con ella sus pensamientos, sus emociones y sus posesiones. Dios sabía los deseos del corazón de Adán, sabía que la soledad era una cosa difícil de soportar. Así que Dios dijo: "No es bueno que el hombre esté solo..." Génesis 2:18. Anticipando la necesidad de Adán, Dios en su amor y en su sabiduría suplió a una compañera para Adán, la mujer Eva.

3. CASAMIENTO: Génesis 2:23,24

Para que Eva pudiera responder al amor de Adán, Dios tomó de Adán una de sus costillas e hizo a la mujer. Es interesante saber que en el idioma original la palabra "hizo" en Génesis 2:22, "Y de la costilla que Jehová Dios tomó del hombre, *HIZO* una mujer...", quiere decir "construyó". Dios formó al hombre del polvo pero construyó a la mujer de hueso. Dios la trajo a Adán y seguramente cuando Adán vió a su esposa, sus ojos brillaron con excitación y su corazón latió de una manera que no estaba acostumbrado. Tiernamente la tomó por las manos y mirándola con cariño le dijo:

> Tú eres ahora hueso de mis huesos y carne de mi carne, serás llamada Varona porque del varón fuiste tomada.
>
> Génesis 2:23

Con este acto Dios instituyó el primer casamiento. Así leemos que Dios vió todo lo que había hecho y "he aquí que era bueno en gran manera", Génesis 1:31. Dios bendijo la unión de Adán y Eva y en Génesis 1:28 les mandó hacer cinco cosas:

1) Fructificad

2) Multiplicaos

3) Llenad la tierra

4) Sojuzgad la tierra

5) Señoread en todas las cosas vivas sobre la tierra. En los siguientes capítulos vamos a considerar qué quieren decir espiritualmente estos cinco mandamientos y cómo nos afectan.

4. CONDUCTA: Génesis 3:1,6

Cuando Dios creó a Eva, le dió todos los deseos del corazón de ella. Cuando la "construyó" Dios, Eva era nada más que una escultura de hueso. Pero Dios le dió vida y una vida en abundancia. Le dió el hogar más lindo que se pudiera haber hecho, el huerto de Edén. Eva no era esclava de su cocina, porque no era difícil preparar la comida. La Biblia dice que cada planta en el huerto era buena para comer. Eva no era esclava de temores, porque no sabía lo que era el temor. No tenía miedo a las espinas o plantas venenosas o de víboras que pican, porque no habían tales cosas. No tenía miedo de ser atacada ni robada. No había tales cosas como hombres malos. No tenía temores psicológicos, como son las supersticiones. Conocía íntimamente a Dios y charlaba con él. No tenía miedo de enfermarse. No había enfermedades. No tenía miedo de Dios o del más allá, o del infierno, porque Dios era su Creador y la creó perfecta. No sabía llorar ella. ¿Por qué llorar? Todo era perfecto. ¡Qué linda vida! No le faltaba nada. Si tuvieras tú todo lo que Eva tenía, ¿estarías satisfecha? Un día un hombre le preguntó al Sr. Juan D. Rockefeller, uno de los hombres más ricos del mundo, "¿Cuánto dinero necesita un hombre para estar satisfecho en este mundo?"

El Sr. Rockefeller le respondió: "Solamente *un poco más.*"

Hebreos 13:5 dice:
> Sean vuestras costumbres sin avaricia, contentos con lo que tenéis ahora, porque El dijo: No te desampararé, ni te dejaré.

La presencia de nuestro Señor y Salvador vale más que todas las riquezas del mundo. ¿Estaba contenta Eva con todos los deseos de su corazón? Por el momento sí. Estuvo contenta hasta que aprendió que podía tener *un poco más.*

PREGUNTAS

¿QUE HAS APRENDIDO EN ESTE ESTUDIO? A VER.

1. ¿Con qué fin creó Dios al hombre?

   Dios creo al hombre con el fin de tener comunion.

2. ¿A la imagen de quién fue creado el hombre?

   a la imagen de Dios

3. El ser humano está compuesto por tres partes. ¿Cuáles son?

   a. cuerpo
   b. alma
   c. espíritu

4. ¿Por qué le dió Dios al hombre un espíritu?

   Para que fuera un ser viviente

5. En el *alma* del hombre Dios puso algunas de sus características. ¿Cuáles son?

   a. pensar
   b. razonar
   c. discernir

6. ¿Qué partes del ser humano fueron creados a la imagen de Dios?

   a. espíritu
   b. alma

7. ¿Qué parte fue creado a la imagen del hombre?

   El cuerpo

8. En Génesis 1:28 Dios mandó a Adán y Eva hacer 5 cosas. ¿Cuáles eran?

   a. Fructificarse
   b. multiplicarse
   c. llenar la tierra
   d. sojuzgad la tierra
   e. Señorear sobre todas las cosas vivas sobre la tierra.

9. ¿Qué clase de vida vivían Adán y Eva antes de la caída?

   Una vida ideal. Eran muy felices en el Huerto del Eden. Ellos conocían íntimamente a Dios.

10. ¿Estaba contenta Eva con lo qué Dios le dió?

    Eva por un tiempo estaba contenta con lo que tenía, hasta, que se dejó seducir por satanás

11. ¿Qué dice Hebreos 13:5?

    Sean vuestras costumbres sin avaricia, contentos con lo que tenéis ahora; porque él dijo: No te desampararé, ni te dejaré.

12. ¿Y estás *TU* contenta con lo que Dios te ha dado?

    Sí.

La Mujer Ideal 17

PARTE B

EL ENEMIGO: Lucero se hace Satanás

1. CREACION
2. CAPRICHO
3. CAIDA
4. COMPLOT
5. CUERPOS PARA MORADAS
6. CASTIGO ETERNO

Dios puso a Adán en el huerto para que lo labrara y lo guardara. ¿Guardarlo? ¿De qué? ¿De quién? ¿Acaso había un enemigo cerca de ellos? Sí, un enemigo muy sutil, muy sabio. Un enemigo que buscaba el momento propicio para producir una nota disonante en el canto y en la armonía del Creador y de sus criaturas. Un enemigo que esperaba la hora oportuna para destruir la creación de Dios. Un enemigo que ya había pecado y fue castigado por Dios. Un enemigo de quien Cristo dijo en Lucas 10:18: "Yo veía a Satanás caer del cielo como un rayo."

Un enemigo que sabía que la hora oportuna había llegado, y su método para destruir la creación de Dios era ofrecer a Eva "un poco más".

1. CREACION:

Satanás escogió a la serpiente para que se le apareciera a Eva. Cuando Dios creó a la serpiente, ésta no era una víbora que se arrastraba sobre su pecho como ahora. Este es el efecto de la maldición que cayó sobre ella. Génesis 3:14:

> Y Jehová Dios dijo a la serpiente: Por cuanto esto hiciste, maldita serás entre todas las bestias y entre todos los animales del campo; *sobre tu pecho andarás, y polvo comerás todos los días de tu vida.*

Es muy posible que la serpiente que Satanás empleó fuera la criatura más hermosa que Dios había creado. Satanás mismo, antes de su pecado, era el ángel más hermoso que Dios había creado. "Lucero, hijo de la mañana" era su nombre. Isaías 14:12:

> ¡Cómo caíste del cielo, oh LUCERO; HIJO DE LA MAÑANA! Cortado fuiste por tierra, tú que debilitabas a las naciones.

Ezequiel 28:12b-15 dice de él:

> Así ha dicho Jehová el Señor: Tú eras el sello de la perfección, lleno de sabiduría, y acabado de hermosura. En Edén, en el huerto de Dios estuviste; de toda piedra preciosa era tu vestidura; de cornerina, topacio, jaspe, crisólito, berilo y ónice; de zafiro, carbunclo, esmeralda y oro; los primores de tus tamboriles y flautas estuvieron preparados para ti en el día de tu creación.

Su nombre Lucero quiere decir "resplandeciente", "brillante", y es interesante notar que la palabra hebrea para "serpiente" tiene el mismo sentido, "él que luce" (el lucido). "Serpiente" es uno de los nombres con los que Dios llama a Satanás en Apocalipsis 12:9:

> Y fue lanzado fuera el gran dragón, *la serpiente antigua*, que se llama *DIABLO Y SATANAS*, el cual engaña al mundo entero; fue arrojado a la tierra, y sus ángeles fueron arrojados con él.

Dios dió al "hijo de la mañana", Lucero, el puesto más importante en los cielos, el de ser el protector, el defensor del trono y de la santidad de Dios. Ezequiel 28:14 dice:

> Tú, querubín grande, protector, yo te puse en el santo monte de Dios. Allí estuviste en medio de las piedras de fuego te paseabas.

2. CAPRICHO:

Lucero en todo su esplendor se paseaba delante del santo trono del Altísimo. Pero a pesar de este gran privilegio y en lugar de ser agradecido por lo que Dios había hecho por él, nació en su corazón un pecado secreto. En su orgullo codiciaba nada me-nos que usurpar para sí mismo el trono del Dios Altísimo. Ya no quiso ser un ser creado. Quería tomar el lugar del Creador. No quiso ser mandado. Quería mandar. En su orgullo creía que tenía toda la sabiduría necesaria para ocupar el trono de Dios y que podía dirigir mejor que Dios. "*Yo seré semejante al_Altísimo*" era su pecado secreto y continuo. Isaías 14:12-14 dice:

> Subiré al cielo. . . .
> Levantaré mi trono en lo alto, junto a las estrellas de Dios.
> Me sentaré en el monte del testimonio.

Subiré sobre las alturas de las nubes.
Seré semejante al Altísimo.

3. CAIDA:

Lamentablemente Lucero, hijo de la mañana, permitió que su inteligencia, su brillantez, le cegaran a la verdad. Cayó en el pecado y su caída fue grande. Llegó a ser "Satanás", "el diablo", "el padre de mentira", "el asesino", "el engañador". Apocalipsis 12:9 dice:

> Y fue lanzado fuera el gran dragón, la serpiente antigua, que se llama diablo y Satanás, el cual engaña al mundo entero; fue arrojado a la tierra, y sus ángeles fueron arrojados con él.

En 2 Corintios 11:14 el apóstol Pablo nos amonesta que Satanás como engañador se disfraza como ángel de luz. "Y no es maravilla, porque el mismo Satanás se disfraza como ángel de luz."

El se disfraza como ángel de luz porque él es celoso de Cristo, la luz verdadera del mundo, y quiere recibir la adoración que Cristo recibe. Hay una gran diferencia entre la luz de Satanás, el ángel caído disfrazado de luz, y la luz de Cristo, la luz del mundo. La luz de Satanás es la luz que se refleja de la misma manera como la luz de un coche cuando se refleja en los ojos. Uno no puede ver. <u>La luz de Satanás se refleja tan fuertemente en la mente de una persona que le ciega a la justicia de Dios y a su salvación.</u>

2 Corintios 4:3,4 dice:

> Pero si nuestro evangelio está aún encubierto, entre los que se pierden está encubierto: en los cuales el dios de este siglo (Satanás), cegó el entendimiento de los incrédulos, para que no les resplandezca la luz del evangelio de la gloria de Cristo, el cual es la imagen de Dios.

<u>Lamentablemente Satanás, el dios de este siglo, puede cegar también el entendimiento de los creyentes que no andan cerca de su Señor y Salvador.</u>

La luz de Cristo es la luz que ilumina al mundo a toda verdad.

> Envía tu luz y tu verdad; éstas me guiarán... Salmo 43:3

> Yo soy la luz del mundo; él que me sigue no andará en tinieblas, sino que tendrá la luz de la vida.
> Juan 8:12

Lucero, antes de su caída, se paseaba por los cielos por el huerto de Dios que se llamaba Edén. Ezequiel 28:13-17 dice:

En Edén, en el huerto de Dios estuviste; de toda piedra preciosa era tu vestidura. . . .Tú, querubín grande, protector, yo te puse en el santo monte de Dios; allí estuviste. En medio de las piedras de fuego te paseabas. Perfecto eras en todos tus caminos desde el día que fuiste creado, hasta que se halló (apareció) en ti maldad. A causa de la multitud de tus contrataciones fuiste lleno de iniquidad, y pecaste; por lo que yo te eché del monte de Dios, y te arrojé de entre las piedras del fuego, oh querubín protector. Se enalteció tu corazón a causa de tu hermosura, corrompiste tu sabiduría a causa de tu esplendor; yo te arrojaré por tierra. . . .

De una manera especial la tierra fue relacionada con Lucero. Parece que Dios le hubiera entregado en la mano el "título de propiedad" de la tierra. Cuando Lucero pecó, Dios no solamente castigó a Lucero sino también castigó la tierra que estaba relacionada con él. Génesis 1:2

Y la tierra estaba desordenada y vacía y las tinieblas estaban sobre la faz del abismo. . . .

Cuando Dios recreó el mundo, el "título de propiedad" de la tierra pasó de la mano de Satanás (Lucero) a la mano de Adán. Adán y Eva pecaron. Ellos no solamente fueron castigados sino también la tierra que ya estaba relacionada con ellos fue castigada de nuevo. Génesis 3:17,18 dice:

. . .Maldita será la tierra por tu causa
. . .Espinos y cardos te producirá. . . .

Al pecar Adán y Eva perdieron su derecho como dueños de la tierra y otra vez el "título de propiedad" de la tierra volvió a la mano de Satanás. Lucas 4:5,6 dice:

Y le llevó el diablo a un alto monte, y le mostró en un momento *todos los reinos de la tierra. Y le dijo el diablo: A ti te daré toda esta potestad, y la gloria de ellos; PORQUE A MI HE HA SIDO ENTREGADA, Y A QUIEN QUIERO SE LA DOY.*

Cristo reconoció la legitimidad de lo que Satanás estaba diciendo. No contradijo lo que Satanás le dijo. Tampoco disputó con él acerca de este derecho. Reconoció que Satanás era "príncipe de este mundo", Juan 14:30; que era "el dios de este siglo", 2 Corintios 11:4; y que "el mundo entero está bajo el maligno", 1 Juan 5:19b.

4. COMPLOT: (Propósito)

Lucero, el sello de la perfección, lleno de sabiduría y acabado de hermosura, utilizó su hermosura, su sabiduría, su suavidad de palabras no solamente para convencer a una tercera parte de los ángeles seguirle (Apocalipsis 12:4), sino también para asegurar la fidelidad y ayuda de ellos en sus planes para derrocar a Dios. Les cegó con la luz de su sabiduría. Con la ayuda de estos ángeles, (millones de ellos), Lucero empezó su guerra contra su Creador, contra el Dios Altísimo. Esta guerra no terminará hasta que Satanás y todos sus seguidores sean echados al lago de fuego. Hay solamente una guerra pero muchas batallas. El campo de batalla es la mente de cada persona que nace en este mundo incluyendo la mente tuya y la mía. Efesios 6:12 dice:

> Porque no tenemos lucha contra sangre y carne, sino contra principados, contra potestades, contra los gobernadores de las tinieblas de este siglo, contra huestes espirituales de maldad en las regiones celestes.

Lucero y sus ángeles perdieron la primera batalla contra Dios y fueron arrojados de los cielos donde habita Dios. Lucero, hijo de la mañana, llegó a ser Satanás, dios de las tinieblas, quien se disfraza como ángel de luz, y sus seguidores llegaron a ser los espíritus inmundos, los demonios. Estos mismos espíritus inmundos viven hoy en día para molestar a cualquiera. Un espíritu nunca muere. Así estos espíritus inmundos, quienes eran antes ángeles fieles a Dios gozándose en la presencia de Dios cuando El creó el mundo y que se rebelaron juntamente con Lucero contra Dios, viven hoy en día. Están cumpliendo las órdenes de Satanás.

La Biblia da muchas nombres a Satanás. Algunos representan una parte de su carácter y otros de su obra. Antes de su pecado se llamaba Lucero. Después de su caída se le llama: Apolión (Abadón, el cual quiere decir destructor), príncipe de este mundo, príncipe de la potestad del aire, príncipe de los demonios, dios de este mundo, el maligno, padre de mentira, serpiente (el cual implica su astucia y su maña), el dragón (el cual implica su poder y su ira) etcétera.

Aún ahora Satanás no ha perdido su sueño engañador de ser semejante a Dios. Como el falsificador, él ha duplicado, es decir, ha imitado lo más posible el programa de Dios para el mundo pero con una gran diferencia. Dios quiere salvar a los del mundo. Satanás quiere destruirlos. Mira la siguiente comparación y podrás ver que Satanás es muy religioso pero espiritual nunca puede ser.

UNA COMPARACION

DIOS ALTISIMO **LO ESPIRITUAL**	**SATANAS** **LO RELIGIOSO**
Dios, el Dios verdadero.	Satanás, el dios de este *mundo.*
Isaías 46:9 ". . .yo soy Dios y no hay otro Dios, y nada hay semejante a mí."	2 Cor. 4:3,4 ". . .el dios de este siglo cegó el entendimiento de los incrédulos para que no les res plandezca la luz del evangelio."
Adoración a Dios.	*Adoración que quiere Satanás*
Apocalipsis 22:9b dice: "*Adora* a Dios" Apo. 4:10 "Los veinticuatro ancianos se postran delante del que está sentado en el trono. . . .y echan sus coronas delante del trono. . . . "	Mateo 4:9 Satanás dijo a Jesús, "Todo esto te daré, si postrado *me adorares.*"
La Piedad verdadera viene de Dios:	*La Apariencia de Piedad viene de Satanás:*
1 Timoteo 3:16 "E indiscutimente, grande es el misterio de la piedad: Dios fue manifestado en carne; justificado en el Espíritu; visto de los ángeles; predicado a los gentiles; creído en el mundo; recibido arriba en gloria."	2 Timoteo 3:5 ". . .que tendrán apariencia de piedad pero negarán la eficacia de ella. . . "
Apóstoles, profetas, y maestros de Dios:	*Apóstoles, profetas, y maestros (todos falsos) de Satanás:*
1 Cor. 12:28 "Y a unos puso Dios en la iglesia primeramente apóstoles, luego profetas, lo tercero maestros.	2 Cor. 11:13 ". . .son apóstoles, obreros fraudulentos, que se disfrazan como apóstoles de de Cristo.

Ministros de Dios

2 Cor. 6:4 ". . . nos recomendamos en todo como *ministros* de Dios. . ."

Ministros de Satanás

2 Pedro 2:1 ". . .hubo también falsos profetas entre el pueblo, como habrá entre vosotros falsos maestros, que introducirán herejías destructoras, y aún negarán al Señor. . . ."

2 Cor. 11:14,15 ". . . el mismo Satanás se disfraza como ángel de luz. Así que, no es extraño si también sus *ministros se disfrazan* como ministros de justicia. . ."

Lo profundo de Dios

1 Cor.2:10 ". . .el Espíritu todo lo escudriña, aun lo profundo de Dios. (Habla de los alcances de Dios-- de la sabiduría, de lo infinito de Dios.)

Lo profundo de Satanás

Apoca. 2:24 ". . .no han conocido lo que ellos llaman las *profundidades* de Satanás." (Profundidades quieren decir el misterio, los alcances de Satanás--como toda clase del ocultismo etcétera).

Las doctrinas de Dios

Hablando de temas como la salvación, la justificación, la santificación, la segunda venida de Cristo, etcétera.

Las doctrinas de Satanás

2 Pedro 2:1 "*Herejías destructoras*".
1 Tim. 4:1, "*doctrinas de demonios*",
Heb. 13:9 "*Doctrinas diversas extrañas. . .*" que se hallan en las sectas falsas.

La mesa (Santa Cena) de Dios

1 Cor. 10:21 ". . .*la mesa del Señor*. . ."

La mesa de Satanás

1 Cor. 12:21 ". . .*la mesa de los demonios.*"

La copa de Dios	La copa de Satanás
1 Cor. 10:21 ". . .beber la copa del Señor. . . ."	1 Cor. 12:21 ". . .la copa de los demonios. . . ."

Evangelio de Dios	Evangelio de Satanás
1 Tim. 1:11 ". . .el glorioso evangelio del Dios bendito."	Gál. 1:6 ". . .un evangelio diferente." 1:8 "Mas si aún nosotros, o un ángel del cielo, os anunciare otro evangelio diferente del que os hemos anunciado, sea anatema."

El reino de Dios	El reino de Satanás
Mar. 1:14 ". . .Jesús vino a Galilea predicando el evangelio del reino de Dios."	Mateo 12:26 "Y si Satanás echa fuera a Satanás contra sí mismo está dividido; ¿Cómo, pues, permarecerá su reino?"

Trono de Dios	Trono de Satanás
Apo. 22:1 ". . .que salía del trono de Dios y del Cordero."	Isaías 14:12,13 "¡Cómo caíste del cielo, Oh Lu-Lucero hijo de la mañana!. . . que decías. . . Levantaré mi trono, y en el monte del testimonio me sentaré. . ."

Hijos de Dios	Hijos de Satanás
Rom. 8:16 "El Espíritu mismo da testimonio a nuestro espíritu de que somos hijos de Dios."	1 Juan 3:10 "En esto se manifiestan. . .los hijos del diablo . . ."

Angeles de Dios	Angeles de Satanás
Apo. 2:5 ". . .confesaré su nombre delante de mi Padre y delante de sus ángeles."	Mat. 25:41 ". . .Apartaos de mí, malditos, al fuego eterno preparado para el diablo y sus ángeles."

La morada del Espíritu de Dios

1 Cor. 6:19 ". . .Vuestro *cuerpo es templo del Espíritu Santo.*

La morada de los demonios de Satanás

Los demonios quieren morar en los cuerpos de personas. Lucas 11:24-26 "Cuando el *espíritu inmundo sale del hombre*, anda por lugares secos, buscando reposo y no hallándolo, dice, Volveré a mi casa (el cuerpo del hombre) de donde salí. . . toma otros siete espíritus inmundos peores que él, y *entrados, moran allí;* y el postrer estado de aquel viene a ser peor que el primero."

Milagros de Dios

Todos los *milagros que Dios cumplió* por medio de Moisés. Exo. 4:3,6,7 y capítulos 7:12; 14:21 (dividiendo las aguas del Mar Rojo). Otros milagros; Josué capítulos 3,4,6, 1 Reyes 17:18; 2 Reyes 1:10-12, etcétera.

Milagros de Satanás

Exo. 7:11,12; 20-22; 8:6,7 Milagros que los hechiceros imitaron en sus contiendas con Moisés. Apocalipsis 16:14a "Pues son espíritus de demonios que hacen señales (milagros). . . "

Luz de Dios

Juan 8:12 "Otra vez *Jesús les habló,* diciendo: *Yo soy la luz del mundo;* el que me sigue, no andará en tinieblas sino que tendrá la luz de la vida."

Luz de Satanás

2 Cor. 11:14 "Y no es maravilla, porque el *Satanás se disfraza como ángel de luz."*

Hoy en día Satanás sigue con el deseo ardiente de ser semejante a Dios. Pero Dios dice en Isaías 46:9:

. . .Yo soy Dios y no hay otro Dios, y nada hay semejante a mí.

Satanás quiere ser el "dios de la humanidad" no para guiarlos sino para dominarlos y controlarlos. Para hacer de ellos sus esclavos y presos, Isaías 14:17.

. . . él (Satanás) que a sus presos *nunca abrió la cárcel* . . .

El deseo ardiente de Cristo es el opuesto. Isaías 42:6,7:
Yo, Jehová, te he llamado. . .*para que abras los ojos de los ciegos, para que saques de la cárcel a los presos, y de casas de prisión a los que moran en tinieblas.*

Satanás no puede atacar a Dios directamente, pero lo hace indirectamente. Es decir él ataca a los que pertenecen a Dios --a los creyentes. Satanás gana cuando vence a los creyentes, haciéndoles fallar; haciéndoles seguidores de él mismo una vez que claudican en el pecado y hasta el ocultismo.

5. CUERPOS PARA MORADAS:

Hemos visto que los demonios quieren ocupar los cuerpos de individuos para sus moradas, Lucas 11:24-26.

La pregunta se levanta en las mentes de los creyentes, ¿Es posible que un creyente pueda llegar a ser endemoniado? Es un tema muy discutible. Hay los que ni siquiera quieren pensar en la posibilidad de que un creyente pueda ser invadido por demonios. Pero por otro lado hay los que dicen, "Sí, es posible. Hemos tenido que tratar con creyentes endemoniados."

¿Cuál es la respuesta? ¿Es posible o no es posible? Si no es posible, nosotros como creyentes no tenemos que preocuparnos del asunto. Pero si es posible debemos saberlo y tomar todas las precauciones necesarias para evitar que eso nos pase.

¿Qué dice la palabra de Dios? En las próximas páginas queremos intentar aclarar quien tiene razón.

Primeramente debes saber que *no hay ningún versículo en la Biblia que dice explícitamente que un creyente NO puede ser endemoniado.* Los protagonistas de esta idea usan ciertos versículos por los cuales *asumen o suponen* la imposibilidad de que los demonios pueden invadir a un creyente. Los versículos siguientes son algunos que utilizan.

¿O ignoráis que vuestro cuerpo es templo del Espíritu Santo, el cual tenéis de Dios, y que no sois vuestros?

1 Corintios 6:19

¿Qué, pues, diremos a esto? Si Dios es por nosotros, ¿quién contra nosotros?.

Romanos 8:31

Hijitos, vosotros sois de Dios, y los habéis vencido; porque mayor es él que está en vosotros, que él que está en el mundo,

1 Juan 4:4

La Mujer Ideal 27

Dicen, "Sí el Espíritu Santo vive permanentemente en el creyente, y El es todopoderoso ¿acaso El permitirá que un demonio ocupe el mismo cuerpo juntamente con El? Si Dios es por nosotros ¿cómo permitirá que un demonio invada el cuerpo del creyente? El cuerpo del creyente pertenece a Dios. Es el templo de Dios, y mayor es El que está en nosotros, que él que está en el mundo."

Es verdad que el Espíritu Santo mora permanentemente en el creyente (Juan 14:16) y que el cuerpo del creyente pertenece a Dios (1 Cor. 6:19). Es verdad también que Dios es por los creyentes, y no permitirá a los demonios entrar en *los creyentes QUE ESTAN ANDANDO EN COMUNION CON EL.*

Pero, tienes que recordar que Dios le ha dado a cada persona una voluntad libre para escoger a Dios ó abandonar a Dios; para andar en el camino de Dios o dejar el camino de Dios para seguir su propio camino; para deleitarse en las cosas del Señor o para deleitarse en sus deseos carnales. Las consecuencias que tomarán lugar en su vida dependen de cual escogerá.

Tienes que recordar también que el creyente aunque es salvo tiene todavía una naturaleza pecaminosa. Esta naturaleza pecaminosa permanece como una parte del creyente hasta que Cristo vuelva a recoger a los creyentes de este mundo. Solamente entonces ". . .esto corruptible *se vista* de incorrupción", 1 Corintios 15:53.

Podemos hacer la siguiente pregunta a los que creen que el creyente no puede ser invadido por un demonio. ¿Cómo puede el Espíritu Santo morar juntamente en el mismo cuerpo con la naturaleza pecaminosa que es tan vil, tan inmunda, tan mala y de la cual Dios dice que no hay ninguna cosa buena en ella? Pero a pesar de que Dios dice que la naturaleza pecaminosa del creyente es completamente corrompida e inaceptable a Dios, el Espíritu quien es completamente santo mora permanentemente en el creyente juntamente con esta naturaleza corrompida. Si una persona no tiene al Espíritu morando en él, él no es de Dios. No es salva, Romanos 8:9:

. . .Y si alguno no tiene el Espíritu de Cristo, no es de él.

¿Cómo puede el Espíritu Santo morar en el cuerpo que tiene una naturaleza tan vil que no puede ser redimida? No sabemos cómo, pero la Biblia enseña así, y lo aceptamos. La naturaleza no es redimible.

El creyente puede escoger entregarse al Espíritu Santo o escoger entremeterse en las cosas satánicas como la adivinación, la hechicería, la brujería, la astrología, el espiritismo, el jugar con la ouija (tablero usado en prácticas espiritistas), etcétera. Dependiendo de lo que escoja va a disfrutar una vida bendita o sufrir una vida maldita. Cada creyente debe saber que si él o ella escoge entremeterse en el ocultismo de cualqueir tipo o ser partícipes en orgías sexuales ilícitas, etcétera, está abriéndose conscientemente o inconscientemente a la posibilidad de que su naturaleza pecaminosa sea invadida por los espíritus inmundos (demonios).

El creyente que cree que puede pecar sin ser disciplinado por Dios o que puede meterse en el ocultismo sin ser invadido por demonios porque el Espíritu Santo mora en él, está gravemente equivocado.

La ciudad de Corinto era una ciudad bien conocida por su opulencia y libertinaje. Tenía un templo de mil prostitutas (mujeres y hombres) para el uso de los que adoraban a su diosa, y donde practicaban también la auto-mutilación en su adoración. Muchos corintios, los cuales habían recibido a Cristo como Salvador, habían sido salvados de tal tipo de vida. El apóstol Pablo les llamó "santos". Lamentablemente algunos de ellos escogieron seguir viviendo una vida licenciosa a pesar de tener al Espíritu Santo morando en ellos. Por eso cuando el apóstol Pablo les escribió, les llamó también *creyentes--pero creyentes carnales.* Había entre ellos divisiones, celos, contiendas, disensiones, pleitos. Estaban emborrachándose en la Santa Cena. Estaban cometiendo fornicación y adulterio y seguían en la idolatría. Fíjense, creyentes con el Espírtu Santo morando en ellos, culpables de todos estos pecados.

En 1 Corintios 5:1 *Pablo está censurando a los creyentes* de la iglesia de Corinto porque algunos estuvieron cometiendo actos sexuales bárbaros.
> De cierto se oye que hay entre vosotros fornicación y tal fornicación cual ni aún se nombra entre los gentiles (paganos); tanto que alguno tiene la esposa de su Padre.

En el capítulo 6 el apóstol Pablo sigue con este tema del abuso del sexo diciendo en versículo 15-16:
> No sabéis que vuestros cuerpos son miembros de Cristo? ¿Quitaré, pues los miembros de Cristo y los haré miembros de una ramera? De ningún modo. ¿O no sabéis que él que se

La Mujer Ideal 29

une con una ramera es un cuerpo con ella? Porque dice: Los dos serán una sola carne.

El apóstol Pablo está diciendo aquí que cuando el creyente (la morada del Espíritu Santo) comete fornicación (adulterio, incesto, actos homosexuales, etcétera) es como si este creyente estuviera tomando los miembros de Jesucristo y estuviera haciéndolos miembros de una ramera. Una cosa terrible. Pero a pesar de que esto es un acto horrible, algunos creyentes hoy en día siguen haciéndolo aunque el Espíritu Santo mora en ellos. ¿Cómo puede morar el Espíritu Santo en el mismo cuerpo juntamente con una naturaleza tan corrompida? No sé. Pero lo hace según parece indicarlo el libro de 1 Corintios.

En 1 Corintios 10:16-22 el apóstol Pablo recuerda a los creyentes carnales que ellos no podían tener comunión con Dios y a la vez seguir participando en la idolatría. Hay que notar que el apóstol no está hablando de la salvación sino de la comunión 1 Cor. 10:16. Hay que recordar también que Pablo hablaba a los creyentes, pero los creyentes carnales, cuando él les reprende. El les reprende porque seguían haciendo lo que los gentiles (paganos) practicaban. ¿Qué era? 1 Cor. 10:20,21 nos dice que ellos:

    a) sacrificaban a los demonios

    b) que eran partícipes con los demonios

    c) que bebían de la copa de los demonios

    d) que eran partícipes de la mesa de los demonios.

Y el apóstol Pablo les dijo en vs. 20:

> ". . .y no quiero que vosotros os hagáis partícipes con los demonios."

Al decir eso, el apóstol estaba mostrando a todos que era posible para el *creyente carnal* ser partícipe con demonios aunque el Espíritu Santo estuviese morando en él.

En 2 Corintios 11:4 el apóstol Pablo, hablando a los mismos corintios, les reprende diciendo:

> Porque si viene alguno predicando a otro Jesús que el que os hemos predicado, *o sí recibís otro espíritu que el que habéis recibido*. . . , bien lo toleráis.

Pablo está censurando a los creyentes carnales porque estaban dispuestos a tolerar ministros falsos, predicando un evangelio falso, y otros aún recibieron un espíritu falso, inmundo, un demonio. Les dice que aunque ellos ya habían recibido al Espíritu Santo estaban dispuestos a recibir a otro espíritu. Es cierto que no está hablando de un santo ángel, sino de un espíritu inmundo, un demonio.

La palabra "recibís" (otro espíritu) en este versículo es la misma palabra griega utilizada en Hechos 10:47 que dice:
"¿. . .estos que *han recibido* al Espíritu Santo también como nosotros?"

Los que reciben al Espíritu Santo le tienen morando *en* ellos. El que recibe otro espíritu, lo tendrá morando *en* él, seguramente en la naturaleza pecaminosa. Si el creyente recibe *otro espíritu* va a tenerlo morando *en* él aunque el Espíritu Santo mora en él también.

En 2 Cor. 11:4 vemos a Satanás imitando otra vez el programa de Dios:

Programa de Dios   **Programa de Satanás**
a) predicando a Jesús---------predicando "otro Jesús".
b) recibiendo al Espíritu-----recibiendo "otro espíritu".
c) aceptando el evangelio-----aceptando "otro evangelio".

<u>Muchos demonios se llaman a sí mismos "Jesús", un nombre común entre ellos. "Otro espíritu" es nada más ni nada menos que un espíritu inmundo, un demonio.</u>

Hay que recordar que el creyente que se mete en las cosas de Satanás está abriéndose al mundo de los espíritus y hay más que el Espíritu Santo en el mundo de lo espíritus. Hay también espíritus inmundos, demonios. Cuando el creyente se encuentra inmiscuido en cosas satánicas, los espíritus inmundos pueden aprovecharse *invadiendo* la naturaleza pecaminosa de este creyente. Ninguna persona, sea creyente o incrédulo, puede dar rienda suelta a sus deseos carnales e involucrarse en las cosas satánicas sin la posibilidad de llegar a ser endemoniada.

Es verdad que Cristo vino a destruir las obras del diablo, (1 Juan 3:8); que El ha provisto el poder para los creyentes para vencer a Satanás (Col. 1:12,13; Ef. 2:13); que Cristo proveyó la armadura necesaria para que los creyentes pudieran protegerse de los ataques del diablo (Ef. 6:11-18), pero si el creyente no quiere aprovecharse de esa armadura, de ese poder, se encontrará en dificultades serias. Si el creyente escoge meterse en el territorio de Satanás, participando en las cosas satánicas, *no tendrá el poder del Espíritu para ayudarle ni la armadura le servirá para protegerse.*

Los demonios pueden entrar en el cuerpo no como dueños sino *como usurpadores*. Un usurpador de propiedad es uno que ha ocupado la propiedad de otro sin derecho, sin título, sin ser convidado. El cuerpo del creyente pertenece a Cristo. Es verdad, pero el demonio como usurpador puede entrar o invadir el cuerpo del creyente cuando el creyente a propósito deja el camino del Señor y llega a ser partícipe en las cosas satánicas. Al hacer eso, este creyente ha caído en el "lazo del diablo, en que está cautivo a voluntad de él," 2 Timoteo 2:26.

Durante los últimos años hemos tenido en nuestro ministerio ocho casos de creyentes endemoniados. Todos dijeron que habían recibido a Cristo como su Salvador. Algunos sabían la fecha de su conversión, y nombraron a las personas que les guiaron a Cristo; un pastor evangélico, un líder en la cruzada estudiantil, y un misionero evangélico. Así que no había razón para dudar de la realidad de sus conversiones. Con su voluntad libre eligieron hacer lo que ellos querían. Esto es, entrar en el mundo de los espíritus lo cual no era aceptable a Dios.

¿Está Satanás tentándote hoy en día en la misma forma como a Eva, cuando quizás por tu curiosidad, consultas a los hechiceros, a los astrólogos o haces caso de lo que ellos escriben? O, ¿cuando buscas a un brujo o a un adivino y solicitas consejos de él? ¿Te admiras cuando las adivinaciones se cumplen exactamente como había dicho el astrólogo o el brujo? Cuando se cumplen sus predicciones o presagios, entonces nace un deseo fuerte de seguir la astrología o la brujería. No hay que pensar que el diablo no puede hacer milagros. ¡Puede! Y no solamente él, sino también sus emisarios. Apocalipsis 16:14a:

Pues son espíritus de demonios, que hacen señales (milagros).

¿Recuerdas la competencia entre Moisés y Aarón y los hechiceros y los sabios de Egipto? Los hechiceros duplicaron tres de los milagros que hicieron Aarón y Moisés, los siervos de Dios:

a) Cambiaron sus varas a culebras como hizo Aarón.
b) Convirtieron en sangre los ríos de Egipto como Aarón.
c) Extendieron sus varas sobre las aguas y subieron ranas que cubrieron la tierra de Egipto como Aarón.

Entonces Dios les dijo, "Basta", y los hechiceros no pudieron copiar otros milagros de Dios.

Cuando los hechiceros vieron otros milagros de Aarón y Moisés, ellos dijeron, "Dedo de Dios es éste". Ellos reconocían que su propio poder para hacer milagros no venía de Dios, sino que era de Satanás. Es la manera que el diablo usa para atraer a otros a sí mismo y ponerlos bajo su poder; para hacerlos sus cautivos; y ponerlos en esclavitud satánica.

COMO TRATA SATANAS A SUS CAUTIVOS?

1. Marcos 5:
   a. Vs. 3--moraba en los sepulcros.
   b. Vs. 4--atado con grillos y cadenas.
   c. Vs. 5--dando voces en los sepulcros y en los montes de día y de noche.
   d. Vs. 5--hiriéndose con piedras.
   e. Vs.15--atormentado del demonio.
   f. Vs.15--demente.
2. Marcos 9:
   a. Vs. 20--le sacudió con violencia, le hizo caer en tierra, revolcándose y echando espumajos.
   b. Vs. 22--le echa en fuego y en agua para matarle.

Vemos que el propósito de Satanás era hacerles daño y su fin era destruirles de una manera u otra.

¿Quieres ser esclava de Satanás? La manera más eficaz es prestarle atención, darle lugar, dando rienda suelta a tu curiosidad, metiéndose en sus cosas como son la astrología, adivinaciones, brujerías, espiritismo o cualquier otra cosa.
   a) Dios aborrece a Satanás y a sus emisarios: Deut. 18:10-14.
   b) Bajo pena de muerte Dios prohibió a los israelitas tener algo que ver con los adivinos, encantadores, brujos, espiritistas, u otros. Levítico 19:31 y 20:6.

¿Recuerdas lo que pasó con el rey Saúl en 1 Samuel 28:7-19? Léelo. 1 Crónicas 10:13,14, ahí está el resultado de su acto:

> Así murió Saúl por su rebelión con que prevaricó contra Jehová, contra la palabra de Jehová, la cual no guardó, y *porque consultó a una adivina* y no consultó a Jehová; *por esta causa lo mató*. . . .

Dios, y El solo es el Consejero de los creyentes. Para dar consejo, Dios usa su Palabra y a los suyos, y no a los astrólogos ni a los adivinos ni cualquiera que pertenece a Satanás. Efesios 4:27 dice:

La Mujer Ideal 33

"No déis lugar al diablo."
"Someteos, pues, a Dios; resistid al diablo, y huirá de vosotros."

Santiago 4:7

6. CASTIGO ETERNO:

El castigo eterno espera a Satanás y a sus seguidores. Isaías 47:13,14:

Te has fatigado en tus muchos consejos. Comparezcan ahora y te defienda los contempladores de los cielos, los que observan las estrellas, lo que cuentan los meses, para pronosticar lo que vendrá sobre ti. He aquí que serán como tamo; fuego los quemará; no salvarán su vidas del poder de la llama...
Apocalipsis 19:20; 20:10

> Y la bestia fue apresada, y con ella el falso profeta que había hecho delante de ella las señales con las cuales había engañado a los que recibieron la marca de la bes-tia, y habían adorado su imagen. Estos dos fueron lanzados vivos dentro de un lago de fuego que arde con azufre. . .Y el diablo que los engañaba fue lanzado en el lago de fuego y azufre, donde estaban la bestia y el falso profeta; y serán atormentados día y noche por los siglos de los siglos.

Apocalipsis 20:15 habla de los que han rechazado a Cristo como Salvador.

> Y él que no se halló inscrito en el libro de la vida fue lanzado al lago de fuego.

Los que rechazan a Cristo como Salvador pertenecen a Satanás así sean conscientes de esta verdad o no. Y pasarán la eternidad con él en el infierno, el lago de fuego que jamás se apaga.

PREGUNTAS

¿QUE HAS APRENDIDO DE LA ACCION DEL ENEMIGO, NO SOLAMENTE EN ADAN Y EVA SINO TAMBIEN DE TI? A VER:

1. ¿Cuál fue el castigo que cayó sobre la serpiente porque dió lugar a Satanás?

- Sobre tu pecho andarás, y polvo comerás todos los días de tu vida.

2. En Ezequiel 28:12 hay tres frases que describen a "Lucero" (Satanás), ¿cuáles son?

a. era el sello de la perfección
b. lleno de sabiduría
c. acabado de hermosura

3. ¿Que quiere decir el nombre "Lucero"?

- Resplandeciente, brillante

¿De qué manera utiliza el significado de su nombre?

- Engañando al mundo entero se disfraza como ángel de luz.

4. ¿Qué quiere decir el nombre "serpiente" en el idioma hebreo?

- El que luce

5. ¿Cuál era el puesto de Lucero en los cielos antes de su pecado?

- Era un querubín protector, se paseaba delante del trono del Altísimo.

6. ¿Cuál era el pecado secreto que nació en el corazón de Lucero?

- Orgullo

La Mujer Ideal 35

7. En Isaías 14:12 hay 5 propósitos que Lucero determinó cumplir, ¿cuáles son?

   a. subiré al cielo estrellas de Dios.
   b. levantaré mi trono en lo alto, junto a las
   c. me sentaré en el monte del testimonio
   d. subiré sobre las alturas de las nubes
   e. seré semejante al Altísimo.

8. Lucero convenció a una tercera parte de los ángeles que se rebelaran con él contra Dios. Lo hicieron, pero fracasaron. Dios les echó de los cielos. El resultado era que:

   a. Lucero se hizo ¿quién?
   • Satanás • Padre de mentiras
   • El diablo • asesino • engañador
   b. Los ángeles caídos se hicieron ¿quiénes?
   • demonios

9. La guerra entre Dios y Satanás empezó en los cielos y Satanás y sus ángeles fueron echados de los cielos.

   ¿Dónde está el campo de batalla hoy en día?
   • En la mente

10. La Biblia da muchos nombres a Satanás, ¿cuáles son seis de ellos?

    a. apolión   d. príncipe de este mundo
    b. maligno   e. dragón
    c. serpiente f. padre de mentira

11. En su programa para el mundo Satanás está copiando el programa de quién
    • de Dios

12. Dé cuatro ejemplos de como los espíritus inmundos trataron a sus cautivos según Marcos 5:

   a. moraba en los sepulcros
   b. atado con grillos y cadenas
   c. demente
   d. atormentado por los demonios.

13. ¿Cuál es la amonestación de Dios a los que se meten en la adivinación, la brujería, el espiritismo, u otros según Levítico 20:6?

   - La persona que tal hace, el Señor apartará su rostro de tal persona, y la cortará de entre su pueblo.

14. ¿Qué pasó con el rey Saúl cuando él consultó a una adivina según 1 Crónicas 10:13,14?

   - Por haber consultado a la adivina
   - Por rebelión
   - Prevaricó contra la Palabra de Jehová
   - Jehová lo mató

15. ¿Cuál es la amonestación que Dios nos da en:

   a. Efesios 4:27?
   - que no demos lugar al diablo

   b. Santiago 4:7?
   - someteos a Dios, resistid al diablo, y huirá de vosotros.

16. ¿Cuál es el castigo eterno que espera a Satanás y sus seguidores--los que rechazan aceptar a Cristo como su Salvador? (Apocalipsis 20:10,15 y Mateo 25:41)

   - Serán lanzados al lago de fuego y azufre.

La Mujer Ideal 37

PARTE C

EVA Y SU ENCUENTRO CON EL ENEMIGO

1. CAIDA
2. CASTIGO

1. CAIDA: Génesis 3:6,7

Cuando Satanás te tienta, generalmente se ha transformado en un ángel de luz para confundirte y de esta manera hacerte caer. Satanás siendo tan orgulloso y tan sabio, escogió la criatura más hermosa, más inclinada a caer en el pecado. La hora propicia tal vez fuera la hora de comer cuando Eva tendría hambre. Quizás Eva estaría de paso por el "árbol de la ciencia del bien y del mal" (el árbol de que Dios les mandó que no comiesen de él) yendo a recoger su fruto para su almuerzo, cuando la serpiente se le apareció y comenzó a charlar con ella con voz suave y tierna.

Aunque es posible que al principio Eva no reconociera a su enemigo (Satanás) en la serpiente, yo creo que le reconoció cuando ese enemigo de Dios comenzó a echar dudas acerca de la veracidad de la palabra de Dios, y en lugar de resistir al diablo, Eva le dió lugar, le prestó atención, tal vez por su curiosidad de escuchar a su enemigo por primera vez.

"Evita, ¿a dónde vas? ¿A recoger fruto? Pero, mira, éste árbol tiene mucha fruta para comer. ¿Qué dijo Dios? ¿Qué no debes comer de todo árbol del huerto? ¿Qué clase de Dios es ese que prohibe a sus criaturas comer de un fruto tan agradable y sabroso? ¿Dice él, que morirás si comes de este árbol de la ciencia del bien y del mal? No, hijita, no morirás.

Dios sabe que el día en que comas de este árbol, serán abiertos tus ojos, y serás como Dios sabiendo el bien y el mal. ¿No es Dios un Dios de amor y de justicia? ¿Cómo puede un Dios amante castigar a su criatura con la muerte? No, no, hijita, no morirás."

Las dudas empezaban a circular en la mente de Eva. "¿Seré yo como Dios?" respondió Eva mirando al árbol codiciable para alcanzar sabiduría. <u>Aparentemente lo que Eva no tomó en cuenta era que ella ya había sido creada a la imagen perfecta de Dios y no podía mejorarse para llegar a ser aun más semejante a Dios.</u>

En su charla con Eva, vemos la sutileza de Satanás. Cuando él le dijo, "Serás como Dios", él implicó que Dios la había creado menos que perfecta; que Dios había retenido algo de ella. La verdad era que Dios la había creado en la imagen perfecta de El. Le había dado un intelecto perfecto. Podía pensar en la manera maravillosa como Dios pensaba. Sus emociones eran perfectas y podía experimentar todas las sensaciones hermosas que Dios experimentaba. Dios le había dado una voluntad libre, y así tenía toda libertad de gozarse enteramente en toda la buena vida que Dios había provisto graciosamente para ella. Eva ya no podía ser más como Dios pero permitió que Satanás inculcara dudas de esta verdad en su mente.

Satanás mintió flagrantemente cuando le dijo, "No morirás". Veremos la verdad más tarde. Pero, en lugar de resistir a Satanás, ella cayó en su trampa. "Lo probaré", dice ella y lo hizo.

Es posible que mientras Eva comía del fruto, llegó Adán. Viendo que nada pasó con Eva, Adán aceptó el fruto ofrecido y lo comió también. O, como algunos dicen, Adán, por causa de su gran amor para con Eva, lo comió. Quiso estar con ella aun hasta en la muerte, porque él sabía que la muerte sería el resultado de la desobediencia como Dios le había dicho. Entonces fueron abiertos los ojos de ambos, y ellos por primera vez en su vida, experimentaron el temor--el fruto del pecado.

¿Qué pasó con esta mujer perfecta y el hombre perfecto cuando pecaron? ¿Murieron ellos? ¿Qué pasó con nosotros, sus descendientes?

El alma fue manchada por el pecado.

El espíritu murió espiritualmente. La comunión entre el espíritu humano y el espíritu de Dios fue quebrantada.

El cuerpo fue manchado por el pecado.

Sabemos el error trágico que hicieron Eva y Adán. Eva permitió que Satanás le engañara. Adán deliberadamente desobedeció a Dios, 1 Timoteo 2:14. Escogieron lo que pensaron que les daría más felicidad; que tal vez les hiciera aun más semejantes a Dios; que les hiciera tan sabios como Dios. Pero su desobediencia y falta de fe eran pecado. El resultado era que:

   a) *Su espíritu murió.* Ya no podían tener comunión con Dios.
   b) *Su alma fue manchada por el pecado.* Todas las hermosas características que les hacían a la semejanza de Dios fueron manchadas por el pecado.
   1) *Su intelecto:* Aunque ellos podían seguir teniendo pensamientos buenos, sus pensamientos ahora incluían pensamientos impuros y malos. Pensamientos temerosos, enojosos, vengativos.
   2) *Sus emociones*: Aunque siguieron con la capacidad para amar (porque todavía eran a la imagen de Dios), sus emociones ya estuvieron basadas sobre el egoísmo, envidia, celos, interés personal: "Si me amas a mí, te amaré a tí. Sé bueno conmigo, seré buena contigo. Me ayudarás, te ayudaré."
   3) *Su voluntad*: A pesar de que Adán y Eva pecaron ellos permanecieron creados con la imagen de Dios. Todavía tenían voluntades con la capacidad para escoger. Lamentablemente

ellos escogieron hacer lo que querían. Porque escogieron mal, se encontraron en el poder del temor, de la degradación y de la muerte con una naturaleza pecaminosa con la cual tendrían que vivir por el resto de su vida natural.

Todas las especies reciben su naturaleza de sus progenitores. Nosotros, siendo de la progenie (descendencia) de Adán y Eva, heredamos su naturaleza pecaminosa. En esa condición nosotros tampoco pudimos llevar la verdadera imagen de Dios aunque fuimos hechos a la imagen de Dios. Ninguna persona que se encuentra en el mismo estado, en la misma condición de Adán y Eva puede glorificar a Dios en su ser, no importa si edifica un hospital para sanar a los enfermos, o provee comida para los hambrientos, o cumple lo mejor posible sea lo que sea. Los que hacen buenas obras esperan ser reconocidos por sus hechos. Ellos mismos quieren recibir el aplauso. No tienen intención de glorificar a Dios por medio de sus hechos. Dios conoce los corazones de los seres humanos, y El dice de ellos en Isaías 64:6a:

> Si bien todos nosotros somos como suciedad, y *todas nuestras justicias como trapo de inmundicia...*

Felizmente sabemos que Dios no dejó a Adán y Eva en tal condición ni a nosotros. El proveyó una salvación tan maravillosa y tan completa que nada puede ser añadida. El dió a su Hijo Unigénito, Jesucristo, para morir por nosotros, para pagar por nuestros pecados. Después Jesús se levantó de la muerte para darnos vida eterna y para darnos su propia justicia--la única justicia que Dios aceptaría y con la cual nos hace aceptables delante de El, el Dios justo. Llegamos a ser aceptables a Dios solamente por recibir a Cristo como nuestro Salvador personal. Al hacer eso Dios nos viste de la justicia de Cristo. Cuando El nos mira, ve la justicia de Cristo cubriéndonos, y nos acepta.

Hay tres caminos por los cuales una persona puede ser tentada:
1. La carne
2. El mundo
3. El Diablo

Los tres principios básicos del mundo en la tentación según 1 Juan 2:16 son:
1. Los deseos de la carne.
2. Los deseos de los ojos.
3. La vanagloria de la vida.

Vemos que Satanás usó estos tres principios básicos del mundo para tentar la naturaleza o carne de Eva y hacerla caer en el pecado. Satanás usa hoy en día los mismos principios básicos para tentarnos a nosotros. Sus principios básicos no cambian, solamente sus métodos. Satanás tentó a Eva en toda su persona, en todo su ser por medio de:

1. *Su cuerpo:* era bueno para comer.
2. *Su alma:* era agradable a los ojos.
3. *Su espíritu:* era codiciable para alcanzar la sabiduría (que sería como Dios sabiendo el bien y el mal, la misma tentación por la cual Satanás pecó -- "Seré semejante al Altísimo" --Isaías 14:14)

Seguramente Eva pensó, "Qué lindo sería si yo pudiera ser sabia como Dios". A Eva le pareció bien el camino de la sabiduría, pero -- "Hay camino que al hombre le parece derecho; pero su fin es caminos de muerte", Proverbios 14:12. No hay nada malo en la sabiduría. La cuestión era que Dios había dicho, "¡No comerás!"

¿Era malo Dios porque no dejó a Eva comer del árbol de la ciencia del bien y del mal? Dios amaba a Eva y no quería que ella comiera de éste árbol, porque El sabía que el conocimiento del mal por la experiencia siempre traería discordias, maldad, descontentos, lágrimas, tristezas, sufrimientos y muerte. Dios no quería que Eva sufriera tales cosas y tampoco quiere que nosotras suframos tales cosas.

Los pasos de la caída de Eva siguiendo la fórmula que aparece en Santiago 1:14,15 fueron:

1. ". . .Cada uno es tentado cuando de su propia concupiscencia es atraído y seducido." Santiago 1:14

   (a) Eva dió lugar a Satanás y
   (b) Codició el fruto. (la codicia afecta el alma)

2. "Entonces la concupiscencia (Santiago 1:15a) después que ha concebido da a luz el pecado".

   a. Ella tomó el fruto y
   b. Lo comió. (el comer afecta el cuerpo)

3. "El pecado, siendo consumado, da a luz la muerte". Santiago 1:15.

   a. Eva murió espiritualmente. (Continuó con su espíritu pero el estado de ser de su espíritu ante los ojos de Dios está muerto, separado de El. El orgullo de ser semejante o igual a Dios afecta su espíritu--murió espiritualmente.)

b. La muerte física empezaba a tomar lugar en Eva. Todos nosotros nacemos para morir.

Dios nos da algunos consejos para la tentación. Dice 1 Corintios 10:13:
> No os ha sobrevenido ninguna tentación que no sea humana; pero fiel es Dios, que no dejará ser tentados más de lo que podéis resistir, sino que dará también juntamente con la tentación la salida, para que podáis soportar.

Las tres salidas de las tentaciones son:
1. Del cuerpo----"*Huye* de las pasiones de la carne". 2 Timoteo 2:22
2. Del alma------"*Huye* de los deseos del mundo". 1 Timoteo 6:10,11
3. Del espíritu--"*Someteos*, pues *a Dios; resistid al diablo* y huirá de vosotros". Santiago 4:7, y "*No déis lugar al diablo*". Efesios 4:27

2. CASTIGO: Génesis 3:16

Seguramente el fruto que Eva probó era rico, sabroso pero el rico sabor duró solamente un momento. El precio que Eva pagó por gozarse de este momento de pecado, era la pérdida de todo. Cambió un momento de placer por una vida entera de sufrimiento, tristeza, castigo y lágrimas. Cambió la vida abundante y sin fin, por la muerte espiritual y física. Cambió los placeres del huerto de Edén por un mundo de dolores, sudor, y trabajo. Cambió la plenitud de gozo y comunión con su Dios por el temor de su Dios. Cambió su naturaleza inocente por una naturaleza pecaminosa que traería problemas agudos para el resto de su vida. ¿Valía la pena este momento de pecado? Proverbios 20:17 dice:
> Sabroso es al hombre el pan de mentira, pero después su boca será llena de cascajo.
> Las aguas hurtadas son dulces, y el pan comido en oculto es sabroso. Y no saben que allí están los muertos...
> Proverbios 9:17

Dios sacó del huerto a Adán y Eva, y ellos jamás pudieron volver a entrar. Eva quería más de lo que tenía y consiguió más de lo que quería. Eva perdió todo porque no estaba contenta con lo que tenía. Y ¿tú?
> Sean vuestras costumbres sin avaricia, contentos con lo que tenéis ahora; porque él dijo: No te desampararé, ni te dejaré.
> Hebreos 13:5

Eva no solamente trajo castigo sobre sí misma, como hemos aprendido, sino también sobre ti y sobre mí porque Eva pasó su naturaleza pecaminosa a todos sus descendientes, y nosotros somos sus descendientes. Pero aunque tú tienes una naturaleza con tendencia al pecado, no tienes que pecar. Cuando pecas, pecas por tu propia voluntad.

> Cada uno es tentado cuando de su propia concupiscencia es atraído y seducido.
>
> Santiago 1:14

No puedes echar la culpa a Eva ni a otra persona, aunque por naturaleza siempre queremos echar la culpa a otra persona por nuestro fracaso.

La persona íntegra de Eva--cuerpo, alma y espíritu--fue tentada y cayó. Así toda su persona recibió el castigo de Dios. Génesis 3:16:

1. Su cuerpo-------"Multiplicaré en gran manera los dolores en tus preñeces; con dolor darás a luz los hijos."
2. Su alma---------"Su deseo será para su marido".
3. Su espíritu-----"Tu marido se enseñoreará de ti."

Por medio del castigo vemos que había un trastorno grande en la salud física, en la salud mental, y en la salud espiritual, no solamente de Eva sino también de nosotras porque somos de la descendencia de Eva. Romanos 5:12 dice:

> Por tanto, como el pecado entró en el mundo por un hombre, y por el pecado la muerte, así la muerte pasó a todos los hombres, por cuanto todos pecaron.

EL CUERPO

> Multiplicaré en gran manera los dolores en tus preñeces; con dolor darás a luz los hijos.
>
> Génesis 3:16

Cada mujer que ha dado a luz a un hijo, puede testificar acerca de la verdad del castigo al cuerpo. Cuando está embarazada siempre hay malestar, incomodidades y dolores. El dolor siempre acompaña el nacimiento del hijo. Pero las incomodidades y dolores no esperan los embarazos y nacimientos. Empiezan cuando la señorita ha madurado o comienza su período menstrual.

Una cosa que debemos comprender, es que nuestro ser en su totalidad está compuesto del alma, del cuerpo, y del espíritu. No se puede separar el cuerpo del alma y del espíritu. Tampoco se puede separar el espíritu del cuerpo y del alma; ni el alma del cuerpo y del espíritu. Por eso lo que afecta al cuerpo, afecta también al alma y al espíritu. Lo que afecta al espíritu, afecta también al cuerpo y al alma. Hemos visto esto en los hospitales. Hay personas en los hospitales que están sufriendo dolores del cuerpo, no porque haya algo mal en el cuerpo, sino porque tienen problemas agudos del espíritu. Su cuerpo no puede sanarse hasta que sus problemas espirituales sean resueltos. Muchos doctores se dan cuenta de esta verdad y proveen en los hospitales a personas capaces que pueden ayudar a los enfermos con sus problemas espirituales. Cuando sus problemas están resueltos, estas personas se sanan más rápido. Así que nosotras también tenemos que recordar esta verdad. Lo que afecta a una parte de nuestro ser, afecta también a las dos otras partes de nuestro ser. Si el cuerpo sufre, afectará a las emociones y a la vida espiritual.

El espíritu no alcanzará en nosotras a lo sumo mientras el cuerpo esté delicado.

EL LLEGAR A LA MADUREZ:

Cuando una niña llega a la adolescencia hay un cambio radical en el cuerpo. Es el tiempo cuando pasa de ser niña a ser mujer. El pecho y los órganos sexuales crecen; las caderas se hacen más redondas, y la menstruación empieza. La menstruación es una cosa natural en la vida de la mujer. *No es una enfermedad.* Es la manera como Dios prepara a la mujer para la madurez. Es el tiempo en la vida cuando la señorita se da cuenta de que el joven es mucho más interesante que antes. Comienza a peinarse mejor, a vestirse mejor, a expe-rimentar con perfumes y cosméticos etcétera, y hacer otras cosas para hacerse más atractiva al joven. El joven hace igual. Se viste mejor. Se peina mejor. Hace ejercicios para hacer cre-cer sus músculos. Hace cualquier cosa para atraer a la señorita. Todo esto es una parte importante para llegar a ser adultos.

Hay cambios, internos y externos en el cuerpo, por ejemplo, en las glándulas sexuales. Cuando los jóvenes y las señoritas maduran sexualmente, sus glándulas producen células. La unión de estas células es el instrumento que Dios ha determinado para la reproducción humana.

La Mujer Ideal 45

LA MADUREZ:

A veces la menstruación puede hacernos olvidar de que debemos ser "la mujer ideal". A veces nos hace caprichosas, irritables, y listas a arguir. Entonces hay quebrantamiento en la comunión entre nosotras y los maridos, y entre nosotras y los hijos. Después nos sentimos muy desanimadas porque nos hemos portado mal y sabemos que hemos fracasado en nuestras vidas espirituales, aunque no queríamos fracasar.

La señora Maxine Davis escribió en la revista "Family Circle Magazine" algunas cosas muy interesantes. Ella, dice que creemos que los días en que sentimos calma y somos felices, son los días en que somos normales. Pero cuando nos despertamos con mal humor, nerviosas, con depresión profunda y resentidas, creemos que no somos normales. Pero la verdad es que las dos fases son características normales del ciclo reproductivo de la mujer. Los doctores dicen que hay dos hormonas producidas por los ovarios que causan estos cambios en el cuerpo y en las emociones. Antes de la ovulación, cuando aumentan estas hormonas, tenemos el sentido del bienestar, de felicidad, y estamos entusiasmadas por lo que hacemos. Después de la ovulación y antes de la menstruación, las hormonas disminuyen. Entonces comenzamos a estar nerviosas, irritables, doloridas, etc.

Estos ciclos con sus inestabilidades en el temperamento, siguen hasta que llegamos a la menopausia o al cambio de la vida. Si entendemos lo que pasa en nuestras vidas durante estos ciclos, podemos adaptarnos a las situaciones. El cuerpo usa más de su provisión normal de azúcar, y el nivel de azúcar en la sangre disminuye. Esta disminución afecta temporalmente la manera en que la mujer se porta y se siente. Aumentan la sed, el apetito y el anhelo por los dulces.

Antes de su período menstrual, a veces sus dedos se ponen temblorosos y difíciles de manejar. A veces ocurre que la mujer más tranquila se pone irritable, caprichosa y mala. Su humor no es como antes. No puede aguantar la bulla de sus hijos. Si la comida le sale un poco mal, es un desastre. A veces la mujer que siempre está tranquila ya está lista a arguir sobre cualquiera cosa y su marido y sus hijos dicen: "¡Caramba! ¿Qué pasa con ella?" Otras mujeres tienen dificultad en recordar cosas, no pueden concentrarse, pierden las cosas, y a veces les es difícil hacer decisiones.

Otros síntomas que aparecen son: la ansiedad, la depresión y el cansancio. La mujer está lista a derramar una tormenta de lágrimas por causa de cosas insignificantes. A veces pasa una cosa extraña: A pesar de que está bien cansada, la mujer se vuelve más activa que nunca. Aunque ha trabajado todo el día y debe acostarse, ella piensa que tiene que hacer brillar el piso, o limpiar el depósito, etc. También por causa de las hormonas, las células del cuerpo retienen más líquido que de costumbre, y la mujer puede pesar de uno hasta cuatro kilos más de lo que pesa normalmente. El pecho se hincha y está dolorido. También el vientre se siente dolorido y pesado. Gracias a Dios que nadie sufre con todas estas molestias al mismo tiempo, pero aún uno o dos síntomas pueden hacerle perder el interés en la vida por el momento. Pero después de la menstruación desaparecen las incomodidades y el malestar, para luego aparecer de nuevo en diez días o dos semanas.

"Bueno," me dices, "Si estas cosas son normales para mí, tengo todo el derecho a ser caprichosa, irritable y recalcitrante." No hay que creer tal cosa. Tal vez tienes razón, pero no tienes el derecho a ser así. Sabiendo lo que pasará en tu vida, cada mes debes acercarte más al Señor buscando su ayuda, confiando en su poder durante estos tiempos duros. Durante estos tiempos tienes que ser dura contigo misma, poner en práctica la autodisciplina y no caer en la trampa de Satanás, la cual es "la compasión por sí misma".

Dios comprende los trastornos de la vida. El es un Dios de amor y compasión, y siempre está listo para ayudarnos con cualquier problema de la vida. "Dios es nuestro amparo y fortaleza, nuestro pronto auxilio en las tribulaciones", Salmo 46:1.

> Por tanto, teniendo un gran sumo sacerdote que traspasó los cielos, Jesús el Hijo de Dios, retengamos nuestra profesión. Porque no tenemos un sumo sacerdote que no pueda compadecerse de nuestras debilidades, sino uno que fue tentado en todo según nuestra semejanza, pero sin pecado. Acerquémonos, pues, confiadamente al trono de la gracia, para alcanzar misericordia y hallar gracia para el oportuno socorro.
> Hebreos 4:14-16

El embarazo y la menopausia también son causas de la inestabilidad en el temperamento. Hay muchas mujeres que se enferman durante los tres primeros meses de su embarazo con mareos y náuseas, y tienen mucho sueño. Otras permanecen enfermas casi generalmente los nueve meses; otras no se enferman y a veces se sienten mejores cuando están encinta. Para las que sufren durante estos tiempos, qué gozo es saber que podemos acudir a Cristo, porque "El es nuestro amparo y fortaleza, nuestro pronto auxilio en las tribulaciones."

LA MENOPAUSIA:

La menopausia es la cesación natural de la menstruación. Esto ocurre mayormente cuando la mujer alcanza la edad, entre 40 hasta 50 o más años. Los ovarios dejan de producir óvulos y las hormonas disminuyen. Esto produce cambios en el sistema circulatorio. Algunas mujeres pasan por la menopausia sin sufrir nada. Otras sufren poco, mientras que otras tienen tiempos muy difíciles. Puede ser que por la menopausia sientan momentáneamente un ardor en la cara o en el estómago. A veces el corazón late rápido y fuerte, pero pasa después de un rato. Esto no quiere decir que el corazón esté mal. Algunas mujeres sufren de vez en cuando de mareo, el cual dura solamente algunos segundos. A veces hay pérdida de sangre y es necesario consultar con un buen médico para que él vea que no hay otra enfermedad peligrosa que está causando la pérdida. En ocasiones sienten dolores neurálgicos en el cuerpo. Otras pueden sufrir dolores de cabeza, de pecho, o de espalda. Hay mujeres que se quejan del estreñimiento del vientre e indigestión. Pero pueden evitar esto con la dieta y el ejercicio. La obesidad (gordura) puede empezar, pero para muchas, la causa es porque tienen la mala costumbre de comer demasiado. También pueden ser curadas de obesidad por medio de la regulación de la dieta y el ejercicio.

Cuando cesa la menstruación, el pecho y los órganos reproductores disminuyen de tamaño. En algunas mujeres el período menstrual cesa de inmediato. En otras disminuye poco a poco la sangre. A veces cesa la menstruación completamente por algunos meses, y entonces empieza de nuevo. Siempre es mejor visitar al médico cuando aumenta o cesa la menstruación, para averiguar si es la menopausia o si es otra cosa.

Durante la menopausia, una vida tranquila le ayudará mucho. Es mejor evitar estimulantes de cualquier clase. No debe tomar mucho té, café, etc. Es mejor que tenga horas normales para acostarse y levantarse. Una dieta buena pero sencilla le ayudará mucho.

Debemos recordar que Dios está siempre listo a ayudarnos durante estos tiempos de trastornos físicos y psicológicos. El es misericordioso y comprende nuestras debilidades.

Salmo 103:13 nos hace recordar que:
> Como el padre se compadece de los hijos, se compadece Jehová de los que le temen. Porque El conoce nuestra condición; se acuerda de que somos polvo.

La señora Shirley de Rice nos da buenos consejos en su libro, "El Hogar Cristiano", cuando nos dice que Dios nos habla por medio de nuestra voluntad y no por medio de nuestras emociones o nuestros sentimientos. Son muy caprichosas nuestras emociones y son capaces de hacernos pecar contra Dios. No debemos depender de nuestros sentimientos para saber si estamos en comunión con Dios, si estamos andando bien espiritualmente. El termómetro para medir nuestras vidas espirituales no son nuestros sentimientos, sino la palabra de Dios que es invariable.

Como aconseja la señora Shirley de Rice en "El Hogar Cristiano", cuando nos sentimos irritables debemos someternos al amor de Cristo que nunca es irritable. Si el amor de Cristo está fluyendo por nosotras, la inestabilidad de nuestro temperamento se vuelve estable porque en El ". . .no hay mudanza, ni sombra de variación", Santiago 1:17b.

SU ALMA:

. . . Tu deseo será para tu marido, . . .

Génesis 3:16b

El mundo del marido es edificado alrededor de su trabajo, alrededor de las cosas fuera de su hogar. La mayor parte del tiempo, el marido pasa fuera de su hogar, pero la mayor parte de la vida de la mujer pasa alrededor de su esposo cocinando para él, limpiando la casa para él, lavando y planchando la ropa de él, cuidando a sus hijos, etcétera. El mundo de la esposa es su esposo. ¿Por qué? Porque en el huerto de Edén Dios dijo: "Tu deseo será para tu marido". Aunque hoy en día algunas mujeres están tratando de escaparse de este castigo, no tienen éxito. Pero cuando uno ama a su esposo, se da cuenta que no es castigo, porque esta mujer sabe que ella está cumpliendo la voluntad de Dios.

EL ESPIRITU:

Y él (tu marido) se enseñoreará de ti.

Génesis 3:16c

Antes, cuando Eva reinaba con Adán era su igual, era su complemento. Pero no estaba satisfecha. Ella quería ser como Dios, "Serás como Dios", le dijo Satanás. El apóstol Pedro dice "Humillarse". Eva trató de exaltarse a sí misma y su orgullo la destruyó. Ella no solamente perdió la posición que tenía, sino que Dios castigó a su espíritu y la puso bajo el dominio de su marido.

Tenemos que reconocer que Dios ha puesto al marido como la cabeza de la esposa y de los hijos. Aunque los espíritus de muchas mujeres se rebelan contra este castigo, las mujeres que aceptan este mandamiento de Dios saben que el castigo se hace una bendición. Cuando uno está en la voluntad de Dios, la paz y el gozo reinan en su corazón.

Hemos visto la caída de Eva y Adán y los resultados de su desobediencia. Seguramente Satanás se gloriaba de que había triunfado sobre Dios cuando hizo pecar a Eva y a Adán. Pero su jactancia duró poco tiempo y es seguro que se puso furioso cuando aprendió que Dios había provisto aún antes de la creación del mundo "la salvación" para sus criaturas--Cristo, "el Cordero que fue inmolado desde el principio del mundo", Apocalipsis 13:8b.

Vestidos en hojas de higuera, temblando, Adán y Eva estuvieron ante Dios. Dios, el Juez justo, les condenó y les castigó; pero Dios el Creador compasivo, les perdonó y les prometió que, Cristo el Cordero de Dios, algún día vendría a quitarles los pecados y les daría la vida eterna.

La primera promesa del Salvador venidero se encuentra en Génesis 3:15. Dios habla a Satanás y le dijo:

...y pondré enemistad entre ti (Satanás) y la mujer; y entre tu simiente y la simiente suya (Cristo); ésta te herirá en la cabeza (Satanás, vencido por medio de la muerte y la resurrección de Cristo) y tú le herirás en el calcañar (el sufrimiento de Cristo en la cruz).

Adán y Eva creyeron la promesa de Dios. Entonces para que ellos pudieran comprender completamente sin equivocarse de lo que quería El, Dios les enseñó por medio de una lección objetiva, una lección muy linda. El les mostró y les explicó en una manera muy explícita que un suceso futuro tendría que tomar lugar para sellar y para garantizar su salvación por la eternidad. Les ordenó que mientras tanto tendrían que cumplir ciertos sacrificios para manifestar su verdadera fe en la Palabra de Dios. Dios quiso ver su fe en acción.

¿Cuál era esta lección tan importante? Dios tomó un animal (posiblemente un cordero porque Cristo fue llamado, el Cordero de Dios), y lo mató. Derramó su sangre. Con esta lección objetiva mostró Dios lo que Adán y Eva tendrían que poner en práctica. Ellos aprendieron lo siguiente y desde que Dios lo ha puesto en su Palabra, nosotras debemos comprenderlo también. La primera parte es:

1. "Sin derramamiento de sangre no se hace remisión", Hebreos 9:22b. Eso quiere decir que:

    a. No habría posibilidad de tener los pecados perdonados sin el derramamiento de sangre.

    b. Que la sangre derramada de un animal no podría salvar al pecador.

    c. El sacrificio de la sangre de un animal era solamente un cuadro del tiempo cuando el Salvador verdadero, (Cristo, el Cordero de Dios), sacrificaría su vida en el altar de la cruz derramando su sangre para quitarles los pecados y para salvarles a ellos y cualquier otro que quisiera aceptar a Cristo como su Redentor.

2. Sin ser vestidos con la justicia de Cristo, no habría justicia para ellos.

    a. Dios les vistió con la piel del animal para enseñarles que el verdadero Salvador no solamente les salvaría de sus pecados sino también les cubriría con su propia justicia--la única justicia aceptable al Dios justo.

    b. ". . .mi alma se alegrará en mi Dios; porque me vistió con vestiduras de salvación, me rodeó de manto de justicia. . .",
                                              Isaías 61:10.

    c. Los que son vestidos de la justicia de Cristo son aceptados por Dios.

Con este acto Dios restauró la comunión entre El y Adán y Eva.

PREGUNTAS

1. ¿Cuál era el mandamiento de Dios a Adán y a Eva tocante al árbol de la ciencia del bien y del mal?

- que no debian comerlo, porque el dia q' lo comieran moririan

2. ¿Quién habló a Eva para engañarla--la serpiente o Satanás en la serpiente?

- Satanás en la serpiente

3. Según Apocalipsis 12:9 ¿qué nombre dió Dios a Satanás? "la antigua _serpiente_".

4. ¿Qué mentira utilizó Satanás para engañar a Eva?

- Satanás le dijo a Eva que no moriria.

5. ¿Fué engañado Adán? (vea 1 Timoteo 2:14)

- No, Adán no fué engañado

6. Al pecar Adán y Eva ¿qué le pasó a todo su ser--
   a. a su espíritu? murió espiritualmente
   b. a su alma: fue manchada por el pecado
      1) a su intelecto? - pensamientos insanos
      2) a sus emociones? - son basadas en el egoismo, envidia, etc.
      3) a su voluntad?
   c. a su cuerpo? fue manchado por el pecado

7. Siendo que somos descendientes de Adán y Eva, ¿qué heredamos de ellos?

- su naturaleza pecaminosa

8. Hay tres caminos por los cuales una persona puede ser tentada, ¿cuáles son?

    a. La carne

    b. el mundo

    c. el diablo

9. Según 1 Juan 2:16 ¿cuáles son los tres principios básicos del MUNDO en la tentación?

    a. Los deseos de la carne

    b. Los deseos de los ojos

    c. La vanagloria de la vida.

10. Satanás utilizó estos tres principios básicos para tentar a Eva en todo su ser. ¿Cómo lo hizo--

    a. en su cuerpo? - era bueno para comer

    b. en su alma? - era agradable a los ojos

    c. en su espíritu" - era codiciable para alcanzar la sabiduría.

11. Según Santiago 1:14 ¿cuáles fueron los pasos de la caída de Eva?

    a. Eva dió lugar a satanás y codició el fruto

    b. codició el fruto tomó el fruto y lo comió

    c. murió espiritualmente

12. Según 1 Corintios 10:13 ¿qué ha provisto Dios para que no caigamos en la tentación?

    El no permitirá q' seamos tentados más de lo q' podemos resistir. El nos a provisto una salida para q' podamos soportar.

13. ¿Cuáles son las tres salidas de la tentación--
    a. para el cuerpo? (2 Tim. 2:22) huir de las pasiones de la carne
    b. para el alma? (1 Tim. 6:10,11) huir de los deseos del mundo
    c. para el espíritu? (Santiago 4:7 y Efesios 4:27)
    Someternos a Dios, resistir al diablo y no dar lugar al diablo.

14. Todo el ser de Eva fue castigado según Génesis 3:16. ¿Cuál fue el castigo--
    a. a su cuerpo? - con dolor iba a tener sus hijos. Dios multiplicaría en gran manera los dolores.
    b. a su alma? - El deseo de Eva sería para su marido
    c. a su espíritu? - El marido se enseñorearía de Eva.

15. ¿Qué hizo Dios para restaurar la comunión entre El y Adán y Eva?
    proveyó un cordero, para sacrificio y derramó su sangre.

16. ¿Qué dice Hebreos 9:22b acerca de la sangre?
    Sin derramamiento de sangre no se hace remisión

17. Dios sacrificó la vida de un animal para vestir a Adán y Eva con túnicas de pieles. Este sacrificio era un cuadro del verdadero sacrificio en el futuro. ¿De quién era?

18. Solamente los que son vestidos en la __justicia__ de __Cristo__ pueden ser aceptados por Dios.

Capítulo 2

La Mujer como Creyente

PARTE A

"FRUCTIFICAD"

Y los bendijo Dios, y les dijo: Fructificad... Génesis 1:28
1. NO LLEVA FRUTO..... Juan 15:2a
2. LLEVA FRUTO...... Juan 15:2b
3. LLEVA MAS FRUTO .... Juan 15:2c
4. LLEVA MUCHO FRUTO ... Juan 15:5

El primer mandamiento que Dios dió a sus criaturas era, "Fructificad". Aunque Dios estaba hablando acerca de cosas materiales cuando les mandó a Adán y Eva que fructificaran, este mandamiento de Dios tiene también su significado espiritual, el cual se halla en Juan 15. Adán y Eva estaban en comunión perfecta con Dios cuando recibieron este mandamiento en Génesis 1:28, y mientras estuvieron en comunión estrecha con Dios, ellos pudieron fructificar. Cuando pecaron, su comunión con Dios fue quebrantada, y perdieron el fruto de la bendición de Dios. En su lugar experimentaron el fruto del pecado. Génesis 3:17b-19 dice:

> ...Maldita será la tierra por tu causa; con dolor comerás de ella todos los días de tu vida. Espinos y cardos te producirá, y comerás plantas del campo. Con el sudor de tu rostro comerás el pan hasta que vuelvas a la tierra porque de ella fuiste tomado; pues polvo eres, y al polvo volverás.

Para llevar una vida fructífera o experimentar la bendición de Dios en su vida, el creyente tiene que estar en comunión con su Dios, porque la vida fructífera es el resultado de una comunión estrecha con Dios. En Juan 15 Cristo nos muestra esta verdad por medio de la parábola de la vid y los pámpanos, una parábola muy importante porque era la última parábola que Jesús contó a sus discípulos antes de su muerte. La escena se desarrollaba en la última cena que Jesús fue a celebrar con ellos. Jesús sabía que pronto iba a ser crucificado, y El quiso dejarles una verdad muy preciosa. Quería que sus discípulos supieran que ellos no iban a quedarse solos en este mundo; que Cristo estaría en ellos y ellos en Cristo, como dice en Juan 14:20:

> En aquel día vosotros conoceréis que yo estoy en mi Padre, y vosotros en mí, y yo en vosotros.

Esta promesa no era solamente para sus discípulos sino también para todos los creyentes incluyéndote a ti y a mí.

1. "EN CRISTO"

En Juan 14:29 aprendimos que estamos en Cristo. "En mí", dice Cristo. Por eso nos encontramos que en Juan 15 somos los pámpanos. Como los pámpanos están "en la vid" nosotros estamos "en Cristo", la Vid. Pero, ¿cómo hemos llegado a estar en Cristo? Por medio de un milagro. Dios ha hecho milagros para nosotras. Milagros de que no estamos conscientes hasta que leemos la palabra de Dios.

Uno de estos milagros tiene que ver con el proceso de ser fructífero. Este milagro toma lugar instantáneamente cuando tú aceptas a Cristo como tu Salvador. ¿Qué es? ¿Cómo sucede? Bueno, este milagro se llama "*el bautismo*". Es el bautismo que Dios ha cumplido a favor de nosotros. Se encuentra en Efesios 4:5 que dice:

> Un Señor, una fe, UN BAUTISMO;.

Es "*UN*" bautismo pero con dos aspectos. Es decir que hay dos aspectos en este "*UN*" bautismo.

"UN" BAUTISMO

a. *Primer aspecto*.
Dios Hijo cumple el primer aspecto.

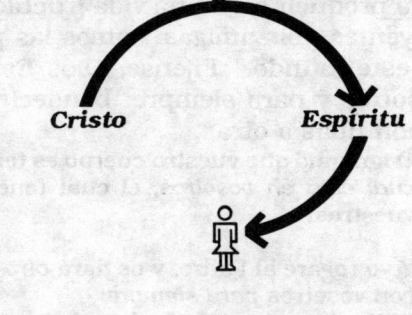

Al aceptar a *Cristo como tu Salvador, Cristo pone instantáneamente al Espíritu Santo en ti.*

"...ése (Cristo) es el que bautiza con el Espíritu Santo."
Juan 1:33

b. *Segundo aspecto:*
Dios Espíritu cumple el segundo aspecto.

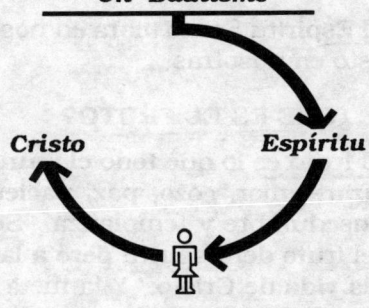

Al aceptar a Cristo como tu Salvador, *el Espíritu Santo te coloca instantáneamente en Cristo.*

"Porque por un solo Espíritu *fuimos* todos bautizados en el cuerpo (el de Cristo). . . ."
1 Corintios 12:13

c. *Tercer aspecto:*
Ahora vemos "UN" solo bautismo que es completo, entero.

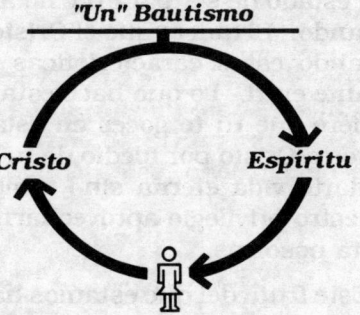

a. Cristo pone al Espíritu en ti,
b. Y el Espíritu te pone en Cristo.

La Mujer Ideal 57

Ahora con este milagro en ti--el Espíritu en ti y tú en Cristo--tú tienes todo lo que es necesario para llevar una vida fructífera. Tú, como el pámpano, estás en la vid (Cristo), porque el Espíritu Santo te ha puesto ahí. Y además *el Espíritu Santo (el regalo de Cristo a ti) está en ti para siempre* para producir en ti una vida fructífera. ¡Qué maravilla! Como creyentes, mis amigas, somos las personas más afortunadas en este mundo. Fíjense, Dios Espíritu mismo morando en nosotras y para siempre bendecirnos y hacernos una bendición unas a otras.

O ignoráis que vuestro cuerpo es templo del Espíritu Santo, *el cual está en vosotros,* el cual tenéis de Dios y que no sois vuestros?
1 Corintios 6:19

Y yo rogaré al Padre, y os dará *otro Consolador,* para que esté con vosotros *para siempre:*
El Espíritu de verdad, al cual el mundo no puede recibir, porque no le ve, ni le conoce; pero vosotros le conocéis, porque mora con vosotros, y *estará en vosotros.*
Juan 14:16,17

El Espíritu Santo mora en nosotras para producir el fruto de Cristo en nosotras.

2. ¿QUE ES EL FRUTO?

El fruto es lo que todo el mundo busca pero no lo puede alcanzar: amor, gozo, paz, paciencia, benignidad, bondad, fe, mansedumbre y templanza. Según Gálatas 5:22,23 el fruto es el fruto del Espíritu pero a la vez son nueve características de la vida de Cristo. Y la meta del Espíritu Santo en tu vida es conformarte a la imagen de Cristo por hacer estas nueve características una parte integral de tu vida. El quiere que sea un estado de ser para ti y no algo que experimentas de vez en cuando. El quiere que el Cristo invisible sea visible en tu vida cuando estas características sean manifestadas constantemente en ti. Lo que hace esta verdad tan excitante es que El quiere que tú te goces en esta vida mientras que El atrae a otros a Cristo por medio de tu vida. Cristo vino no solamente a darte vida eterna sino también una vida abundante. Es nuestro privilegio aprovecharnos de lo que Cristo ha provisto para nosotros.

Este fruto del que estamos hablando no es fruto natural. Es fruto sobrenatural que es producido solamente por el poder omnipotente del Espíritu Santo. Vas a ver la razón en lo siguiente:

a. <u>AMOR</u>: Este amor es el amor que ama a los que no son amables; a los que por derecho queremos aborrecer; a los que toman gozo en herirnos; a los que nos menosprecian.

b. <u>GOZO</u>: Este gozo es el gozo calmado que el creyente puede sentir aun en medio de las pruebas más fuertes en la vida.

c. <u>PAZ</u>: Esta paz es una paz profunda producida por el Espíritu aun a pesar de los sucesos más tristes en la vida.

d. <u>PACIENCIA</u>: Es la paciencia que el Espíritu provee para ayudarnos a pasar por alto todas las cosas tan irritables en la vida.

e. <u>BONDAD</u>: Es el tipo de bondad que el Espíritu Santo da para ayudarnos a ser bondadosas para con los que no lo merecen; los que son egoístas; los que piensan solamente en sí mismos y que nos tratan mal.

f. <u>BENIGNIDAD</u>: Es ser benigno con los que merecen más un puñetazo en la nariz o una patada en la nalga.

g. <u>FE O FIDELIDAD</u>: Es tener fe cuando todo parece perdido, o ser fiel a Dios especialmente cuando a veces "parece" que Dios nos ha abandonado. O cuando los cielos parecen hechos de hierro y nuestras oraciones no los pueden penetrar.

h. <u>MANSEDUMBRE</u>: Es el quedar manso aunque tengamos que sufrir injustamente. Cristo es nuestro ejemplo.

Quien cuando le maldecían, no respondía con maldición; cuando padecía, no amenazaba, sino encomendaba la causa al que juzga justamente.

1 Pedro 2:23

El apóstol Pablo dijo en 1 Corintios 4:12:

Nos maldicen y bendecimos; padecemos persecución, y la soportamos.

i. <u>TEMPLANZA</u>: Es mostrar templanza (auto-dominio) aunque sería más fácil utilizar la lengua para destruir a los que nos maltratan y nos menosprecian.

"¡Ay de mí! Jamás puedo cumplir todo eso." Sí, es verdad. Es lo que te dije al principio. No hay ningún ser humano que puede cumplir eso utilizando sus propias fuerzas o esfuerzos. Por eso te dije que este fruto es sobrenatural, y solamente el Espíritu Santo puede producir tal fruto en tu vida utilizando su poder omnipotente. Y lo hace cuando el creyente entregue cada área de su vida en la mano del Espíritu Santo confiando en El momento a momento.

PARTE B

JUAN 15

INTRODUCCION:

En la parábola de Juan 15 vemos lo siguiente:

A. Dios Padre es el Labrador y su responsabilidad es proveer todo lo que es necesario para la Vid y para los pámpanos.

B. Cristo es la Vid. El da vida a los pámpanos. 1 Juan 5:12 dice:

> El que tiene al Hijo, tiene la vida; el que no tiene al Hijo de Dios no tiene la vida.

C. Nosotros, los creyentes, somos los pámpanos, y nuestra responsabilidad es llevar el fruto que la Vid produce por su vida.

D. Y el Espíritu Santo es El que reproducirá la vida de Cristo en nosotros. Eso es otro milagro del Espíritu Santo. Aunque es imposible para cualquier ser humano producir la vida de Cristo en sí mismo, no es imposible para el Espíritu Santo quien mora en nosotros. Esta obra se ve en el fruto del Espíritu.

El sentido de Juan 15 es simplemente esto: Dios Padre provee todo lo necesario para que el Espíritu Santo reproduzca la vida de Cristo en el creyente. Lamentablemente nosotros podemos impedir esta obra del Espíritu por medio de nuestra naturaleza pecaminosa.

En Juan 15 vemos cuatro puntos:
1. No Lleva Fruto
2. Lleva Fruto
3. Lleva Más Fruto
4. Lleva Mucho Fruto

1. NO LLEVA FRUTO

Yo soy la vid verdadera, y mi Padre es el labrador. Todo pámpano que en mí *no lleva fruto, lo quitará.* . . .

Juan 15:1,2a

Aquí vemos un pámpano que está en la vid. Pero aunque está en la vid, no está llevando fruto. ¿Qué pasará con tal pámpano? ¿Será separado de la vid? No dice así. Hay tres grupos de personas con interpretaciones diferentes de lo que quiere decir la frase "*lo quitará*". Examinémolos.

a. *La Primera Interpretación: La Pérdida de la Salvación.*

Hay los que dicen que "lo quitará" quiere decir la pérdida de la salvación porque el creyente ha pecado de nuevo. Dicen, "El creyente que peca, pierde su salvación. El Labrador lo cortó de la Vid y ya no es salvo."

Por favor no hay que sacar el versículo de su contexto. En este pasaje Cristo no está hablando de la salvación sino de la comunión, del llevar fruto. Dios Padre es el Labrador, el dueño de la viña y de la Vid y de los pámpanos. Siempre será dueño de los creyentes. Nos ha comprado con la sangre preciosa de su Hijo amado, Jesucristo. Y el momento que el pámpano está en la Vid, él tiene la vida de la Vid (Cristo) en sí mismo **para siempre.** ¡Qué bendición incomparable! Como hemos visto, cuando tú recibes a Cristo como tu Salvador, dos cosas suceden sin tu ayuda: 1) Cristo pone al Espíritu en ti, y 2) el Espíritu te pone a ti en Cristo. Tú no tienes nada que ver con este acto salvo ser la receptora de esta bendición, este milagro. Es la obra de Dios, y la seguridad de nuestra salvación, porque el Espíritu Santo ya mora en nosotras para siempre.

Y yo rogaré al Padre, y os dará otro Consolador (el Espíritu Santo), *para que esté con vosotros para siempre:* El Espíritu de verdad, al cual el mundo no puede recibir, porque no le ve, ni le conoce; pero vosotros le conocéis, porque mora con vosotros, *y estará en vosotros.*

Juan 14:16,17

¿O ignoráis que *vuestro cuerpo es templo del Espíritu Santo, el cual está en vosotros,* el cual tenéis de Dios, y que no sois vuestros? Porque habéis sido comprados por precio. . . .

1 Corintios 6:19,20a

Cuando pecamos después de ser salvos, Dios Padre nos disciplina porque somos hijos ya, pero no nos condenará al infierno porque el Espíritu mora en el creyente. Si Dios Padre mandara al creyente al infierno, el Espíritu Santo sería mandado al infierno también porque *El mora en el creyente para siempre*.

El estar en Cristo es tu posición en los ojos de Dios y nunca puede ser cambiada. Tú eres salva para siempre. Tú estás en Cristo y el Espíritu está en ti por la gracia y misericordia de Dios, y nada puede quitarte de Cristo ni quitar a Cristo de ti. Juan 10:28,29 dice:

> Y yo les doy vida eterna; y no perecerán jamás, ni nadie las arrebatará de mi mano.
> Mi Padre que me las dió es mayor que todos, y NADIE las puede arrebatar de la mano de mi Padre.

Hay que notar cuatro cosas en este versículo:

1) La vida eterna es un regalo--- "Yo les *doy* vida eterna"
2) El regalo es eterno----------- "Y yo les doy *vida eterna*"
3) Es Cristo quien da el regalo-- "Y *yo* les doy vida eterna"
4) Tú *NO* puedes perecer---------- "*No* perecerás jamás"

Si tú puedes obtener la vida eterna por buenas obras, no será un regalo, sino algo que tú mereces porque has trabajado para obtenerla. Si tú puedes obtenerla por medio de buenas obras, puedes perderla por malas obras, entonces no sería una vida imperecedera, sino una vida perecedera. Si tú puedes perecer, Cristo es un mentiroso porque El dice que no perecerás jamás. Pero Cristo es Dios Hijo y no puede mentir.

Así que, gracias a Dios, tu posición en Cristo es segura porque no depende de ti, la falible, sino de Dios, el infalible. Tú no tienes que agarrar desesperadamente la mano de El. Dios te tiene en su mano. Por eso puedes regocijarte en su promesa, "...No te desampararé, ni te dejaré." Hebreos 13:15.

Pero, aunque tu salvación depende de Dios, tu andar (la comunión) en este mundo depende de ti, si vas a fructificar en tu andar o si vas a fallar. El Padre Dios, el Labrador, quiere que tú lleves mucho fruto, y la única manera en que puedes hacerlo es dejar la vida de Cristo, la Vid, fluir en ti, el pámpano. Tú NO puedes producir fruto pero puedes impedir que el Espíritu produzca fruto en ti. La vida de la Vid producirá fruto. Tú, el pámpano, solamente puedes llevar el fruto que es producido en ti. Eso es lo que quiere decir en el versículo cuatro cuando dice:

> Permaneced en mí, y yo en vosotros. Como el pámpano no puede llevar fruto por sí mismo, si no permanece en la vid, así tampoco vosotros si no permanecéis en mí.

Cuando Cristo te dice: "Permaneced en mí", está hablando de tu comunión con El--no de tu posición en El. Tu posición tiene que ver con tu salvación. Es donde Cristo te pone cuando tú le recibes como tu Salvador. Tu comunión tiene que ver contigo, si tú quieres tener algo que ver o nada que ver con Cristo. En cuanto a tu posición en Cristo, tú no puedes estar en Cristo un momento y fuera de Cristo el próximo. Permanecer quiere decir, "Mantenerse sin modificación en un sitio, en un estado". Mantenerse quiere decir: "Perseverar; no ceder."

No puedes perder tu salvación, pero tu comunión con El puede ser cortada si cedes al pecado. El pecado en tu vida impide que el Espíritu produzca en ti el fruto que El quiere producir. Cuando Cristo dice, "Permaneced en mí", está diciendo, "Quédate en comunión conmigo, en contacto conmigo. Permaneced en mí; perseverad en mí sin ceder o capitular a Satanás o al pecado que te asedia."

> Así que, hermano mío amado, está firme y constante en el Señor.
> 1 Corintios 15:58ab.

La Segunda Interpretación: *La Pérdida de la Vida Física.*

El segundo grupo de personas dice, "La frase, *lo quitará,* se refiere a la pérdida de la vida física. El creyente no puede perder su salvación porque es eterna. Lo que puede perder, si sigue en el pecado, es su vida física. Hay versículos que muestran así."

> Si alguno viere a su hermano cometer pecado que no sea de muerte, pedirá, y Dios le dará vida; esto es para los que cometen pecado que no sea de muerte. HAY PECADO DE MUERTE, por el cual yo no digo que se pida.
> 1 Juan 5:16
>
> Porque el que come y bebe indignamente, sin discernir el cuerpo del Señor, juicio come y bebe para sí. Por lo cual hay muchos enfermos y debilitados entre vosotros, y muchos *duermen (están muertos).*
> 1 Corintios 11:29,30

1 Corintios 11:29,30 está hablando de creyentes que están viviendo en el pecado, practicando el pecado, y a pesar de eso tienen la audacia de participar en la Santa Cena. Dios les amonesta que no deben hacer eso porque los que han hecho eso se enfermaron y algunos perdieron su vida. Cuidado de burlarte de Dios o tentarle.

Siempre cuando la Biblia habla de los creyentes que han muerto dice que duermen. Ejemplos: Juan 11:11-14, 1 Tesalonicenses 4:14, Hechos 13:36, 1 Corintios 15:51.

Otro ejemplo de personas que perdieron su vida física por causa de su pecado eran Ananías y su esposa Safira: Hechos 5:1-10.

Conozco a un creyente que oró que Dios le quitara la vida a un joven quien procuraba destruir la obra del Señor en una cierta iglesia. Aquella misma noche que él oró, el joven perdió la vida en un choque. Sabemos que a veces Dios obra en tal forma, pero creo que Juan 15 por causa de su contexto tiene otra interpretación para la frase "lo quitará".

c. *La Tercera Interpretación: La Pérdida de la Comunión con la Vid* (la consecuencia es que el pámpano no puede llevar fruto)

Vemos aquí al labrador en su cuidado cariñoso de sus pámpanos. En su amor para con ellos él los anima y hace todo lo posible para ayudar a sus pámpanos con la esperanza y el anhelo que los pámpanos sin fruto respondan y empiecen a llevar fruto.

Dios, el Labrador, quiere llevarte del lugar de tu vida donde no hay fruto, hasta el punto donde puede haber mucho fruto. La vida de la Vid fluyendo por el pámpano y el pámpano llevando mucho fruto para la gloria de Dios, ésto debe ser la meta tuya y la meta de la vida de cada creyente. Juan 15:1,2:

> Yo soy la Vid verdadera, y mi Padre es el Labrador. Todo pámpano que en mí no lleva fruto, lo quitará. . . .

La palabra "quitar" en este versículo en el idioma original en el griego es "*AIRO*", y quiere decir "*ALZAR*", y no quitar en el sentido de ser separado enteramente de la Vid. Es la misma palabra que está usada en Juan 6:5 donde dice:

> Cuando ALZO Jesús los ojos. . . .

Jesús no se quitó los ojos de su cabeza. Alzó sus ojos, o miró hacia arriba. Así el versículo 2 se debe leer:

> Todo pámpano que en mí no lleva fruto, lo alzará. . . .

Aquí vemos un pámpano tendido por el suelo, un lugar que no es aprobado por el labrador. El sabe que el suelo es un lugar peligroso para el pámpano. En tal sitio varias cosas malas pueden pasar al pámpano:

1) Puede ser pisoteado.
2) Puede enfermarse con enfermedades de plantas.
3) Fácilmente se cubriera de moho, o de hongos.
4) Puede ser dañado por insectos.
5) No puede ser alcanzado por los rayos del sol, lo que es tan necesario para ser una planta saludable que lleva fruto.

Mientras que este pámpano está en contacto con el polvo de la tierra, no puede llevar fruto. Para que el pámpano pueda llevar fruto, el labrador tiene que alzarlo (quitarlo) del suelo y ponerlo en su propio lugar, fuera del contacto con la tierra. Tiene que haber una separación entre el pámpano y el suelo.

Dios nos enseña por medio de esta lección objetiva que el mundo no es el lugar para el creyente como el hijo pródigo en Lucas 15:11 aprendió. Si tú te encuentras en la profundidad de la basura del mundo, deja al Labrador alzarte (quitarte) de esta basura y ponerte en el lugar donde debes estar. ¿Dónde está tu lugar? Efesios 2:6 dice:

> Y juntamente con El nos resucitó y asimismo *nos hizo sentar en los lugares celestiales con Cristo Jesús.*

"¿Cómo es que estoy sentado con Cristo en los lugares celestiales?" Tú estás EN CRISTO, y Cristo está sentado en los cielos. Así, Dios te ve a ti sentada en lugares celestiales en Cristo.

No debes estar metida en las cosas del mundo. Las cosas mundanas te impiden fructificar, como el moho, los insectos, las enfermedades impiden al pámpano fructificar. I Juan 2:15-17 dice:

> No améis al mundo, ni las cosas que están en el mundo. Si alguno ama al mundo, el amor del Padre no está en él. Porque todo lo que hay en el mundo, los deseos de la carne, los deseos de los ojos, y la vanagloria de la vida, no proviene del Padre, sino del mundo. Y el mundo pasa, y sus deseos; pero él que hace la voluntad de Dios permanece para siempre.

Juan 17 enseña claramente que aunque estás *en* el mundo, no eres *del* mundo.

SANSON

La vida de Sansón en Jueces 13-16 es un ejemplo de la vida que "no lleva fruto".

A. <u>Sansón era hijo de Dios:</u>
  1. Fue escogido por Dios antes de su nacimiento.
  Jueces 13:3,5
  2. Fue llamado por Dios para servirle.
  Jueces 13:5

3. Fue mandado ser separado del mundo por Dios.
   Jueces 13:7
4. Fue bendito por Dios en el sentido de que Dios le dió las fuerzas necesarias para cumplir la obra de Dios.
   Jueces 13:24
5. El Espíritu le utilizó no por causa de su vida sino a pesar de su vida--o de la manera que vivía.
   Jueces 13:25

B. Sansón escogió seguir su propia voluntad y satisfacer sus deseos carnales.
   1. Paseaba en el campo del enemigo.
      Jueces 14:1
   2. Se enamoró y se casó con una incrédula.
      Jueces 14:1-20
   3. Se enojó con su esposa y se separó de ella.
      Jueces 14:19
   4. Era vengativo.
      Jueces 14:1-11
   5. No era agradecido a Dios; tuvo un corazón ingrato.
      Jueces 15:18
   6. Cometió fornicación con una ramera.
      Jueces 16:1-3
   7. Se enamoró de otra incrédula, Dalila.
      Jueces 16:4

C. No cumplió ninguna obra permanente para Dios.

D. Los resultados de su carnalidad: Comunión cortada.
   1. Jehová se había apartado de él.
      Jueces 16:20
   2. Fue capturado por los enemigos.
      Jueces 16:21
   3. Los enemigos le sacaron los ojos.
      Jueces 16:21
   4. Le ataron con cadenas.
      Jueces 16:21
   5. Le hicieron moler en la prisión como animal.
      Jueces 16:21
   6. El era una diversión, como juguete, para sus enemigos.
      Jueces 16:25
   7. Murió en cautividad.
      Jueces 16:30

La obra que hacía Sansón no era para glorificar a Dios sino para satisfacer su deseo de *venganza*. Pero Dios se aprovechó del enojo de Sansón para cumplir su palabra acerca de los filisteos, los enemigos de Dios y de Israel.

Dios ha puesto la historia de Sansón en su Palabra para nuestro beneficio. Debemos aprender de él para que no caigamos en la trampa de Satanás.

La única cosa buena que podemos ver en la vida de Sansón era su fe en Dios durante la época de apostasía y duda. Dios honró esta fe y metió su nombre en el capítulo 11 de Hebreos que contiene la lista de hombres y mujeres de fe.

2. LLEVA FRUTO

> Todo pámpano que en mí no lleva fruto lo quitará, y todo aquel que *lleva fruto, lo limpiará,* para que lleve más fruto.
>
> Juan 15:2

Podemos ver en este versículo el cuidado cariñoso del labrador a favor de sus pámpanos. Los anima y hace lo necesario para que sean pámpanos más saludables llevando más fruto.

Pero en versículo 2 parece que algunos de sus pámpanos tienen problemas. Llevan fruto, sí, pero el fruto es pequeño, no desarrollado e inferior. El los examina para averiguar la razón por qué. El quiere corregir el problema. Averigua que algunos pámpanos ya son largos y los racimos pequeños producidos se quedan lejos de la Vid. Los alimentos que el fruto necesita para que llegue a ser superior, vienen de las raíces que salen demasiado lejos para alcanzar el fruto. Producen solamente hojas. Por eso la calidad del fruto se ha disminuido. El sitio mejor para el fruto es lo más cerca a la vid posible.

El labrador sabe que la cosa que los pámpanos necesitan más es ser podados, limpiados de los impedimentos que debilitan los pámpanos, que estorban el desarrollo del fruto. El sabe también que la poda:

    a. Mejora la calidad de los racimos.
    b. Disminuye la carga llevada por la vid y
    c. Permite que los rayos del sol alcancen todas partes de la vid.

El labrador sabe también que:

    a. Si no poda los pámpanos a tiempo, se atorarán y llegarán a ser leñosos, improductivos e inservibles.
    b. Si los poda, pero no los poda suficiente, los pámpanos llegarán a ser débiles y llevarán racimos pequeños.
    3. Si los poda demasiado causará vegetación excesiva.

La Mujer Ideal 67

El labrador es sabio y poda solamente tanto como es necesario para el bien de los pámpanos y hasta el punto que no aguantan más ellos.

El propósito del labrador no es destruir los pámpanos sino ayudarlos. El propósito de Dios, nuestro Labrador, no es destruirnos sino ayudarnos.

Felizmente nuestro Labrador, Dios Padre, es sabio. El busca lo mejor posible para nosotros, sus pámpanos. En Jeremías 29:11 Dios dice:

> Porque yo sé los pensamientos que tengo acerca de vosotros, dice Jehová, *pensamientos de paz, y no de mal, para daros el fin que esperáis.*

En hebreo la frase "el fin que esperáis" literalmente quiere decir "la esperanza viviente para la posteridad, el premio que anhelan." Así se puede leer el versículo en la manera siguiente:

> Porque yo sé los pensamientos que tengo acerca de vosotros, dice Jehová, pensamientos de paz, y no de mal, *para daros LA ESPERANZA VIVIENTE PARA LA POSTERIDAD; EL PREMIO QUE ANHELAN.*

Dios se preocupa por nosotros. Si nos ve alejándonos de la vid, El quiere corregir este problema y lo hace para nuestro beneficio. El hace lo que es necesario y lo que podemos aguantar. El sabe que el mejor sitio para nosotros, los pámpanos, es estar tan cerca de la Vid (Cristo) como nos sea posible.

Si nos encontráramos lejos de la Vid, tal vez hubiera fruto en la vid pero sería fruto inferior y no desarrollado. Así que nuestro Padre Celestial inicia el proceso de poda, de la limpieza en nuestras vidas que estorban nuestro acercamiento a Cristo. Hebreos 12:1 llama estos impedimentos "pesos".

Por tanto, nosotros también, teniendo en derredor nuestro tan grande nube de testigos, despojémonos de *todo peso* y *del pecado* que nos asedia, y corramos con paciencia la carrera que tenemos por delante.

Estos pesos pueden ser cosas legítimas en sí mismos pero en nuestras vidas toman el lugar legítimo de Cristo. Pasamos tanto tiempo en la compañía de estas cosas o estas personas que no hay tiempo o lugar en la vida para Cristo. El Padre Dios quiere limpiarnos de estos pesos para que llevemos fruto superior. Eso no solamente será un beneficio para nosotros sino también para otros.

Hay varias tijeras grandes que Dios utiliza para limpiarnos:

a. El Espíritu Santo y la Palabra.

¿Con qué limpiará el joven su camino? Con guardar tu palabra.

Salmo 119:9

Porque la palabra de Dios es viva y eficaz, y más cortante que toda espada de dos filos; y penetra hasta partir el alma y el espíritu, las coyunturas y los tuétanos, y discierne los pensamientos y las intenciones del corazón.

Hebreos 4:12

Y cuando El (el Espíritu Santo) venga, convencerá el mundo de pecado, de justicia y de juicio.

Juan 16:8

El Espíritu Santo utiliza la Palabra de Dios para hablar a nuestra conciencia acerca del pecado y de los estorbos en nuestras vidas. Si no le prestamos atención, es capaz de usar tijeras más cortantes como:

b. Aflicciones, sean lo que sean, como:

1) enfermedadades
2) problemas económicos
3) pérdida de trabajo
4) obstáculos puestos en la vida, etcétera.

Antes que fuera yo humillado (afligido) descarriado andaba; mas ahora guardo tu palabra.

Salmo 119:67

Lo hace porque es necesario y para nuestro beneficio.

a. La poda mejora la calidad del fruto en nuestras vidas.

Mas El conoce mi camino; me probará, y saldré como oro.

Job 23:10

En lo cual vosotros os alegráis, aunque ahora por un poco de tiempo, si es necesario, tengáis que ser afligidos en diversas pruebas. Para que sometida a prueba vuestra fe, mucho más preciosa que el oro, el cual aunque perecedero se prueba con fuego, sea hallada en alabanza, gloria y honra cuando sea manifestado Jesucristo.

1 Pedro 1:6,7

b. La poda nos ayuda a ser servibles y productivas en la vida y llevamos *más fruto*.

Conozco, oh Jehová, que tus juicios son justos, y que conforme a tu fidelidad me afligiste.

Salmo 119:75

Es verdad que ninguna disciplina al presente parece ser causa de gozo, sino de tristeza; pero después da fruto apacible de justicia a los que en ella han sido ejercitados.

Hebreos 12:11

c. La poda nos prepara para las bendiciones futuras que Dios tiene para nosotros. Nos hace creyentes más estables, más fuertes y vencedores en la vida cristiana.

Salmo 23:4,5 nos dice que cuando pasamos por el valle de sombra de muerte (pruebas, problemas, aflicciones) encontramos que al llegar al otro lado, Cristo ha preparado una mesa (un banquete de bendiciones) para nosotros. (Vs. 4 no habla de la muerte del creyente porque vs. 5 habla todavía de enemigos. No habrá enemigos en los cielos)

Hay un contraste distinto entre un pámpano que no lleva fruto y uno que lleva fruto. El que no lleva fruto no muestra ni por su apariencia ni por sus acciones que hay vida dentro de sí, mientras que él con vida manifiesta que hay vida activa, poca que sea, obrando dentro de sí.

Este contraste es muy evidente en la vida del creyente cuya vida es sin fruto y él que está llevando fruto. Vemos este contraste entre las vidas de dos hombres bíblicos bien conocidos: Sansón, "sin fruto", cuya lujuria le destruyó y Gedeón, "lleva fruto", a quien Dios utilizó a pesar de su temor y de su poca fe.

Ambos hombres fueron escogidos por Dios para ser jueces sobre Israel y para librarlos del yugo del enemigo. Pero ahí termina la semejanza.

a. **Gedeón:**

Al leer la historia de las vidas de ambos hombres se notan varias cosas:

1) Gedeón construyó un altar a Dios (Jueces 6:24)
Sansón no lo hizo.
2) Gedeón adoraba a Dios (Jueces 7:15)
Sansón no lo hizo.
3) Gedeón no participaba en las fiestas y en el pecado con los enemigos.

Sansón lo hacía.

Pero había estorbos en la vida de Gedeón que quizás le impidieron "*llevar más fruto*" de lo que él hubiera podido llevar.

¿Cuáles eran los impedimentos que debilitaron a Gedeón?

1) Fue dominado por su temor:

   a) Por causa de su temor no quiso obedecer a Dios. Jueces 6:15.

   b) Destruyó secretamente de noche los ídolos de la familia de su padre porque tuvo miedo de los devotos. Jueces 6:27

   c) Dios le mandó ir a espiar el campamento de los enemigos. Le dijo que si tenía miedo que llevara a su criado, Fura. ¡Gedeón llevó a Fura! Jueces 7:9-11

2) Fue dominado por la duda. Era hombre de poca fe.

   a) Dios le dijo. "...Jehová está contigo..." Jueces 6:12b. Gedeón respondió, "...*Si* Jehová está con nosotros...." Jueces 6:13.

   b) Dios le dijo, "...Ciertamente yo estaré contigo....." Jueces 6:16. Gedeón contestó, "*Si* he hallado gracia delante de ti...." Jueces 6:17

   c) Dios le dijo, "...Salvarás Israel de la mano de los madianitas...." Jueces 6:14. Gedeón respondió, "...*Si* has de salvar a Israel por mi mano,...." Jueces 6:14.

Sin embargo a pesar de su temor y de ser hombre "de poca fe", vemos algo de fruto en la vida de Gedeón. ¿Qué era? Gedeón obedeció a Dios aunque de mala gana.

Pero el Labrador tuvo que utilizar las tijeras grandes para podar--limpiar--al pámpano, Gedeón. El llevaba fruto pero no como debía llevarlo.

Vemos a lo menos dos cosas que Dios podó de la vida de Gedeón:

   1) Podó de la vida de Gedeón aun la presencia de los ídolos. Jueces 6:25-27.

   2) Podó el exceso de hombres del ejército de Gedeón.

Gedeón, el temeroso, se había rodeado a sí mismo con 32,000 mil hombres, Jueces 7:3,7. Dios utilizó sus tijeras grandes y se quedaron solamente 300 hombres que Dios usaría como instrumento para destruir al enemigo. La victoria había de ser la de Dios. El había de recibir la gloria--no Gedeón. Gedeón le dió la gloria, "*Jehová señoreará sobre vosotros.*" Jueces 8:23.

Cuando Gedeón empezó a activar su fe, Dios honró su fe-- aunque era poca-- y usó a Gedeón y sus 300 hombres para destruir al enemigo. Dios dió a Gedeón y a Israel la posteridad y la paz que anhelaban tener. Leemos que Gedeón reinó como juez sobre Israel por cuarenta años. ¡Valía la pena la limpieza!

No obstante seamos mujeres de poca fe, Dios honra nuestra fe cuando la activamos. Pero no debemos olvidarnos de la verdad que "la poda" es un hecho anual para los pámpanos, y nosotros, como creyentes necesitamos una limpieza de vez en cuando también para no volver a hacer ídolos de "cosas materiales", de "personas", de "diversiones", de "deseos para obtener poder y popularidad", o de "sea lo que sea" que toma el lugar de Dios en nuestras vidas.

3. LLEVA MAS FRUTO

Todo pámpano que en mí no lleva fruto lo quitará; y todo aquel que lleva fruto, lo limpiará, para que lleve **más** fruto.

Juan 15:2

a. *Los discípulos*:

En las vidas de los discípulos vemos que ellos habían pasado por el proceso de la "poda" y ya estaban "*llevando más fruto*".

1) Sacrificaron sus negocios y sus posesiones para seguir a Cristo. Mateo 4:20,22; Lucas 5:27-28

2) Se privaron de sí mismos de la conveniencias y de las comodidades de sus hogares para andar en caminos polvorientos con Cristo.

3) Servían a Cristo: Salían de dos en dos a otras áreas predicando y enseñando con éxito.

Aunque "los pesos" o cosas negativas fueron sacadas de sus vidas para que *llevaran más fruto*, ellos necesitaron algo positivo en sus vidas para que *llevaran mucho fruto*. El labrador es feliz cuando ve los pámpanos llevando "más fruto" pero si ellos pueden llevar "mucho fruto" y no están haciéndolo, él no está tan contento.

PREGUNTAS

1. ¿Cuál era el primer mandamiento de Dios a Adán y Eva?

   - Fructificad

2. ¿Qué hicieron Adán y Eva que les impidió cumplir este mandamiento?

   - Pecaron

3. Qué es necesario para que pueda fructificar en la vida espiritual?

   - La comunión con Dios

4. ¿Cuál parábola en el libro de Juan nos muestra lo que es necesario para fructificar y en qué capítulo se encuentra esta parábola?

   - La parábola de la Vid
   - Juan 15

5. En la parábola de la Vid:

   a. Quién es el Labrador y cuál es su obra?

   Dios Padre
   Provee todo lo necesario para la Vid y los Pámpanos

   b. ¿Quién es la Vid y cuál es su responsabilidad?

   Cristo
   dar vida a los pámpanos

   c. ¿Quiénes son los pámpanos y cuál es su responsabilidad?

   nosotros
   llevar fruto

6. Siendo pámpanos ¿cómo llegamos a estar en Cristo?

   Por medio de un milagro

7. ¿Cómo se llama este acto mencionado en la Biblia y a lo cual se refiere la pregunta anterior, Nº 6?

   Un bautismo

La Mujer Ideal

8. Efesios 4:5 habla de "un bautismo". Sabemos que es "un" bautismo, pero hay dos aspectos:

a. ¿Cuál es es primer aspecto, y qué versículo nos lo muestra?
- Dios Hijo cumple el primer aspecto
- Juan 1.33

b. ¿Cuál es el segundo aspecto, y qué versículo nos avisa de ello?
- Dios Espíritu cumple el segundo aspecto
- 1 Cor. 12.13

9. Como pámpanos, ¿qué clase de fruto hemos de llevar?
- El fruto de Cristo en nosotros

10. Dame tres ejemplos que muestran que este fruto es sobrenatural?

a. Amor: amar a nuestros enemigos.

b. Gozo: aun en medio de las pruebas más fuertes de la vida

c. Paz: que sobrepasa todo entendimiento — aún en los sucesos más tristes de la vida.

11. ¿Quién es El que produce el fruto sobrenatural en ti?
- El Espíritu Santo

12. En Juan 15a hay 3 interpretaciones posibles para la frase "LO QUITARA", ¿cuáles son?

a. Perder la salvación

b. *Perder la vida física (morir)*

c. *Perder la comunión con la Vid.*

13. ¿Por qué no llevaba fruto el primer pámpano?

- Porque está separado de la Vid.

14. Para que el primer pámpano llevara fruto, ¿qué tendría que hacer el labrador al pámpano?

. Tenía que alzarlo.

15. Si no hay fruto en tu vida, tal vez es porque estás metido en el mundo. ¿Qué cosa tiene que suceder para que tú puedas llevar fruto?

. Necesito ser podada y limpiada

16. Quién en la Biblia es un ejemplo de la persona que no llevó fruto, y por qué?

. Samson - No glorificaba a Dios - fué desobediente. decidió seguir sus deseos carnales

17. Si el pámpano está llevando fruto ¿por qué necesita ser limpiado?

. Para que lleve mas fruto y de mejor calidad.

18. El propósito del labrador no es _*destruir*_ los pámpanos sino para _*ayudarlos*_.

19. El propósito de Dios, nuestro Labrador, no es _*destruirnos*_ sino para _*ayudarnos*_

La Mujer Ideal 75

20. Según Jeremías 29:11 ¿Cuáles son los pensamientos de Dios hacia nosotras?

- pensamientos de paz

21 Para que el pámpano lleve mejor fruto ¿Qué tiene que hacer el labrador al pámpano? limpiarlo

22. Hebreos 12:1 nos dice que hay cosas que nos impiden llevar mejor fruto, ¿cuáles son?

Todo peso y pecado que nos asedia

23. ¿A qué se refiere la frase "de todo peso"?

- Los impedimentos de la vida que estorban nuestra comunión con Dios.

24. Para podar (limpiar) los pámpanos, el labrador tiene que utilizaar "tijeras grandes". También es necesario que Dios utilice de vez en cuando "tijeras grandes" para podarnos "de todo peso" que nos impida llevar mejor fruto. ¿Cuáles son algunas tijeras grandes que Dios utiliza en nuestras vidas para deshacernos de todo peso que están impidiéndonos llevar el fruto que debemos llevar?

- El Espíritu Santo
- Su Palabra
- Aflicciones sean las q' sean

25. ¿Cuál versículo nos muestran que "la poda" mejora la calidad del fruto en nuestras vidas?

- Job 23.10
- 1 Pedro 1.6,7

26. Cuál versículo nos muestra que la poda nos ayuda a ser más servibles y productivas para llevar mejor fruto?
- Salmo 119.75
- Hebreos 12.11

27. ¿Quién es el personaje bíblico cuya vida nos ayuda a comprender el concepto bíblico de "llevar fruto", y qué le hizo Dios para que pudiera tener victoria en su vida?
- Gedeón
- Podó de la vida de Gedeón la presencia de los ídolos
- Podó el exceso de hombres de su ejercito

28. ¿Quiénes son algunos personajes bíblicos cuyas vidas nos ayudan a comprender el concepto bíblico de "llevar más fruto"?
- Los discípulos

29. Cuáles eran algunas cosas que ellos sacrificaron para seguir a Cristo?
- Sus negocios y posesiones.
- Se privaron de sí mismos, de las conveniencias y comodidades
- Servían a Cristo

La Mujer Ideal 77

4. LLEVA MUCHO FRUTO: Juan 15:5,7

Yo soy la vid, vosotros los pámpanos; él que permanece en mí, y yo en él, *éste lleva mucho fruto*; porque separados de mí nada podéis hacer. . . Si permanecéis en mí, y mis palabras permanecen en vosotros, pedid todo lo queréis, y os será hecho.

Un buen labrador sabe que "la poda" en sí mismo no es suficiente para llevar "mucho fruto". Sí, es verdad, que es necesario sacar de los pámpanos cualquier cosa negativa que impide el flujo libre de la vida de la vid por el pámpano, sino que necesitan también cosas positivas tal como: alimentos, aire fresco, el calor de los rayos del sol, un buen sistema de riego, etcétera.

Nuestro Labrador, Dios Padre, sabe también que no solamente necesitamos "una poda" de vez en cuando sino también necesitamos cosas positivas en nuestras vidas espirituales si vamos a llevar "*mucho*" fruto.

Juan 15:5,7 nos avisan lo que es necesario para "llevar *mucho* fruto". La palabra clave de Juan 15 es la palabra "permanecer". Es también el secreto para llevar mucho fruto en la vida espiritual. Del versículo 4-10, la palabra permanecer aparece 10 veces. Como hemos visto, el diccionario dice que "permanecer" quiere decir" "mantenerse sin modificación en un sitio, en un estado". Entonces la enseñanza de Juan 15 es: Si el creyente quiere llevar mucho fruto en su vida tiene que estar no solamente "*en Cristo*" (el sitio), sino también *en comunión* con El (el estado)".

EL SITIO

Juan 15:5 se refiere a dos cosas: 1) nuestra salvación -- el sitio -- lo que Dios ha hecho a favor de nosotros. El sitio, "en mí" (Cristo), es el lugar donde el Espíritu Santo nos ha puesto al ser salvos. Nuestro sitio depende solamente, enteramente y eternamente de Dios y no de nosotros. Somos los receptores de esta gran obra porque somos salvos. Es un milagro. PERO, mis amigas,_____

EL ESTADO

El estado, la comunión, depende de nosotros y lamentablemente no es permanente ni para siempre, porque somos tan inestables como creyentes. *El estado tiene que ver con la co-*

munión. El pecado y el peso (cosa legítima que toma el lugar de Cristo en nuestras vidas) se interponen en nuestra comunión con Cristo, y la comunión se corta. El hecho de la comunión depende de nuestra voluntad propia--si queremos elegir estar en comunión con Cristo o no.

"La unión hace la fuerza" es el grito de la nación. Pero para el creyente, "la comunión hace la fuerza". *La comunión incluye la unión* (la salvación--unido con Cristo--miembro de su cuerpo) porque comunión quiere decir "unión en la misma fe". Siendo pámpanos estamos *unidos con la Vid, Cristo*; y la vida de Cristo fluyendo en nosotros sin obstáculos, es la comunión. Es por medio de tu comunión con Dios que recibes la fuerza para llevar mucho fruto y vivir una vida victoriosa.

Juan 15:7 nos menciona DOS ELEMENTOS necesarios en nuestras vidas para *mantener comunión con Cristo*.

Pero antes de entrar en un discurso de ellos queremos mirar DOS REQUISITOS necesarios en la comunión: 1) en espíritu y 2) en verdad. Se encuentran en Juan 4:24 que dice:

Dios es Espíritu; y los que le adoran, en espíritu y en verdad es necesario que adoren.

Dios es Espíritu y te ha dado un espíritu específicamente para que puedas adorarle *en espíritu*. También Dios te ha dado su Palabra, la Biblia, para que puedas saber cómo debes adorarle *en verdad*. Todos los hombres tienen un espíritu pero no todos los hombres tienen la verdad. Los que propagan sectas falsas usan la Biblia para hacerlo, pero la usan falsamente o tuercen su sentido. Esto no es según la verdad. 2 Corintios 4:2 dice: ". . .Ni adulterando la Palabra de Dios. . . "

Cristo es Espíritu y Verdad. "Yo soy la Verdad", dijo Cristo en Juan 14:6. Satanás es espíritu pero no es la verdad. Vemos cómo él torció el sentido de la Palabra de Dios a su conveniencia cuando engañó a Eva y cuando trató de tentar a Jesús. Satanás disfraza con luz todo engaño y mentira para confundir a la gente. La propaganda de Satanás es seguir una religión y no a la persona de Cristo. Dios no tiene interés en la religión. El tiene interés solamente en la persona de su precioso Hijo Jesucristo. Y si tú quieres adorar a Dios, tú tienes que hacerlo por medio de Cristo y en el nombre de Cristo. Por medio del engaño, Satanás arguye que es posible adorar a Dios por medio de otras cosas o de otras maneras fuera de la manera que Dios ha revelado en su Palabra. Pero esto NO ES LA "VERDAD".

Recuerdo una charla con mi madre. Yo le mostré lo que decía la Biblia acerca de un asunto. Ella me respondió: "Pero yo creo de otra manera".

Yo le dije: "Pero, mamita, esto no está conforme a la verdad de la Palabra de Dios."

"Pero esto es lo que yo creo", fue su respuesta.

Lo que ella creía era conveniente para ella, pues era agradable a sus emociones; pero no era la verdad según la Palabra de Dios. Así, su creencia se quedó inútil y sin valor ante Dios porque no estaba de acuerdo a la verdad de la Biblia. "...Y los que le adoran, en espíritu y en verdad es NECESARIO que adoren."

No se puede de otra manera, y a pesar de tu sinceridad, estás malgastando tu tiempo si tratas de adorar a Dios como te gusta y no como a El le gusta. Tienes que adorar a Dios según la verdad revelada en la Biblia. Una persona puede ser sincera, pero a la vez sinceramente equivocada.

La comunión verdadera entre Dios y sus hijos, los creyentes es la cosa más preciosa que hay para Dios. Y debe ser la cosa más preciosa para ti. Fuiste creada para la comunión con Dios.

Ahora queremos volver a hablar acerca de LOS DOS ELEMENTOS EN LA COMUNION. Recuerdas que aprendimos que los pámpanos no solamente necesitan "una poda" de vez en cuando sino también necesitan cosas positivas en su vida tal como: alimentos, aire fresco, el calor de los rayos del sol, un buen sistema de riego, etcétera.

También, nosotros como pámpanos, necesitamos cosas positivas en nuestras vidas espirituales si queremos llevar mucho fruto.

a. LA BIBLIA:

Es sumamente necesario permitir que la Palabra de Dios llegue a ser una parte integral de nuestras vidas cotidianas. Tenemos que andar obedeciendo la Palabra y siendo hacedores de la Palabra. La Biblia enseña que la palabra de Dios es el alimento espiritual que necesitamos para nuestro crecimiento espiritual como la comida es el alimento que nuestro cuerpo necesita para el crecimiento físico. La leche es para el bebé. La persona madura necesita alimento sólido. Así enseña la palabra en Hebreos 6:12-14. Hay cierta clase de enseñanza que es como leche que utilizamos para los nuevos en la fe. Pero ningún creyente debe quedarse bebé espiritualmente. Debemos alcanzar la madurez espiritual a través del estudio de la Palabra de Dios, para que podamos fructificar en nuestras vidas espirituales.

> Bienaventurado el varón. . .que en la ley de Jehová está su delicia, y en su ley medita de día y de noche. Será como árbol plantado junto a corrientes de aguas, que da su fruto en su tiempo y su hoja no cae, y todo lo que hace, prosperará.
> Salmo 1:1-3

Aquí vemos una promesa linda para los que encuentran su delicia en la ley o en la Palabra de Dios y de día y de noche meditan en ella. La promesa es que esta persona dará su fruto a su tiempo y todo lo que hace prosperará. Josué 1:8 instruye más acerca de la meditación en la Palabra de Dios. Dice:

> Nunca se apartará de tu boca este libro de la ley, sino que de día y de noche meditarás en él, para que guardes y hagas conforme a todo lo que en él está escrito; porque entonces harás prosperar tu camino, y todo te saldrá bien.

Para fructificar o prosperar en tu vida, no solamente tienes que leer la Biblia, sino que, tienes que dejar que la Palabra de Dios viva en ti, y tú tienes que vivir en la Palabra de Dios. Muchos creyentes leen su Biblia sólo por costumbre. Cuando cierran su Biblia, cierran también los ojos y el corazón a los mandamientos de Dios. Se olvidan de que la Palabra de Dios es la comida espiritual necesaria para tener una salud espiritual que sea robusta y saludable. No leen para asimilar la Palabra. Dios dice que hay que meditar en lo que El te dice en su Palabra. El quiere aconsejarte, animarte, amonestarte. Dios quiere hablar directamente al corazón tuyo, y quiere también que tú respondas a lo que El te dice para que El te haga prosperar.

En la Biblia se encuentran todos los tesoros de Dios para los creyentes. Pero tú tienes que ser como cualquier explorador. Para hallar tesoro tienes que buscarlo. "Buscad y hallaréis", dice Mateo 7:7.

El famoso explorador español, Juan Ponce de León se fue contra viento y marea en busca del tesoro, "La Fuente de la Juventud", o de la Vida. Era una fuente de agua cristalina legendaria que se suponía tener el poder de restaurar la salud y la juventud a cualquiera que tomara de ella. Pero al fin, la única cosa que Ponce de León encontró fue la muerte. ¿Por qué? Porque Ponce de León no lo buscó en el único lugar donde se encuentra la "Fuente de la Juventud". ¿Dónde está esta lugar? En la Biblia. La Biblia te dice dónde puedes encontrar la Fuente de la Vida, la vida sin fin, el vencimiento de la muerte y del infierno. En Juan 4:14 Cristo dice:

> Mas al que bebiere del agua que yo le daré, no tendrá sed jamás; sino que el agua que yo le daré será en él la fuente de agua que salte para vida eterna.
>
> Los que esperan a Jehová tendrán nuevas fuerzas; levantarán alas como águilas; correrán y no se cansarán; caminarán y no se fatigarán.
>
> Isaías 40:31

Si todavía no has encontrado la Fuente de la Vida, debes tomar la Biblia e irte contra viento y marea hasta que la encuentres.

El tema central de la Biblia desde el Génesis hasta el Apocalipsis, es la persona de Cristo, el Hijo de Dios. El propósito de la Palabra escrita es que conozcas con todo tu corazón la Palabra Viva, la cual es Cristo, el Hijo de Dios, y que sigas su ejemplo.

Cuando algunos griegos se fueron a Jerusalén a adorar a Dios, su primera petición fue, "Señor quisiéramos ver a Jesús", Juan 12:21. Pablo dijo en Filipenses 3:7,10a:

> Pero cuantas cosas eran para mí ganacia, las he estimado como pérdida por amor de Cristo...a fin de conocerle....

¿Quisieras ver a Jesús? ¿Quisieras conocerle en tanto que estás lista a perder toda tu ganancia por amor de Cristo?

El propósito supremo de tu vida debe ser conocer personalmente a Cristo. No quiero decir conocer acerca de Cristo, sino conocerle a El íntimamente. Cristo, el precioso Hijo de Dios, vive en ti si eres creyente. En cada paso que das y en cada resuello que respiras, Cristo, el Hijo de Dios, es tu compañero. La única manera de que tú puedas conocerle íntimamente es por medio de tu meditación en la Palabra de Dios, y por medio de la oración.

Cristo es el tesoro más precioso que uno puede tener en este mundo o en el mundo venidero. Una persona que posee un tesoro, conoce aun hasta el último detalle de su tesoro. Con entusiasmo está lista a mostrar y contar a sus amigos todos los detalles de su tesoro. Hermana mía, ¿Es Cristo tu tesoro? ¿Es Cristo tan precioso para ti que estás meditando en la Palabra de día y de noche para conocerle íntimamente?

David, el Salmista, no solamente encontraba delicia en la Palabra Viva, sino también en la Palabra escrita. Escribió en Salmo 119:72: "Mejor me es la ley de tu boca que millares de oro y plata."

David sabía que el oro y plata eran cosas perecederas pero que la Palabra de Dios es permanente, eterna y verídica. Es tu consejera porque te da sabiduría y entendimiento. Es lámpara y lumbrera para tu camino en este mundo de tinieblas.

> ¿Quién hay entre vosotros que teme a Jehová...que anda en tinieblas y carece de luz? Confíe en el nombre de Jehová; apóyese en su Dios.
>
> Isaías 50:10

b. LA ORACION:

Si eres salva, y si la Palabra de Dios ha llegado a ser una parte viviente e indispensable en tu vida diaria, tú puedes pedir todo lo que quieres, y te será hecho. Este es uno de los beneficios de que puedes gozarte si tú estás llevando mucho fruto. Cuando ambos -- la Palabra Viviente (Cristo) y la Palabra escrita (la Biblia) forman una parte integral de tu vida diaria, lo que tú quieres será en armonía perfecta con lo que Dios quiere. Entonces puedes tener la seguridad de que lo que quieres, te será hecho.

> Y esta es la confianza que tenemos en él, que si pedimos alguna cosa conforme a su voluntad, él nos oye. Y si sabemos que él nos oye en cualquiera cosa que pidamos, sabemos que tenemos las peticiones que le hayamos hecho.
>
> 1 Juan 5:14,15

Como la Biblia es el alimento para nuestra vida espiritual, la oración es como el aire fresco que necesitamos en nuestra comunión con Dios.

La palabra comunión no solamente quiere decir "unión en la misma fe", sino también quiere decir compartir, participar; participando el uno con el otro en los pensamientos, en las emociones íntimas, aún en sus posesiones. Por medio de la Biblia Dios comparte contigo su amor, su bendición, su gloria, su majestad, sus verdades, sus promesas y sus soluciones a tus problemas. La oración es cuando tú compartes con Dios tu amor, tu adoración, tu alabanza, tu gratitud, tu gozo, tristeza, problemas, peticiones, etc. Tu espíritu es la fuente de la oración y la Biblia es la fuente de la verdad.

En espíritu y en verdad es necesario que adoren.

Juan 4:24

Cuando aceptas a Cristo como tu Salvador, Dios te hace hija de Dios. Como hija puedes entrar directamente en la presencia de tu Padre Celestial en el nombre de Cristo, por medio de su sangre derramada.

Así que hermanos, teniendo libertad para entrar en el Lugar Santísimo (la presencia misma de Dios) por la sangre de Jesucristo...acerquémonos con corazón sincero, en plena certidumbre de fe....

Hebreos 10:19

Hay diferentes modos en que el creyente puede adorar a Dios, pero la manera tiene que estar conforme al espíritu y la verdad. Por ejemplo, tú puedes tener comunión con tu Dios en tu dormitorio, arrodillada o acostada en cama. Tú puedes adorarle con los ojos cerrados o abiertos. Tú puedes orar a Dios mientras lavas los platos o sentada en tu tienda esperando a los compradores. Otras tienen otros modos distintos para su comunión con Dios, pero todos los verdaderos adoradores de Dios tienen una cosa en común, todos están adorando a Dios en espíritu y en verdad. Tu oración agrada tanto a Dios que El dice que es como incienso, perfume y una memoria que asciende a su trono.

La META de tu oración es triple:
   a) Tu adoración a Dios
   b) Tu comunión con Dios
   c) Respuestas a tus oraciones

Para alcanzar las metas debes prestar atención a lo que la Biblia enseña tocante a la oración.

1) LA ORACION Y SUS LEYES:

Hace algunos años ya miramos un acontecimiento maravilloso tomando lugar. Por la televisión vimos a los astronautas pisando literalmente la superficie de la luna. Era una vista magnífica, increíble pero verdadera. Cuando el astronauta plantó su bandera sobre la superficie lunar, alcanzó su meta.

Ahora cada vez que yo miro la luna me pregunto, ¿Cómo fue posible que los hombres pudieron cumplir una hazaña tan extraordinaria? Me hizo pensar en mi Dios, mi Creador, quien capacitó al ser humano con un cerebro tan intrincado y profundo que pudo calcular lo necesario para alcanzar la luna. Reconocí una verdad sin la cual los hombres, en sí mismos con toda su inteligencia, jamás pudieron cumplir tal hazaña. Necesitaron una ayuda la cual era las leyes incambiables e invariables con las que Dios compuso el universo al crearlo.

Todos los cálculos de los astronautas fueron basados sobre estas leyes maravillosas. Dios no solamente creó la luna, planetas y todas las otras luminarias sino también las puso en sus órbitas, y las ha mantenido en su curso desde el principio de la creación. Las leyes de Dios eran tan correctas y perfectas que los astronautas no solamente alcanzaron su meta para andar en la luna sino también pudieron aterrizar al mundo dentro de un kilómetro donde predijeron que iban aterrizar. Las mismas leyes de Dios siguen sin cambios y sin variaciones aún hasta hoy en día.

> ¿No sabéis? ¿No habéis oído? ¿Nunca os lo han dicho desde el principio? ¿No habéis sido enseñados desde que la tierra se fundó? El está sentado sobre el círculo de la tierra,. . .él extiende los cielos como una cortina, los despliega como una tienda para morar. . .Levantad en alto vuestros ojos, y mirad quién creó estas cosas. . .¿No has sabido, no has oído que el Dios eterno es Jehová, el cual creó los confines de la tierra?. .
> Isaías 40:21,22,26,28

> Porque en El fueron creadas todas las cosas, las cosas en los cielos y las que hay en la tierra. . .todo fue creado por medio de El y para El.
> Colosenses 1:16

> . . .Y quien sustenta todas las cosas con la palabra de su poder.
> Hebreos 1:3b

¿Qué tiene que ver la oración con el aterrizaje de los astronautas en la luna? Bueno, Dios no solamente hizo leyes para el universo, El hizo leyes para la oración también. Los astronautas alcanzaron su meta por obedecer las leyes científicas de Dios. Si queremos alcanzar nuestras metas en oración, tenemos que seguir fielmente las leyes espirituales que Dios ha puesto en su Palabra tocante la oración. Si los

La Mujer Ideal 85

astronautas no hubieran cumplido fielmente las leyes de Dios tocante al universo o hubieran sobrepuesto sus propias ideas a las leyes de Dios, seguramente se hubieron encontrado perdidos en el espacio. Si no oramos según los requisitos de Dios, nuestras oraciones pueden ser encontradas perdidas en el espacio también. Por eso a veces no hay respuestas a nuestras oraciones.

Lamentablemente hay creyentes sinceros que sobreponen subconscientemente a las leyes de Dios sus propias ideas acerca de orar. Basan sus oraciones sobre el emocionalismo o el sensacionalismo, y en esta manera anulan las leyes de Dios.

> Pues en vano me honran, enseñando como doctrinas, mandamientos de hombres.
>
> Mateo 15:9

¿Qué es lo que requiere Dios en la oración? ¿Qué enseña El en su Palabra? Eso era lo que los discípulos anhelaron saber cuando pidieron a Jesús, "Enséñanos a orar". Jesús lo hizo. También dejó instrucciones en su Palabra para nosotros para que podamos orar en una manera aceptable y agradable a Dios Padre.

LA ORACION Y SUS LEYES

1. La Oración y la Trinidad:

a. Dios Padre: "Oren al Padre".

Jesús les dijo en Mateo 6:8: "Vosotros, pues, oraréis así: Padre nuestro. . ." Un principio muy claro y sencillo, ¿no? Parece que no. ¿Cuántas de Uds. han escuchado a otros orando a Jesús o al Espíritu Santo? Jesús enseña claramente que debemos dirigir nuestras oraciones al Padre, NO a Jesús ni al Espíritu. ¿Cómo es que estamos muy listos para hacer lo que Cristo dice acerca de la salvación, pero pasamos por alto lo que El nos manda hacer tocante la oración? Debemos orar "en Espíritu", no al Espíritu, y "en nombre de Jesús", no a Jesús. Jesús enseña explícitamente que no debemos pedirle a El nada. En Juan 16:23 un poco antes de morir en la cruz, Jesús dijo a sus discípulos: "En aquel día (cuando Jesús ya había vuelto a los cielos) NO ME PREGUNTAREIS NADA. . ."

La palabra griega para "preguntaréis" es "PEDIR UN FAVOR". Cristo les dijo, "No me pediréis nada. De cierto de cierto os digo, que todo cuanto pidiereis AL PADRE en mi nombre, os lo dará."

Cristo siempre dirigía sus oraciones al Padre--nunca al Espíritu. Mat. 11:25, Marcos 14:36, Lucas 10:21; 22:42; 23:34,46.

Jesús siempre puso énfasis en la relación íntima de Dios Padre con sus hijos. Es el Padre que suple las necesidades de sus hijos. Mira las frases íntimas que utilizaba Jesús en Mateo 6:

: 1 Es VUESTRO PADRE que recompensa
: 4 TU PADRE recompensará.
: 6 Ora a TU PADRE.
: 8 VUESTRO PADRE sabe de que cosas necesitas.
:10 Es TU PADRE CELESTIAL que perdona.
:18 para mostrar a TU PADRE
:26 VUESTRO PADRE CELESTIAL las alimenta.
:31,32 No os afanéis...VUESTRO PADRE sabe que tenéis necesidad.

Obedezcamos a Jesús y la Biblia. Dirijamos nuestras oraciones al Dios Padre como merece El y como Jesús enseña.

b. _Dios Hijo:_ Oren siempre "EN EL NOMBRE DE JESUS".

Aunque no debemos dirigir nuestras oraciones a Jesús, El siempre acentuaba la importancia y la necesidad de orar "EN SU NOMBRE". "Orad al Padre -- EN MI NOMBRE". Miremos capítulos 14,15, y 16 de Juan. ¿Qué dicen?

14:13 "Pidiereis al Padre EN MI NOMBRE."
14:14 "Pidiereis EN MI NOMBRE".
15:16 "Pidiereis al Padre EN MI NOMBRE".
16:23 "Todo cuanto pidiereis al Padre EN MI NOMBRE".
16:24 "Hasta ahora nada habeis pedido EN MI NOMBRE, pedid..."

¿Por qué es tan importante orar "EN EL NOMBRE DE JESUS"? Primeramente porque nos dijo que lo hiciéramos. Aparte de eso es solamente por medio de El que podemos entrar en la presencia de Dios Santo. Cuando Jesús dijo en Juan 14:6 "Yo soy el camino...nadie viene al Padre sino por mí," El no solamente estaba hablando de la salvación sino también de la oración. Al recibir a Jesús como Salvador El no solamente nos salva sino nos viste con su propia justicia. Cuando entramos en la presencia de Dios entramos vestidos en la justicia de Cristo, la única manera como Dios nos puede aceptar. Eso es lo que quiere decir por el "entrar en el nombre de Jesús". Solamente por esa razón podemos entrar "confiadamente" en la presencia de Dios Santo. Nuestra confianza, nuestra seguridad se encuentra únicamente y enteramente en la justicia de Cristo que nos cubre. Lo que quiere decir por el "pedir en el nombre de Jesús" es que lo que pedimos sería lo mismo como si Jesús mismo estuviera pidiéndolo del Padre. Nos cohibe pedir cosas al Padre que no le agradan, como dice en Santiago 4:3

> Pedís, y no recibís, porque pedís mal, para gastar en vuestras deleites.

c. *Dios Espíritu:* "Oren en Espíritu"."

> Pero vosotros, amados,...orando en el Espíritu Santo..."
>
> Judas 20

Orando "EN ESPIRITU" quiere decir que cuando oras, estás en una comunión tan profunda y estrecha con Dios Padre que estás muy sensible a la dirección del Espíritu para orar según la voluntad de Dios y no de la voluntad tuya.

Recuerda que somos creados con tres partes: alma, cuerpo y espíritu.

1) ALMA:
Las emociones se encuentran en el alma. Cuando ponemos énfasis en el emocionalismo estamos orando con el alma--no en el espíritu.

2) CUERPO:
Si ponemos énfasis en el movimiento físico, estamos orando con el cuerpo. Cuando se usan mucho las emociones o movimientos del cuerpo llaman atención a sí mismos.

3) ESPIRITU:
Orando en Espíritu es cuando tu espíritu está en comunión tan profunda y estrecha con Dios que tú eres perceptible a la dirección del Espíritu Santo, que orarás según la voluntad de Dios, y no según la tuya.

2. La Oración y la Manera Cómo:

a. *Muestren la dignidad que Dios Padre merece.*

Cuando entramos en oración estamos entrando no solamente en la presencia del Padre amante sino también en la santa presencia del Dios Santo. Estamos pisando, podemos decir, en "tierra santa". Cuando Moisés se acercó a la zarza ardiendo, Dios le dijo:

> No te acerques; quita tu calzado de tus pies, porque el lugar en que tu estás, tierra santa es, ...
>
> Exodo 3:5

Así no debemos entrar en la presencia de Dios con liviandad ni con despego o con indiferencia, sino mostrando la dignidad que Dios merece. Eso no quiere decir que no debemos sentir gozo porque, "En su presencia hay plenitud de gozo y delicias a su diestra para siempre." Salmo 16:11.

b. *Control de sí mismo:*

Dos de los frutos del Espíritu son LA PAZ Y LA TEMPLANZA, el cual quiere decir "el control de sí mismo". La oración debe ser ordenada y no con confusión o en una manera caótica. "Pues Dios NO ES DIOS DE CONFUSION sino de paz." 1 Corintios 14:33.

> Pero hágase todo decentemente y con orden.
>
> 1 Corintios 14:40

1) Ejemplo: CRISTO

Estudie la manera como Cristo se portaba en oración. En Mateo 26:36-45 Jesús fue con sus discípulos a Getsemaní a orar. Jesús se apartó de ellos un poco y oró. El oraba ferviente pero en Espíritu. No saltaba. No se lanzaba por aquí y por allá. No se caía muerto. No se desmayaba. No gritaba. Si lo hubiera hecho, jamás podrían dormirse los discípulos (26:40,43). Habrían quedados atónitos con las actuaciones de El. Al responder a la petición de sus discípulos, "Enséñanos a orar", Jesús les mostró la forma importante pero sencilla, "Nuestro Padre. . . ". No les dijo, "Gritad, temblad, todos juntos a la misma vez si quieren alcanzar el oído de Dios.

2) Ejemplo: ELIAS

a) *1 Reyes 18:17-39.* Dé un repaso de la historia de Acab y Elías.

¿Quiénes eran los que oraban saltando, clamando a grandes voces todos a la misma vez y sajándose? Los que adoraban un dios falso, el dios Baal, un ídolo. Era su costumbre portarse así en su oración. Escuche a Dios como se burlaba de ellos por medio de la voz de Elías.

> Gritad en alta voz porque dios es; quizá está meditando o tiene algún trabajo, o va de camino; tal vez duerme, y hay que despertarle.
>
> 1 Reyes 18:27

Mis amigas, nuestro Dios no se duerme. No tienen que despertarle. No es dormilón. Salmo 121:3 dice: "No se dormirá El que te guarda."

No es necesario gritar para llamar su atención. Dios no es sordo. "Porque los ojos del Señor están sobre los justos. Y sus oídos atentos a sus oraciones." 1 Pedro 3:12

Dios es tu Padre. Si quieres algo de tu padre terrenal, no entras en su presencia gritando, temblando, desmayándote para que te conceda tu petición. Si hicieses eso, ¿qué pensaría tu padre de ti? Pues, tampoco en la presencia de Dios. Hay que recordar que cuando entras en la presencia de Dios por la oración tú estás pisando "tierra santa". Hay que comportarse con respeto.

Elías no gritaba en su oración. No saltaba; no temblaba; no perdió su sentido, ni el control de sí mismo. No era necesario. Dios dice en Isaías 59:1 que El: "No...se ha agravado su oído para oir."

Elías oró sincera y efectivamente según la voluntad de Dios, y Dios escuchó y contestó su oración. Santiago 5:17 dice que Elías "oró fervientemente". La palabra griega quiere decir que "ORO ADORANDO" o en una actitud de adoración -- en Espíritu.

¿Cómo era la oración ferviente de Elías? Debemos saber porque Dios usa a Elías para ser un modelo para nuestra oración. Después de los ejercicios y gritos de los profetas de Baal, que contraste encontramos en este siervo de Dios.

> Cuando llegó la hora de ofrecerse el holocausto, se acercó el profeta Elías, y *DIJO*. . . .
>
> 1 Reyes 18:36,37

Dígame, ¿Qué tipo de Dios tienes tú? Das testimonio de El por la manera en que tú oras.

b) 1 Reyes 19:11-12. Dé un repaso del encuentro de Dios con Elías en este pasaje.

Vs. 11 habla de un grande y poderoso viento, pero dice que Jehová Dios no estaba en el viento.

Vs. 11 habla también de un terremoto, pero dice que Jehová Dios no estaba en el terremoto.

Vs. 12 habla de un fuego pero dice que Jehová Dios no estaba en el fuego.

Vs. 12 habla también de un **SILBO APACIBLE Y DELICADO.** Sí, era la voz de Dios.

Dios no está impresionado con la bulla ni la confusión sino con el respeto y con el orden. "Pero hágase todo decentemente y con orden." 1 Corintios 14:40.

c. *No debes orar para ser visto de otros.*

Cuando uno ora con mucho movimiento de cuerpo, manos y en una voz muy alta y excesivamente emocionado, llama la atención a sí mismo. Dios dice en Mateo 6:5,6:

> Y cuando ores, no seas como los hipócritas; porque ellos aman el orar en pie en las sinagogas y en las esquinas de las calles, PARA SER VISTOS DE LOS HOMBRES...Mas tú, cuando ores, entra en tu aposento, y cerrada la puerta, ora a tu Padre que está en secreto....

d. *No oren todos juntos a la vez en voz alta.*

En 1 Corintios 14 el apóstol Pablo corrigió a los Corintios por este tipo de bulla que era confusión en sus cultos. En 1 Corintios 14:31 Pablo les dijo que si había más de uno profetizando o enseñando tenían que ser *"UNO POR UNO"*. El apóstol Pablo ya había corregido en vs. 23-28 a los que estaban hablando "*en lenguas*" o "*en idiomas desconocidos*" que NO fueron comprendidos por los demás que estaban escuchando. Aun en aquel entonces solamente a dos o tres les fue permitido hacerlo en un culto y *"POR TURNO"* (vs. 27). Y si no había nadie ahí que comprendía este idioma para interpretarlo, Pablo les dijo, "*CALLE EN LA IGLESIA*", (vs. 28). "Pues Dios no es Dios de confusión, sino de paz..." 1 Corintios 14:33.

Sabemos que este don de hablar en lenguas no aprendidas fue dado durante el tiempo de transición en el libro de los Hechos, pero este don dejó de existir cuando Dios nos dió toda la Biblia. No fue practicada desde el fin del primer siglo hasta el siglo veinte cuando los Pentecostales renovaron "el hablar en lenguas" como una doctrina. Es una doctrina peligrosa porque cuando una entra en el mundo de los espíritus, hay más que el Espíritu Santo ahí. Hay *demonios -- espíritus inmundos*. Ya hemos tenido que tratar con varias personas que llegaron a ser endemoniadas por "el hablar en lenguas". Satanás imita la obra del Espíritu con dones falsos, y con frutos falsos.

Recién escuchamos a un hombre que asistía a un culto y una persona oraba en lenguas. Había otro que la interpretó, o procuró interpretarla pero era en un idioma que don Douglas

Metzger comprendía. Dijo que era una blasfemia fea contra Dios. Y la persona orando y la persona interpretando no lo sabían. La que oraba creía que estaba alabando a Dios aunque no comprendía lo que estaba diciendo.

Mi amiga, si tú no sabes lo que estás orando, **"CALLATE EN LA IGLESIA"**. Tú estás pisando terreno peligroso, y los demonios se van a aprovechar de ti. Todo lo sobrenatural no es de Dios. Lamentablemente Satanás puede producir lo que no es natural también. Hay que aprender a orar en la manera que agrada a Dios **UNO POR UNO – POR TURNO** y no en la manera que agrada a tus emociones.

e. Oren "de acuerdo".

Otra vez os digo, que si dos de vosotros se pusieren DE ACUERDO en la tierra acerca de cualquiera cosa que pidieren, les será hecho por mi Padre que está en los cielos.

Mateo 18:19

La palabra DE ACUERDO en griego tiene el sentido de "SONIDOS EN ARMONIA", algo que es muy agradable a Dios. Nuestras oraciones ascienden como incienso o perfume a Dios. Pero si no hay acuerdo, la oración es como un sonido disonante, que no agrada a Dios.

Cuando estamos juntos para orar, debemos orar en el Espíritu silenciosamente, con una mente unida con la persona que está orando a favor de nosotros, prestando atención a lo que ora para que podamos decir "AMEN", el cual quiere decir "que sea así". Esto está siendo "DE ACUERDO", un sonido en armonía con la voluntad de Dios, que agrada a Dios.

Si todos están orando al mismo tiempo no pueden prestar atención a la otra. No pueden estar de acuerdo porque no saben lo que está orando la otra. La bulla no es armonía. Si oramos en armonía, DE ACUERDO, Dios nos escucha y nos contesta.

f. Oren UNANIMES.

Todos éstos perseveraban unánimes en oración y ruego, con las mujeres. . . .

Hechos 1:14

La palabra UNANIMES quiere decir que estaban orando en Espíritu y con una mente unida. Cuando uno oraba, todos los demás estaban concentrándose fervorosamente en lo que oraba aquella persona, y estaban de acuerdo con su petición.

Así oraban. Uno tras el otro. No todos juntos en alta voz al mismo tiempo. Si todos estaban orando a la vez en voz alta habría sido caótico.

g. Al orar en grupos.

Cuando Jesús enseñó a los discípulos a orar, El les enseñó a utilizar el sentido en palabras que todos comprendieron: "**NUESTRO PADRE** en los cielos. . . ."

Cuando oras en grupos, debes decir: "**NUESTRO** Padre" porque estás orando a favor del grupo. El grupo está escuchándote y orando contigo silenciosamente pero en Espíritu. Evita decir "Dios **MIO**" en un grupo. "*Dios Mío*" es cuando uno está orando a solas. En público la oración debe ser breve. Cuando estás sola, puedes orar todo el tiempo que quieras. La Biblia dice "ORAD SIN CESAR". Es decir que tu vida está tan recta con Dios y en comunión con El constantemente que puedes orar en cualquier momento que sea necesario.

h. Oren según la voluntad de Dios.

> Y esta es la confianza que tenemos en El, que si pedimos alguna cosa CONFORME A SU VOLUNTAD, El nos oye. Y si sabemos que El nos oye en cualquiera cosa que pidamos, sabemos que tenemos las peticiones que le hayamos hecho.
>
> 1 Juan 5:14,15

Eso es orando en armonía "de acuerdo" con Dios, "de acuerdo" con la voluntad de El.

i. Oren confiadamente. Hebreos 4:16

> Acerquémonos, pues, confiadamente al trono de la gracia, para alcanzar misericordia y hallar gracia para el oportuno socorro.

Porque Cristo nos ha vestido en su justicia, podemos entrar confiadamente en la presencia del Dios justo.

j. No usen VANAS REPETICIONES.

> Y orando, no uséis vanas repeticiones, como los gentiles que piensan que por su palabrería serán oídos.
>
> Mateo 6:7

No debemos orar como loros o como discos rayados que repiten la misma cosa o la misma frase vez tras vez. Eso es irritante. Dios es una persona con razonamiento. Hay que hablarle como persona. No entras en la presencia de tu padre terrenal y comienzas a decir la misma frase vez tras vez tras vez. El pensará que estás loca y te dirá, "Vete de aquí con tu locura".

k. *No oren con pecado en la vida.*
Pero vuestras iniquidades han hecho división entre vosotros y vuestro Dios, y vuestros pecados han hecho ocultar de vosotros su rostro para no oir.

Isaías 59:2

l. *No oren codiciosamente.*
"Pedís, y no recibís, porque pedís mal, para gastar en vuestros deleites."

Santiago 4:3

3. La Oración y el Contenido:

Para ayudarnos a recordar lo que es necesario incluir en la oración, haremos un acróstico utilizando la palabra "AGAPE". Agape es la palabra griega para "AMOR", un amor puro que Dios tiene para con otros. Una manera para mostrar ese "amor-""AGAPE"--es por medio de la comunión con El en forma de oración.

    A doración --------- Salmo 29:2; 95:6
    G racias ----------- Salmo 100:4; Efesios 5:20; Fil. 4:6
    A rrepentimiento --- Proverbios 28:3; Daniel 9:4,5; Salmo 51
    P eticiones -------- 1 Juan 5:15
    E speranza --------- Sal. 62:5; Rom. 12:12; 15:13; Heb.10:23

a. *A--Adoración:*

La cosa mayor en la oración es nuestra adoración de Dios. Cristo nos dice en Mateo 6:33 que debemos buscar primeramente a Dios y su justicia y lo que necesitamos materialmente será suplido. Es nuestro privilegio y nuestro deber adorar a Dios. Salmo 29:2 y Salmo 95:6 dicen:

> Dad a Jehová la gloria debida a su nombre. Adorad a Jehová en la hermosura de la santidad. . . Venid, adoremos y postrémonos. Arrodillémonos delante de Jehová nuestro hacedor.

Ensalcemos a nuestro Dios ya sea a solas o en grupos. El reconocimiento de quien El es y las alabanzas mueven la mano de Dios hacia sus hijos. Hay muchas cosas por las cuales puedes adorar a tu Dios. Lee los Salmos. Están llenos de su majestad y de su gloria. Salmo 8:1; 3-4 y 19:1-4.

b. *G--Gracias:*

A Dios, como a cualquier persona, le gusta recibir el agradecimiento por lo que El hace por nosotras. No debemos dar por sentado sus bendiciones a favor de nosotras, ni ser negligentes en darle gracias. ¿Cómo sería si Dios mandara dos ángeles del cielo con dos canastas para recoger las oraciones de sus hijos? Una canasta sería para oraciones de acciones de gracias y la otra sería para oraciones de peticiones. ¿Cúal canasta piensas tú que se llenaría primero? Gracias a Dios que El no necesita mandar ángeles para recoger nuestras oraciones. Según la Palabra de Dios nuestras oraciones ascienden a El como incienso, perfume agradable.

> Entrad por sus puertas con acción de gracias, por sus atrios con alabanza. Alabadle, bendecid su nombre.
> Salmo 100:4

> Dad gracias en todo, porque esta es la voluntad de Dios para con vosotros en Cristo Jesús.
> 1 Tesalonicenses 5:18

> Por nada estéis afanosos, sino sean conocidas vuestras peticiones delante de Dios en toda oración y ruego, con acción de gracias.
> Filipenses 4:6

Dale gracias por su amor, su misericordia, su gracia, su salvación, sus consejos, sus promesas en la Biblia, la Biblia misma, todos tan preciosos. Hay tantas cosas por las cuales puedes agradecer a tu Dios que no hay espacio para enumeralas.

c. A--Arrepentimiento:

Este "arrepentimiento" toma la forma de confesión. Cuando confesamos (arrepentirnos de) nuestros pecados, estamos reconociendo que Dios es Dios y nosotros somos solamente sus criaturas que necesitamos tanto su gracia y su misericordia y su perdón por nuestros pecados. Tenemos su promesa en 1 Juan 1:9 que dice:

> Si confesamos nuestros pecados, él es fiel y justo para perdonar nuestros pecados, y limpiarnos de toda maldad.

La palabra "confesar" toma en cuenta dos cosas: 1) la persona que confiesa toma la misma actitud de Dios hacia su pecado --que es vil, e inaceptable a Dios, y 2) que no lo va a hacer de nuevo. Considera la confesión de Daniel, un hombre en quien nadie pudo encontrar la maldad. Daniel 9:4,5,10 dice:

> Y oré a Jehová mi Dios e hice confesión diciendo: Ahora, Señor, Dios grande, digno de ser temido, que guardas el pacto y la misericordia con los que te aman y guardan tus mandamientos; hemos pecado, hemos cometido iniquidad, hemos hecho

impíamente, y hemos sido rebeldes, y nos hemos apartado de tus mandamientos y de tus ordenanzas. . .y no obedecimos a la voz de Jehová nuestro Dios, para andar en sus leyes que él puso delante de nosotros por medio de sus siervos los profetas.

Si procuramos encubrir nuestros pecados, nos encontraremos en problemas. Porque Dios dice en Proverbios 28:13:

> El que encubre sus pecados, no prosperará. Mas el que los confiesa y se aparte alcanzará misericordia.

¿Recuerdas el caso del rey David y Betsabé? David cometió adulterio y asesinato, (2 Samuel 11). Procuró encubrir su pecado, su culpabilidad. No pudo ocultarlo de Dios. Hebreos 4:13 dice:

> Y no hay cosa creada que no sea manifiesta en su presencia; antes bien todas las cosas están desnudas y abiertas a los ojos de aquel a quien tenemos que dar cuenta.

Cuando David comenzó a respirar más liberalmente creyendo que nadie sospechaba de lo que él había hecho, Dios mandó a su profeta Natán a David. Natán le enfrentó con su pecado y dijo a David: "Tú eres aquél hombre. . . ", 2 Samuel 12:7.

David confesó su pecado y podemos escuchar su lamento en Salmo 51:1,2,4,7,9,11,12,14:

> Ten piedad de mí, oh Dios. . .Borra mis rebeliones. Lávame más y más de mi maldad, y límpiame de mi pecado. . . He hecho lo malo delante de tus ojos. . .Purifícame con hisopo. Lávame y seré más blanco que la nieve. . . Esconde tu rostro de mis pecados, y borra todas mis maldades. . .No me eches de delante de ti. . .Vuélveme el gozo de tu salvación. . .Líbrame de homicidios, oh Dios.

Dios le perdonó.

> Entonces dijo David a Natán: Pequé contra Jehová. Y Natán dijo a David: También Jehová ha remitido tu pecado. No morirás.
>
> 2 Samuel 12:13

d. P--Peticiones:

Felizmente podemos hacer peticiones a Dios. Cuando Cristo enseñaba a los discípulos a orar, El incluyó peticiones:

> El pan nuestro de cada día, dánoslo hoy.
>
> Mateo 6:11

Pero tenemos que tener cuidado de que toda nuestra oración sea así: "Te ruego; Te pido; Dame; Concédeme; Ayúdame, etcétera". En mi imaginación yo puedo ver al angelito con la canasta rebosada de peticiones luchando para alzar su carga mientras el otro angelito con su canasta casi vacía de adoraciones ya está ascediendo ligeramente a Dios. No hay nada malo en hacer peticiones, pero debemos aprender a pasar igual tiempo y aun más tiempo en adoración a Dios y en alabarle, aunque la oración es el tiempo de llevar las peticiones, las necesidades y los problemas a Dios. También es tiempo de apropiarte para tu vida de las promesas de la Palabra de Dios. Pero no hay que olvidar de que casi cada promesa tiene una condición que tú tienes que cumplir primero si quieres que Dios cumpla su promesa.

> Y esta es la confianza que tenemos en El que si pedimos alguna cosa conforme a su voluntad, él nos oye. Y si sabemos que El nos oye en cualquiera cosa que pidamos, sabemos que tenemos las peticiones que le hayamos hecho.
>
> 1 Juan 5:14,15

e. E—Esperanza:

Esta esperanza es en la forma de "anticipaciones" o "fe". Es decir que anticipas (tienes fe) que Dios cumplirá lo que ha prometido en su Palabra. Tus anticipaciones son de El.

> Pero pida con fe, no dudando nada; porque él que duda es semejante a la onda del mar, que es arrastrada por el viento y echada de una parte a otra.
>
> Santiago 1:6

Si quieres que Dios te conceda tus peticiones, tienes que orar con anticipación, es decir con la confianza que El te va a conceder lo que tú has pedido de El. Y a la vez dando gracias a Dios porque va a contestar. Pero, para hacer eso tienes que pedir según la voluntad de Dios. A veces Dios no cumplirá tu anticipación porque lo que le has pedido no es conforme a su voluntad. El Espíritu Santo escucha lo que estás orando y sabe que estás orando por algo que no te servirá bien. Entonces El ora por ti conforme a la voluntad de Dios.

Por ejemplo que tú tengas la oportunidad de comprar una tienda. Tú pides la suma a Dios, prometiéndole que usarás la tienda para la gloria de El y que siempre serás fiel en darle tus diezmos y ofrendas de lo que ganes, y que no venderás cosas en tu tienda que no agraden al Señor. Tú eres muy sincera en tu petición y llena de anticipación. Pero el Espíritu, quien conoce el corazón, ora diciendo, "Tú sabes, Padre Dios, que el corazón es engañoso, y el corazón de esta hija tuya está engañándola. Si tú le das este dinero, se apartará de tu camino y utilizará todo para sí misma. Y si necesita dinero, hará compromiso en su testimonio para vender cosas que harán caer a otros en el pecado. Es mejor que siga como ahora, porque de esta manera seguirá fiel confiando en ti.

> Y de igual manera el Espíritu nos ayuda en nuestra debilidad; pues qué hemos de pedir como conviene, no lo sabemos pero el Espíritu mismo intercede por nosotros con gemidos indecibles. Mas él (Dios) que escudriña los corazones, sabe cual es la intencion del Espíritu, porque conforme a la voluntad de Dios intercede por los santos.
>
> Romanos 8:26,27

Si tu Padre Celestial no te da todo lo que esperas de El, hay que saber que El sabe mejor lo que es bueno o malo para ti. Y si tu vida está consagrada a El, en lugar de las cosas pedidas que no te ayudarán, El te da cosas que son mejores. La madre que sustituye caramelos, tortas y otras cosas dulces para satisfacer los deseos de sus hijos en lugar de darles comida saludable, no es una madre sabia. Arruinará la salud de sus hijos. Gracias a Dios que El cuida de sus hijas en una manera tan amante.

Sin embargo, si insistes en recibir lo que no debes tener, es posible que Dios te dé como dió a los israelitas.

> Se entregaron a un deseo desordenado en el desierto; y tentaron a Dios en la soledad. Y El les dió lo que pidieron; mas envió mortandad sobre ellos.
>
> Salmo 106:14,15

Por ejemplo yo cito un caso actual de una pareja que pidió fondos a Dios para comprar una tienda prometiendo a Dios muchas cosas. Al principio Dios dijo que no, pero ellos insistían e insistían hasta que Dios les concedió su petición. ¿Y el resultado? No mucho tiempo después ellos estaban tan ocupados en la tienda que no había tiempo para ir a los cultos. Así dejaron de asistir. Dejaron de tener también sus devociones, y pronto estaban andando lejos del Señor. La última vez que escuché de ellos, seguían andando mal, y el resultado es que están perdiendo muchas bendiciones del Señor en esta vida y mucho más en la vida venidera porque no pueden llevar su tienda y dinero con ellos cuando tengan que dar cuenta a Dios.

Ahora el caso citado no es siempre así. Dios conoce los corazones y sabe cuando el corazón propio está engañando a su dueño. Dios se deleita en darnos no solamente nuestras necesidades sino también muchas veces las anticipaciones--

las esperanzas de nuestros corazones. Romanos 15:13 dice:

> Y el Dios de esperanza (anticipación) os llene de todo gozo y paz en el creer, para que abundéis en esperanza (anticipación) por el poder del Espíritu Santo.
> Alma mía, en Dios solamente reposa, porque de El es mi esperanza.
>
> Salmo 62:5

4. La Oración y sus Impedimentos:

a. *El Tiempo:*

El problema con la mayoría de los creyentes, es que dicen que no hay tiempo para orar, pero la verdad es que subconscientemente no quieren pasar tiempo en oración. ¿Por qué? Porque es una **interrupción** de lo que ellos quieren hacer. Aunque estás muy ocupada con tantas cosas que hacer, hay que buscar tiempo para orar aunque sea solamente cinco minutos. Puedes realizar mucho en cinco minutos de oración. Yo leí una vez que Napoleón, emperador de Francia, dijo: "La razón por qué vencí a los Austríacos, era porque ellos no sabían el valor de cinco minutos". Cada minuto que pasa con Dios vale mucho para la eternidad.

b. *El Aburrimiento:*

Tal vez tengas otra clase de estorbo en tus devociones. Tienes tus devociones cada día pero estás plantada en una rutina. Tus devociones o comunión se han hecho vanas repeticiones y te preguntas, "¿Por qué se han hecho mis devociones sin sentido y vacías?" Te has aburrido en tu tiempo con Dios. Apuradamente agarras tu Biblia y mientras que tratas de leerla, dejas tus pensamientos vagar por todas partes. Terminas de leerla, y no puedes recordar ni siquiera una palabra de lo que has leído. Lo mismo pasa cuando oras. Permites a tu mente pensar en los quehaceres, en los problemas, o en otras personas. Estás pasando por los movimientos de comunión sin saber que tu vida no está en contacto con Dios. Sabrás o no, si estás en contacto con Dios. Leí una vez las palabras de un gran predicador que dijo que el Espíritu que se mueve en y por las vidas consagradas es "la Corriente Divina" que da a todos una carga o un choque. Si no estás deleitándote en tu tiempo con Dios, hay un "cortocircuito" entre el Señor y tú. Cuando es así, es necesario recibir un choque de la "Corriente Divina" para que despiertes. Pero la

"Corriente Divina", el Espíritu Santo mismo, prefiere darte una carga.

No puedes hacer mucho por tu "hombre exterior" que se va desgastando. No obstante, "el interior" puede ser renovado de día en día por medio de tu comunión con tu Dios.

> Pero los que esperan a Jehová tendrán nuevas fuerzas. . .
> Isaías 40:31

Si tus pensamientos están acostumbrados a vagar, tienes que ponerlos bajo disciplina. No es fácil hacerlo pero puedes con la ayuda de Dios.

> Porque las armas de nuestra milicia. . .son poderosas en Dios para. . .llevar cautivo todo pensamiento a la obediencia a Cristo.
> 2 Corintios 10:4,5

Antes de empezar tus devociones, pídele a Dios que controle tus pensamientos. Que tu petición sea la misma que hicieron los hombres ciegos en Mateo 20:33, "Señor que sean abiertos nuestros ojos. . ." para ver a Jesús y las maravillas en su Palabra. Que te dé un corazón tierno y listo para escuchar su voz y aprender lo que El quiere enseñarte.

c. Cualquier cosa que toma el lugar legítimo de Dios:

Dios es Espíritu y es muy celoso de que tu comunión sea en espíritu y en verdad. Por eso Dios te prohibe terminantemente que le adores por medio de santos, de ídolos, de imágenes.

> No tendrás dioses ajenos delante de mí. No te harás imagen, ni ninguna semejanza de lo que esté arriba en el cielo, ni abajo en la tierra, ni en las aguas debajo de la tierra. No te inclinarás a ellas, ni las honrarás: porque yo soy Jehová tu Dios, fuerte, celoso, que visito la maldad de los padres sobre los hijos hasta la tercera y cuarta generaciones de los que le aborrecen.
> Exodo 20:3-5

También te prohibe que le adores por medio de cuadros, de cruces, o por medio de altares adornados, de sacrificios de llamas, o de ovejas, o de cualquiera otra cosa que es visible o invisible. Tu adoración pertenece solamente a Dios, y estas cosas no son del Espíritu y están contra la verdad de la Palabra de Dios. Dios no puede aceptar esta manera de comunión a pesar de la sinceridad de la persona. ¿Sabes por qué? Porque Cristo derramó su sangre preciosa en la cruz para darte el privilegio de entrar personal y directamente en la presencia de Dios. Y si tú utilizas cualquiera cosa como mediador entre Dios y tú, estás menospreciando la agonía de tu Salvador en la cruz y pisoteando el sacrificio del Hijo de Dios, diciendo que su sacrificio no es suficiente ni eficaz para obtener este privilegio para ti, y que tú necesitas también la ayuda de un "santito" que no puede ver, ni oir, ni hablar, ni andar siquiera; o que la sangre de un animal tiene igual valor que la sangre del Hijo amado de Dios.

¿Cuánto mayor castigo pensáis que merecerá él que pisoteare al Hijo de Dios, y tuviere por inmunda la sangre del pacto en el cual fue santificado, e hiciere afrenta al Espíritu de gracia?
Hebreos 10:29

El momento en que te encuentras delante de cualquiera cosa, pidiéndole interceder al único Dios vivo por ti, estás orando a un dios sordo. Tu oración no llega ni al techo que te cubre.

¿Estás orando bíblica y eficazmente?

Una de las cosas que te puede ayudar mucho es empezar a hacer un cuaderno con el título, "ORACIONES--RESPUESTAS". En una hoja del cuaderno hay que poner lo siguiente:

1) La fecha de la petición.
2) La petición misma. La petición debe ser una petición explícita y no general como "Bendice a fulano de tal".
3) En la hoja opuesta hay que poner la fecha cuando Dios contestó tu petición, y
4) La manera como El contestó tu oración.

Eso te ayudará a recordar las muchas veces que Dios contesta tus oraciones. Es tan fácil olvidarnos de la fidelidad de Dios en conceder nuestras peticiones, y que tenemos un Dios que vive y tiene interés en sus hijos. Un cuaderno así es muy útil. Nos muestra que Dios no contesta a veces nuestra oración inmediatamente, pero lo hace en su debido tiempo. Al apuntar las fechas podemos mirar lo pasado y ver la razón por qué Dios tardó en contestarnos. O podemos ver que Dios contestó nuestra petición pero no en la manera que le pedimos. Al reflexionar podemos ver la razón del por qué. Su manera es siempre mejor que la nuestra. El nos ama y busca lo mejor para nosotros.

LA PLENITUD DEL ESPIRITU SANTO:

La plenitud del Espíritu Santo es muy necesaria en tu vida si quieres fructificar. Lamentablemente algunos no comprenden lo que es "la plenitud del Espíritu". La confunden con "los dones del Espíritu" tal como "el hablar en lenguas" o con "el bautismo del Espíritu", las cuales tienen que ver solamente con nuestra posición--"en Cristo".

La plenitud del Espíritu es una obra del Espíritu que es completamente diferente. Simplemente la plenitud quiere decir "lleno" y eso es lo que quiere decir "la plenitud" del Espíritu "el ser lleno del Espíritu". Efesios 5:18 dice:

> No os embriaguéis con vino, en lo cual hay disolución: antes bien sed llenos del Espíritu.

Fíjense que la plenitud del Espíritu es un mandamiento de Dios, "Sed llenos del Espíritu". Es interesante anotar que la traducción correcta de la palabra "SED" en este versículo es:

> Continuad siendo continuamente llenos del Espíritu.

Vemos entonces, por este versículo, que ser llenos del Espíritu no es un acto que es definitivamente terminado la primera vez cuando una se llena del Espíritu--o mejor dicho cuando una entrega su vida totalmente al control al Espíritu. Porque a veces en una actitud terca quitamos las riendas de nuestra vida de las manos del Espíritu para seguir el camino que deseamos seguir y no el camino escogido por El.

Algunos piensan que para ser lleno del Espíritu uno tiene que pedir que tenga más y más del Espíritu y que Dios abriría la cabeza o boca o algo en tal forma para que pueda echar más y más del Espíritu en ellos. Eso es falso. Cuando recibes a Cristo como tu Salvador, Cristo pone todo el Espíritu en ti--no simplemente su "dedito" o "pie". Lo que quiere decir "sed llenos del Espíritu" es que el Espíritu tiene todo de ti. Por medio de tu voluntad puedes reservar áreas de tu vida para ti misma en lugar de entregarte totalmente al Espíritu Santo. Si lo haces no puedes ser llena del Espíritu.

Efesios 5:18 nos da la idea como es ser lleno del Espíritu. Nos habla de una persona que a sí misma se llena de vino. Esta persona en tal condición, ha perdido el control de sí mismo. El vino ya es su maestro, su señor. Controla la manera de su hablar, de su andar, de su pensar, de su comportamiento, etcétera. La persona controlada por el vino hace cosas que no haría si fuera sana.

¿No has visto hombres y mujeres tan borrachos que se encuentran arrastrados a lo largo de la acera? Habían perdido totalmente el control de sí mismo. Gente borracha controlada por la bebida procura manejar sus automóviles pero termina en un choque matando o hiriendo a otros dejándoles cojos o paralizados por el resto de su vida. Yo sé muy bien porque mi madre y mi hermano fueron heridos en choques. Un chofer borracho chocó con ellos y mi madre murió en el hospital. Otro hermano fue pisado por un chofer ebrio y murió en el hospital con complicaciones. El ceder al vino tampoco resolverá problemas. Crea más. El vino suelta todas las fuerzas malévolas de la naturaleza pecaminosa de la persona, sea mujer u hombre, y pega cruelmente, inclementemente a su cónyuge y a sus hijos. Suelta los deseos carnales. ¿Por qué piensas que el hombre insiste que su compañera beba? Por que sabe que ella pierde control de sí misma y es más fácil conquistarla.

Leí en el periódico de un padre delante de un juez. Su crimen era que él abusaba sexualmente de su hija menor, y ella ya se encontraba encinta por su padre. El tenía deseos carnales feísimos hacia su hijita pero no podía tocarla hasta que se embriagaba. Bajo el control del vino él podía forzarla a entregarse al acto. Era terrible y vergonzozo.

Dios dice: "No os embriaguéis con vino en lo cual hay disolución. . . ." Efesios 5:18a ¿Por qué? La respuesta se encuentra en Efesios 4:19 que dice así:

>Los cuales después que perdieron toda sensibilidad, se entregaron a la lascivia para cometer con avidez todo clase de impureza.

¡Qué cuadro tan triste pintó Salomón en Proverbios 23:29-35 de la persona que cede al vino! Dice así:

>¿Para quién será el ay?
>¿Para quién el dolor?
>¿Para quién las rencillas?
>¿Para quién las quejas?
>¿Para quién las heridas en balde?
>¿Para quién lo amoratado de los ojos?
>Para los que se detienen mucho en el vino. Para los que van buscando la mistura.
>No mires al vino cuando rojea, cuando resplandece su color en la copa. Se entra suavemente; Mas al fin como serpiente morderá, y como áspid dará dolor. Tus ojos mirarán cosas extrañas y tu corazón hablará perversidades. Serás como él que yace en medio del mar. O como el que está en la punta de

un mastelero. Y dirás: Me hirieron, mas no me dolió; me azotaron, mas no lo sentí. Cuando despertare, aún lo volveré a buscar.

Conmovedor, impresionante, ¿no? ¿Fruto deseable? En ninguna manera. No hay gozo en tal comportamiento solamente vergüenza. El o ella es un hazmerreir. Otros se burlan de él.

Pero gracias a Dios, El te ha dado una alternativa: algo que es positivo, la ayuda que necesitas y eso es:

...Antes bien sed llenos del Espíritu.

El fruto de ser llenos del Espíritu es : amor, gozo, paz, paciencia, benignidad, bondad, fe, mansedumbre, templanza. ¡Qué contraste!

El rompecabezas es ¿cómo pueden ser llenos del Espíritu? Para ser lleno de vino uno lo bebe hasta que se siente lleno, pero no se puede tomar al Espíritu en esta forma. Entonces, ¿cómo? Bueno, como yo te dije anteriormente este versículo habla del "CONTROL". No debemos ser controlados por el vino sino controlados (llenos) enteramente por el Espíritu. Para ser controlado por el vino tú tendrías que entregarte al beber continuamente el vino. Es igual con el Espíritu. Para ser lleno del Espíritu tú tienes que entregarte enteramente y continuamente al Espíritu cada momento de cada día para que El te controle continuamente.

El ser lleno del Espíritu sencillamente quiere decir que cada área de tu vida--tu espíritu, tu voluntad, tu intelecto, tus pensamientos, tus decisiones, tus emociones, tus deseos, tu amor, tu entusiasmo, tu enojo, tu cuerpo, tus amigos y amigas, tu empleo, tus diversiones, tus ambiciones, tus planes, tus metas, tu futuro, tu matrimonio, la manera que tú andas, la manera que tú hablas, la manera que te comportas, la manera que tú actuas, la manera que tú piensas, la manera que tú vistes, sea lo que sea, se quedan continuamente bajo la dirección y control del Espíritu.

Cuando tú estás entregada totalmente al Espíritu bajo su control, tú eres "llena del Espíritu". Pero si tú decides--y puedes decidir--tomar el control de cualquier área de tu vida, en ese momento ya no te quedas llena del Espíritu. Tienes al Espíritu todavía pero no eres llena de El o controlada por El, sino por ti mismo.

Cuando el Espíritu esté controlando tu vida, tu vida glorificará a Cristo, tu Señor y tu Salvador. Entonces experimentarás la vida abundante que Cristo ha provisto para los suyos.

Cuando tienes:

a Cristo como tu Salvador, tienes vida eterna.

Cuando tienes:

a Cristo como tu Señor, experimentarás vida en abundancia.

¿Qué se quiere decir con "entregar cada área de tu vida al Espíritu Santo? Bueno, por ejemplo:

1) Los Pensamientos:

Quizás tienes pensamientos enojados contra una persona, pensamientos resentidos, amargos. Según Efe. 4:30,31 estos pensamientos entristecen al Espíritu Santo. Entonces estos pensamientos están controlándote a ti--no el Espíritu Santo.

O tal vez tú permites los pensamientos vagar y meditas en cosas que pertenecen a la inmoralidad sexual con hombres o mujeres. Tú estás siendo controlada por tus pensamientos, no por el Espíritu Santo. Había un joven que fue a su pastor y le dijo que tenía problemas con sus deseos carnales. Después de charlar con él por un rato, el pastor preguntó al joven que clase de literatura estaba leyendo. El joven nombró algunas revistas que estaba leyendo. Todas eran de una naturaleza erótica. Después de leer estas revistas pornográficas el joven no pudo pensar en nada sino el sexo erótico. Por supuesto sus pensamientos le controlaban a él. Cuando el Espíritu Santo está en control pensarás como se dice en Filipenses 4:8 que dice:

Por lo demás, hermanos, todo lo que es verdadero, todo lo honesto, todo lo justo, todo lo puro, todo lo amable, todo lo que es de buen nombre; si hay virtud alguna, si algo digno de alabanza, en esto pensad.

2) Las Emociones:

Quizás estás permitiéndote enamorar con un incrédulo. Si es así tú estás en desobediencia abierta a la Palabra de Dios. Así, no puedes ser controlada por el Espíritu Santo porque rechazas permitirle control en esta área de tu vida. Saliendo con un incrédulo es una de las cosas más peligrosas para la creyente joven.

Había una señorita en nuestra iglesia que vino a buscar consejo de nosotros. Ella dijo que un cierto hombre casado y creyente le dijo que la amaba y quería casarse con ella. "Cómo,. pues, hija. Este hombre es creyente y casado," le dijimos. "Sí, yo sé, pero quiere casarse conmigo." Le preguntamos a la señorita si ella quería tener la voluntad del Señor en su vida. Ella respondió que sí. Entonces le dijimos que no podía casarse con él porque él era casado y su señora era una buena creyente, fiel a su marido. ¿Piensa que ella nos escuchó? No. El consiguió su divorcio y se casaron. Ella no fué controlada por el Espíritu Santo porque sus emociones le controlaban. Su marido se volvió un borracho. ¿Qué clase de vida está experimentando ella ahora? El pueblo le ve yendo o mandando a su hijito a sacar a su papá de la chichería. Su matrimonio es un desastre.

3) El Trabajo:

¿Estás metida en el tipo de trabajo que no agrada a Dios? Lamentablemente hay creyentes que están metidos en el negocio de la cocaína. La cocaína arruina las vidas de los que la usan. 1 Corintios 8:11,12 dice:

> Y por el conocimiento tuyo, se perderá el hermano débil por quien Cristo murió. De esta manera, pues, pecando (tú) contra los hermanos e hiriendo su débil conciencia, *contra Cristo pecáis.*

Dios dice que tú eres culpable si estás metida en el negocio de la cocaína por tentar a otros usarla. Tú estás pecando contra Cristo.

Al vender cosas por peso, ¿cómo es tu balanza? ¿Estás engañándolas porque estás utilizando trucos engañosos para ganancia ilegal?

¿Estás engañando a otros en tu trabajo aunque es un trabajo legítimo? ¿Estás cumpliendo tu trabajo en una manera agradable al Señor o trabajas solamente cuando el jefe está mirándote? Si el jefe te paga por ocho horas, debes darle ocho horas de trabajo. Tienes que entregar al Espíritu Santo no solamente la clase de trabajo que haces sino también la manera que lo haces. Si no lo haces, tú estás controlándote a ti misma; el Espíritu Santo, no.

4. Las Diversiones:

Si estás participando en cosas que a Dios no le gustan no puedes ser controlada o llena del Espíritu Santo. Tienes que dejar estas cosas y aprender a gozarte en las cosas del Señor. Hay verdadero gozo en lo que pertenece al Señor.

Podemos seguir nombrando otras áreas de la vida pero es suficiente decir que cada área de tu vida, sea lo que sea, tiene que tener la aprobación del Espíritu Santo si quieres experimentar la plenitud del Espíritu Santo.

¿Qué provecho hay al ser llena del Espíritu? Mucho. Pero vamos a nombrar tres bendiciones que son muy importantes. Cuando el Espíritu Santo está controlando tu vida, El hará lo siguiente por ti:

a) *Producir Fruto en tu Vida: "El Fruto del Corazón"*

Este fruto es el fruto que se encuentra en Gálatas 5:22,23. Aprendimos anteriormente que este fruto es sobrenatural y solamente el Espíritu Santo puede producirlo en tu vida. El es la fuente de todo gozo, de todo amor, de toda paz, de toda paciencia, de toda bondad, etcétera. El quiere que esta fuente de amor, de gozo, de paz salte en tu vida haciéndote contenta, feliz, conmovida con la persona de Cristo en tu vida. ¡Qué hermoso y deseable es este fruto en tu vida!

¿No te da hambre al ver en toda su madurez el fruto que es más exquisito, más dulce, más perfecto? Tal fruto atrae a una persona. Despierta en ella el deseo de obtenerlo para sí misma para que disfrute de su dulzura.

Así es cuando dejas que el Espíritu produzca en ti todo su fruto, que es exquisito, tan dulce, tan perfecto: el amor, el gozo, la paz, la paciencia, la benignidad, la bondad, la fidelidad, la mansedumbre, y la templanza. No solamente será lo que tú deseas sino también un fruto que atraerá a otros. Es una bendición estar en la compañía de la persona que siempre está feliz, gozándose en el Señor. Despierta en otros el deseo de obtener lo que está haciéndola gozosa y amable. Y como resultado, esta persona tiene la oportunidad de compartir con otros la fuente de su gozo, la cual es la vida de Cristo en ella.

b) *Librar su Poder en tu Vida: "El Fruto de los Labios".*

Cuando una está experimentando tanto gozo y amor en su corazón, quiere:

1) *Alabar a Dios:*

Cuando mostramos nuestra gratitud a Dios por alabarle por lo que El es y por lo que El ha hecho para nosotros, Dios llama a esta alabanza "el sacrificio agradable a Dios". Un corazón agradecido es lo que agrada al Señor. Heb. 13:15; Efe.5:19,20.

2) *Compartir con Otros:*

Compartiendo tu fe con otros es muy necesario si quieres llevar mucho fruto. ¿Por qué?

> ¿Cómo creerán en aquel de quién no han oído?...la fe es por el oir, el oir por la Palabra de Dios.
> Romanos 10:14b,17

La Palabra de Dios les alcanza por la voz y vida tuya.

También compartir tu fe con otros debe ser tu ejercicio espiritual. Así como el cuerpo físico necesita ejercicio para crecer y hacerse fuerte y firme, también tu vida espiritual necesita ejercicio para su crecimiento espiritual y para estar fuerte y firme en su fe. Romanos 10:9,10 dice que con el corazón crees en Jesús y esto te salva, pero dice también que es por medio de la boca--avisando a otros de tu fe en Jesús-- que tu salvación es confirmada. Dios te prepara por medio de tu comunión con El--la oración y la meditación en su Palabra--para compartir tu fe con otros. La primera responsabilidad de la primer iglesia era, "Id y predicad el evangelio". Esta responsabilidad no ha cambiado. Cada creyente, incluyéndote a ti, es responsable ante Dios de cumplir este mandamiento. ¿Estás haciéndolo?

Dios clama con angustia:
> Mi pueblo fue destruído porque le faltó conocimiento....
> Oseas 4:6

¿Serán destruidos tu esposo, tus hijos, tus padres, tus amigas, tus vecinas, porque les falta conocimiento de Cristo y porque tú tienes miedo o vergüenza de abrir tu boca para avisarles de la salvación que se encuentra en tu Salvador?

> Cuando yo dijere al impío: De cierto morirás, y tú no lo amonestares ni le hablares para que el impío sea apercibido de su mal camino a fin de que viva, el impío morirá por su maldad, pero su sangre demandaré de tu mano.
> Ezequiel 3:18

Velad debidamente, y no pequéis; porque algunos no conocen a Dios para vergüenza vuestra lo digo.
1 Corintios 15:34

Sepa que él que haga volver al pecador del error de su camino, salvará de muerte un alma, y cubrirá multitud de pecados.
Santiago 5:21

...El que gana almas es sabio.
Proverbios 11:30b

...Y los que enseñan la justicia a la multitud...resplandecerán...como las estrellas a perpetua eternidad.
Daniel 12:3b

Al ver a Pedro y a Juan, y al escucharles los gobernantes, los ancianos y los escribas, se maravillaban y les reconocían que habían estado con Jesús. Al verte a ti y al escucharte, ¿reconocen otros que tú has estado con Jesús? ¿Practicas lo que predicas? Hay que recordar que tus acciones hablan más fuerte que tus palabras.

...Por sus frutos los conoceréis.
Mateo 7:20

Si otros pueden ver amor, gozo, paz, paciencia, benignidad, bondad, etc., en tu vida, no tendrás ninguna dificultad en comunicar tu fe a otras. Querrán saber por qué tú eres diferente. Pero si tratas de testificar a otros acerca de Cristo mostrando "fruto manchadito"--rencor, resentimiento, amargura, irritación, críticas destructivas, mentiras, etc., ¿Quién querrá escucharte?

Tu vida, dice San Pablo, es epístola de Cristo, conocida, y leída por todos los hombres, 2 Corintios 3:2.

Una vez estuve sentada en el patio charlando y riendo con algunas señoras. Una jovencita, hija de una de las señoras, estaba sentada en la yerba escuchándonos. De repente la hija habló, "Mamita, yo te amo cuando estás con otras. Todo es hermoso. Pero, mamita, cuando tú estás en casa; ay de mí." Todas nosotras quedamos atónitas porque todas éramos creyentes y en el servicio del Señor, incluyendo a dicha mamá. Aunque la mamá no dijo nada, yo creo que las palabras le hirieron profundamente el corazón. Nos olvidamos a veces de que nuestras vidas son epístolas o cartas de Cristo conocidas y leídas por el esposo y por los hijos. ¿Es tu vida la clase de carta que tu marido y tus hijos quieren guardar como una memoria linda? ¿O es tu vida la clase de carta que ellos quieren destrozar y botar a la basura?

Hay que saber que aunque tus amigas y tu familia incrédulas se rehusan a leer la Biblia, ellas están leyendo constantemente tu vida. Las personas con quienes trabajas están leyendo tu vida; tus vecinos están leyendo tu vida. ¿Qué encuentran ellos en tu vida? ¿Bendición o maldición? ¿Amor o aborrecimiento? ¿Gozo o tristeza? ¿Bondad o maldad? ¿Fidelidad o infidelidad? ¿Mansedumbre o un espíritu dominante? ¿Templanza o debilidad? No es fácil llevar el fruto del Espíritu Santo, pero es muy necesario si quieres tener buen éxito en tu vida.

c) *Compartir tus Fuerzas: "El Fruto de la Obra".*

Cuando el Espíritu Santo nos pide hacer una obra para Cristo El no nos abandona. El comparte con nosotras sus fuerzas; su sabiduría, todo lo que es necesario para que cumplamos la obra con buen éxito. Siempre podemos confiar en El.

Salmo 55:22 es una linda promesa para nosotros y nos muestra como El comparte sus fuerzas con nosotros. Allí dice:

> Echa sobre Jehová tu carga y El te sustentará; No dejará para siempre caído el justo.

La palabra "carga" en hebreo es "yeh hawb" y significa "lo que es dado por Jehová". La palabra "sustentará" quiere decir en hebreo "hacer provisión" o "mantener". El sentido de este versículo es que Jehová mismo es El que te ha dado esta "carga pesada; esta responsabilidad difícil; esta prueba dura y a la vez El te convida echar sobre El la carga que ha puesto sobre ti, sea lo que sea, y El hará la provisión necesaria para compartir contigo sus fuerzas y su sabiduría para que salgas con éxito en cumplir la responsabilidad difícil, o para que salgas con victoria en la prueba dura, o para que triunfes en llevar la carga pesada. El nunca causará que el justo resbale y caiga. Tú eres justa, ¿recuerdas? Cristo te vistió con su propia justicia. ¡Qué hermosa es esta promesa!

"Fructificad", dice Dios y la única manera es vivir en una comunión estrecha con tu Dios amante por medio de la oración y de la meditación en la Palabra de Dios, entregados enteramente al Espíritu Santo para que sus bendiciones salten en tu vida refrescándote a ti y a otros.

PREGUNTAS

1. Para llevar mucho fruto los pámpanos necesitan también cosas positivas en sus vidas. En Juan 15:5 hay dos ELEMENTOS que son necesarios para que tengamos comunión con Cristo, la Vid, y para que llevemos mucho fruto. ¿Cuáles son?

    a.   b.

2. Según Juan 4:24 ¿Cuáles son los dos REQUISITOS necesarios en la adoración a Dios?

    a.   b.

3. Según Juan 16:23 ¿a quién debemos dirigir nuestra oración?

4. Según Juan 16:23 ¿en el nombre de quién debemos hacer nuestras peticiones?

5. Según Romanos 8:26,27 ¿Cómo nos ayuda el Espíritu Santo en nuestras oraciones?

6. Según Mateo 6:7 ¿qué tipo de oración no agrada a Dios?

7. Simplemente ¿qué quiere decir la palabra "plenitud"?

La Mujer Ideal 111

8. Cuando hablamos acerca de la "plenitud" del Espíritu -- significa que tengamos más del Espíritu o que el Espíritu tenga más de nosotras?

10. En Efesios 5:18 el apóstol Pablo nos da un ejemplo de lo que quiere decir la frase "sed llenos del Espíritu". Cuando una persona está llena de vino, el vino controla cada área de su vida: la manera de hablar, la manera de andar, la manera de comportarse, etcétera. Aplicando este ejemplo a la frase "sed llenos del Espíritu", ¿qué quiere decir sed llenos del Espíritu?

11. ¿Qué provecho hay en "ser lleno del Espíritu"? Mencione beneficios:

a.

b.

c.

Capítulo 3

La Mujer como Esposa Creyente

PARTE A

"MULTIPLICAOS"

"Y los bendijo Dios, y les dijo: Fructificad y *multiplicaos*...
Génesis 1:28

Dijo Dios:
> No es bueno que el hombre esté solo...Por tanto, dejará el hombre a su padre y a su madre, y se unirá a su mujer, y serán una sola carne...Y los bendijo Dios y les dijo: Multiplicaos..
Génesis 2:18, 22,24; 1:28

Adán se durmió profundamente. Con ternura Dios le abrió el costado. Le sacó una costilla, y cerró la herida. De la costilla Dios preparó una gran sorpresa para Adán.

Adán nunca había visto a otro ser humano. ¿Cómo reaccionó Adán cuando abrió los ojos y vió a Eva? ¡Adán no solamente perdió su costilla sino también su corazón! Parecía una visión de hermosura, pero con gran gozo encontró que Eva era de carne y hueso como él.

Aunque muchos creen así, el "multiplicarse" no es el único propósito del matrimonio. El "multiplicarse" es solamente una parte del propósito más grande, más profundo, más amplio y más sublime que Dios tiene para el mundo. Dentro de este gran propósito, Dios tiene un plan especial para cada persona que recibe a Cristo como su Salvador. Si tú eres creyente, El tiene un plan específico para ti y tu matrimonio es solamente una parte de este plan.

¿Cuál es entonces este plan que Dios tiene para el mundo y para ti? El propósito supremo de Dios es redimir para sí mismo a la humanidad perdida y sin esperanza por medio del sacrificio más grande que el mundo jamás conociera, la muerte de su Hijo precioso en la Cruz para salvar al mundo de su pecado. Dios te ha dado a ti este privilegio de ayudarle a cumplir este plan. ¿Sabes una cosa? Ni los ángeles pueden participar en este plan. Pero tú, sí. Tú no solamente tienes el privilegio de producir hijos físicos, sino también espirituales. Tus hijos espirituales son los que reciben a Cristo como su Salvador por medio de tu palabra y tu vida.

El matrimonio, sin el cual está prohibido multiplicarse físicamente, es tan precioso a Dios que lo ha puesto en el nivel más alto. El quiere que tú y tu matrimonio sean al mundo un testimonio resplandeciente. El matrimonio es un cuadro de la relación más alta, más hermosa que existe entre Dios y el creyente. Dios originó el casamiento en Génesis y sigue usando el matrimonio como ilustración de esta bendita relación por todas las Escrituras. En el Antiguo Testamento vemos a Dios, el esposo, e Israel, la esposa. En el Nuevo Testamento Cristo es el esposo y la Iglesia (los creyentes) es la esposa. Efesios 5:22-33; 2 Corintios 11:2; Apocalipsis 19:7-8.

"¿Por qué escogió Dios el matrimonio para enseñarnos algo tan maravilloso?", preguntan unos casados disgustados. "Sabemos que los primeros meses de nuestro matrimonio fueron muy lindos. Pero ahora nuestra vida juntos es un fracaso, un desastre. Nos ha traído tristeza, despecho, peleas y tantas cosas feas." Esta queja acerca del casamiento no es una cosa rara, vemos tantos divorcios que nos demuestran realmente esta prueba. Es el tema central de un gran número de casados. El matrimonio no debe ser así. No es la voluntad ni la culpa de Dios que el matrimonio sea la cosa más triste en la vida de una persona. Cuando es así, Dios no puede utilizar el matrimonio ni el testimonio de los cónyuges de la manera que El quiere. El propósito de Dios es bendecir el matrimonio y usarlo como el ejemplo más alto del amor puro y divino entre Cristo y la Iglesia (los creyentes).

Muchas veces Dios no puede bendecir el matrimonio por la manera en que viven las parejas. La fuente de los problemas agudos entre los esposos, casi siempre se encuentra en los problemas espirituales de ellos. Dios ama a cada creyente y quiere ayudarle a solucionar sus problemas. Si los esposos se amaran el uno al otro como Cristo ama a su Iglesia no habrían problemas agudos.

Estudiemos entonces la relación de Cristo con el creyente o Iglesia, para ayudarnos a solucionar los problemas entre los esposos. En 1 Tesalonicenses 1:3,9,10 encontrarás un bosquejo de la relación entre el creyente y Cristo, el cual nos puede servir para mostrarnos las relaciones entre el esposo y la esposa. El bosquejo incluye la fe, el amor, y la esperanza.

1. La **OBRA** de vuestra **FE** (vs.3) es: "Cómo os convertisteis de los ídolos a Dios". (vs.9).
2. El **TRABAJO** de vuestro **AMOR**, (vs.3) es : "Para servir al Dios vivo y verdadero". (vs.9)'
3. Vuestra **CONSTANCIA** en la **ESPERANZA** en nuestro Señor Jesucristo. (vs.3), es : "Esperar de los ciclos a su HIJO. (vs.10).

PARTE B

"LA OBRA DE TU FE"--"DEJAR"

I Tesalonicenses 1:3,9
Acordándose sin cesar delante del Dios y Padre nuestro DE LA OBRA DE VUESTRA FE. . . *como os convertisteis de los ídolos a Dios. . .*

1 Tesalonicenses 1:3,9
La obra de tu fe habla de tu conversión. ¿Cómo puede esto ser un cuadro de tu casamiento? Para convertirte, Cristo obró en tu corazón mostrándote su amor. Tú respondiste a su

amor, y por fe recibiste a Cristo como tu Salvador dejando a todos tus ídolos para unirte con Cristo.

Si estás casada, de la misma manera tú respondiste al amor de tu novio. El mostró que te amaba y tú, por tu fe en él y en su palabra, le recibiste como tu único y legítimo esposo, dejando a todos los demás para unirte con él en el matrimonio. Entonces:

LA OBRA DE TU FE ES:

1. *DEJANDO A LOS DEMAS JOVENES POR UNO:* **EL NOVIAZGO**

Adán y Eva no sabían lo que eran los esponsales. Tampoco tuvieron que hacer la decisión de saber con cual señorita o joven querían casarse. No era necesario, porque Dios sabía lo que cada uno necesitaba, lo que les satisfacería, y lo que era lo mejor para ellos.

En el día de hoy la mayor preocupación de los jóvenes y señoritas es, "¿Dónde puedo hallar a una o a uno con quién pueda casarme?" Si tú eres creyente puedes dejar la decisión de tu futuro esposo en las manos de Dios, porque El sabe lo que es mejor para ti. El sabe a quien necesitas y quien te satisfacerá. Pero Dios quiere que tú confíes en El; que tengas paciencia; y a su debido tiempo Dios te lo dará.

El problema está en que si Dios tarda en proveer a un compañero, entonces la señorita piensa que Dios se ha olvidado de ella y por eso es necesario que ella busque a su compañero. Pero cuando busca, busca en los lugares peores. Hay que saber que no se puede encontrar miel en un frasco de escabeche. Y que no es una luna de miel casarse con un hombre escabecheado. Ella se pone nerviosa creyendo que se quedará soltera y el resultado es que la señorita se casa con el primero que muestra interés en ella, sea creyente o incrédulo. Después de algunos meses ve su error, pero ya es tarde.

Dios no duerme y tiene interés en las vidas de cada uno de sus hijos. Pero tú tienes que tener fe en la sabiduría de Dios confiando completamente en sus promesas, y una de sus promesas es que El suplirá todas tus necesidades sean las que sean, si buscas primeramente las cosas de Dios, (Mateo 6:33).

PELIGROS EN EL NOVIAZGO:

"Mira, Anita", suspiró Susana mostrándole su anillo de compromiso, "¿No es éste el anillo más bonito, y más precioso que has visto?" Susana movía su mano y la joya brillaba.

"Susana", respondió Anita, "¡Tus ojos están más luminosos que el anillo!"

La palabra "comprometida" suena bella a los oídos de las señoritas, pero, la palabra lleva con su sonido bonito mucha responsabilidad y una responsabilidad muy seria. Por eso, si tú eres señorita, debes tener mucho cuidado y pensar seriamente antes de comprometerte. Debes estar muy segura que esa es la voluntad de Dios para ti, porque tienes que vivir con el joven para toda tu vida.

La palabra "comprometida" en sí misma contiene la conclusión y el principio de determinadas costumbres. Concluye el salir con cualquier otro joven para dedicarse a un sólo hombre--no solamente por algunos meses sino hasta la muerte. Es el fin de pensar sólo en ti misma y el principio de pensar en él, en su ambición, en su esperanza, en sus deseos y en sus problemas. Porque lo que le afecta a él, te afectará a ti también. También es el fin de pasar tanto tiempo con tus amigas y el principio de pasar más tiempo con él. Aquí es precisamente donde se encuentra el peligro del noviazgo.

Durante el noviazgo los comprometidos tienen que ejercitar mucha disciplina. Si no, el compañerismo puede llevarles a una situación donde no pueden ni quieren controlar sus emociones. El resultado será el pecado, que luego producirá tristeza, un sentido de culpa, y los dejará con una cicatriz que no podrá ser borrada ni con el casamiento.

Dios es el creador del sexo, el cual es la expresión del amor más profundo entre los esposos. Pero fuera del matrimonio Dios dice que el sexo es nada más que la fornicación, un acto de pecado, y los participantes, sean novios u otros, serán castigados.

Satanás es el creador de la "nueva moralidad" que dice que las necesidades del momento de una persona, son las que deben gobernar los actos o las acciones de la persona y no las normas de la sociedad o leyes de la moralidad, porque las normas de la moralidad están pasadas de moda. El dice que si el sexo, como una expresión de amor antes del matrimonio o fuera de él, puede satisfacer una necesidad, que siga adelante. En otras palabras, dice que la fornicación, adulterio, homosexualidad, o cualquier otro acto sexual, está bien si el acto satisface la necesidad de la persona.

Pero Dios dice:

> No os engañéis; Dios no puede ser burlado, pues todo lo que el hombre sembrare, eso también segará.
>
> Gálatas 6:7

Hoy en día somos testigos de los resultados de este filosofía satánica. Cada día en el periódico leemos cuántos han muerto y cuántos están muriendo de el "SIDA", una enfermedad incurable causada mayormente por el sexo ilícito. La mayoría de los que están enfermos de esta enfermedad son los homosexuales. Pero ellos contagian a los hombres bi-sexuales. Es decir hombres que tienen relaciones sexuales con hombres y mujeres. El hombre bi-sexual llega a ser contagiado y él contagia a las mujeres. Estas mujeres en su turno contagian a otros hombres o sus maridos. Al dar luz a hijos, los hijos nacen contagiados. Prediccen que dentro de diez años millones y millones de gente morirán de el "SIDA". La manera de ser contagiado es por relaciones sexuales con una persona contagiada o por transfusiones de sangre donadas por personas enfermas con el "SIDA", o drogadictos utilizando jeringas no esterilizadas que fueron utilizadas anteriormente por personas ya enfermas con el SIDA. Así veremos personas inocentes también muriendo por el pecado de otros.

> No erréis; ni los fornicarios, ni los idólatras, ni los adúlteros, ni los afeminados, ni los que se echan con varones... heredarán el reino de Dios.
>
> 1 Corintios 6:9,10

Una relación sexual antes del matrimonio o fuera de él siempre trae problemas, quita la tranquilidad y llena de miedo. El riesgo de este acto puede producir ilegitimidad, divorcio, enfermedades físicas y psicológicas, la muerte física, y lo que es peor, su fin es el infierno.

El joven pide el cuerpo de la señorita como evidencia de su sincero amor. Tal vez de parte de ella sea así. Pero de parte de él, no es amor. Es nada más que la concupiscencia. Aunque el cine presenta el amor y la concupiscencia como si fuera la misma cosa, la Biblia declara que son tan diferentes como la luz de las tinieblas. La concupiscencia tiene como propósito la satisfacción de sus propios deseos. El amor verdadero quiere satisfacer los deseos de la persona, quien es el objeto del amor. El amor es dar. La concupiscencia es conseguir. El joven que de veras ama a una señorita nunca le va a pedir degradarse o rebajarse. El querrá proteger su honor, su pureza, y especialmente su comunión con Dios. El egoísmo y el amor no andan juntos por el mismo camino.

Aún antes de comprometerte, debes tener mucho cuidado en escoger al joven con quien saldrás, porque al principio no sabes si te vas a enamorar de él. Dios dice claramente en su palabra:

> No os unáis en yugo desigual con los incrédulos; porque, ¿Qué compañerismo tiene la justicia con la injusticia? ¿Y qué comunión la luz con las tinieblas? ¿Y qué concordia Cristo con Belial? ¿O qué parte el creyente con el incrédulo? ¿Y qué acuerdo hay entre el templo de Dios y los ídolos? Porque vosotro sois el templo del Dios viviente, como Dios dijo: Habitaré y andaré entre ellos, y seré su Dios, y ellos serán mi pueblo. Por lo cual, salid de en medio de ellos y apartaos, dice el Señor y no toquéis lo inmundo..."
>
> 2 Corintios 6:14-17

En el capítulo dos hablé acerca de cómo puedes llevar fruto hermoso y deseable en tu vida. Este es el fruto que puedes llevar también en tu matrimonio: gozo, paz, paciencia, bondad, benignidad, fidelidad, mansedumbre y templanza. Puedes experimentar este fruto en tu vida solamente cuando estás en estrecha comunión con Cristo. Y en el matrimonio puedes experimentar este fruto solamente cuando estás en estrecha comunión, no solamente con Cristo, sino también con tu marido. Por eso el mandamiento de Dios es:

> No os unáis en yugo desigual con los incrédulos...

Dios es muy estricto tocante a la ley de separación. En Deuteronomio 22:9-11 vemos que la gente no podía sembrar en su viña semillas diversas (vs.9). No podía vestirse ropa de lana y de lino juntamente (vs.11). Y no podía arar con buey y con asno juntamente (vs.10).

Un granjero sabio jamás juntaría bajo el mismo yugo un buey y un asno para arar. ¿Por qué? Porque son desiguales. Un buey y un asno no tienen nada en común. Tienen diferentes amistades. El asno quiere estar con asnos y el buey con los bueyes. No hay comunicación entre ellos. Los dos tienen diferentes maneras de comunicarse con su género. Tienen diferentes voluntades o deseos. No quieren andar por el mismo camino. El uno no puede formar parte del otro y no hay acuerdo ni armonía entre ellos.

Podemos imaginarnos lo que pasaría si el buey y el asno estuvieran bajo el mismo yugo. Porque el yugo sería desigual, habría frustraciones, resentimientos, dolores, peleas, etc. Por eso Dios le dice al creyente:

No os unáis en yugo desigual con los incrédulos. . . .

El matrimonio es una UNION viviente y creciente. Ambos individuos tienen su parte en la edificación del matrimonio. La esposa creyente está edificando sobre la roca, el fundamento, el cual es Cristo (1 Corintios 3:11). El marido incrédulo está edificando sobre la arena. No tiene fundamento estable porque no ha aceptado a Cristo como su Salvador. Según 1 Corintios 3:12, los materiales que la esposa creyente quiere utilizar en el edificio son: oro, plata, piedras preciosas, o sea materiales que perdurarán. Pero los materiales del esposo incrédulo son: madera, heno, hojarasca, los cuales no pueden permanecer cuando el fuego los prueba.

a. *LA UNION: 2 Corintios 6:14-17*

2 Corintios 6:14-17 nos da cinco materiales necesarios para edificar el matrimonio, para que tenga éxito cuando pase por las pruebas.
   1) Compañerismo.
   2) Comunión.
   3) Concordia.
   4) Parte.
   5) Acuerdo.

La palabra UNION es el cemento necesario en cada material para unir a la pareja y hacer su matrimonio sólido, firme y durable.

1) **UNION EN EL COMPAÑERISMO:** *Unión en las amistades, en el trabajo, o en cualquier cosa que hacen.*

El marido incrédulo quiere estar con sus amigos incrédulos y la esposa creyente quiere estar con sus amigas creyentes. El incrédulo está incómodo en medio de los creyentes, especialmente si están charlando acerca de las cosas del Señor. La creyente está incómoda en medio de los incrédulos cuando están tomando, festejándose y contando bromas sucias. Los dos tienen diferentes señores. La esposa creyente quiere trabajar para el Señor, pero el marido incrédulo quiere trabajar para sí mismo. Mateo 6:24 dice:

> Ninguno puede servir a dos señores; porque o aborrecerá al uno y amará al otro, o estimará al uno y menospreciará al otro.

Hay desigualdad en el compañerismo entre el incrédulo y la creyente, no hay unión.

2) *UNION EN LA COMUNION:* Unión en la misma fe.

La fe de la esposa creyente está puesta en Cristo. El marido incrédulo dice: "Pero yo creo en Dios". Los demonios creen en Dios también y tiemblan, pero no son salvos, porque no han puesto su fe en Cristo. La fe del hombre incrédulo está puesta en sí mismo y en su méritos. Pero lo que no sabe y lo que no creerá es que él es un esclavo de Satanás, de la concupiscencia, y de las cosas mundanas. Según Dios, él vive en tinieblas porque no tiene a Cristo, la luz para su vida. El propósito de las tinieblas es dominar y apagar la luz. Y eso es lo que puede pasar en tu matrimonio si te casas con un incrédulo.

3) *UNION EN LA CONCORDIA:* Unión de las voluntades.

¿Qué concordia Cristo con Belial? ¿Crees que puede haber unión de las voluntades de Cristo y de Belial, el cual es Satanás? ¡De ninguna manera! Cristo vino a hacer las cosas que agradan a Dios. Satanás es el enemigo de Dios y quiere destruir las cosas de Dios.

Cristo quiere darte vida; Satanás quiere destruirte. Cristo quiere librarte; Satanás quiere encadenarte. Cristo quiere llevarte a los cielos; Satanás quiere llevarte al infierno. No puede haber concordia entre la esposa creyente, la hija de Dios, y el marido incrédulo, hijo de Satanás.

4) *UNION EN LA PARTE:* Unión en la participación.

La palabra "parte" quiere decir la participación. ¿Puede la esposa creyente participar en las mismas cosas en que participa el marido incrédulo? No con gozo. La creyente está en el mundo pero no es del mundo. El incrédulo no solamente está en el mundo sino también él es del mundo. La creyente quiere asistir a los cultos y fiestas de los creyentes; el incrédulo quiere asistir a las fiestas, a los bailes y a otros lugares que no agradan al Señor. No puede haber unión en la participación.

5) **UNION EN EL ACUERDO:** Unión en la armonía de las vidas.

¿Puede haber armonía en las vidas de la esposa creyente quien es templo de Dios, y el marido incrédulo quien es templo de ídolos (el amor por sí mismo)? ¡De ninguna manera! Dios botó a Satanás de los cielos por causa de su orgullo, su pecado, y ha preparado el infierno para él y sus seguidores. Por eso Dios te dice a ti:

Sal de en medio de ellos, y apártate, y no toques lo inmundo.

Se dice que si una hija de Dios se casa con un hijo de Satanás, la hija de Dios tendrá problemas con su suegro!

A veces cuando el joven incrédulo enamora a una creyente, él la engaña diciendo que es creyente. El habla de Dios asiste a los cultos, etcétera. Pero hay que recordar que Satanás era un ángel de luz y disfraza todos sus engaños y mentiras con luz. El conoce las Escrituras y sabe enmascararse como creyente. Sus hijos siguen sus pisadas.

Es lamentable cuando una señorita amable y buena, por causa de su descuido, se enamora de un joven picaflor, un joven que siempre está tras una señorita u otra con el sólo propósito de saciar su propia pasión. Ni el casamiento puede satisfacer la pasión de él.

Este tipo de joven me hace pensar en una ocasión en la cual un señor iba en nuestra camioneta. El llevaba consigo una bolsa de limas. Cada vez que tenía sed, sacaba una lima, hacía un pequeño agujero en ella, y empezaba a apretarla y a chuparla hasta que sacaba toda su dulzura y todo lo que era bueno. Entonces botaba la cáscara en el camino.

¿Cuántas señoritas, con corazones quebrantados, se han encontrado botadas después de sacrificar su cuerpo al joven en nombre del amor? ¿Cuántas más se encuentran encinta, sufriendo vergüenza, mientras el culpable rehusa casarse con ella? ¿Cuántas más se casan con el joven, pero después sufren una vida de infierno con un marido resentido, porque él por la fuerza tuvo que casarse con ella? El joven quizás nunca tenía la intención de casarse con ella. Es una lástima sacrificar una vida de felicidad por un momento de pasión.

El noviazgo es el tiempo para hablar del futuro y hacer planes para sus vidas después del matrimonio. Es el tiempo de llegar a un acuerdo acerca de los principios o normas fundamentales que pueden guiar sus vidas. El fundamento básico es que la vida de cada uno sea entregada al Señor. Entonces cuando hayan problemas (y habrán), pueden llegar a estar de acuerdo durante el noviazgo acerca de las cosas más importantes en la vida; es indudable que podrán alcanzar esta meta después del matrimonio. Serviría de mucho provecho si los novios establecieran un tiempo de devociones juntos aún durante el noviazgo.

Antes de casarte hazte preguntas a ti misma. ¿Amo al joven tal como es ahora? ¿Me satisfacerá completamente, aunque no cambie en manera alguna después de casarme con él? Si tu respuesta es ¡no!, debes olvidarte de casarte con él. No debes pensar que puedes cambiar al joven después de casarte con él. Si piensas así, tu propio corazón está engañándote. Si las costumbres de él están tirándole en una dirección, y tú estás tirándole en la dirección opuesta, el resultado será un hombre frustrado, y tú serás la recipiente del fruto de sus frustraciones. Un anillo de matrimonio no transformará al bruto en un corderito. Sólo Dios puede cambiar con éxito al hombre.

La mejor regla a seguir, es buscar primeramente la voluntad de Dios para tu vida y dejar que El te provea al escogido para tu vida.

2. *DEJANDO A LOS PADRES:* EL MATRIMONIO.

Por tanto, dejará el hombre a su padre y a su madre, y se unirá a su mujer, y serán una sola carne.

Génesis 2:24

En este versículo Dios mostró otra vez su omnisciencia. Dios dijo estas palabras cuando creó al primer hombre y a la primera mujer. Adán y Eva no tuvieron padres, y no necesitaban de esta amonestación. Esta advertencia era para las futuras generaciones. Los parentescos y aliados son gente buena, pero el consejo de Dios es dejarlos cuando se casan y vivir sus propias vidas. Hay excepciones. Por ejemplo si la madre de uno es inválida y no hay otras personas de la familia que puedan cuidarla.

Un problema muy común es que el hombre o la mujer no quieren dejar a sus padres después de casarse. Si la señorita ama más a su propia familia que al joven, no debe casarse con él. Una vez casados, sus padres no tienen ningún derecho de meterse en la vida del matrimonio, causando problemas. La excepción sería si la vida de su hija o hijo estuviera en peligro verdadero. Cuando Dios dice que deben dejar a sus padres, no está diciendo que no deben amar a sus padres, ni que no deben visitarlos, o que no deben dejarles a ellos visitar a ustedes. Sino, quiere decir que los padres no deben tratar de manejar las vidas de sus hijos casados. Evita el problema de maltratar a la nuera, haciéndola una sirvienta de la suegra u otros miembros de la familia. Hay menos tentación de hacer esto si el matrimonio vive solo.

3. DEJANDO LA VIDA VIEJA: *DEJANDO LA VIDA DE SOLTERA.*

¡Costumbres! ¡Costumbres! ¡Costumbres! ¡Qué problemas pueden causar! El matrimonio es un trastorno grande en las costumbres de ambos participantes. Lo extraordinario no es que hayan tantos divorcios, sino que hayan tantos casados que han sobrevivido al matrimonio. El siguiente es un matrimonio típico.

La señorita, la novia, es la única hija de sus padres. Vive en una casa hermosa, limpia, arreglada y bien organizada. Los libros, revistas, sillas, ropa, papeles, siempre están en su lugar. La novia es limpia, disciplinada, de confianza, acostumbrada a tomar sus propias decisiones; goza de bastante libertad personal, y sus padres siempre le hablan en una melíflua.

El joven, el novio, tiene bastante hermanos menores y vive en un torbellino. El es el mayor y acostumbrado a dar órdenes, pero a gritos, por causa de la bulla de sus hermanitos. El es inteligente, simpático y mimado. No tiene que hacer nada para sí mismo porque su madre está muy atenta a sus necesidades y siempre está a disposición de su hijo.

La novia vive en una gran ilusión. Su héroe es tan amable, tan simpático. "Claro que tiene algunas costumbres indeseables, pero mi amor le cambiará. El siempre me amará, me cuidará, me ayudará y me proveerá." Su ensueño está en la casita linda en que vivirán, donde todo será tranquilo y no tendrán que pensar en nada, sino en el amor.

El novio tiene otra ilusión. "¡Qué compañera tan bella tendré para mí, una esposa tan limpia, tan dulce!" Pero frunciendo el entrecejo, una duda pasa por su mente, "La verdad es que ella es un poco dominante; la culpa es de sus padres por supuesto, por permitirle tanta libertad en tomar decisiones. ¡Pero yo soy macho! ¡La dominaré con mi amor y ella será feliz sirviéndome por toda la vida!"

La música suena dulcemente. Susana, con rostro radiante y vestido en su hermoso traje de bodas, va con paso lento hacia su novio. El nervioso novio, con rostro pálido, pero feliz, la espera en el altar. Mirando a su hermosa novia piensa, "Era verdad cuando dijo Dios: No es bueno que el hombre esté solo. Dios tomó del hombre la costilla, y el hombre nunca será completo hasta que la costilla sea reemplazada."

Después el esposo la lleva a su propia casa. El está en su paraíso porque tiene a las dos mujeres que más ama bajo el mismo techo; a su esposa y a su madre.

Todo anda bien por algunas semanas. Con paciencia su esposa recoge la ropa sucia de su esposo de donde él los ha dejado; los calcetines en el comedor, la camisa botada en un rincón del dormitorio, un calzado bajo el sofá y el otro bajo la mesa.

Un día el vuelve de su trabajo y se sienta en la sala a leer. Tiene hambre. Pone su libro en el piso y se va a la cocina. La esposa entra en la sala y ve el libro en el piso. Con suspiro lo alza y lo mete a su lugar en el estante, y sale. El esposo vuelve comiendo una banana y no ve su libro. Se pregunta a sí mismo, "¿Dónde está mi libro?" Lo busca bajo la silla, tras el sofá, dentro de los papeles en el escritorio, pero ¡No está! Cuando su presión alcanza el punto más alto entra su querida esposa. Ella espera un beso, pero recibe un grito, "¿Dónde está mi libro?"

Atónita, con los ojos grandes y la boca abierta, ella lo mira. "¡Me has gritado!", grita ella y corre al dormitorio con lágrimas en los ojos. El sigue buscando su libro, enojado y murmurando, "¿Por qué no deja mis cosas donde las he puesto?" Su madre viene, saca el libro del estante, y se lo da a su hijo. El la besa y se sienta otra vez a leer. No va a arreglar el asunto con su esposa.

El arder en resentimiento y en discordia seca las lágrimas de la esposa, pero no los pensamientos. "¡No me casé con él para ser su sirvienta! ¡Soy su esposa! ¡No es justo que tenga que estar trás de él recogiendo cosas que él deja en todas partes! ¡Es un bebé y no hombre! ¡Nunca me ayuda en nada!"

Sin tratar de arreglar las dificultades en sus vidas, viven como antes, a veces felices amándose el uno al otro, pero el ocultado rencor arde en lo profundo. Durante los años una cosa tras otra pasa y se pierde la comunicación, el gozo, la paz, el amor que tenían al principio de su casamiento. El rescoldo de amargura que han guardado por años en sus corazones, por fin se inflama con resultados trágicos. "¡No me amas como debes!", grita ella.

"No me amas como debes!", grita él. La consecuencia: Discordia e infidelidad que les llevó al desenlace fatal.

Los dos habían entrado en el matrimonio pensando en lo que iban a recibir; no en lo que podía dar. El amor verdadero es dar sin reserva. El recibir es el resultado del dar. Dios dice que es mejor "dar" que "recibir" aun en el matrimonio. No han seguido los mandamientos que Dios ha dado en su palabra acerca de las responsabilidades de la esposa y del esposo en el matrimonio y el resultado es un fracaso matrimonial.

PARTE C

"EL TRABAJO DE VUESTRO AMOR"--"SERVIR"

...Permanecen la fe, la esperanza, y el amor; estos tres; pero el mayor de ellos es el amor.
1 Corintios 13:13
Acordándose sin cesar delante del Dios y Padre nuestro de la obra de vuestra fe, DEL TRABAJO DE VUESTRO AMOR... para servir al Dios vivo y verdadero.
1 Tesalonicenses 1:3,9

Tu conversión no es una seña para dejar de trabajar. Tampoco el matrimonio es sinónimo de acostarte, comer bombones y leer mientras el polvo se acumula en el piso, sobre los muebles; y en el fregadero se amontonan los platos sucios y en el rincón la ropa sucia. Amiga mía, <u>el amor es trabajo, y el trabajo de amor es servir a nuestro esposo e hijos sin quejarse</u>.

Después de tu conversión estás tan feliz, que quieres mostrar tu amor por Cristo haciendo algo para El, sirviéndole en una manera u otra. Entonces vienen problemas, pruebas, tentaciones en tu vida, y si no los vences, tu amor para con Cristo se enfría y a veces hay separación, lo que trae tristeza, dolor y sufrimiento para toda tu vida.

La misma cosa puede pasar en la vida del matrimonio. Muchas veces, los novios creen que para ellos, el camino del matrimonio es puro amor, y que el amor puro, consiste solamente en música, en romance y en rosas. Se olvidan de que la música tiene su tono menor, y que las rosas tienen sus espinas. Para gozarse de la fragancia de las rosas y la armonía de la música, tiene que saber sobar las espinas y dominar las notas. Si quieren tener mucho éxito y armonía en la vida matrimonial los dos tienen que aprender a manejar y dominar los problemas de sus vidas, y eso representa trabajo.

En 1 Corintios 13:4-7 Dios da una receta para solucionar los problemas en que se encuentran los matrimonios. El ingrediente básico de la receta es el AMOR.

"No me hables del amor", me dirás. "Tú no conoces a mi esposo. El no conoce ni el sentido de la palabra amor. El me ha hecho su sirvienta, no su esposa. El es mentiroso e infiel. Juega con otras. Es tomador, jugador, y a veces un bruto por la manera que me trata. ¿Y tú me dices que debo amar a tal hombre? ¡Nadie puede amarle!"

Yo te digo que hay una persona que ama a tu esposo. Esa persona es Dios, y Dios quiere amar a tu esposo por medio de ti. Yo sé que si depende de ti sería imposible amar a tu marido. Pero si tú eres creyente, eso no depende de ti. Todo depende de Dios, y Dios quiere amar a tu marido por medio de ti.

El amor de Dios es tan diferente del amor humano. El amor humano es condicional:

"Yo le amaré, **SI** él me ama."

"Yo le daré, **SI** él me da."
"Yo le serviré, **SI** él me sirve."
"Yo seré bondadosa con él, **SI** él es bondadoso conmigo."

En otras palabras, el amor humano no accionaría *si* el resultado no le beneficia. No hay tal condición en el amor de Dios para con otros según Romanos 5:6-10.

Dios nos amó cuando éramos enemigos de El. Dios nos amó cuando éramos pecadores. Dios nos amó cuando no queríamos tener nada que ver con El. El nos amó a pesar de nuestra infidelidad, a pesar de nuestra rebelión, a pesar de nuestro enojo, rencor, envidia, orgullo, egoísmo, a pesar de la borrachera; a pesar de ser jugadores y a pesar de que no había nada en nosotros para amar. El no ama nuestro pecado, sino a nosotros.

El amor de Dios no depende de nosotros. ¡El nos ama, gloria a El! ¿Cómo llegamos amarle a El?

Nosotros le amamos a El, porque El nos amó primero.
1 Juan 4:19.

Ahora Dios quiere que tú ames a tu esposo con el amor de Dios, o que tú dejes a Dios amar a tu esposo por medio de ti.

Fíjate entonces en el amor de Dios. Dios es amor, la fuente de amor, y todo amor verdadero viene de Dios. El amor de Dios:

"fuerte es como la muerte", Cantares 8:6
"nunca deja de ser", 1 Corintios 13:8,
"es eterno", Jeremías 31:3
"abunde para con los demás", 1 Tesalonicenses 1:3
"cubrirá todas las faltas", Proverbios 10:12
"cubrirá multitud de pecados", 1 Pedro 4:8 y
"no hace mal al prójimo", Romanos 13:10.

El Dr. Donald Barnhouse dice que todos los frutos del Espíritu en Gálatas 5:22,23 forman una parte del amor.

El gozo es el amor cantando.
La paz es el amor descansando.
La paciencia es el amor soportando.
La benignidad es el tacto del amor.
La bondad es el carácter del amor.
La fe (fidelidad) es la costumbre del amor.
La mansedumbre es la abnegación del amor.
La templanza es el amor en dominio.

Si quieres tener un éxito en tu matrimonio, tienes que deshacerte de ese amor que es tan condicional, que solo dicen: "Dáme, ámame, agrádame", porque este tipo de amor nunca te beneficiará. Es un amor problemático. No es un amor para otro; es un amor para ti misma. Para tener éxito en tu matrimonio tienes que permitir al amor de Dios poseerte, y fluirá por medio de ti a tu esposo. Cuando el amor de Dios te posea, puedes decir: "¡Amaré a mi esposo, no importa lo que él sea, ni lo que haga, ni cómo se comporte!"

Dios te dice: "Vestíos de amor", Colosenses 3:14, hablando de tu CARACTER; y "Andad en amor", Efesios 5:2, hablando de tu CONDUCTA.

"Esposas", dice Dios, "Que--
Vuestro atavío no sea el externo. . .sino el interno, el del corazón, en el incorruptible ornato de un espíritu afable y apacible, que es de grande estima delante de Dios.
1 Pedro 3:3,4
Asimismo vosotras, mujeres, estad sujetas a vuestros maridos . . .considerando vuestra conducta casta, y respetuosa.
1 Pedro 3:1

¿Para qué? Para que sus maridos--
que no creen a la palabra, sean ganados sin palabra por la conducta de sus esposas.
1 Pedro 3:2,1

En 1 Corintios 13:4-8 leemos acerca del carácter y conducta del amor de Dios para contigo y para con tu esposo. Este es el carácter y conducta de amor que tú tienes que tener para con tu esposo.

1. "VISTETE DE AMOR"--TU CARACTER"
1 Corintios 13:4-6:
:4 El amor es sufrido--(paciente).

No se queja cuando experimenta las adversidades, los desengaños, los chascos del esposo. Suaviza, templa tu carácter severo y áspero para que puedas soportar el mal tratamiento y aguantar la burla de él cuando te menosprecia.

:4 El amor es benigno--(bondadoso).

Es constructivo; no destructivo. Bondadosamente busca la manera para edificar a tu esposo y hacerle contento y feliz. Sé clemente con sus culpas y lista a disculparle y ampararle aunque merezca castigo y desprecio.

La Mujer Ideal 129

:4 El amor no tiene envidia-(sin celos).

No es sospechoso ni acusante. No te pongas celosa al ver a tu esposo charlar con otras. O si es infiel no vayas a reaccionar con venganza a su infidelidad, sino con el amor de Dios, el cual es sufrido, benigno.

:4 El amor no es jactancioso-(presumido).

¿Presumes ser más inteligente que tu esposo? ¿Piensas que tus decisiones son mejores que las de él? ¿Es tu costumbre hablar sarcásticamente a tu esposo, dominarle, menospreciarle delante de tus hijos y de otros? Tienes que dejar al amor de Dios ablandar tu carácter haciéndote modesta y respetuosa.

:4 El amor no se envanece-(orgulloso, soberbio).

No se hincha el amor verdadero, no se entona: ¿Piensas que tú eres más gente que tu esposo, más educada, más culta? ¿Y no le dejas olvidarlo? ¿Piensas que él debe estar tras de ti todo el tiempo pensando en tus deseos, en tus intereses? ¿Le has hecho tu sirviente? Eso no es el amor de Dios.

:5 El amor no es indecoroso-(ni arrogante, ni egoísta, ni grosero).

Tampoco es cínico, ni sinvergüenza. ¿Cómo te portas con tu marido? ¿Eres descortés con él? ¿Le tienes en poco? ¿Le criticas siempre? ¿Le avergüenzas delante de otros revelando sus faltas? ¿Eres tan altiva que rehusas ver tu culpabilidad en una riña, o altercado con tu esposo, que rehusas humillarte o rogarle, o que rehusas perdonarle cuando te lo pide? ¿Estás eternamente quejándote de sus vicios? La queja endurece el corazón. Solamente el amor que Cristo muestra por medio de ti puede cambiar a tu esposo, o lo que es más importante cambiarte a ti.

:5 El amor de Dios no busca lo suyo-(no trata de salir siempre con la suya).

No insiste en tener sus propios derechos. ¿Estás siempre murmurando contra tu esposo porque no cumple sus deberes y tú tienes que hacerlos? ¿Te enojas cuando no te pide perdón por ofenderte, o cuando no te hace un favor después de hacerle algo especial? ¿Estás resentida cuando no hace caso de tus ideas? El amor de Dios no trata de salir siempre con la suya.

:5 El amor de Dios no se irrita (ni es quisquilloso).

¿Te irrita cuando deja papeles, periódicos, revistas, ropa u otra cosas en cualquier lugar sin ponerlos en su sitio? ¿Reaccionas ligeramente contra tu marido porque siempre se olvida de hacer lo que le has pedido, o cuando ves tantas cosas que él necesita cumplir rápidamente, pero deja todo hasta el último momento? El amor de Dios no se irrita y solamente Dios puede vencer estos problemas por ti.

:5 El amor de Dios no guarda rencor-(resentimiento).

No es vengativo. ¿Has perdonado a tu esposo por algo que te ha hecho pero no puedes olvidarte del hecho? ¿Has ocultado el hecho en tu corazón donde está ardiendo en rescoldo y listo a inflamarse a la primera provocación? ¿Estás esperando el momento cuando podrás vengarte de él? Si es así, eso no es perdón--a lo menos no es el perdón de Dios. Cuando Dios nos perdona, nos perdona completamente. Se olvida de los pecados y nunca los recuerda otra vez, Hebreos 10:17. Dios dice que los sepultará en lo profundo del mar, Miqueas 7:19. No importa lo que tu marido te ha hecho o cuándo, tienes que perdonarlo y olvidarte del hecho o de los hechos.

:6 El amor de Dios no se goza de la injusticia-(no le gusta; se regocija en la verdad).

¿Apoyas a tu esposo en sus engaños? ¿Enseñas a tus hijos a mentir, robar o engañar? ¿Te gozas porque has engañado a tu esposo y él ha creído tus mentiras? ¿Abusas la confianza que él ha depositado en ti porque tú eres creyente? Si eres así, no te sorprendas que tu marido no quiera tener nada que ver con el evangelio, o que te deje. Cualquier mentira es inexcusable. Esto incluye mentiritas, mentiras blancas, piadosas, etcétera. Dios dice de los que mienten:

Vosotros sois de vuestro padre el diablo...Cuando habla mentiras, de suyo habla, porque es mentiroso, y padre de mentira.
Juan 8:44

Cristo es la verdad y debes gozarte cuando triunfa la verdad.

2. "ANDA EN EL AMOR"--TU CONDUCTA:
1 Corintios 13:7,8:

:7 El amor de Dios todo lo sufre-(fiel cueste lo que cueste).

¿Estás lista a soportar y sobrellevar voluntariamente cualquier cosa que llegue, no importa cuánto te duela, no importa cuánto te irrite, no importa cuánto te moleste; no importa cuánto te menosprecie? El amor de Dios te ayudará a soportar todo.

:7 El amor de Dios todo lo cree-(confía en la persona amada).

No quiere decir que tú creerás las mentiras de tu esposo. Tú creerás en Dios y lo que El puede hacer en tu esposo. Sus mentiras no cambiarán el amor que Cristo tiene por él. Cristo sigue amándole, obrando en él, hasta que tu marido le reciba como su Salvador, o hasta que tu esposo entregue su vida a Cristo, la Verdad. Entonces tu esposo aprenderá que las mentiras no agradan a su Señor porque las mentiras vienen del padre de mentiras, el cual es Satanás.

:7 El amor de Dios todo lo espera-(espera lo mejor de la persona).

Se dice que la esperanza salta eternamente en el corazón del hombre. Tu esperanza se encuentra en Cristo, el día que Cristo cambie a tu esposo de un hombre vacilante a un hombre constante, estable. Será porque sus pies se encontrarán en la roca, la cual es Cristo.

:7 El amor de Dios todo lo soporta-(con paciencia).

Con la confianza y esperanza de que Cristo cambiará a tu esposo y le hará un hijo de Dios que ande con El, puedes esperar un año, dos años, cinco años, o todo el tiempo necesario para que Dios cumpla su obra en tu marido. Pero tú tienes que cumplir tu responsabilidad para con él, mientras oras por él.

:8 El amor de Dios nunca deja de ser-(nunca muere).

Es dar sin reserva; es servir sin pensar en ser servida. El amor es trabajo, pero vale la pena. Tiene recompensas incomparables. ¡Pruébalo amiga mía!

"¡Ay de mí, me moriría antes de que pudiera cumplir todo esto. Es imposible!", me dirás. Para ti, sí, pero no para el Dios Todopoderoso que vive en ti. ¿Cómo puedes hacerlo entonces? Hay que comenzar a cumplir a lo menos uno de estos mandamientos. Hay un dicho muy usado que dice, "Para andar mil kilómetros, tienes que dar el primer paso". Cuando Dios ve que eres sincera en el deseo de mejorar tu matrimonio y en cambiar la vida tuya, entonces Dios, con todo su poder empezará a obrar por medio de tu vida. *En el matrimonio Dios exige lo mismo, tanto al esposo como a la esposa, aún mucho más del esposo*; pero, tú no tienes el derecho de exigirle a tu esposo, es decir forzarle o hacerle chantaje. En este momento yo estoy poniendo énfasis sobre la RESPONSABILIDAD de la mujer. No estoy excusando al marido de su RESPONSABILIDAD en el matrimonio. Solamente el poder de Dios puede cambiar dos corazones rebeldes y hacerlos verdaderamente uno en el Señor y en el matrimonio. Cuando el amor viene de Dios, se hace una fiesta de amor.

Si crees que tal amor es imposible, es porque desconfías de Dios. El te ofrece, "el fruto del Espíritu", el cual es amor, Gálatas 5:22,23. Es decir, es una promesa para la persona que está llena del Espíritu, completamente entregada a El, "porque el amor de Dios ha sido derramado en nuestros corazones por el Espíritu Santo que nos fue dado". Ya está en tu corazón porque el Espíritu mismo, la fuente del amor vive en ti. Recibe lo que El te ofrece. Mientras dudes de la infalible Palabra de Dios, nunca lo vas a experimentar. Deja al Espíritu hacer lo que El quiere hacer contigo y por medio de ti.

En el libro de Judas, El nos amonesta acerca de las manchas que pueden aparecer en nuestro "ágape", lo cual quiere decir "fiesta de amor". Si cualquiera de estas manchas aparecen en tu vida, perjudicará el flujo del amor de Dios por medio de ti. ¿Cuáles son esas manchas de las cuales tienes que cuidarte? Judas 11,12 dice:

¡Ay de ellos! porque han seguido el camino de Caín, y se lanzaron por lucro en el error de Balaam, y perecieron en la contradicción de Coré. Estas son manchas en vuestros ágapes. Si estudias las vidas de estos hombres, puedes ver que las manchas, de la que Judas habla son:

1) El camino de Caín era: Los celos, enojo, aborrecimiento, matanza y religión falsa. (Génesis 4:1-3)
2) El lucro de Balaam era: La envidia y la codicia (Números 22:1-32)
3) La Contradicción de Coré era: La rebeldía y el rechazamiento de la autoridad. (Números 16:1-35)

Estas manchas son como el cáncer en el matrimonio y producen problemas graves.

Para evitar problemas debes saber lo que es tu responsabilidad como esposa en el matrimonio. Yo creo que Dios ha dado al esposo aún más responsabilidades en el matrimonio, pero estoy escribiéndote a ti ahora, la esposa. Para arreglar el matrimonio, Dios necesita a lo menos un corazón -- tu corazón -- con el cual puede empezar.

Se dice que la mayoría de la gente que se encuentra en los manicomios, están ahí porque han rehusado asumir las responsabilidades de la vida.

Muchos de los problemas matrimoniales son los resultados de la negación de los casados a asumir sus propias responsabilidades, no solamente dentro el matrimonio, sino también en las posiciones, en las cuales Dios ha puesto a cada miembro en el matrimonio.

PREGUNTAS

1. ¿Para qué fué creada Eva?

2. ¿Cuál es el gran propósito de Dios para el mundo?

3. En Génesis 1:28 Dios mandó a Adán y Eva, "Multiplicaos". Dios estaba hablando de reproducir hijos físicos. ¿Cuál es la aplicación espiritual de las palabras de Dios, "Multiplicaos"?

4. El matrimonio físico es un cuadro espiritual entre:
   a. En el Antiguo Testamento: Dios Padre y_____.
   b. En el Nuevo Testamento: Dios Hijo y_____.

5. ¿Cómo manchan los cónyuges en su matrimonio el cuadro de Cristo y su novia, la iglesia?

6. ¿Quién es el creador del sexo?

7. ¿Quién es el creador de la "nueva moralidad", la cual es el sexo fuera del matrimonio?

8. ¿Qué dice Gálatas 6:7?

9. ¿Qué dice 1 Corintios 6:9,10?

10. ¿Debe salir la (o él) creyente con un (o una) incrédulo? ¿Por qué?

11. Lea 2 Corintios 6:14-17. En este pasaje ¿cuáles son los cinco materiales distintos que son necesarios para edificar un matrimonio firme?

    a.   d.
    b.   e.
    c.

12. En el noviazgo hemos de dejar a los otros jóvenes por el comprometido. Según Génesis 2:25 ¿a quiénes debemos dejar después de casarnos?

13. También el matrimonio quiere decir, "Dejando la vida_____ para una vida_____.

14. ¿Qué es el trabajo de amor?

15. ¿Cuál es la diferencia en el amor humano y el amor de Dios?

16. Según los versículos siguientes dé la palabra o frase que nos informa de las características del amor de Dios:

    a. 1 Juan 4:19

    b. Romanos 5:8

    c. Cantares 8:6

    d. 1 Corintios 13:8

    e. Jeremías 31:3

    f. 1 Tesalonicenses 1:3

    g. Proverbios 10:12

    h. 1 Pedro 4:8

    i. Romanos 13:10

17. Cuando Dios dice, "Vestíos de amor" en Col. 3:14, ¿de cuál parte de nuestro ser está hablando?

18. Cuando Dios dice "Andad en amor" en Efe. 5:2, ¿de cuál aspecto de nuestra vida está hablando?

3. LA RESPONSABILIDAD DE LA ESPOSA Yo sé que al leer cuanto espera Cristo de nosotras, las esposas, nos hace gritar que nuestro pobre barquito matrimonial ya está haciendo agua y jamás llegará al "PUERTO EXITO" sin hundirse.

"Al principio", me dices,"cuando nos hacemos a la vela, nuestro barco de enlace parecía fuerte, durable e impenetrable. Los primeros días eran placidísimos y muy lindos. Era como si el sol y las nubes reflejaran su hermosura en las aguas.

Pero no sé que pasó. Después de algunas semanas la mar ya no era tan tranquila. Las pequeñas olas problemáticas en forma de disgustos y mal entendidos empezaban a agitar nuestro barquito causando sensaciones delicadas y desagradables al estómago y frustraciones a los nervios.

Pero, eso no fue nada en comparación con las borrascas, tempestades, tifones y huracanes que azotaron nuestro casamiento después. Y ahora nuestro barquito matrimonial está al punto de zozobrar en el mar del divorcio. Eso no era el deseo que tuvimos para nuestro connubio. Parece que nuestro barquito estuviera encallado en la arena o en el arrecife. Que las riñas, las peleas, las palabras torpes, la desconfianza, los celos, el descontentamiento están destruyéndolo pedazo por pedazo. Ya no lo aguanto más. Si no hay salvavidas todo está perdido."

¡Qué testimonio tan triste! No sé porque los jóvenes rehusan abrir sus ojos a la verdad que el matrimonio no es un arroyo sino un océano con profundidades incalculables e indiscernibles. Nadie debe aventurarse en tal mar sin preparaciones y sin tener un piloto experto en la náutica y que lleve con él la carta de navegación. Bajo la superficie del océano hay peligros acechando en las cercanías listos para hacer naufragar a los incautos.

Así es en el mar del casamiento. Es muy necesario tener un piloto experto que sepa pilotear. Uno que sepa evitar la arena o el arrecife que descansa escoltados bajo las aguas que parecen tan inocentes; uno que puede mantener estable el barco connubio y preservarlo cuando se aparecen tempestades, tormentas, y torrentes. Si no hay piloto en tu barquito matrimonial existe la posibilidad que asistirás al naufragio de tu matrimonio.

En el mar del casamiento hay peligros siempre acechando bajo la superficie listos para causar el naufragio del enlace. Los tres enemigos básicos que son los impulsores de fracasos son los mismos de que aprendimos en capítulo uno:

   1) **LA CARNE** (la naturaleza pecaminosa)--con sus desmesurados deseos que corren tras la sirena de la sensualidad y que empujan la infidelidad.

   2) **EL MUNDO**--como el pulpo que te atrae con tantas cosas materiales y que se envuelve alrededor de la mente estrangulándola con ilusiones falsas que la posesión de cosas materiales es la cosa más importante de la vida.

   3) **SATANAS**--el dios falso del mar, el piloto y autor famoso de los naufragios matrimoniales. Quien con sus demonios acechan siempre en las proximidades de los casados, listos para agitar la tranquilidad del barco de enlace, estimulando las olas iracundas del orgullo y desacuerdos y de la inflexibilidad del espíritu para que demanden siempre sus derechos.

Un barco necesita mucho cuidado y atención. Si no, se aparecen muchos percebes (mariscos crustáceos que viven pegados a la base del barco que causan pudrimiento) y mohos corrosivos.

El barquito del casamiento también necesita mucho cuidado y atención. En el matrimonio los percebes toman la forma de hábitos y vicios desagradables del cónyuge. Lamentablemente es difícil deshacerse de estos percebes tan pegosos en la vida. Es trabajoso pero es necesario para el bienestar del enlace.

También el cónyuge necesita atención y cariño. Si no los recibe será como el moho que oxida el barco causando agujeros en ello. A veces el dueño que descuida su barco tiene que pasar tanto tiempo desaguando su barquito que no hay tiempo para repararlo.

No debes permitir eso en tu enlace. Un dueño que pasa todo su tiempo desaguando su barquito nunca encontrará tiempo para gozarse en la navegación. Cuando un agujero aparece en tu connubio hay que repararlo inmediatamente. Con cariño y atención hay que sacarle el moho. Entonces será un trabajo de amor y no trabajo de labor.

Lamentablemente por causa de la clase del mundo en que vives siempre habrán olas problemáticas que procurarán sacudir tu matrimonio. Pero debes fijar tu ojos de fe en Cristo, el Creador y el Señor del mar. Si no, probablemente tu barquito de connubio zozobrará.

¿Recuerdas lo que pasó con el apóstol Pedro cuando quitó sus ojos de Jesús y los fijó en las olas gigantescas? Empezó a hundirse. Pero, gracias a Jesús, El le salvó.

Cristo no nos pide hacer algo sin proveer lo que necesitamos para cumplirlo. En Juan 14:18 nos dice, "No os dejaré huérfanos...", y no lo ha hecho, aunque a veces nos sentimos como huérfanas muy desconsoladas y abandonadas en este mundo. Cristo nos amó tanto que ha provisto en una manera superabundantemente lo que necesitamos para navegar el mar del matrimonio con éxito. ¿Cómo? ¿No recuerdas? Cristo nos ha dado al Consolador (el Espíritu Santo) no solamente para estar con nosotras para siempre (Juan 14:16) sino también para morar "EN" nosotras para siempre (Juan 14:17). Fíjense en eso, El mismo Espíritu de Dios en nosotras, los creyentes, para consolarnos, para ayudarnos, para guiarnos, para darnos sabiduría, para acompañarnos y para pilotear nuestro barquito de matrimonio al "PUERTO EXITO" sin permitirle hundirse.

Un problema es que el Espíritu Santo no es visible a nuestros ojos y no le tomamos en cuenta. Somos como el pobre hombre agarrando desesperadamente los lados de su barquito, yendo a la deriva, lejos de la orilla, sollozando porque no tiene remos, mientras que hay un poderoso motor en el barquito con él, listo a llevarle con toda seguridad al puerto, si el hombre le permite. Aunque el Espíritu Santo es Dios Espíritu todopoderoso, todosabio y siempre presente con nosotras, El respeta nuestra voluntad. El nos ayudará solamente desde el momento que se lo permitamos.

El Espíritu Santo es tu piloto experto, perfecto y la carta de navegación es tu Biblia. Hay direcciones tocante el matrimonio en la carta que debes seguir. Algunas ya las has estudiado:

1) No hay que casarse con el incrédulo, 2 Corintios 6:14.
2) Deja a sus padres y pégase a su marido, Génesis 2:24.

Hay muchas más direcciones en la carta de navegación del matrimonio para evitar naufragios pero queremos enfocar nuestro estudio en el pasaje que se encuentra en Efesios 5:18-33

EFESIOS 5:18-33:

Muchos predicadores cuando quieren dar charlas acerca de las relaciones entre esposas y maridos utilizan Efesios 5, pero lamentablemente empiezan con vs. 22 en lugar de versículo 18. No deben hacer eso, porque es como el procurar subir una escalera que ha sido puesta en medio del aire sin tener las patas plantadas firmemente en la tierra. Versículos 19-33 están relacionados íntimamente con versículo 18. Versículo 18 es la clave del pasaje, las patas de la escalera, y el fundamento del matrimonio exitoso.

Efesios 5:18 dice:

> No os embriaguéis con vino, en lo cual hay disolución; **ANTES BIEN SED LLENOS DEL ESPIRITU.**

Ya que el versículo 18 es tan fundamental al enlace, es de suma importancia que quepamos más profundamente dentro de lo que hemos hecho hasta este punto. Si pudiéramos sacar con nuestro pico la cubierta de este versículo veríamos una lucha sutil y continua tomando lugar. La lucha entre la naturaleza pecaminosa del creyente y la naturaleza divina para el "**CONTROL**" de él. Gálatas 5:17 dice:

> Porque el deseo de la carne es contra el Espíritu, y el del Espíritu es contra la carne; y estos se oponen entre sí, para que no hagáis lo que quisiereis.

Los dos luchadores son el Espíritu Santo con el propósito de bendecir la vida del creyente y su matrimonio y Satanás con la meta de destruir al creyente y su enlace.

No hay que olvidar nunca que el supremo deseo de Satanás era ser Dios y tener a toda la humanidad, a toda la creación adorándole a él y no a Dios. El aborrece a Dios y al que fue creado a la imagen de Dios. Uno de los propósitos del Espíritu Santo es conformarnos a la imagen de Dios.

> Por tanto, nosotros todos, mirando a cara descubierta como en un espejo la gloria del Señor, somos transformados de gloria en gloria en la misma imagen, como por el Espíritu del Señor.

Por eso nos aborrece Satanás porque llevamos la imagen de Dios. Aborrece también nuestro matrimonio. ¿Por qué? Porque la Biblia nos dice que el enlace es un cuadro de la relación de Cristo con la iglesia--los creyentes. Por eso la meta de Satanás es destruir las vidas de los creyentes y su casamiento.

¿Cómo puede controlar al creyente el Espíritu Santo o Satanás? Los dos utilizan los 5 sentidos: a) la vista, b) el oído, c) el tacto, d) el olfato, e) el gusto--los cuales son las cinco ventanas de la mente.

El que controla la mente controla todo el ser de la persona. Satanás provoca los deseos carnales por medio de los 5 sentidos. El Espíritu Santo también utiliza los 5 sentidos. Por eso debemos tener mucho cuidado en lo que miramos, en lo que escuchamos, en lo que saboreamos, en lo que olemos y a lo que tocamos. Porque Dios nos dió una voluntad libre para escoger, es nuestra RESPONSABILIDAD delante de Dios escoger bien.

Lo que Satanás proveerá para los 5 sentidos es cualquier cosa carnal. El es el príncipe del aire y controla las cosas mundanas o carnales. Vemos a Satanás utilizando las cosas mundanas para provocar los deseos carnales en el creyente. El sabe que Dios aborrece las cosas carnales:

1) Romanos 8:7 "Por cuanto la mente carnal es enemistad contra Dios;. . . ."
2) Romanos 8:8 "Los que viven según la carne no pueden agradar a Dios."
3) Romanos 8:6 "Porque el ocuparse de la carne es muerte. . . ." (Recuerda la vida de Sanson).

El que controla los 5 sentidos controlará la mente y él que controla la mente controla el ser de la persona. Por eso hay una lucha continua entre el Espíritu Santo y Satanás por el control.

¿Qué es la carnalidad a los ojos de Dios? La carnalidad es cualquier cosa que buscamos para satisfacer los apetitos carnales de nuestra naturaleza pecaminosa. Es hacer cualquier cosa que contrista al Espíritu Santo o que aborrece a Dios. Es hacer cualquier cosa que es contra la santidad de Dios. La Biblia nos da ejemplos explícitos.

¿Qué es lo que contrista al Espíritu Santo? Efesios 4:30 y 31 nos avisa de algunas cosas:

Toda malicia	Ira
Amargura	Gritería
Enojo	Maledicencia

¿Que es lo que aborrece Dios? Proverbios 6:16-19 nos da la respuesta.

Ojos altivos.
Lengua Mentirosa.
Manos derramadoras de sangre inocente.
Corazón que maquina pensamientos inicuos.
Pies presurosos para correr al mal.
Testigo falso que habla mentiras.
El que siembra discordia entre hermanos.

Otra lista de las obras de la carne se encuentran en Gálatas 5:19-21.

Adulterio	Iras
Fornicación	Contiendas
Inmundicias	Disensiones
Lascivia	Herejías
Idolatría	Envidias
Hechicerías	Homicidios
Enemistades	Borracheras
Pleitos	Orgías
Celos	Cosas semejantes

El Apóstol Pablo llamó a los hermanos Corintios "carnales". ¿Por qué? Porque había entre ellos:

1 Corintios:
Contiendas (1:11)
Orgullo--"Yo soy de--" (1:12)
Carnalidad: se portaban como niños. (3:1)
Celos, disensiones (3:3)
Fornicación en forma de incesto. (5:1)
Jactancia (5:6)
Fornicación, avaricia, idolatría, maledicencia,
Borrachera, ladrones (5:11)
Agravio, fraude (6:8)
Prostitución (6:16)
Partícipes con demonios (10:20)
Borrachera en la Santa Cena (11:21)

2 Corintios:
Ocultismo, astucia, vergüenza, adulteración de la Palabra de Dios. (4:2)
Soberbia, envidias, iras, divisiones maledicencia murmuraciones, desórdenes (12:20)
Lascivia, inmundicia (12:21)

¿Por qué aborrece Dios la carnalidad? Porque es una contradicción a su carácter, y porque te ama. El sabe los resultados y el fin de los que practican la carnalidad y es un fin que no es deseable. El no quiere este fin para ti y para tu matrimonio. Tampoco es lo que tú quieres. Dios dice claramente en Gálatas 6:8a--la primera parte:

La Mujer Ideal 143

> Porque el que siembra para su carne, de la carne segará corrupción. . . .

También El dice en Gálatas 5:15:

> Pero si os mordèis y os coméis unos a otros, mirad que también no os consumáis unos a otros.

Dios nos da buenos consejos acerca de lo que debemos hacer a nuestra carne pecaminosa en Colosenses 3:5-10:

> HACED MORIR, pues, LO TERRENAL EN VOSOTROS: fornicación, impureza, pasiones desordenadas, malos deseos y avaricia, que es idolatría; cosas por las cuales la ira de Dios viene sobre LOS HIJOS DE DESOBEDIENCIA, en las cuales vosotros también anduvisteis en otro tiempo cuando vivíais en ellas. Pero ahora dejad también vosotros todas estas cosas: ira, enojo, malicia, blasfemia, palabras deshonestas de vuestra boca. No mintáis los unos a los otros, habiéndoos despojado del viejo hombre con sus hechos, y revestido del nuevo, el cual conforme a la imagen del que lo creó se va renovando hasta el conocimiento pleno.

Dios nos da consejos positivos para tener buen éxito en la vida tanto como en el enlace. Hay que recordar que el fruto de ser controlado por el Espíritu es Gálatas 5:22,23:

> Mas el fruto del Espíritu es amor, gozo, paz, paciencia, benignidad, bondad, fe (fidelidad), mansedumbre, templanza; contra tales cosas no hay ley.

La última parte de Gálatas 6:8b dice:

> . . .mas el que siembra para el Espíritu, del Espíritu segará vida eterna.

Gálatas 5:16 nos dice:

> Digo, pues: Andad en el Espíritu, y no satisfagáis los deseos de la carne.

Pero, ¿Cómo podemos andar en el Espíritu? Dios dice en las siguientes maneras:

> Gálatas 6:2 "Sobrellevad los unos las cargas de los otros. . . "
>
> Gálatas 6:6 "Haga partícipe de toda cosa buena al que lo instruye."
>
> Gálatas 6:9 "No nos cansemos, pues, de hacer bien; porque a su tiempo segaremos, si no desmayamos."
>
> Gálatas 6:10 "Según tengamos oportunidad, hagamos bien a todos."
>
> Colosenses 3:12-22
> "Vestíos, pues, como escogidos de Dios, santos y amados, de entrañable misericordia, de benignidad, de humildad, de mansedumbre, de paciencia. Soportándoos unos a otros, y per-

donándoos unos a otros si alguno tuviere queja contra otro. De la manera que Cristo os perdonó, así también hacedlo vosotros. Y sobre todas estas cosas vestíos de amor, que es el vínculo perfecto. Y la paz de Dios gobierne en vuestros corazones, a la que asimismo fuisteis llamados en un solo cuerpo; y sed agradecidos. La palabra de Cristo more en abundancia en vosotros, enseñándoos y exhortándoos unos a otros en toda sabiduría, cantando con gracia en vuestros corazones al Señor con salmos e himnos y cánticos espirituales. Y todo lo que hacéis, sea de palabra o de hecho, hacedlo todo en el nombre del Señor Jesús, dando gracias a Dios Padre por medio de El. Casadas, estad sujetas a vuestros maridos...Maridos, amad a vuestras mujeres...Hijos, obedeced a vuestros padres en todo...Siervos, obedeced en todo a vuestros amos terrenales...Y todo lo que hagáis, hacedlo de corazón, como para el Señor y no para los hombres."

Pero, amigas, escuchen esto:
> Sabiendo que *del Señor recibiréis la recompensa de la herencia*, porque a Cristo el Señor servís. *Mas él que hace injusticia, recibirá la injusticia que hiciere*, porque no hay acepción de personas.
> Colosenses 3:24,25

I Corintios 3:11-17 nos habla de la obra que el creyente hace. Si el creyente hace lo que hace para la gloria de Cristo, guiado y controldado por el Espíritu, según vs. 14 su obra sobreedificará y recibirá recompensa. Pero, si lo que hace, lo hace para su propia honra, guiado y controlado por su propio "YO" (la naturaleza pecaminosa), según vs. 15 él será salvo pero sufrirá pérdida--la pérdida de su recompensa.

Todo lo que hemos aprendido acerca de la naturaleza pecaminosa y nuestra conducta bajo su control, y la naturaleza divina bajo el control del Espíritu está relacionado con Efesios 5:18, el versículo principal en la vida de una persona y en su matrimonio. El versículo pudiera ser leído así (el cual es mi propia interpretación):
> No sean controlados por su naturaleza pecaminosa, en lo cual hay disolución; antes bien sed controlados (llenos) del Espíritu.

Hemos pasado bastante tiempo en el estudio del vs. 18 porque es tan importante. La manera que actuamos y nos portamos en nuestra enlace depende del grado y del alcance que somos controlados por el Espíritu. El buen éxito tiene que ver con la misma cosa también.

Cuando una se encuentra casada con un incrédulo o con un creyente mundano tendrá más problemas porque los maridos causarán más problemas. Pero Dios ha prometido que si le honramos a El, El nos honrará a nosotras.

Siendo que ya hemos aprendido como actuamos bajo el control de la naturaleza pecaminosa y bajo el control del Espíritu Santo, volvamos al estudio de los demás versículos de Efesios 5:19-33.

En el capítulo 2 de este libro aprendimos el sentido y el cómo ser llenos del Espíritu. Creo que será demás repetirlo aquí. Pero, si es necesario, puedes encontrarlo bajo el tema "La Plenitud del Espíritu" en capítulo 2.

Los versículos 19-33 de capítulo 5 de Efesios forman una parte del mandamiento de versículo 18, "Sed llenos del Espíritu:.

Efesios 5:18 hasta 6:9 tratan de relaciones entre personas. Queremos hacer estos versículos íntimamente relacionados con tu vida. Aunque estos versículos están dirigidos a todos los creyentes tú tienes que aprender a aplicar las Escrituras a tu propia vida.

1) Relaciones entre tú y tu Dios --------Efe. 5:18-20
2) Relaciones entre tú y tu marido------ Efe. 5:21-33
3) Relaciones entre tú y tus hijos--------Efe. 6:1-4
4) Relaciones entre tú y tu jefe etc.----- Efe. 6:5-9

Vamos a tratar de los primeros dos puntos porque este capítulo es acerca del matrimonio.

Efesios 5:18 es el versículo principal y básico de este pasaje, especialmente la última parte que dice, ". . .antes bien SED llenos del Espíritu."

Efesios 5:18 "Sed llenos del Espíritu.
:19 *Hablando* entre vosotros con salmos, con himnos y cánticos espirituales,
Cantando y *Alabando* al Señor en vuestros corazones.
:20 *Dando* siempre gracias por todo al Dios y Padre, en el nombre de nuestro Señor Jesucristo,
:21 *Sometiéndoos* unos a otros en el temor de Dios."

En los versículos 19-21 notamos varios verbos que se llaman verbos gerundios tal como las palabras "hablando", "cantando", "alabando", "dando", y "sometiendo". Verbos gerundios son verbos que son dependientes de un verbo principal. No actúan solos en una oración. El verbo principal es el verbo "SER" o "SED" en vs. 18. "SED" llenos del Espíritu es un mandamiento y porque las palabras "Hablando", "cantando", "alabando" (vs. 19), "dando" (vs. 20) y "sometiendo" (vs. 21) están relacionadas y dependientes del verbo principal "SED", ellos funcionan como parte del mandamiento también. El mandamiento no solamente es "SED" llenos del Espíritu, sino también que "hables", "cantes", "alabes", "des gracias a Dios" y "someteos los unos a los otros".

Al llegar al vs. 21 averiguamos que en el idioma original, el griego, el verbo "someteos" no debe ser traducido "someteos" sino "sometiéndoos". Es un verbo gerundio como los demás y es dependiente del verbo "SER" o "SED" en vs. 18. Así, actúa también como un mandamiento.

Tocante a Efesios 5:22 averiguamos que algunos catedráticos y especialistas en el idioma griego especialmente de la Biblia dicen que el verbo "estén sujetos" no se encuentra en este versículo en el original. Fue añadido más tarde. El versículo 22 dice:

> Las casadas a sus propios maridos como al Señor.

Entonces Efesios 5:21,22 deben ser leídos así:

> Sometiéndoos unos a otros en el temor de Dios. Las casadas a sus propios maridos, como al Señor.

Pero no importa como leemos--que sea "someteos" o "sometiéndoos" tenemos que reconocer que es un mandamiento apoyado y confirmado por el mandamiento directo de Colosenses 3:18. A la vez al marido se le manda que ame a su esposa, Efe. 5:26 y Col. 3:19.

Lamentablemente algunos maridos ponen su propia interpretación a Efe. 5:22. Como alguien dijo, "Se inflan como sapos" y gritan, "Soy amo. Haz lo que yo te digo o te pegaré." Y lo hacen. Este marido está completamente fuera de la voluntad de Dios. El es desobediente a Dios. 1 Pedro 3:7 dice:

> Vosotros, maridos, igualmente vivid con ellas (las esposas 3:16) sabiamente, *dando honor a la mujer* (no pegándole) como a vaso más frágil, y como a *coherederas* de la gracia de la vida para que vuestras oraciones no tengan estorbo.

Efesios 5:25 dice:

> Maridos, *AMAD* a vuestras esposas. . .

El matrimonio no es una relación de esclava sirviendo al amo, sino como el apóstol Pablo dice en Romanos 12:10:

> ...en cuanto a honra prefiriéndoos los unos a los otros.

Eso quiere decir que el cónyuge (sea esposa o esposo) debe buscar el bien, el placer, lo que agrada a su cónyuge y hacerlo. Es el uno poniendo al otro primero en su vida--**PREFIRIENDOSE** el uno al otro. Y un consejo sabio a los maridos que están leyendo este libro: Si tú pones este consejo bíblico-- este mandamiento--en práctica diariamente, tú averiguarás que tu esposa tendría más deseo de cumplir lo que Dios le dice a ella. Hay que saber bien que es muy difícil para la esposa poner en práctica sus RESPONSABILIDADES como esposa, si el marido rehúsa obedecer los mandamientos que Dios le ha dado a él. 1 Pedro 3:8-12 dice:

> Finalmente sed todos de un mismo sentir, compasivos, amándoos fraternalmente, misericordiosos, amigables. No devolviendo mal por mal, ni maldición por maldición, sino por el contrario, bendiciendo, sabiendo que fuisteis llamados para que heredaséis bendición. Porque él que quiere amar la vida y ver días buenos, refrene su lengua de mal y sus labios no hablen engaño. Apártese del mal, y haga el bien. Busque la paz, y sígala. Porque los ojos del Señor están sobre los justos, y sus oídos atentos a sus oraciones. Pero el rostro del Señor está contra aquellos que hacen el mal.

Si el marido y la esposa están poniendo en práctica estos mandamientos y consejos seguramente están llenos del Espíritu. Tendrán armonía y amor en su casamiento y el mar de enlace no será tan turbulento. No habrá dificultades tan difíciles que no puedan resolver. Tampoco será tan difícil para el marido y la esposa asumir las posiciones en el matrimonio que fueron escogidas por Dios.

Recordemos que, la medida con que cumplimos nuestra RESPONSABILIDAD en nuestra relación matrimonial será el reflejo mismo de nuestra llenura y control del Espíritu.

LA POSICION:

1) *De la Esposa: Efesios 5:21-24,33b*

> Sometiéndoos unos a otros en el temor de Dios; las casadas a sus propios maridos, como al Señor. Porque el marido es cabeza de la mujer, así como Cristo es cabeza de la iglesia la cual es su cuerpo, y él es su Salvador. Así que, como la iglesia está sujeta a Cristo, así también las casadas lo estén a sus maridos en todo.

2) *Del Marido: Efesios 5:21,25,27-29, 31, 33a*

Sometiéndoos unos a otros en el temor de Dios... Maridos, amad a vuestras mujeres, así como Cristo amó a la iglesia, y se entregó a sí mismo por ella...A fin de presentársela a sí mismo, una iglesia gloriosa, que no tuviese mancha ni arruga ni cosa semejante, sino que fuese santa y sin mancha. Así también los maridos deben amar a sus mujeres como a sus mismos cuerpos. El que ama a su mujer, a sí mismo se ama. Porque nadie aborreció jamás a su propia carne, sino que la sustenta y la cuida, como también Cristo a la iglesia...Por esto dejará el hombre a su padre y a su madre, y se unirá a su mujer, y los dos serán una sola carne...Por lo demás, cada uno de vosotros ame también a su mujer como a sí mismo... El marido es cabeza de la mujer, así como Cristo de la Iglesia.

Maridos, amad a vuestras mujeres, así como Cristo amó a la Iglesia y se entregó a sí mismo por ella.

Efesios 5:25

Este versículo es un mandamiento que lleva una tremenda responsabilidad para el esposo. No he leído en ninguna parte de la Biblia donde se cuente que Cristo maltrataba a la Iglesia. Pero leo en muchos sitios donde se habla del amor de Cristo para con su Iglesia y cómo la cuida. Este es el amor que Dios le manda tener al marido para con su esposa. Eso está de acuerdo con Romanos 12:9-10

El amor sea sin fingimiento. Aborreced lo malo, seguid lo bueno. Amaos los unos a los otros con amor fraternal; *EN CUANTO A HONRA, PREFIRIENDOOS LOS UNOS A LOS OTROS.*

Mateo Henry dijo que la mujer fue tomada, no de la cabeza del hombre para que no mostrara que ella era superior a él, ni para que la mujer pensara que era ama del hombre. Fue tomada, no del pie, para que no se dijera que la mujer era inferior al hombre ni para que el hombre la pisara. Fue tomada de la costilla, para mostrar que era su compañera, su complemento, y no esclava encarcelada; bajo el brazo, para ser protegida y no abusada; cerca del corazón, para ser amada y no aborrecida.

"Bueno", me dirás, "Si mi esposo me amara así, con mucho gusto le reconocería como la cabeza y yo como la costilla. PERO, no me ama así."

¿Habrán razones para que no te ame así? Piensa en lo siguiente:
   1) Quizás te hayas casado con un hombre que no era creyente.
   2) Quizás te casaste con un hombre que hizo una profesión de

fe, solamente para casarse contigo.

3) Tal vez te casaste con un creyente mundano, cuyo primer amor es el mundo.

4) O quizás te casaste con un buen creyente pero solamente para escaparte de tu parientes y no porque le amabas.

5) O subconscientemente tú rechazaste escuchar la voz del Espíritu Santo que te dijo, "No te casas con aquel hombre.

6) Tal vez te hayas casado con un hombre que es buen creyente, pero tú quieres ser la cabeza y hacerle a él la costilla.

Hay mujeres que son muy independientes, y con un espíritu dominante. Quieren dominar todas las cosas, menos su propio espíritu. Esto es orgullo supremo porque piensan que ellas son más inteligentes y más espirituales que los maridos. Quieren ser la cabeza de la familia en lugar de la costilla. ¿Cómo sería ver a una persona andando por la calle con su cabeza bajo el brazo y la costilla posada sobre el cuello? Sería un fenómeno. Cuando la mujer asume la posición de la cabeza de la familia no es una cosa natural.

Yo sé, como Dios sabe, que a veces el esposo rehusa asumir esta responsabilidad, y por la fuerza la esposa tiene que hacerlo. Pero por otra parte, hay hombres que quieren tomar su lugar legítimo como cabeza de la familia, pero sus esposas se rebelan por causa de su orgullo. El resultado es discordia y problemas que afectan a todos en la familia.

Dios ha puesto la costilla en el cuerpo, para soporte y para proteger el corazón. La costilla no puede hacer esto posada en el cuello. Tampoco el brazo puede cuidar a la costilla cuando no está en su lugar. El cuerpo no funciona con facilidad si sus miembros no están en sus lugares legítimos. Tampoco la familia funciona bien si sus miembros no están en sus lugares ordenados.

La familia es como un cuerpo directivo. El padre es el presidente; la esposa, la vice-presidenta, y los hijos los demás miembros. La vice-presidenta no es una esclava del presidente ni de los otros miembros. Cuando el presidente no está la vice-presidenta tiene que asumir el mando. Cuando todos los miembros de la familia reconocen las posiciones y deberes legítimos de cada miembro del cuerpo directivo, y cada miembro está asumiendo su propia responsabilidad en la familia, hay armonía.

4. LA SUMISION:

Las casadas sometiéndoos a sus propios maridos, como al Señor. . . .

Efesios 5:22

Algunas mujeres se erizan de resentimiento cuando leen esta frase. No quieren estar bajo el dominio de un hombre. Si tienes esta opinión, el único consejo que sirve para ti, es que no te cases. Cuando la mujer decide casarse, ella sabe que está perdiendo el derecho a su libertad personal (y los hombres también). "Las casadas sometiéndoos a sus propios maridos" es un mandamiento de Dios.

Es importante notar que las mujeres son las que tienen el derecho de decidir si van a cumplir este mandamiento-- "sometiéndoos", o si no lo van a hacer. Aunque es un mandamiento, Dios quiere que lo hagas de buena voluntad, porque hay bendición en cumplirlo si amas a Dios. El versículo no dice, "Marido, somete, avasalla, arremete, subyuga a tu esposa". El tirano subyuga; el dictador absoluto avasalla; pero el marido creyente acepta con amor la sumisión de su esposa a él. Cristo no es tirano, ni dictador, sino una cabeza amante que cuida de su novia, la Iglesia.

El "sometiéndoos" quiere decir que tú estás afirmando, apoyando, y manteniendo a tu marido como la cabeza de la familia, como un clavo mantiene la madera. El clavo no está puesto a la vista de los muebles finos, pero es necesario para que el mueble esté estable. Eso no quiere decir que tu marido tiene derecho de ocultarte en la cocina. Tú eres su complemento y debes ser una buena anfitriona o sea una ayuda en lo que necesita él.

El "sometiéndose" tampoco quiere decir que tú seas menospreciada por Dios. El hombre tiene necesidad de la mujer, y la mujer tiene necesidad del hombre. Los dos son importantes el uno al otro. Dios sabe que hay siempre problemas cuando dos jefes están tratando de dirigir el mismo trabajo a la vez. Puede haber un jefe y un sub-jefe, sí. El sub-jefe dirige cuando el jefe no está. De esta manera, no hay confusión.

Si no aceptas este mandamiento de Dios, te encontrarás en rebelión contra Dios y tendrás un matrimonio manchado, sin armonía, lleno de frustraciones, de problemas sin solución, y al final un matrimonio fracasado.

Hay un movimiento en los Estados Unidos que se llama "El Movimiento para la Liberación de las Mujeres". Miles de mujeres se han juntado con este movimiento. Dicen que quieren sacar el yugo de la desigualdad y del dominio que los hombres ejercen sobre ellas en cada fase de su vida; en el trabajo, en el hogar, en el sexo, etc. Si las mujeres consiguen todo lo que están demandando por medio de su rebeldía, encontrarán lo que halló Eva en el huerto de Edén, que han recibido más de lo querían recibir. La única ganancia contra los mandamientos de Dios, es tristeza, sufrimiento y muerte. Esta rebelión no es contra los hombres como piensan ellas, sino contra Dios, y una guerra contra Dios es una guerra ya perdida.

Según el Doctor Pitirim Sorokin, el destacado sociólogo de la Universidad de Harvard, en los años recientes, dos de cada cinco matrimonios en los Estados Unidos terminan en divorcio. Sin embargo, en los matrimonios de creyentes, donde la familia tiene la costumbre de leer la Biblia y orar juntos cada día, hay solamente un divorcio de cada 1.015 matrimonios.

La razón es que cuando los esposos no reconocen a Cristo en sus corazones, no siguen los mandamientos de Cristo para un matrimonio con éxito. Cuando Cristo no reina en el matrimonio, reina el egoísmo. La mujer soberbia no quiere someterse a su marido soberbio. El egoísmo o el "yo" del esposo reacciona contra el egoísmo o el "yo" de la esposa y resulta en fricción, discordia, separación y muchas veces en el divorcio.

¿Es esto lo que tú quieres en tu matrimonio, amiga mía? Hay que recordar que Dios te ama a ti y busca lo mejor para sus hijas. Cuando El te dice, sométete a tu marido, esto es lo mejor para ti. Ese es el mandamiento de Dios y siempre cuando hay obediencia a la voluntad de Dios, la bendición sigue. Más tarde vamos a considerar los límites en la sumisión, porque hay.

RESPETO:

. . .y la mujer respete a su marido.

Efesios 5:33

Respeto para tu marido es lo que Dios quiere de ti. ¿Sabes todo lo que contiene el verbo respetar? Quiere de cir:

". . .Y la mujer:
:Cuide con fervor de

:Atienda a
:Venere a
:Honre a
:Sea constante en el cariño a
:Estime a
:Obedezca a
:Aprecie a
. . .su marido."

Sólo Dios puede hacer lo imposible, y él quiere hacer un milagro por ti. Dios es la fuente de amor, tú eres el jarro, y tu esposo es el recipiente. Dios quiere derramar a través de ti todo su amor infinito para con tu marido. El amor de Dios es sin límite, sin reserva, y sin fin. La única cosa que necesita Dios es un jarro vacío de sí mismo. ¿Estás tú lista a ser el jarro vacío que Dios puede usar?

5. LIMITES EN LA SUMISION:

Aunque Dios quiere que hagas todo lo posible para que tu marido reciba a Cristo como su Salvador, o para que consagre su vida a Cristo, Dios ha puesto límites en la sumisión.

Antes de enumerar algunos límites, quiero hablarte acerca de tus actitudes. Tu actitud, o la manera en que tu rehusas a tu marido, es de suma importancia. Si tienes que rehusar alguna cosa que tu esposo está exigiéndote hacer, hay que hacerlo con una voz modulada y apacible. No con una voz de críticas, de condenación, de menosprecio, ni de ira. Hay que explicarle en una manera apacible, si te permite, la razón porque no puedes hacer lo que él quiere de ti. Tienes que pedir a Dios que te ayude a controlar la lengua tuya, especialmente cuando tu esposo comienza a gritar o a amenazarte. Un altercado necesita dos personas, y si te quedas en calma, él se va a callar más rápido. Proverbios 15:1 dice, "La blanda respuesta quita la ira; mas la palabra áspera hace subir el furor".

En su palabra Dios dice que tienes que obedecer:
   a) Las leyes del país, I Pedro 2:12-15.
   b) Las leyes o mandatos de Dios.

Si por la sumisión a tu esposo, tienes que desobedecer las leyes del país o hacer lo que es contrario a la voluntad de Dios en su Palabra, tienes el derecho de rehusar en este asunto a tu marido.

Para algunas circunstancias hay mandamientos definitivos en la Biblia que te ayudarán a decidir lo que debes hacer. En otros asuntos es más difícil, porque no hay mandamientos directos. Pero si estudias tu Biblia para averiguar lo que Dios tiene que decir del problema, y oras cada día, el Espíritu Santo te revelará su voluntad en cualquier asunto. El ha puesto principios para gobernar nuestras vidas.

> Fíate de Jehová de todo tu corazón, y no te apoyes en tu propia prudencia. Reconócelo en todos tus caminos, y El enderezará tus veredas.
>
> Proverbios 3:5,6

Los mandamientos definitivos de Dios en que no debes sujetarte a tu marido son:

a) En el adulterio, fornicación, orgías sexuales, idolatría, homicidios, borracheras, etc. Gálatas 5:19-21. Hay algunos hombres que por una razón u otra quieren compartir a sus esposas con otros hombres. De ninguna manera tienes que sujetarte a tal cosa.

b) Tienes el deber de prevenir a tu esposo de molestar sexualmente a tus hijos, sea hijo, o hija. Lamentablemente hay padres que hacen tales cosas. Esto está en contra, no solamente de las leyes del país, sino también de Dios.

c) Tienes el derecho de prevenirle de dar bebidas alcohólicas a tus hijos como vino, chicha, cerveza, etc. Por reirse, algunos padres dan bebidas a sus hijitos, pero las bebidas lastiman las mentes y los cuerpos de los chicos y de los adultos. Si tu esposo tiene la costumbre de hacer esto, mete a tu hijo en cama, o llévale a la casa de un pariente, o de una manera u otra saca a tu hijo del alcance de tu esposo cuando comienza a beber.

d) Debes prevenirle de enseñar a los hijos a mentir y a robar.

e) No debes dejarle pegar cruelmente a tus hijos, dejándoles casi cojos o sin vida. No estoy diciendo que el esposo no debe disciplinar a sus hijos. Es acerca de la manera en que los disciplina. El tiene derecho a darles "huasca" cuando lo necesitan, pero no debe darles puñetazos o patadas en la cara, sobre la cabeza, o en las partes del cuerpo donde pueden lastimar a los hijos para toda su vida.

> Y cualquiera que haga tropezar a alguno de estos pequeños que creen en mí, mejor le fuera que se colgase al cuello una piedra de molino de asno, y que se hundiese en lo profundo del mar.
>
> Mateo 18:6

Hay más mandamientos de Dios. Haz una lista cuando leas tu Biblia diariamente.

Tocante a las cosas donde hay mandamientos definitivos, hay que recordar que Cristo dijo que estás en el mundo aunque no eres del mundo. Estando en el mundo es necesario obedecer las leyes del gobierno. Dios no te quitó de este mundo cuando recibiste a Cristo, porque El tuvo un propósito para tu vida. El quiere que tú seas un testimonio del amor de Dios delante de todos.

Si tu esposo insiste que lo acompañes a fiestas que tú sabes que no son agradables a Dios, es mejor que vayas con él. Si no, es posible que él busque a otra mujer y en esta manera pecará. Tú puedes ir con él, pero no tienes que participar en el pecado con los demás. Lee el ejemplo de Naamán en 2 Reyes 5:17-19.

Cuando vayas con él, hay que ser amable, cortés, etc. No hay que asumir una actitud de superioridad sobre ellos. Tal vez Dios te dé la oportunidad de testificar a otros acerca de El, pero no hay que desanimarles "predicando" todo el tiempo. Cuidado con tu actitud hacia tu marido. No le digas, "Bueno, voy contigo, pero no puedes hacerme divertir en ese lugar", y cuando llegues te sientas en un rincón descontenta, aburrida, rehusando charlar con otros. La gente dirá en sus corazones, "Si todos los creyentes son como ella no quiero serlo nunca". Cuando te encuentres en tal situación pide la ayuda del Señor para portarte bien como Cristo quiere que lo hagas. El conoce tu corazón y no te va a dejar.

Invita siempre a tu esposo ir al culto, pero no le insistas que vaya contigo. Si no va, no hay que menospreciarle, ni condenarle. Si él se enoja contigo porque asistes a tantas reuniones en la iglesia, es mejor que no asistas a todos los cultos durante la semana. Tal vez sea mejor que asistas una vez, entonces el resto de la semana quedarte con él y contentarlo. No debes enojarte porque no puedes asistir más que a un culto. El alma de tu esposo vale más que tu presencia en cada culto. Pero si a tu esposo no le importa que vayas al culto o no, es mejor que asistas. Entonces sabrá que tu fe es una fe verdadera y no de pretensión. No debes usar a tu marido como un pretexto para dejar de asistir a los cultos. Si no te gusta asistir, algo anda mal en tu propio corazón.

Hay que mostrar gozo a tu esposo en sujetarte a él y hay que estar sujeta en todas las circunstancias posibles. Con esta actitud, tu vida será un testimonio agradable a tu Señor, y Dios puede usarte mucho en la vida de tu esposo.

6. RELACIONES SEXUALES MATRIMONIALES:

> Por tanto, dejará el hombre a su padre y a su madre, y se unirá a su mujer, y serán una sola carne. Y ambos desnudos, Adán y su mujer, y no se avergonzaban.
>
> Génesis 2:24,25

El Dios que creó el universo es el mismo Dios que instituyó el casamiento y el sexo. "Y vió Dios todo lo que había hecho, y he aquí que era bueno en gran manera." El sexo entre el marido y la esposa es algo que no avergüenza. Es el acto del amor más profundo en que el marido puede mostrar su amor para con su esposa y la esposa para con su marido. Dios en su plan divino hizo al hombre y la mujer de tal manera que, por medio de la unión física de los dos, no solamente podrían encontrar contentamiento sino también podrían participar en el plan de Dios en engendrar nuevas vidas, nuevas almas eternas. Dios dijo, "Multiplicaos". Parece que es el único mandamiento que todo el mundo quiere cumplir.

Dentro del matrimonio Dios no puso límites en el sexo, sino en casos de enfermedades o por un tiempo de mutuo consentimiento, para ocuparse en oración.

> *La mujer no tiene potestad sobre su propio cuerpo*, sino el marido; ni *tampoco tiene el marido potestad sobre su propio cuerpo*, sino la mujer. *No os neguéis el uno al otro*, a no ser por algún tiempo de mutuo consentimiento, para ocuparos sosegadamente en la oración; y volved a juntaros en uno, para que no os tiente Satanás a causa de vuestra incontinencia.
>
> 1 Corintios 7:4-5

La esposa no tiene ningún derecho de negarse a su marido para vengarse de él. Tampoco tiene derecho de negarse a él si él no le da algo que ella quiere. Cuando la esposa se niega a su marido, ella está pidiendo problemas. Esto es una base para muchos problemas en el matrimonio, incluyendo la infidelidad, y la esposa sufrirá por su propio hecho. Cuando te casas, tu cuerpo ya no es tuyo, sino de tu esposo, y tú no tienes el derecho de robarle a él por negar. Antes de casarte con él, él no tiene ningún derecho de tocarte. Tampoco el compromiso le da este privilegio. El consigue este derecho solamente casándose contigo. La desobediencia siempre trae castigo.

El sexo no es solamente para la procreación como algunos dicen. Dios hizo el sexo para que los cónyuges pudieran gozarse, y para que pudieran encontrar contentamiento y satisfacción el uno con el otro. Y cuando nacen hijos, Dios quiere que tengan padres que vayan a amarles y cuidar de ellos, e instruirles en el camino del Señor.

Dios ha bendecido el sexo dentro del matrimonio. Fuera del matrimonio el sexo es terminantemente prohibido. La palabra de Dios amonesta sobre el abuso del sexo. La fornicación, el adulterio y cada forma de la unión sexual fuera del matrimonio es ilegal. Está prohibido vez tras vez en la Palabra de Dios. El fin del sexo fuera del matrimonio siempre resulta en frustraciones, sentimientos de culpa, la pérdida del respeto para sí mismo y corazones quebrantados.

La base del casamiento feliz es que el hombre se unirá a su mujer. La palabra mujer es singular, instruyéndonos que el hombre debe tener una sola esposa y ninguna concubina, tampoco ninguna amante. La mujer debe tener un solo marido y ningún amante. Cuando el pecado entró en el mundo y los hombres comenzaron a tener más de una mujer, era un quebrantamiento de la ley divina. Aunque Dios permitió este hecho, nunca tuvo la aprobación de El. Podemos ver la tristeza, los dolores, y el fracaso en las vidas de los hombres del Antiguo Testamento cuando tomaron más de una mujer. Abraham, con el corazón quebrantado, tuvo que mandar de su casa a Ismael, su hijo, por otra mujer. Jacob tuvo problemas, dolores de cabeza, y tristeza como resultado de sus mujeres. Entre los hijos de las diferentes mujeres de David, había un hijo que violó a su hermana (hija de otra mujer), uno que era asesino, y uno que no solamente trató de matar a David, su propio padre, sino también que violó a las mujeres de su padre.

Vale la pena repetir Gálatas 6:7-8:
> No engañéis; Dios no puede ser burlado; pues todo lo que el hombre sembrare, eso también segará. . .

Un matrimonio basado sobre la infidelidad es un matrimonio lleno de problemas, agonías, aflicciones, sin gozo, sin paz, y al fin el hombre o la mujer culpable serán castigados. Proverbios 5:1-11, y 18-22.

7. SEPARACION:

Aunque la meta de cada mujer casada es tener éxito en su casamiento, muchas mujeres tienen problemas agudos porque se han casado en contra de la voluntad de Dios.

"Fui maltratada por mis parientes y para librarme de ellos me casé con él. Después me di cuenta que había saltado de la olla al fuego mismo", dice una.

Otra dice, "Yo no era creyente cuando me casé con él."

Confiesa otra, "Yo era creyente pero no conocía bien la Palabra de Dios."

Otra dice, "Me engañó diciendo que era creyente, pero no lo era."

Otra lamenta, "Nos amábamos mucho el uno al otro y creímos que nuestro amor resolvería cada problema que hubiera habido, pero lamentablemente nuestros corazones nos han engañado."

Puedo contar muchas razones y excusas más por las cuales las mujeres están sufriendo en su matrimonio. Pero lo que ha pasado está hecho y ahora la esposa quiere saber--¿Qué puedo hacer yo con mi problema?--porque quiero verdaderamente tener éxito en mi casamiento.

Bueno, si te encuentras en una situación así, el primer paso que tienen que tomar es:

a. Reconoce delante de Dios, que la culpa era tuya y no de tus padres, ni de tu marido, ni de Dios. Fuiste tú la que escogiste casarte con ese hombre. Tú pudiste haber rehusado casarte con él.

b. Admite ante Dios, que no amas a tu esposo, y pídele a Dios que ponga en tu corazón el amor que debes tener para él.

c. Confía en que Dios pondrá este amor en tu corazón.

d. Cumple los mandamientos que Dios ha dado en su Palabra. Deja que Dios ame a tu marido por medio de ti. A su debido tiempo empezarás a sentir un amor verdadero para con tu marido. Sin embargo, hay bases bíblicas por las cuales tú puedes separarte o divorciarte de tu marido.

RAZONES LEGITIMAS PARA LA SEPARACION

a. Si es la costumbre de tu marido maltratarte a ti y a tus hijos cruel y continuamente, y tú ves que tu vida y la de tus hijos están en peligro, creo que tienes el derecho de separarte de tu esposo. Recuerda que si tú eres creyente, tu cuerpo pertenece primeramente al Espíritu Santo, 1 Cor. 6:19. Dios ordena que el marido dé honor a la esposa, 1 Pedro 3:7:

> Vosotros, maridos, igualmente, vivid con ellas sabiamente, *dando honor a la mujer* como a vaso más frágil, y como a coherederas de la gracia de la vida, *para que vuestras oraciones no tengan estorbo.*
> *Y vosotros, padres, no provoquéis a ira a vuestros hijos,* sino criadlos en disciplina y amonestación del Señor.
>
> Efesios 6:4

Pero, si por estas razones te separas de tu esposo no tienes el derecho a casarte con otro hombre, tampoco vivir con él sin casarte con él. Si lo haces estás viviendo en adulterio.

De otro modo, si el marido no tiene costumbre de tratarte mal, pero en cierta ocasión tú provocas la ira de él porque sigues haciendo algo mal, tú no puedes usar esto como un pretexto para dejar a tu esposo. Tú no tienes derecho de buscar excusas para separarte de tu esposo porque no lo quieres ya. Si lo haces, es muy probable que tienes interés de buscar a otro hombre. Hay que recordar que Dios mira el corazón, y El sabe si estás buscando un pretexto falso para dejar a tu marido. Recuerda que tienes que dar cuenta a Dios por tu vida. Dios no es un ídolo que no te ve ni te escucha.

b. 1 Corintios 7:13-15 dice:

> Si una mujer tiene marido que no sea creyente, y él consiente en vivir con ella, no lo abandone. Porque el marido incrédulo es santificado en la mujer, y la mujer incrédula en el marido; pues de otra manera vuestros hijos serían inmundos, mientras que ahora son santos. *Pero si el incrédulo se separa, sepárese; pues no está el hermano o la hermana sujeto a servidumbre en semejante caso,* sino que a paz nos llamó Dios. Porque ¿sabes tú, oh mujer, si quizás harás salvo a tu marido? o ¿Qué sabes tú, oh marido, si quizás harás salvo a tu mujer?

Sabemos que Dios prohibe que un creyente se case con un incrédulo. Pero a veces uno de los participantes en el casamiento será salvo después de su matrimonio, mientras que el otro no. Si esto es lo que ha pasado contigo, los versículos 13 hasta 16 son para ti. Si es posible, dice, vivir con tu esposo incrédulo, hazlo. Tal vez por medio de tu conducta de amor puedes hacer salvo a tu marido. Si tu marido rehusa aceptar a Cristo como su Salvador personal, esta no es una razón o excusa para que tú lo dejes. Tampoco tienes el derecho de maltratarle o provocarle para que te deje a ti.

La Mujer Ideal 159

Si tú no tienes la culpa y él te deja, tú puedes hacer una de dos cosas:

1) Puedes quedarte así sin casarte otra vez.

2) Puedes reconciliarte con tu esposo.

Algunos expositores bíblicos dicen, "Si el incrédulo deja a su esposa creyente, la creyente puede divorciarse porque "*no está el hermano o la hermana sujeto a servidumbre en semejante caso*". Esta frase es una frase muy fuerte en el griego.

Pero, tú no puedes dejarle a él para casarte con otro, sin razón legítima.

PARTE D

TU CONSTANCIA EN LA ESPERANZA EN JESUCRISTO

...de vuestra constancia en la esperanza en nuestro Señor Jesucristo...el esperar de los cielos a su Hijo.
1 Tesalonicenses 1:3,10

Porque el Señor mismo con voz de mando, con voz de arcángel, y con trompeta de Dios, descenderá del cielo; y los muertos en Cristo resucitarán primero. Luego nosotros los que vivimos, los que hayamos quedado, seremos arrebatados juntamente con ellos en las nubes para recibir al Señor en el aire, y así estaremos siempre con el Señor.
1 Tesalonicenses 4:16,17

La esperanza de cada creyente es la vuelta de Jesús de los cielos para recogerle a sí mismo. Entonces él vivirá con Jesús para siempre. Yo soy creyente y esta es mi gran esperanza, deshacerme de este cuerpo débil, esta naturaleza problemática, para irme a vivir con Jesús mi Señor y Salvador para siempre. ¡Qué linda es esta promesa, una promesa segura, porque CRISTO MISMO viene!

Hay que notar que la segunda venida de Jesús no depende de nosotros. Todo depende de El. Por eso podemos tener esperanza, una esperanza constante, porque todo depende de

Él. Nuestra esperanza se encuentra en Él. Cuando Cristo venga todo será cambiado.

Cuando Cristo entre en tu matrimonio todo será cambiado, no solamente tu marido sino tu vida misma. Esta es tu esperanza, que Jesús cambie tu matrimonio fracasado en un matrimonio con buen éxito. Si estás permitiendo el amor de Cristo fluir por ti ahora, según 1 Corintios 13 habrá constancia en tu esperanza y habrá cambio en tu matrimonio. Porque todo cambio depende de Jesús, y Jesús es constante.

Entonces entrégate tú, y también tu matrimonio, al Padre Dios, ahora en este momento, y sé firme en tu esperanza de que Dios te dará un éxito en tu matrimonio a pesar de los errores que has podido cometer. Hay esperanza solamente en Él y porque todo depende de Él, tu esperanza puede ser constante como Él es constante.

PREGUNTAS

En 1 Corintios 13:4-8 leemos acerca del carácter y conducto del amor de Dios para contigo y para tu marido. Dé ejemplos prácticos como puede poner en práctica diariamente en su matrimonio cada versículo de este pasaje.

1. "Vistete de Amor" Versículo 4:

   a. Paciente:

   b. Benigno:

   c. No es celoso ni envidioso:

   d. No es presumido ni jactanciosos:

   e. No es orgulloso:

2. Versículo 5:

   a. No es arrogante, ni egoísta, ni grosero:

b. No trata de salir siempre con la suya:

c. No es irritable ni quisquilloso:

d. No guarda rencor:

3. Versículo 6:
   a. Al amor no le gustan las injusticias y se regocija cuando triunfa la verdad:

4. "Anda en el amor". Versículo 7:
   a. Todo lo soporta:

b. Todo lo soporta con confianza:

c. Todo lo soporta con esperanza:

d. Todo lo soporta con paciencia:

5. Según Judas 11,12 ¿qué son algunas manchas que arruinan tu "ágape", el cual quiere decir "tu fiesta de amor"?

Capítulo 4

La Mujer como Madre Creyente

PARTE A

"Llenad la Tierra"
   Y los bendijo Dios, y les dijo, fructificad y multiplicaos; LLENAD LA TIERRA. . . .
                                                           Génesis 1:28

"VELAD Y ORAD"

Mateo 26:41
   V--vida, valores
   E--educación
   L--lengua, limpieza
   A--amigos, altar
   D--decoro, disciplina, desarrollo

INTRODUCCION:

Cuando el censo nos dice que hay cerca de cuatro mil millones de habitantes en este mundo, nos damos cuenta de que Adán, Eva y sus descendientes cumplieron de una manera magnífica el mandamiento, "Llenad la tierra". Fueron tan cumplidos que ahora la preocupación del mundo está en cómo controlar el aumento de la población. Si no hay control, se dice que dentro de algunos años más no habrá suficiente lugar, ni comida en la tierra para sostener a tanta gente.

Aunque los padres han ejecutado muy bien el llenar la tierra con sus hijos físicos, han fallado completamente el cumplimiento espiritual de este mandamiento, es decir "llenad la tierra" con hijos espirituales. Dios les mandó:

> Y enseñaréis mis palabras a vuestros hijos, hablando de ellas cuando te sientes en tu casa, cuando andes por el camino, cuando te acuestes, y cuando te levantes.
> Deuteronomio 11:19

Ellos no lo hicieron y el resultado es que hoy en día hay millones de personas "sin esperanza y sin Dios en el mundo", Efesios 2:12b.

Mi querida amiga, te hago esta pregunta tan importantísima. ¿Están incluídos en este grupo de perdidos sin esperanza y sin Dios tu marido, tus hijos, tu mami, tu papi, o cualquier otro miembro de tu familia? Entonces yo te ruego con urgencia que ores por la salvación de ellos con oraciones fervientes y continuas. Hay que buscar la ayuda de otras personas para que también oren por ellos. <u>Reúnete con otros por 15 ó 20 minutos diariamente para orar específicamente por tu familia.</u>

PARTE B

EL INFIERNO:

El infierno no es un lugar ficticio como algunos creen. Creen así porque si no existen Dios ni el infierno, ellos no tienen que dar cuenta a nadie de sus pecados ni de la manera que viven.

Mis amigas, hay Dios, un solo Dios, quien es santo y justo que juzga con justicia y dice claramente que la paga del pecado es muerte--un muerto viviente en el infierno. ¿Qué dice la Biblia acerca del infierno?

1) Fue preparado específicamente para el diablo y los ángeles que le siguieron.

. . .Apartaos de mí, malditos, al fuego eterno preparado para el diablo y sus ángeles.

Mateo 25:41

2) Es un lago de fuego y azufre.
Y el diablo que los engañaba fue lanzado en el lago de fuego y azufre, donde estaban la bestia y el falso profeta. . .

Apocalipsis 20:10

3) Es un lugar de tormento.
. . .la bestia. . .será atormentada con fuego y azufre delante de los santos ángeles y del Cordero.

Apocalipsis 14:9,10

4) El tormento será eterno y nunca habrá reposo.
Y el humo de su tormento sube por los siglos de los siglos. Y no tienen reposo de día ni de noche. . . .

Apocalipsis 14:11

5) El fuego nunca se apagará.
Y si tu ojo te fuere ocasión de caer, sácalo; mejor te es entrar en el reino de Dios con un ojo, que teniendo dos ojos ser echado al infierno, donde el gusano de ellos no muere, y el fuego nunca se apaga.

Marcos 9:47,48

6) Nunca terminará el tormento.
Y el diablo que los engañaba fue lanzado en el lago de fuego y azufre donde estaban la bestia y el falso profeta; y serán atormentados día y noche por los siglos de los siglos.

Apocalipsis 20:10

7) Los incrédulos irán al infierno también por no recibir a Cristo como Salvador.
Y él que no se halló inscrito en el libro de la vida fue lanzado al lago de fuego.

Apocalipsis 20:15

El que tiene al Hijo, tiene la vida. El que no tiene al Hijo de Dios, no tiene la vida.

1 Juan 5:11

Pero los cobardes e incrédulos, los abominables y homicidas, los fornicarios, y hechiceros, los idólatras, y todos los mentirosos tendrán su parte en el lago que arde con fuego y azufre que es la muerte segunda.

Apocalipsis 21:8

Una persona nunca deja de existir como el mundo cree. La muerte es solamente una separación. La primera muerte es la separación del alma de la persona de su cuerpo. La segunda muerte es la separación del alma y espíritu de la persona de Dios mismo. La segunda muerte se llama la muerte espiritual cuando la persona pasa al infierno para siempre, eternamente separada de Dios. No hay una segunda oportunidad de ser salvo.

Y de la manera que está establecido para los hombres que mueran una sola vez, y después de esto el juicio.
Hebreos 9:27

8) ¿Serán felices en el infierno?
> Así será al fin del siglo; saldrán los ángeles, y apartarán a los malos de entre los justos, y los echarán en el horno de fuego; allí será el lloro y el crujir de dientes.
Mateo 13:49,50

9) Testimonio de uno en el Hades ahora y será lanzado al infierno después.
> ...y murió también el rico y fue sepultado. Y en el Hades alzó sus ojos, estando en tormentos...Entonces él, dando voces, dijo: Padre Abraham, ten misericordia de mí, y envía a Lázaro para que moje la punta de su dedo en agua, y refresque mi lengua; porque estoy atormentado en esta llama. Abraham le dijo...una gran sima está puesta entre nosotros y vosotros, de manera que los que quisieren pasar de aquí a vosotros, no pueden, ni de allá pasar acá.
Lucas 16:22-26

Mis amigas, miren con preocupación a su hija preciosa, a su hijo encantador, a su madre amante. ¿Es el infierno tu deseo para ellos? Si los ojos de ellos se cierran con la muerte, eso será el fin de cualquier ayuda que Uds. puedan darles o cualquier ayuda que puedan recibir de cualquier otro. Es ahora -- en esta vida -- o nunca.

Y de la manera que está establecido para los hombres que mueran una sola vez, y después de esto el juicio
Hebreos 9:27

PARTE C

PREPARAR HIJOS

Ahora volvamos a la historia antigua. Los israelitas eran el pueblo escogido de Dios. Por medio de ellos el mundo había de recibir no solamente la palabra escrita sino también la Palabra viviente, Jesucristo (el "Verbo", Juan 1:1-3). Los israelitas conocían personalmente al Dios viviente y verdadero, habían escuchado su voz literalmente, habían visto sus milagros, habían experimentado su cuidado y su amor, habían sentido el gozo de tener la presencia de Dios continuamente con ellos en la nube de día y en el fuego de noche.

Los padres judíos tenían la responsabilidad de preparar a sus hijos para tomar su lugar como ejemplos, como líderes espirituales dentro de la familia y dentro del mundo. Dios les mostró como hacerlo, enseñándoles a guardar y hacer la palabra de Dios.

> Mandamiento tras mandamiento, mandato sobre mandato, renglón tras renglón, línea sobre línea, un poquito allí, otro poquito allá.
>
> Isaías 28:10
>
> Y les enseñaréis a vuestros hijos (mis palabras vs. 18), hablando de ellas cuando te sientes en tu casa, cuando andes por el camino, cuando te acuestes, y cuando te levantes.
>
> Deuteronomio 11:19

Los padres fallaron en su responsabilidad. En vez de enseñar a sus hijos la verdad y ganar a las otras naciones para Dios, ellos mismos se apartaron del Dios verdadero y empezaron a adorar a los ídolos de las otras naciones. Podemos ver el resultado trágico, millones de personas hoy en día están corriendo al infierno.

¿Qué puedes tú, madre de hoy, aprender de la historia funesta de los padres judíos? Lo que Dios requería de ellos en aquel entonces lo requiere de ti en el día de hoy. Dios requiere que tú prepares a tus hijos para ser ejemplos, líderes espirituales dentro del mundo.

> Instruye al niño en su camino, y aun cuando fuere viejo, no se apartará de él.
>
> Proverbios 22:6

¿Estás enseñando a tus hijos la Palabra de Dios, mandamiento tras mandamiento, mandato sobre mandato, renglón tras renglón, línea sobre línea, un poquito allí, otro poquito allá, cuando te sientas en tu casa, cuando andas por el camino, cuando te acuestas, y cuando te levantas? ¿Estás preparándoles espiritualmente para ir por el mundo y predicar el evangelio a toda criatura? ¿Estás cumpliendo espiritualmente el mandamiento de Dios, "llenad la tierra" con hijos espirituales? ¿O, después de que tu hija o hijo llega a la edad de casarse, les animas a salir al mundo para buscar marido o esposa entre gente incrédula porque ellos tienen dinero, o posicion, o son dueños de tiendas, fincas o son de una clase alta? ¿Les animas a salir a las fiestas, a los bailes para encontrarse con el futuro marido o esposa? Mis amigas, si es así tú estás mandando a tu corderita o corderito al pozo de lobos y serán devorados si se casan con incrédulos. Y tendrás que dar cuenta a Dios por lo que tú has hecho desobedeciendo la palabra de Dios.

PARTE D

EL HOGAR: UN REFUGIO

Cristo dice:
> Vosotros sois la luz del mundo; una ciudad asentada sobre un monte no se puede esconder. Ni se enciende una luz y se pone debajo de un almud, sino sobre el candelero, y alumbra a todos los que **ESTAN EN CASA**.
>
> Mateo 5:14,15

La razón porque Dios te dice que tú eres la luz del mundo es porque Cristo, la luz verdadera, vive en ti, si tú eres creyente. Así, es tu responsabilidad y privilegio alumbrar a todos que **ESTAN EN CASA**.

Es muy interesante el nombre que los hebreos dieron a su casa, el hogar. No dijeron "Me voy a casa", sino "Me voy a mi REFUGIO". En aquel entonces la nación de Israel no era un estado industrializado como es hoy en día. Había tienditas y mercaditos, sí, pero la mayoría de los israelitas eran granjeros o pastores de ovejas. Ellos pasaban la mayor parte de su vida fuera de su casa. Trabajaban arduamente bajo el calor fuerte del sol. Era un gran alivio para ellos cuando podían regresar a su casa donde podían encontrar respiro y refugio de los rayos quemantes del sol, de las lluvias torrenciales o del frío intenso.

A ellos les gustaba compartir su "refugio" con otros. Siendo mayormente granjeros y pastores era natural que la gente viviera lejos el uno del otro. Sentían la soledad. Así cuando una persona conocida o desconocida pasaba por su hogar, el dueño corría para convidarle a entrar y tomar "refugio" en su hogar. Era un hogar de compañerismo.

Es interesante notar cuantas veces en el Antiguo Testamento los autores se refieren a Dios como su REFUGIO, en cuya presencia podían encontrar respiro, paz, amor, ayuda, defensa, protección, esperanza, consuelo, contentamiento y compañerismo. "Dios es mi REFUGIO, mi HOGAR."

> Dios es nuestro amparo (Refugio) y fortaleza; nuestro pronto auxilio en las tribulaciones.
>
> Salmo 46:1
>
> El eterno Dios es tu refugio, y acá abajo los brazos eternos;
> Deuteronomio 33:27

Saben, hermanas mías, que Dios quiere que nuestro hogar sea la misma clase de "refugio" para nuestra familia, para los que "ESTAN EN CASA" como Dios es para con nosotros. Para tu esposo quien tiene que trabajar entre gente engañosa, mentirosa, cuyo único placer es contar chistes de doble sentido o jactarse de sus infidelidades, es un alivio tener un refugio donde él pueda retirarse cada noche. Un refugio de amor, de respiro, de reposo donde puede relajarse. También su hogar debe ser un refugio para sus hijos donde puedan encontrar consuelo, ánimo, contentamiento. Un refugio donde puedan convidar a amigos o amigas y compartir con ellos un tiempo de compañerismo sin temer que la mala lengua o la vida de sus padres les va a desconcertar y avergonzar.

Dime, hermana mía, ¿Saben tus hijos, tu marido que su casa es un "REFUGIO"? O ¿Es tu hogar solamente una casa y ellos encuentran en ella solamente quejas, críticas y riñas? ¿Es el ambiente de tu refugio tan lindo que es un gozo para tus hijos estar en casa o llevar a sus amigos ahí? ¿Es tu refugio un lugar de compañerismo para ellos? O ¿Es tal que tus hijos o tu marido quieren escaparse de casa y tienen vergüenza de invitar aún a sus amigos a venir a su casa?

PARTE E

LA MUJER SABIA EDIFICA SU CASA

El hogar es como una rueda, y el eje o cubo de la rueda es la madre. Todo la rodea. El mundo del padre es su trabajo; el mundo de la madre gira alrededor de su hogar, y según 1 Timoteo 5:14, ella debe gobernar su casa. También Tito 2:5 dice que ella debe ser cuidadosa de su casa.

> Si Jehová no edificare la casa, en vano trabajan los que la edifican.
>
> Salmo 127:1

Jehová edifica la casa pero los instrumentos que usa para hacerlo son personas. ¿Quién es una de las personas que Dios usa para edificar la casa?

> La mujer sabia edifica su casa. . . .
>
> Proverbios 14:1

Ella es sabia no solamente porque edifica su casa, sino también porque lo hace con sabiduría.

> Con sabiduría se edificará la casa, y con prudencia se afirmará.
>
> Proverbios 24:3

La madre creyente edifica su casa sobre Cristo porque ella ha aprendido que:

> El principio de la sabiduría es el temor (o mejor traducido, "reverencia profunda") de Jehová.
>
> Proverbios 1:7

Cristo debe ser el fundamento de cada hogar.

> Porque nadie puede poner otro fundamento que el que está puesto, el cual es Jesucristo. . .la Principal Piedra del ángulo . . .la Roca.
>
> I Corintios 3:11; 10:4; Efesios 2:20

La madre que trata de edificar su hogar sobre otro fundamento no es sabia, y lo hace en vano. Ella será como el hombre insensato de Mateo 7:26,27 que edificó su casa sobre la arena.

> Y descendió lluvia y vinieron ríos, y soplaron vientos, y dieron con ímpetu contra aquella casa; y cayó, y fue grande su ruina.

La madre que no deja a Cristo reinar en su corazón tampoco le permitirá reinar sobre su casa. La madre egoísta es la madre que turba su casa. Dios dice:

> La que turba su casa heredará viento...Porque siembra viento...torbellino segará.
>
> Proverbios 11:29; Oseas 8:7

La mujer sabia ya sabe que es imposible gobernar bien su casa con éxito sin la ayuda de Cristo, y que es,"...El consejo de Jehová...(que) permanecerá....", Proverbios 19:21

Por eso ella edifica su casa sobre Cristo por medio de la palabra y por medio de la oración. Entonces cuando descienden las tempestades, las frustraciones y los problemas de la vida y golpean contra los hijos, no caerán porque están fundados sobre la "ROCA", Mateo 7:24,25. Todo en su casa se hace "decentemente y con orden", no en confusión porque "Dios no es Dios de confusión", 1 Corintios 14:40,33. Cristo mora en su hogar.

¿Recuerdas la historia del niño Moisés en Exodo 2? Faraón mandó que mataran a todos los bebés varones israelitas que nacieran. Pero la madre de Moisés le salvó y le metió en una arquilla de juncos, y le puso en un carrizal a la orilla del río. La hija del Faraón halló al niñito y le tomó por su propio hijo. Pero necesitaba una nodriza. Dios en su amor y bondad hizo posible que la madre verdadera de Moisés pudiera ser la nodriza. La princesa dijo a la madre, "Lleva a éste niño y críamelo, y yo te lo pagaré". ¿Sabes que eso es lo que Dios está diciéndote a ti? El te ha dado a ti tus hijos y te dice, "Críamelos, y YO TE LO PAGARE". Tus hijos son las joyas preciosas de Dios, sus ovejitas. "Sé diligente en conocer el estado de tus ovejas, y mira con cuidado por tus rebaños." Proverbios 27:23. Dios ha entregado a tus hijos en tus manos para que cuides de ellos y para que les prepares ahora para el día cuando estarán con Dios. ¿Puede Dios decir de ti lo que dijo de Abraham? "Porque yo sé que mandará a sus hijos y a su casa después de sí, que guarden el camino de Jehová, haciendo justicia y juicio".

"Aún el pensamiento de criar a mis hijos en este mundo de tantas tentaciones y malas condiciones me abruma", me dirás. Bueno, conocemos que nosotras mismas no somos competentes para esta responsabilidad tan grande, pero gracias a Dios somos sus hijas y "nuestra competencia proviene de Dios", 2 Corintios 3:5b. Tienes que recordar lo que dijo una vez una creyente, "Cristo, la sabiduría de Dios y el poder de Dios, vive en ti. El te ofrece dar la sabiduría para saber solucionar cada

La Mujer Ideal 173

problema y el poder para hacerlo". Fija tus ojos en El, y cría a tus hijos para la gloria de El, enséñales el camino de El y Dios te ayudará y te lo pagará.

PARTE F

"VELAD"

Velad y orad, para que no entréis en tentación; el espíritu a la verdad está dispuesto, pero la carne es débil.

Marcos 14:38

V -- Vida, valores

E -- Educación

L -- Limpieza, lengua

A -- Amigos, altar

D -- Disciplina, decoro, desarrollo

Marcos 14:38 dice, "Velad y orad". La meta de cada madre para su hijo en esta tierra debe ser la preparación de él para el día cuando de su propia voluntad y de todo su corazón, él presente su "cuerpo en sacrificio vivo, santo, agradable a Dios", Romanos 12:1. No es una cosa fácil prepararle para ese día. Necesitas "velar y orar", dice Dios. La palabra velar quiere decir "cuidar atentamente" de una cosa o una persona. Eso requiere paciencia, diligencia, vigilancia, amor, comprensión, tiempo y trabajo.

Tus hijos son plantitas tiernas. Para salir con éxito, todas las plantas necesitan una mano cuidadosa, amante, tierna y firme. ¡Pobre plantita que pertenece a una madre floja!

> Pasé junto al campo de (la madre) perezosa, y junto a la viña de (la madre) falta de entendimiento, y he aquí por toda ella habían crecido las espinas. Ortigas habían ya cubierto su faz. Y su cerco de piedras estaba ya destruido. Miré, y lo puse en mi corazón: lo vi, y tomé consejo.
>
> Proverbios 24:30-32.

¿Estás tú mirando y tomando consejo?

Cuando vemos a jóvenes rebeldes, irrespetuosos, destructivos, sucios, reconocemos que en sus vidas les ha faltado la mano cuidadosa, amante y firme, la mano que disciplina.

La mujer virtuosa "considera los caminos de su casa..." para "instruir al niño en su camino", Proverbios 31:27; 22:6. <u>Dios quiere que tus hijos sean representantes respetados de la familia y testimonios para la gloria de El, instrumentos refinados que El pueda utilizar en las vidas de otros, y en enviar "a todo el mundo para predicar el evangelio"</u>. Pero los niños no nacen refinados. Es la responsabilidad de la madre y del padre refinar a sus hijos, "quita las escorias de la plata, y saldrá alhaja al fundidor", Proverbios 25:4

En el acróstico de "VELAD" sugerimos algunas cosas que tienes que velar en las vidas de tus hijos y no solamente de las de ellos sino también en tu vida.

VIDA

Vida,   *¡Velad la Vida!*
E
L
A
D

Ten cuidado de ti mismo...
1 Timoteo 4:16

¿Estás velando por tu vida? ¿Cómo está la relación entre ti y tu Señor; entre ti y tu esposo; entre ti y tus hijos? ¿Es tu vida delante de tus hijos un buen ejemplo del amor y de la gracia de Dios?

Sé ejemplo de los creyentes en palabra, conducta, amor, espíritu, fe y pureza.
2 Timoteo 4:12

He aquí, herencia de Jehová son los hijos, cosa de estima el fruto del vientre.
Salmo 127:3

La madre Eunice, y la abuela Loida velaban bien por su hijo y nieto Timoteo. ¿Qué clase de hijo era Timoteo? De "fe no fingida". Eunice se preocupó en hacer de su hijo un "sabio" en el conocimiento y en el temor de Jehová (Proverbios 1:7) como primera medida para la protección y seguridad de su hijo Timoteo tanto en esta tierra como en la vida eterna. Además, "El hijo sabio alegra al padre, pero el hijo necio es tristeza de su madre". Proverbios 10:1; 29:15,17.

Aquella mujer de "fe no fingida", ¿cómo era? Conocía la Palabra de Dios y consideraba los mandamientos del Señor con la mayor seriedad. En relación con su hijo, Proverbios 22:6 era de primerísima importancia, necesidad, y meta de su vida. Lo dicho, no es difícil cuando el padre, aunque incrédulo, no se opone a la "fe" de la madre. Pero ¿qué hacer si el progenitor exige llevar a sus hijos por el camino de "su religión"? ¿Debe reñir la señora con su marido? Tenemos un ejemplo en la madre del niño Moisés que aunque no hacía más que de "nodriza" para con su propio hijo, sin embargo supo inculcar en el futuro líder, "la fe no fingida".

¿Estás tratando de enseñar a tus hijos a vivir según la Palabra de Dios, pero tu propia vida contradice la sana doctrina que estás enseñándoles? Tienes que practicar lo que predicas y como el dicho te aconseja, "No borres con el codo lo que has escrito con la mano".

La única manera para ser buen ejemplo es dominando la Palabra de Dios y dejando que la misma Palabra te domine a ti, tu vida. El apóstol Pablo dijo, "Ocúpate en la lectura, la exhortación, y la enseñanza...." Practica estas cosas. Ocúpate de ellas. ¿Por qué? "...Para que tu aprovechamiento sea manifiesto a todos", 1 Timoteo 4:13,15.

Es evidente a todos cuando uno no practica lo que predica. Como dijo Emerson, el gran escritor, "Tus hechos hablan en voz tan alta que me impiden oír tus palabras".

Todos recuerdan mejor lo que ven que lo que escuchan. Así que un sermón viviente vale mucho más que un sermón predicado. Si tú puedes ser un sermón viviente, tus hijos recordarán mejor esta lección que un sermón verbal. El hogar es el mejor lugar para enseñar la verdad viviente. Si tú vives la verdad tanto como la enseñas, puedes tener mucha influencia para el bien en las vidas de tus hijos.

La responsabilidad que Dios ha puesto en tus manos y las manos de tu marido es velar por la vida entera de tus hijos desde su nacimiento hasta que salgan de tu poder, sea cuando se casen o cuando alcancen la edad de madurez y salen de casa. Pero aún entonces tienes la responsabilidad y el privilegio de seguir orando por ellos. Además, si has ganado su respeto por aconsejarles fielmente, van a buscar tu consejo sabio después.

Esta responsabilidad que Dios te ha dado incluye no solamente la salud física de tus hijos sino también su bienestar emocional y espiritual.

Lo más importante en la vida de tu hijo es su salvación. Para ser salvo de sus pecados, tiene que recibir personalmente a Cristo como su Salvador. Cuando uno recibe a Cristo, la Biblia dice que nace otra vez, o nace espiritualmente. Esta vez nace a la familia de Dios, Juan 1:12; Gálatas 3:26.

Tú eres el instrumento que Dios utilizó en dar la vida física. Es muy posible que Dios quiere también que tú seas el instrumento que El utilice en dar vida espiritual a tu hijo. Si es así, será el privilegio más grande de tu vida.

Tu hijo tiene que ser salvo para experimentar el poder de Dios en su vida. No puede vivir la vida cristiana si la vida de Cristo no está en él. Si tú tratas de hacerle vivir la vida del creyente sin ser creyente, sería como si tú trataras de hacer cantar en alta voz a un mudo que no posee cuerdas vocales.

Entonces ¿cómo puedo ayudar a mi hijo a recibir a Cristo como su Salvador? Bueno, puedes conseguir un ejemplo del libro sin palabras o la nuez evangélica de la librería evangélica. Es fácil utilizarlos y sencilla para comprender. Si no puedes conseguir el uno o el otro o algo semejante puedes usar el bosquejo que te doy.

1) Crea un deseo en el corazón de tu hijo para conocer a Cristo y recibirlo como Salvador. Háblale de cuánto Cristo le ama. Cuéntale de la hermosura de los cielos, el hogar de Cristo y los beneficios de lo que encuentra allá. (Apocalipsis 21:18-23,25; 22:1-5; 21:3-4,27). Avísale que Dios ha dado la bienvenida a los que desean vivir con El algún día.

2) Dile, "Pero hay un problema. Dios dice que no puede permitir a ningún pecado o pecador entrar en los cielos. Romanos 3:23 nos dice que todos nosotros somos pecadores. Esto incluye a ti y a mí. También dice que la paga del pecado es muerte, Romanos 6:23. (Explíquele lo que es pecado: mentiras, desobediencia, etc). Eso es mala noticias para nosotros, porque tú y yo hemos pecado y no podemos ir a estar con Cristo algún día. Tenemos que hacer algo acerca de nuestro pecado. ¿Qué será? Felizmente Dios nos ha dicho lo que tenemos que hacer, y son buenas noticias.

3) Cristo dijo que no quiso que la gente muera por sus pecados, que El mismo estaba listo a morir en su lugar. El mismo pagaría por los pecados de ellos, Juan 3:16; 1 Pedro

2:24. Cristo lo hizo. Así Cristo no solamente murió por los pecados de ellos sino también murió por sus pecados, hijo mío, y por mis pecados. (Cuéntele acerca de la crucifixión, la resurrección y la ascensión, Juan 19, Lucas 23, también Juan 14, 1-3). 1 Juan 1:7 dice que la sangre de Jesús nos limpia de todo pecado. Pero hay una cosa que nosotros tenemos que hacer.

4) Para tener nuestros pecados perdonados tenemos que orar pidiendo a Dios perdonar nuestros pecados y pidiendo a Jesús entrar en nuestros corazones como Salvador. Si hacemos esto Dios perdona nuestros pecados y Cristo entra en nuestros corazones para darnos vida eterna. Y algún día podemos estar con El en esta ciudad tan hermosa que se llama los cielos. Cuando uno ora pidiendo perdón de sus pecados y convidando a Jesús entrar en el corazón, Jesús lo hace. (Apocalipsis 3:20, 1 Juan 1:7; Isaías 1:18). Yo he hecho ya. Es tan lindo tener a Cristo como mi Salvador. ¿Quieres recibr a Cristo como tu Salvador?

Tu hijo puede orar solo o tú puedes ayudarle a orar pidiendo a Dios el perdón de sus pecados y convidando a Jesús entrar en su corazón, dándole gracias porque murió en su lugar. Después puedes preguntarle, ¿Dónde está Jesús ahora? Si ha comprendido la manera para ser salvo, él contestará, "En mi corazón". (Si no comprende lo que ha hecho es mejor explicarlo de nuevo).

En el momento que él hace sinceramente esto, tu hijo es salvo eternamente. Pero hay que tener cuidado. Tu hijo no puede ser salvo solamente por repetir las palabras de una oración. Tiene que reconocer que de veras es pecador para arrepentirse de sus pecados y reconocer que Cristo es el único que puede salvarle. Después de contarle acerca de Jesús, no debes insistir, mandar, ni forzarle repetir esta oración. Es el Espíritu Santo quien trae convicción al corazón. Tú eres solamente la boca que el Espíritu usa para explicar la salvación. Si el Espíritu no ha obrado en el corazón de tu hijo, él puede repetir esta oración mil veces o más sin ser salvo.

Hay que orar mucho por la salvación de tus hijos y confiar que el Espíritu está obrando en ellos, porque el Señor no quiere "que ninguno perezca, sino que todos procedan al arrepentimiento", 2 Pedro 3:9.

Las madres espirituales traen a sus hijos a Jesús para que el Señor pueda bendecirle, Lucas 18:15,16. El hijo más bienaventurado es él que tiene padres que saben no solamente el valor de la oración sino también oran constantemente por él. La oración es una manera que tienes para llevar a tus hijos a Jesús no solamente para ser salvos sino para su crecimiento espiritual.

¿Cuándo debes empezar a orar por tu hijo? Antes de su nacimiento y cada día de su vida después. No esperes un tiempo específico o un cierto lugar para orar. Aprovecha cada momento del día, sea algunos minutos en la mañana al levantarte, o cuando te sientas para darle el pecho; o cuando te acuestas de noche. Hay muchos momentos del día cuando puedes orar por tus hijos. Hay que recordar que tal vez tú seas la única persona del mundo que está orando por tu hijo.

Cuando él empieza a comprender palabras, háblale de Dios. Al principio Dios, su amor, y su gracia serán cosas abstractas (inconcretas, irreales) a un bebé, porque no puede ver a Dios ni sentir sus brazos de amor abrazándole. No podrá comprender acerca de Dios porque Dios no es una persona palpable. Para enseñarle el concepto de lo abstracto, tiene que empezar primeramente con lo que ya comprende, un ejemplo concreto. Tú y tu amor para con tus hijos, lo que puede ver y comprender; es lo que puede experimentar desde los primeros días de su vida, porque te ve; siente los brazos de amor abrazándole; te escucha cuando dices, "Te amo; te comprenderá cuando le enseñes que Dios le ama. Pero si tú nunca le muestras amor, si le maltratas, él no puede comprender lo que es el amor. Se probó que era casi inútil ganar a la mayor parte de los "hippies" cuando se les decía, "Dios, el Padre, te ama". Se reían porque no habían experimentado el amor de su padre (o madre) terrenal. Si no has mostrado gracia y misericordia a tus hijos, no pueden comprender cuando quieres enseñarles acerca de la gracia y misericordia de Dios para con ellos.

Nunca tengas vergüenza ni estés demasiado preocupada para manifestarle a tus hijos que les amas. Las dos cosas que el niño necesita más en su vida son el amor y la disciplina. Sin estas dos cosas no llegará a ser un adulto maduro que tenga reverencia para con Dios y que tenga respeto para con la autoridad. Como dijo una maestra una vez; "El amor sin la disciplina es nada más que el sentimiento; y la disciplina sin el amor es nada más que la tiranía". No hay nada en esta vida que puedas dar a tu hijo que tenga más valor que el amor con la disciplina.

La Mujer Ideal 179

Hay padres que nunca dicen a su hijo, "Te amo". "Mis hijos pueden ver que yo les amo", dicen. "Les doy su comida, su ropa, su hogar, etc." Tales padres ni se dan cuenta de que sus hijos ansían con todo su corazón escucharles decir, "Te amo, hijito". Estas palabras les dan la confianza que necesitan. Sin escuchar estas palabras, el hijo sufre mucho de la incertidumbre de la vida. Algunos niños nunca han escuchado tales palabras. Las únicas cosas que han escuchado son críticas, maldiciones, y quejas. El resultado es que cuando son adultos y tienen sus propios hijos, encuentran muy difícil expresar su amor para con sus hijos y para con sus padres.

El hogar es para edificar a tu hijo, y esta responsabilidad descansa sobre los padres. No hay que ser como la madre que trató de escapar de su responsabilidad diciendo, "Mando a mi hijo a la escuela para que aprenda las cosas intelectuales y a la iglesia para que aprenda las cosas espirituales". Dios no acepta tal razonamiento o tal excusa.

Esta madre me hace pensar en un pájaro europeo que se llama "cuclillo". ¿No reconoces el nombre de este pajarillo? Bueno, si tienes un reloj con un pájaro de madera adentro que sale a ciertas horas para cantar "cucú, cucú", este pajarillo de madera es un modelo del cuclillo verdadero.

Aunque el cuclillo es un pajarillo bonito con canto agradable, es flojo. Todos saben que la madre cuclillo muestra poco interés en el bienestar de sus polluelos, ni construye un nido para ellos. Pero el cuclillo es astuto. Busca el nido ajeno para poner sus huevos. La madre cuclillo no es una usurpadora de nidos. Es decir no toma posesión del nido ajeno como algunos pájaros lo hacen. Ella usa el nido ajeno solamente para depositar sus huevos, usualmente un huevo en cada nido, y de esta manera evita la responsabilidad de criar sus propios polluelos.

Si el cuclillo viviera en Bolivia creo que ella escogería el nido de la hornera (teluchí) para colocar sus huevos. Todos los que han observado los horneros saben que son trabajadores, perseverantes y sobresalientes. Con enorme vigor y mucha persistencia edifican su "refugio", su hornito, su hogar. Lo construyen con tanta sabidruía que se dice que ni una gota de lluvia lo penetra. Tampoco entra en él nada de viento. Lo edifican en tal forma que es fresquito adentro en el verano y cálido en el invierno.

El cuclillo después de pasar el invierno en otros países más cálidos vuelve a Europa. Siempre busca un territorio donde haya bastante insectos para comer y suficientes nidos ajenos de que ella puede aprovecharse. Si vendría a Bolivia buscaría los valles cálidos y con ojos siempre atentos a los nidos que serían de más beneficio para ella.

¿Cuáles serían sus pensamientos al observar la vida valiente de los horneros? ¡Qué lindo sería si mis pichoncitos fueran como los de los horneros--trabajadores, intrépidos, y sobresalientes. Pero no tengo tiempo de enseñarles a ser así. Yo sé lo que haré. Depositaré mis huevos en el nido de los horneros. Dejaré a la hornera enseñar a mis polluelos a ser buenos obreros, valerosos, honestos, fieles y sabios."

Así con astucia la madre cuclillo esperaría en las cercanías hasta que la hornera ponga sus huevos. Esperaría con paciencia el día cuando la pareja de horneros, por un ratito, se ausentaran de su nido. Rápidamente ella entraría en el nido y pondría su huevo junto a los de la hornera y se escaparía. Continúa haciendo esto hasta que ha puesto un huevo en cada nido que ella necesita. La hornera volvería y se sentaría sobre los huevos sin darse cuenta del huevo ajeno. Un día el polluelo de la madre cuclillo nacería. Heredando la naturaleza pícara de su madre. El polluelo empieza inmediatamente a empujar a los otros huevos fuera del nido quedándose como el único polluelo. Los padres horneros pasan mucho tiempo buscando suficiente alimento para el pichoncito con un apetito tan enorme.

Después de algunas semanas cuando crecen el plumaje y las alas del pichoncito y aprende a volar, el pichoncito del cuclillo desaparece del nido de los horneros y se junta con los otros cuclillos. En lugar de modelar su vida en la forma de las de los horneros, el pichón de la cuclilla seguiría las pisadas de su madre. ¿Y el resultado? Sale flojo, astuto, engañoso y ciertamente descuidará también a sus futuros polluelos.

¿Será que el mal resultado viene a consecuencia de que el polluelo pasó solamente un minúsculo tiempo de su vida con los horneros y el máximo tiempo de sus vidas con los cuclillos y no tuvieron tiempo de aprender de los horneros los valores verdaderos de la vida? ¡Qué lástima que los cuclillos sean tan negligentes con sus polluelos! Quiso que otras tomaran la responsabilidad de atender y enseñar a sus polluelos. Sin tener un ejemplo bueno y constante de quien pudieran modelar sus vidas, y dejados solitos los pichones siguen las costumbres de los cuclillos -- vivir una vida de flojera, de astucia, y de engaño.

Dios dice a los padres y a las madres, "Es su responsabilidad Instruir al niño en su camino". Podemos ver la razón por qué, si dividimos el tiempo en la vida de tu hijo de la siguiente manera. Si asiste a la escuela en las mañanas y en las tardes, él pasa:

    1) en la escuela------------30% de su tiempo
    2) en la iglesia------------ 1% de su tiempo
    3) en el hogar--------------69% de su tiempo

Dios te ha dado mucho más tiempo que ha dado a la escuela o a la iglesia para enseñar a tu hijo acerca de El.

Leí una vez un artículo escrito por una mujer que dijo que aunque ella no podía dejar en el mundo a su muerte una obra de arte o grandes poesías que podían mover el alma, ella podía dejar a sus hijos y a sus nietos una profunda y sincera fe en Dios y un aprecio de toda la obra magnífica de Dios en la creación: de la majestad de los cerros, de la grandeza de la puesta del sol, de la hermosura de los árboles en flor, y de las maravillas de una semilla muerta brotando con vida nueva.

<u>Dios te da muchas oportunidades diariamente para enseñar a tus hijos las verdades vivientes acerca de El por medio de la naturaleza y por medio de lo que está pasando en la vida tuya y en la vida de ellos. Pero tus ojos tienen que estar abiertos para aprovecharse de estas oportunidades para enseñarles con diligencia estas verdades.</u>

VALORES

Valores   *¡ Velad por los Valores!*
E
L
A
D

Dos cosas muy importantes que enseñar a tus hijos son:

1) Que Dios tiene un propósito para las vidas de cada uno de ellos.

2) Que cada uno tiene un destino. Su destino es el cielo donde vivirán con Jesús y con su Padre celestial para siempre.

El mundo en el cual viven ahora es temporal; no así donde Dios está preparándoles para vivir en los cielos. Así que su enfoque no debe estar en las cosas materiales que tienen valores temporales que pasarán, sino en las cosas espirituales que tiene valor que durará para siempre.

Habían dos madres creyentes las cuales tenían ambiciones y lindos sueños para las vidas de sus hijos. Querían, como toda madre quiere, que sus hijos salieran exitosos y sobresalientes en esta vida. Y sus hijos cumplieron los sueños de sus madres. Cada uno asistía a la universidad y todos salieron profesionales.

Pero había una diferencia grande en las perspectivas de las dos mujeres. La primera madre sabía que un profesional siempre se enfrentaría con muchas tentaciones en su vida, especialmente en su trabajo. Así temprano en las vidas de sus hijos ella empezó a alistarles para el futuro. Quiso darles un fundamento fuerte sobre el cual ellos mismos pudieran hacer decisiones buenas y correctas y sobre el cual pudieron edificar sus vidas. Para ella lo fundamental era que sus hijos recibieran a Cristo como su Salvador y gracias a Dios lo hicieron. Eso era solamente el primer paso. A partir de ahí, ella principió a inculcarles la importancia de vivir diariamente para Cristo, permitiéndole transformar sus vidas y hacerles hombres de confianza, espirituales, y renombrados por su amor para Cristo. Ella inculcaba en sus corazones una visión linda del valor de cosas espirituales que durarían toda la eternidad. Les desafió a que pusieran su vista siempre en las cosas de Dios. Ella les enseñaba la diferencia entre el valor terrenal y el valor espiritual. Las cosas materiales podrían darles comodidad y alegría por un tiempo temporal, pero lo que harían para Cristo les daría comodidad y alegría por toda la eternidad; que su visión en ser profesionales no debía ser el deseo de adquirir cosas materiales, que en su debido tiempo desaparecerían, sino el de como podrían servir al Señor por medio de la profesión que escogerían.

Su enseñanza tenía gran efecto en las vidas de sus hijos. Ponían en práctica la enseñanza bíblica que les fue enseñada durante su niñez y su juventud. Al graduarse de la universidad un hijo dió un elocuente testimonio de su fe en Dios y desafió a otros a seguir los pasos de Cristo. Los hijos de la primera madre ya son profesionales y sirven al Señor en su profesión. Uno es doctor que no solamente sana cuerpos sino también sana almas guiando a sus pacientes a Cristo. El tiene el valor eterno a la vista. Da mucho de su tiempo a la obra del Señor. La madre es muy gozosa porque ve que su trabajo en las vidas de sus hijos no fue en vano. Son hombres honestos, fieles, exitosos con lo pies firmemente plantados sobre la "Roca", Cristo y en el camino que les guía a los cielos.

Y ¿la otra madre? Ella decidió en su corazón que sus hijos saldrían profesionales exitosos en esta vida. Para que pudieran estudiar en la universidad ella trabajaba día y noche haciendo cualquier trabajo--limpiando oficinas, lavando pisos, fuera lo que fuera. Pero lamentablemente ella falló en enseñarles acerca del valor más importante en la vida, las cosas espirituales. La cosa más importante en la vista de la madre era que sus hijos eran profesionales. Su profesión habría de ser el buen fundamento para el éxito en sus vidas. El deseo de su madre fue cumplido. Sus hijos salieron profesionales.

En un culto de mujeres la segunda madre estaba jactándose del éxito de sus hijos en sus profesiones. Había una señora escuchando todo lo que estaba contando la madre. Muy interesada en su relato la señora le preguntó, "Señora, ¿Son creyentes sus hijos?" La señora agachó la cabeza y contestó, "no, señora, ni aun uno." Esta madre con todo su trabajo arduoso y con toda su ganancia allanó el camino al infierno para sus hijos.

> . . .qué aprovechará al hombre si ganare todo el mundo, y perdiere su alma?
>
> Marcos 8:36

Dios no creó al hombre para que viviera solamente algunos años aquí en la tierra. El le creó para la eternidad. Por eso creó al hombre "*un alma viviente*". El puso el alma dentro del cuerpo, una cosa temporal en el sentido de que en todo momento está sujeto a la muerte. Así que, lo que vale, lo que permanecerá para la eternidad, toca al alma y al espíritu, no al cuerpo.

No obstante, Dios no es el único que tiene un propósito para cada persona. Satanás tiene su propósito también. Dios quiere que cada uno sea conformado a la imagen de su Hijo, Romanos 8:29, mientras Satanás quiere que cada uno sea conformado a la imagen de este siglo o del mundo, Romanos 12:2. Satanás siembra en el corazón del hombre el valor del mundo -- la satisfacción del "YO", el egoísmo. El conseguir cueste lo que cueste, lo que la carne desea, lo que los ojos desean, y lo que agrada a su vanagloria (su orgullo). 1 Juan 2:16. Dios quiere que cada una "ponga" la mira en las cosas de arriba, no en las cosas de la tierra", Colosenses 3:2

> No os hagáis tesoros en al tierra donde la polilla y el orín corrompen, donde ladrones minan y hurtan. Sino haceos tesoros en el cielo donde ni la polilla ni el orín corrompen, y donde ladrones no minan ni hurtan. . .Mas buscad primeramente el reino de Dios y su justicia, y todas estas cosas os serán añadidas.
>
> Mateo 6:19,20,33

Las cosas que tienen más valor en esta vida son las cosas inmateriales que se encuentran en Cristo: el amor, el gozo, la paz, etcétera. Son las cualidades del carácter, no la cantidad en el bolsillo que tiene valor a los ojos de Dios.

Seguramente la primera madre estaba tan acostumbrada a buscar (buscar en griego aquí tiene el sentido de meditar con adoración) "las cosas de arriba" que era una cosa natural hablar acerca de ellas a sus hijos. Ciertamente Dios y Cristo forman una parte de "las cosas de arriba". Aunque no conocía visualmente a Dios ni a Cristo ella había experimentado las cualidades de sus seres y sus manos también sobre ella. Así podía enseñar a sus hijos que Dios y Cristo eran:

La Mujer Ideal 185

1) **Omnipresentes**: es decir que ellos siempre están con los suyos. Nunca les dejan. Por eso los que pertenencen a Dios y a Cristo no tienen que tener miedo de la soledad ni la oscuridad. Ellos son fieles y cumplen sus promesas.

2) **Omnipotentes:** Ellos son todopoderosos y ayudan a los suyos no importa el problema ni la situación.

3) **Omniscientes**: Ellos les conocían a los suyos aun antes de fundar el mundo; que escribieron en un libro todos los detalles de sus apariencias. Así desde que les conocen tan íntimamente, ellos saben lo que necesitan y han prometido suplir sus necesidades. Sus ojos siempre están mirando a los suyos porque tienen interés en sus vidas. Tienen un plan para sus vidas.

4) **Creadores:** Crearon las nubes, las estrellas, el sol, la luna, las flores, la lluvia, las plantas, los animales y cada uno diferente. Aunque cada cosa tiene una función en esta vida, fueron creados para su placer.

5) **Pacientes**: Quieren enseñarles muchas cosas. Aunque a veces es difícil aprender algo rápidamente, ellos son muy pacientes con los suyos.

6) **Amantes**: Les aman tanto. Por eso pueden saber que no les van a engañar. Otros les engañan pero Dios y Cristo nunca.

7) **Benignos:** Tratan a los suyos benignamente. No les maltratan como otros lo hacen.

8) **Honestos**: No roban sino proveen cosas lindas para los suyos.

9) **Etcétera**: Puedes seguir nombrando los atributos de Dios.

Cristo dijo en Juan 14:2 que El fue a los cielos para preparar un hogar lindo especialmente para cada uno de los suyos -- para ti y para mí. Ahí no habrá dolores, enfermedades, muerte, ladrones, mala gente. No habrá diluvios, terremotos, ni nada malo.

El Padre Celestial y su Hijo estarán sentados sobre sus tronos. Habrá un río hermoso saliendo de su lugar con árboles a lo largo. Aun un árbol con mucho fruto para comer que nunca terminará. La calle será de oro -- no de polvo o tierra. Habrá paredes y puerta de piedras preciosas. Habrá ángeles y tal vez conoceremos a los que cuidaban de nosotros. Nunca nos cansaremos de cantar y alabar al Señor.

Habrá una gran fiesta que celebraremos con Cristo. Antes de morir Cristo dijo a sus discípulos "con gran deseo quiero comer esta última cena con Uds." Ahora con gran deseo El quiere que llegue el día cuando El compartirá la cena con nosotros a quienes El ama tanto. Cristo no solamente es nuestro Salvador sino también nuestro amigo. En los cielos le veremos cara a cara sentados a la misma mesa con El.

Como creyentes tenemos una gran esperanza -- una esperanza de gran valor porque todo el cielo pertenecerá a los que han recibido a Cristo como Salvador mientras vivía en esta tierra. Dios nos dice que somos herederos de El y coherederos con Cristo, Romanos 8:17.

Uno que sabe esta verdad querrá vivir una vida transformada aquí en esta tierra; una vida limpia y pura en preparación para los cielos. 1 Juan 3:3 dice:

> Todo aquel que tiene esta esperanza en él, se purifica a sí mismo, así como El (Cristo) es puro.

Por eso creo que después de mostrarnos en Colosenses 3:1-4 lo que es el valor verdadero de la vida, Dios nos muestra en el mismo pasaje, vss.3-9, como podemos purificarnos. Dios conoce muy bien que tenemos una naturaleza pecaminosa, y esta naturaleza siempre tiene la tendencia hacia el pecado. Es decir hacemos lo que creemos es lo conveniente para nosotros. Si es más conveniente mentir en lugar de decir la verdad, mentimos. Si es más conveniente engañar, engañamos. Si es más agradable pecar de otras maneras, pecamos. Aunque tenemos al Espíritu Santo morando en nosotros, los creyentes, lamentablemente estamos listos a contristarle, apagarle, o limitarle si nos es más conveniente y no le estamos permitiendo al Espíritu Santo controlarnos. Tenemos que reconocer que no solamente nosotras tenemos una naturaleza contra la que tenemos que contender, sino también hemos pasado esta naturaleza a nuestros hijos y ellos tienen la misma lucha. No tenemos que enseñarles a mentir, engañar, maldecir, etcétera porque por naturaleza lo harán. **Tenemos que enseñarles a no hacer tales cosas.** Tenemos que enseñarles que una vez que son salvos que ellos ya tienen al Espíritu Santo morando en ellos para convencerles del pecado y para ayudarles a vencer el pecado.

Por eso yo creo que Dios, para enseñarnos como podemos purificarnos, comienza con lo negativo de lo que tenemos que deshacernos.

Colosenses 3:
:5 Evita fornicación, impureza, pasiones desordenadas, malos deseos y avaricia, que es idolatría. (Vs. 6 dice que la ira de Dios será sobre los que hacen estas cosas.)
:8 Dejad la ira, el enojo, la malicia, la blasfemia, las palabras deshonestas.
:9 No mintáis.

En su lugar tenemos que aprender y enseñar a nuestros hijos a hacer lo positivo, lo que agrada a Dios Espíritu, Colosenses 3:

:12 El ser misericordiosos, benignos, humildes, mansos, pacientes.
:13 Soportándonos los unos a otros. Perdonándonos los unos a otros (como Cristo nos perdonó).
:14 Amándonos los unos a otros.
:15 Viviendo en paz con otros.
:16 Siendo hacedores de la palabra de Dios. Animando a otros (no criticándoles). Cantando con gracia en nuestros corazones al Señor.
:17 "Y todo lo que hacéis sea de palabra o de hecho, hacedlo todo en el nombre del Señor Jesús, dando gracias a Dios Padre por medio de El."
:23 "Y todo lo que hagáis, hacedlo de corazón como para el Señor y no para los hombres."
:24 El Señor quiere que sepamos que al cumplir estas enseñanzas recibiremos una recompensa porque ésta es la manera de servir al Señor.

El cumplimiento de los mandamientos es lo que tiene valor a los ojos del Señor. Es solamente por el poder del Espíritu en nosotros que podemos cumplir Colosenses 3. Así que estos versículos forman una parte de "las cosas de arriba".

Ahora tú sabes que no puedes enseñar a tus hijos todos estos valores de una vez. Ellos no pueden captar todo de una vez y para ayudarles a poner en práctica estos valores en sus vidas necesitas paciencia para hacer que las recuerden. Como Dios dijo:

> Mandamiento tras mandamiento, mandato sobre mandato, renglón tras renglón, línea sobre línea, un poquito allí, otro poquito allá. . . .Cuando te sientes en tu casa, cuando andes por el camino, cuando te acuestes, y cuando te levantes.
> Isaías 28:10; Deuteronomio 11:19

La recompensa es grande, como la primera madre llegó a experimentarlo -- pero no solamente en esta vida al ver a sus hijos ya hombres buenos, espirituales y exitosos sirviendo al

Señor -- sino también las recompensas que le esperan en los cielos.

Debes enseñar a tus hijos a estar contentos con lo que tienen porque Cristo siempre está con ellos, Hebreos 13:5, y su presencia vale más que cualquier cosa que el mundo pueda ofrecerles. El Señor puede aumentar a lo que tienen o puede quitar de lo que tienen pero lo que es importante a Dios es que estén contentos con lo que provee. Tú no puedes enseñarles a estar contentos si tú no estás contenta con lo que tienes. Dios dice en 1 Timoteo 6:6:

> Pero gran ganancia es la piedad acompañada de contentamiento.

Cuando el valor de Dios no está en sus vidas, hay un vacío grande en sus vidas que tratan de llenar con cosas que nunca pueden satisfacerlos. La persona que corre tras las cosas que el mundo le ofrece: los placeres, la alegría, las riquezas, la fama, caerá --

> en tentación y lazo, y en muchas codicias y necias y dañosas que hunden a los hombres en destrucción y perdición...Y será...traspasado de muchos dolores.
>
> 1 Timoteo 6:9,11

Dios dice:
> Huye de estas cosas y sigue la justicia, la piedad, la fe, el amor, la paciencia, la mansedumbre...atesorando para sí buen fundamento para lo porvenir.
>
> 1 Timoteo 6:11,19

1 Corintios 3:14 nos dice que en los cielos las obras de cada creyente serán reveladas por fuego, y si durarán sus obras, recibirá recompensa. No sabemos que clase de recompensa será. Hay varios versículos en la Biblia que hablan acerca de coronas. Una será dada a los que de veras están esperando con amor la venida de Cristo, 2 Timoteo 4:8. Otra será dada a los que soportan las tentaciones, Santiago 1:12. Otra será dada a los que están al servicio del Señor, 1 Pedro 5:4. Y otra será dada a los que siguen fieles en su devoción al Señor, Apocalipsis 2:10.

No sabemos si Dios está hablando de coronas verídicas o si son ilustraciones de lo que recibiremos como puestos de responsabilidad en los cielos, etcétera. Pero no importa lo que sea, sabemos que serán recompensas preciosas porque Dios no se olvida de lo que hacemos para El.

EDUCACION

V
Educación   ¡Velad por la Educación!
L
A
D

La educación es mucho más que el hecho de desarrollar las facultades intelectuales y físicas de una persona. Es también el desarrollo de las facultades morales y espirituales. La educación es el cumplimiento de la instrucción. Así educamos a los hijos utilizando no solamente la lengua (las enseñanzas y instrucciones) sino también la vida (la manera en que vivimos, en que actuamos sea bueno o malo).

Dios ha hecho a cada madre una artista, una colaboradora de Dios, el gran artista, para perfeccionar a las alhajas de Dios (nuestros hijos) para que salgan como personas dotadas de excelentes cualidades. Por eso es tan necesario formar en ellos desde el principio de sus vidas normas buenas, aprobadas y aceptables de comportamiento y de costumbres.

Dios ha hecho al niñito muy flexible. Es decir que el niño es abierto a sugerencias, y tú, como madre, puedes guiarle en formar hábitos buenos y aceptables que en el futuro le van a servir, le van a beneficiar, y te harán feliz. No hay que olvidar nunca de que los ojos y las orejas de los niños son antenas de su cerebro, y las vidas de ellos pantallas de televisores que avisan al mundo que clase de educación están recibiendo en el hogar. Mirando la actuación del niño se puede ver el desempeño de las vidas de los padres porque el niño es imitador de ellos. Así, madre mía, debes empezar temprano a educar a tus hijos porque al mundo le gusta mirar su "tele".

¿Cuáles son algunas prácticas buenas con las cuales tú puedes educar a tus hijos y que darán buenos resultados en sus vidas cuando sean adultos?

1) MODALES CORRECTOS A LA MESA:

Un cierto día estuvimos almorzando en un restaurante. Había una familia de cuatro, sentados en una mesa en frente de nosotros. Su hijo de once o doce años estaba hablando animadamente cuando el mozo puso el plato de comida delante de él. Seguía hablando pero a la vez alzó la comida con sus dedos y la metió en su boca. Su madre le dijo con una voz modulada, "Hijito, utiliza tu tenedor". Inmediatemente su hijo le obedeció. Alzó su tenedor y comenzó a comer correctamente. Ella no tuvo que hablarle la segunda vez y él no discutió con ella. Esta madre era sabia. Ella sabía que algún día su hijo estaría convidado a comer en otro hogar sin sus padres. Si su hijo no sabía comer con el cubierto correcto se sentiría avergonzado, y los padres también porque no le dieron el tiempo necesario para enseñarle.

En algunos hogares muy humildes no tienen juegos de cubiertos. Tiene tal vez solamente una cuchara pero en otros lugares ponen bastantes cubiertos en la mesa. He estado en lugares donde ponen hasta tres tenedores al lado del plato y varios cuchillos. Los tenedores más cortos son utilizados para ensalada y postre. El tenedor largo para la comida. Si el postre necesita cucharilla en lugar de tenedor habrá más cucharillas. Si se tiene duda, hay que mirar al anfitrión y hacer lo que él hace. Sin embargo si el anfitrión hace algo extraño, sería mejor no imitarle hasta que se sepa lo que hará él.

Calvin Coolidge, uno de los presidentes anteriores de los Estados Unidos, era un hombre callado a quien le gustaba la vida sencilla. Un día convidó a un joven a desayunar con él. El joven aceptó pero cuando el día para ir a la Casa Blanca se acercaba el joven su puso más y más nervioso. Su madre le dijo, "Hijo, el mejor consejo que te puedo dar es mirar al presidente y hacer lo que él hace." El joven llegó a la Casa Blanca y el presidente le convidó a sentarse a la mesa. El joven miró cada acción del presidente y hacía lo que él hacía. Utilizaba la misma clase de tenedor. Utilizaba el cuchillo como el presidente utilizaba el suyo. Todo estaba marchando bien y el joven se sentía más y más cómodo. Cuando el presidente sacó el platillo de debajo de su taza, el joven hizo igual. El presidente echó leche en su platillo y el joven, aunque pensó que era extraño, también echó leche en su platillo. Entonces el presidente alzó su platillo cuidadosamente y lo puso en el piso para su gatito. El joven se quedó desconcertado mirando su platillo lleno de leche delante de él.

A veces cosas inesperadas y chistosas pasan con nosotras. Si algo sucede contigo, mejor es reírte con los demás. Mi marido me contó lo que aconteció con su padre cuando era joven. Su padre fue convidado a almorzar con su jefe. Se puso nervioso pensando en como comer correctamente en la casa elegante de su jefe. El se vistió de su mejor traje porque quería impresionar a su jefe. Cuando estuvieron sentados a la mesa fueron servidos lindos lomitos. Su padre alzó su tenedor y cuchillo y empezaba a cortar el lomito cuando de repente éste voló de su plato. Su padre se quedó atónito y miraba a ambos lados de la silla buscando el lomito. El jefe le preguntó, "¿Estás buscando ésto?" Y sacó el lomito de adentro de su saco donde había aterrizado. Felizmente su jefe se rió fuertemente lo cual alivió la situación.

2) QUE APRENDA A COMPARTIR:

Parece que los niños sanguíneos no tienen tanto problema con compartir. Aman a la gente más que los objetos. Los niños flemáticos tienen la tendencia de ser tacaños. Había una pareja con dos hijos, Susi y Pepe. Una noche, al terminar de cenar, la madre les avisó que algunos amigos habían de venir a visitarles aquella noche. Susi con alegría saltó de la mesa; corrió a su cuarto y llenó sus bracitos con sus juguetes. Pepe también saltó de la mesa. El agarró sus cochecitos y comenzó a ocultarlos en sus bolsillos, bajo las almohadas del sofá y bajo el sofá mismo. Cuando los amigos llegaron, Susi con una sonrisa de alegría metió sus juguetes en los brazos de la otra niña. No así Pepe. El se quedó apartado con sus manos tras la espalda mirando sospechosamente al otro niño.

Pero, a veces, todos los niños tienen problemas con este asunto. Cuando mi hijo Donny tenía apenas dos años, él vió un cajoncito de chiclets sobre mi escritorio y me pidió tenerlo. Como había solamente un cajoncito yo le dije. "Puedes tenerlo pero tienes que compartirlo con tu hermano, Dicki." Contento Donny metió el suyo en su boca y dió algunos pasos hacia el patio donde jugaba Dicki. Pero se detuvo en una actitud pensativa. El volvió; puso sus codos sobre mis rodillas y con cara triste me dijo, "¡Pobre Dicki!", y rápidamente metió en su boca también el de Dicki. Me sorprendió, y aunque era chistoso alcé a Donny; lo puse sobre mis rodillas y dándole algunas palmadas en las nalgas, le dije: "Y éste es para ti, pobre

Donny!" Esta experiencia le enseñó mucho. Los hijos nacen con una naturaleza pecaminosa y a veces necesitan nuestra ayuda para vencerla.

3) LA CORTESIA:

Cristo dice:
Amarás a tu prójimo como a ti mismo.
Marcos 12:31

Y como queréis que hagan los hombres con vosotros, así también haced vosotros con ellos.
Lucas 6:31

Muy pocos padres se dan cuenta de que el buen éxito de su hijo en este mundo depende mucho de la cortesía que ha aprendido de sus padres. Casi todos los negocios en este mundo que envuelven relaciones humanas son complejos. La persona que puede resolver suavemente problemas entre personas tiene un talento de sumo valor. Es un talento que los empresarios buscan en las personas cuando quieren emplearles. La cortesía es un aceite social que hace suave y agradable las relaciones humanas.

Es la responsabilidad de los padres el enseñar la urbanidad a sus hijos, no de la escuela. Los profesores son padres solamente medio tiempo, mientras que los padres son maestros todo el tiempo. Uno de los cursos más importantes del hogar es la cortesía.

Solamente que os comportéis como es digno del evangelio de Cristo.
Filipenses 1:27

Creo que el anhelo de todas las madres es que sus hijos --
. . .en todo adornen la doctrina de Dios nuestro Salvador.
Tito 2:10

Es agradable a todos ver a niños adornados por las enseñanzas de sus madres guardando limpio el cuerpo, bien peinado el cabello, y vestido de ropa limpia y arreglada. Pero vale mucho más cuando a la vez son corteses. La manera mejor de enseñar la cortesía a sus hijos es que los padres la pongan en práctica en sus vidas diarias. Los hijos se fijan en la manera en que el padre trata a la madre y como la madre trata al padre. Si se tratan el uno al otro con gracia, respeto y estima, los niños les van a imitar.

Además los padres deben tratar con respeto a sus hijos. Deben tratarles como es digno de personas y no como objetos de la casa que son sin sentidos.

Dios nos enseña:
> Vestíos del Señor Jesucristo...de entrañable misericordia, de benignidad, de humildad, de mansedumbre, de paciencia.
> Romanos 13:14; Colosenses 3:12

Aunque el ser ejemplo es el mejor método de enseñar, en sí mismo, eso no es suficiente. Es necesario repetir las mismas enseñanzas día tras día, mes tras mes, año tras año. A veces parece que nunca aprenderá el hijo. Pero si sigues fielmente y con paciencia sin perder esperanza, algún día descubrirás que tu hijo ha salido como alhaja preciosa, y reconocerás que todo tu trabajo valió la pena.

La cortesía es más profunda que palabras tales como "gracias", "por favor", "perdóname", "es un placer". Las palabras son buenas y no deben ser omitidas del vocabulario, pero si están acompañadas con buenas actitudes y hechos son de doble valor.

En cuanto a tus hijos hay que recordar que son personas de mucho valor a los ojos de Dios. Cuando una persona importante entra en tu casa, ¿cómo tratas a tal persona? Le das la mano, también una sonrisa, y estás lista para charlar con él o ella. Debes mostrarles la misma cortesía a tus hijos. Hay que saludarles amablemente y estar listo no solamente a charlar con ellos sino también a escucharles. Dales el tiempo que merecen. Si quieres que tu hijo no tenga complejo de inferioridad, no hay que tratarle inferiormente. Si le tratas sin respeto, él tratará a otros en igual forma, especialmente a su cónyuge y a sus hijos cuando se case. El maltrato a la madre o a los hijos no es el "machismo", sino es "estupidez". Es pecado. El maltrato de la esposa al esposo es pecado también. Dios dice que la esposa debe respetar a su marido y que el marido debe honrar a su esposa. También que los hijos deben obedecer a los padres (padre y madre), dándoles la honra que los padres merecen, y que los padres no deben provocar a ira a sus hijos, sino criarlos en disciplina y amonestación del Señor (Efesios 6:1-2).

Otra cortesía que debes enseñar a tus hijos es que no interrumpan cuando otros están hablando si no es una emergencia. Tienen que aprender a esperar su turno. Y debes darles un turno para expresarse sin reírte de ellos. Tienes que escudriñar tu propia costumbre. ¿Estás acostumbrada a interrumpir a tu hijo cuando está hablando sin disculparte? ¿Estás consciente de su presencia cuando él está en medio de una frase? Tantos padres y madres son culpables de esta descortesía, así dándole a saber que es menospreciado, que no merece su tiempo, ni atención. Por eso el hijo está descontento, resentido, se siente inferior, y causa discordia en la familia.

4) LAS ACTITUDES:

Enseña a tu hijo a ser el primero en mostrar una buena actitud para con otros. Entonces los otros usualmente le responderán en tal forma.

Los hijos aprenden relaciones humanas de los padres. Si tú te muestras con una actitud de cinismo y de crítica, asumiendo que todos los hombres son mentirosos, que todos los negociantes son engañadores, y que no puedes hallar a una persona honrada, tus hijos saldrán con la misma actitud. El resultado será un hijo que piensa solamente en sí mismo; un hijo que es nervioso, temeroso, que cree siempre que el otro está para engañarle. Su actitud será, "Debo aprovecharme de él antes de que él lo haga de mí".

Hay personas que engañan. Es su modo de vida, pero hay otros que son honrados. Un sábado mi marido fue al mercado para comprar algunos artículos. Sacó su dinero para pagar al dueño. Dejó el dinero en el mostrador mientras sacaba cambio del otro bolsillo. Pagó al dueño; alzó su paquete, y salió con el mismo dejando setenta mil sobre el mostrador. Al día siguiente recordó que había dejado su dinero en el mercado. Fue y habló con el dueño diciéndole que había dejado su dinero ahí. El dueño respondió, "Sí, lo hizo. Lo he guardado para Ud. Aquí está." Mi marido le dió no solamente "gracias" sino también una recompensa.

Todos nosotros hemos tenido experiencias opuestas, de ser engañados, pero no debemos guardar una actitud de amargura y resentimiento, porque nuestros hijos heredarán éstas mismas actitudes de nosotros. El resultado es que ellos encontrarán difícil hacer amistades profundas (lo que necesitan en esta vida) porque tendrán en su mente la posibilidad de que serán engañados por sus amigos. Dios dice:

> El hombre que tiene amigos ha de mostrarse amigo.
> Proverbios 18:24

De lo contrario, los niños ya no podrían hacer amistades duraderas porque serán cautivos del cinismo y crítica aprendido de sus padres.

Tienes que aprender a hablar bien de otros delante de tus hijos y mostrar cortesía a todos aún a los enemigos porque esta actitud agrada al Señor. Esta era la actitud que Cristo mostró a sus enemigos.

> Quien cuando le maldecían, no respondía con maldición, cuando padecía, no amenazaba, sino encomendaba la causa al que juzga justamente.
> 1 Pedro 2:23

Puedes enseñarles a tener cuidado lo cual es natural. También puedes explicarle a tu hijo la razón por la cual mucha gente miente, engaña, maltrata a otros, etc. Es porque ellos no tienen a Cristo en sus vidas. O si son creyentes y están portándose mal, es porque están dejando que su naturaleza pecaminosa les domine y eso no agrada a Dios. Explícale que el gran propósito de Dios es redimir a la gente de sus pecados, y Dios quiere usarle a él para ayudar en esta obra tan grande. Por eso debe mostrar una cortesía verídica a todos y ganar su aprecio. Entonces alcanzará una posición para que Dios le utilice en las vidas de otros cuando quiera.

5) APRENDER A ACOSTARSE TEMPRANO:

Algunos padres permiten a sus hijos acostarse cuando quieren. He visto niños fuera de su casa jugando a las diez o a las once de la noche, o mirando la televisión a tales horas. Entonces es difícil, casi una pelea despertarles por la mañana para ir a la escuela. En la escuela no pueden prestar atención a la profesora porque no están alertas. Al mirar las calificaciones bajas de sus hijos los padres no pueden comprender la razón del por qué, y le pegan a sus hijos. Los niños necesitan mucho descanso de noche y deben estar en cama entre las siete y las ocho y media de la noche.

Enseña a tus hijos a tener respeto para los profesores porque los profesores están más dispuestos a ayudar al niño cortés. Tu hijo, si es cortés, recibirá una mejor educación. Es importante que tu hijo reciba la mejor educación posible, porque él será más útil en las manos del Señor.

> Si se embotare el hierro, y su filo no fuere amolado, hay que añadir entonces más fuerza, pero la sabiduría es provechosa para dirigir.
>
> Eclesiastés 10:10

Los dos hombres sobresalientes en la Biblia que fueron más utilizados del Señor eran los más educados, Moisés y Pablo. Pero para tener éxito, el hijo tendrá que aprender que su mente tiene que ser entregada al Señor. Si no, será utilizado por Satanás.

Anima a tu hijo hacer lo mejor posible en su clase; sin embargo hay que tomar en cuenta que algunos niños no tienen capacidad para salir con las mejores notas. Si ellos están haciendo lo mejor posible para ellos, y el profesor puede darle constancia de que es así, hay que felicitarles y no criticarles. Pero si tu hijo falla en su curso porque juega en vez de estudiar, no hay que amenazar, ni quejarse, ni rogar al profesor que cambie las notas como hacen algunos padres. Esto es un engaño. Y si está bien para la madre o el padre engañar, el hijo creerá que está bien hacerlo también.

Siempre muestra aprecio y alaba a tu hijo cuando hace algo que lo merece, y vas a ver que tu hijo responderá portándose mejor. El énfasis debe ser en el éxito merecido por el trabajo y no en cualidades naturales como la belleza o inteligencia del niño. Si el énfasis está puesto sobre lo que ha recibido naturalmente, puede llegar a ser orgulloso.

> Aun el muchacho es conocido por sus hechos, si su conducta fuere limpia y recta. . ...Instruye al niño en su camino, y aun cuando fuere viejo, no se apartará de él.
>
> Proverbios 20:11; 22:6

LENGUA, LIMPIEZA

V
E
Lengua   ¡*VELAD LA LENGUA!*
A
D

Cuando hablamos de la lengua en este capítulo, no estamos refiriéndonos tanto al pequeño cuerpo carnoso que se encuentra en la boca, sino a todo el proceso necesario para la expresión. La lengua es solamente el órgano que usamos para formar palabras con el fin de expresar lo que pensamos, lo que sentimos en el corazón. Lo que dice la lengua es un proceso:

CONCEBIDO primeramente en el corazón,
CRECIDO en los pensamientos,
CITADO en palabras, y al fin
COSECHADO en acciones.

Satanás conoce bien el proceso y se aprovecha de ello. Usando nuestra naturaleza pecaminosa:

El *SIEMBRA* las ideas o los deseos pecaminosos en el corazón,
Las *RIEGA* en los pensamientos,
Las *HACE MADURAR* por las palabras y
Las *COSECHA* por nuestros hechos.

Pero nosotros somos los responsables y sufrimos por permitir tal cosa.

> Sino que cada uno es tentado cuando de su propia concupiscencia es atraído y seducido. Entonces la concupiscencia después que ha concebido, da a luz el pecado; y el pecado siendo consumado, da a luz la muerte.
> Santiago 1:14,15

Por eso Dios nos dice:

> Sobre toda cosa guardada, guarda tu corazón; porque de él mana la vida.
> Proverbios 4:23

A veces cuando llevas a tu hijo al médico, el doctor mira la lengua del niño. ¿Por qué? Porque muchas veces la lengua muestra síntomas de que el niño está enfermo. Mi amiga, la lengua de tu hijo puede mostrarte si él está espiritualmente mal del corazón. Para saberlo, no es preciso mirar la lengua, solamente escucharla. La lengua es el estetoscopio al corazón.

Puedes saber lo que está pasando en su corazón escuchando las palabras que salen de la lengua. Cristo dice:

> ¡Generación de víboras, ¿Cómo podéis hablar lo bueno, siendo malos? *Porque de la abundancia del corazón habla la boca.* El hombre bueno, del buen tesoro del corazón, saca buenas cosas; y el hombre malo, del mal tesoro del corazón saca malas cosas. Mas yo os digo que de toda palabra ociosa que hablen los hombres, de ella darán cuenta en el día del juicio. Porque por tus palabras serás justificado, *y por tus palabras serás condenado.*
>
> Mateo 12:34-37

¿Cuáles son algunos síntomas de la lengua que muestran que el corazón está enfermo espiritualmente?

1) LA MENTIRA:

Una señorita me dijo una vez: "Pero, señora, no hay nada malo en una mentirita". En otra ocasión un señor creyente me dijo: "Señora, es necesario a veces mentir. Es imposible ser abogado sin mentir".

En el mes de agosto de 1.974 vi al presidente de una de las naciones más poderosas del mundo renunciar con corazón quebrantado a la presidencia. ¿Por qué? ¿Era porque llegó a ser ladrón? ¡No! ¿Era porque cometió adulterio? ¡No! ¿Era porque llegó a ser asesino? ¡No! ¿Entonces por qué? Porque él mintió. Solamente una mentirita y la mentirita que él contó era, "No tuve previo conocimiento del asunto". Después de mentir, tuvo que mentir de nuevo para cubrir la primera mentira. Después había una prolongada serie de mentiras y engaños para cubrir las mentiras anteriores. Pero una cinta había grabado la voz misma del presidente mostrando que él de veras tuvo conocimiento del asunto. Cuando al fin sus mentiras fueron descubiertas, en vergüenza y en derrota tuvo que renunciar a la posición más alta de su país. "Por sus (propias) palabras (fue) condenado", Mateo 12:37.

> No os engañéis. Dios no puede ser burlado; pues todo lo que el hombre sembrare, eso también segará.
>
> Gálatas 6:7

"Oh cuánto nos enredamos cuando a otros engañamos."

Dios aborrece la lengua mentirosa, Proverbios 6:16,17. Cristo dice: "Yo soy...la verdad", Juan 14:6. El no es una verdad sino la fuente de toda verdad porque El mismo es "la verdad".

En Él no hay mentiras porque no puede mentir, Tito 1:2. Los creyentes deben seguir el ejemplo de su Señor porque Dios les mandó, "No mintáis los unos a los otros", Colosenses 3:9.

Ninguna mentira, mentirita, mentira piadosa, media verdad, o cosa semejante es aceptable a Dios. El padre de los que mienten es Satanás porque él es padre de la mentira.

> Vosotros sois de vuestro padre el diablo, y los deseos de vuestro padre queréis hacer. El ha sido homicida desde el principio, y no ha permanecido en la verdad, porque no hay verdad en él. Cuando habla mentira, de suyo habla; porque es mentiroso, y padre de mentira.
>
> Juan 8:44
>
> Pero los cobardes e incrédulos, los abominables y homicidas, los fornicarios y hechiceros, los idólatras y todos los **MENTIROSOS** tendrán su parte en el lago que arde con fuego y azufre, que es la muerte segunda.
>
> Apocalipsis 21:8

Hablando del cielo, Dios dice:
> No entrará en ella ninguna cosa inmunda, o que hace abominación y **MENTIRA**.
>
> Apocalipsis 21:27

El futuro es muy negro para los mentirosos. Así que hay que empezar a enseñar con paciencia a tu hijito desde su primera mentirita, que no será alabado ni premiado por mentir, que las mentiras no agradan al Señor. La segunda vez que mienta hay que darle un castigo y seguir dándole cada vez que mienta hasta que aprenda que no vale la pena mentir.

Tú, la madre, tienes que ser el buen ejemplo para tu hijito. Si tú mientes, él seguirá tu ejemplo. Si tu hijo está llorando, no hay que decir cosas que tú sabes que no resultarán, tales como, "Cállate. Esa señora te va a pegar. Te va a llevar". O "Escucha, ahí viene tu papi." Tu hijito comprenderá pronto que no puede confiar en lo que tú dices.

Es inútil tratar de hacer que tu hijo viva en un nivel más alto, moral, espiritualmente que en él que tú vives. El seguirá tus pisadas, y tú estás proveyendo para él y para ti un futuro negro si sigues con las mentiritas.

2) PALABRAS FEAS, MALDICIONES"

En el pueblo donde solíamos vivir, había un niño de cinco años. Larry sabía maldecir peor que la mayoría de los adultos. Tuvo maestros expertos -- sus padres. Estoy segura de que él no comprendía la mayor parte de las palabras que usaba. Larry empezó a asistir a nuestra escuela dominical y aceptó a Cristo como su Salvador. Hubo un cambio tremendo en su vida aunque era tan joven, y su madre lo vió. Un tiempito después Larry fue llevado al hospital para una operación. Un tumor maligno fue sacado de su cerebro, y después de algunas semanas Larry estuvo en la presencia de su Señor. Aunque sus padres no eran creyentes, ellos pidieron tener su funeral en nuestra iglesia. La iglesia estuvo llena de inconversos. Su madre estuvo tan impresionada que hizo profesión de fe en Cristo. No todos los casos salen como el caso de Larry. Felizmente el destino para Larry era el cielo.

Los niños son como loros. Repiten vez tras vez lo que escuchan hasta que esté grabado en su mente. Recuerdo cuando llegamos por la primera vez a Bolivia. No sabíamos nada del castellano. Nuestro primer hijo, Tomacito de tres años, salió de la casa para mirar a algunos niños jugando bolitas. Al volver, Tomacito estaba diciendo su primera palabra en castellano, "Cochino". Yo le dije a mi marido,"¡Qué lindo, Tomacito ya ha aprendido decir su primera palabra española!"

Tomacito repetía esta palabra vez tras vez mientras jugaba adentro con sus cochecitos. Estabamos muy contentos hasta que nuestra profesora se rió y nos preguntó, "¿Saben lo que está diciendo su hijo al decir, "cochino?" Le contestamos que no. Nos dijo lo que quería decir en inglés. "Ay no", dijimos. No le permitimos utilizar más esta palabra.

Si los niños usan palabras feas, o de menosprecio, eso no quiere decir que las han aprendido en casa. Es muy fácil para ellos adaptar su vocabulario al lenguaje de la calle. Muchos niños corrigen su modo de hablar cuando los padres les explican las razones por qué no deben usar ciertas palabras o frases. Otros necesitan ser persuadidos con el chicote.

3) QUEJAS, CRITICAS CONTINUAS, ETC.:

La meta de Dios para los hijos de los hogares se encuentra en Isaías 32:18.
> Mi pueblo habitará en morada de paz, en habitaciones seguras, y en recreos de reposo.

La única cosa es que sus hijos siempre están "metiendo la pata" con sus quejas, murmuraciones, críticas y Dios no puede alcanzar su meta.

Hay una señora bien conocida, pero no por sus lindas palabras, sino por sus críticas. Uno no puede estar en su presencia más de cinco minutos sin que empiece a criticar a otros, especialmente a su esposo. Una señora dijo. "No me gusta estar con ella por la manera que critica a su esposo. Lo hace continuamente".

La crítica es la manera que esta señora usa para llamar la atención a sí misma. Por sus palabras está diciendo, "Mírenme a mí. ¿No ve que soy mejor que otros, mejor que mi esposo?" Pero lo que está cumpliendo es lo contrario porque nadie quiere estar en su presencia. Es seguro que no hay paz ni reposo en su hogar porque los hijos están desarrollando las mismas actitudes negativas criticándose el uno al otro, quejándose para conseguir la atención de sus padres.

El asunto es que esta madre es tan introvertida, tan vuelta en sí misma que no sabe mucho de lo que está pasando alrededor de ella. Por eso no puede conversar inteligentemente con otros y vuelve a las críticas de nuevo. Si tú te encuentras en esa rutina y quieres salir, tienes que aprender a desarrollar interés en otras cosas, en lo que está pasando en el mundo, en la ciudad, en la escuela de tus hijos, en la iglesia para que puedas conversar confiadamente y con una actitud positiva cuando hables con otras. Es muy importante desarrollar también un interés en lo que interesa a tus hijos para que puedas conversar en una manera positiva, inteligente y constructiva con ellos. Sencillamente debes olvidarte de ti misma y pensar positivamente en otros. Si vas a hablar de otros, debes señalar las cosas buenas en las vidas de ellos.

> Panal de miel son los dichos suaves; suavidad al alma y medicina para los huesos. . .El hombre se alegra con la respuesta de su boca; y la palabra a su tiempo ¡cuán buena es!
>
> Proverbios 15:24,23

Si no puedes decir algo bueno acerca de ellos, es mejor quedarte callada. Como dijo una señora: "Es mejor aprender a guardar silencio en un idioma que hablar diez".

Había otra señora que siempre criticaba y menospreciaba a su marido delante de sus hijos aunque él era buen hombre y padre. Cada vez que el padre trataba de corregir a sus hijos, la madre tomaba la parte de ellos. Cuando llegaron a ser jóvenes, no prestaron atención al buen consejo del padre. El resultado era que cada hijo cayó en el pecado y tuvo que casarse por la fuerza. ¡Qué precio pagaron por el mal uso de la lengua! De veras --

> La lengua es un fuego, un mundo de maldad. La lengua está puesta entre nuestros miembros, y contamina todo el cuerpo e inflama la rueda de la creación, y ella misma es inflamada por el infierno.
>
> Santiago 3:6

Si tienes que criticar a otros, que sea una crítica constructiva. Pero nunca critiques a tu esposo delante de tus hijos. Espera hasta que los dos estén solos. Entonces explícale en voz moderada lo que no te gustó y la razón por qué. Si tu marido está corrigiendo al hijo, es mejor no meterte aunque creas que tu esposo está equivocado. Después cuando los dos están solos, avísale lo que piensas. Entonces el padre puede arreglar la cosa con el hijo. Si él está borracho y está maltratando al hijo, es otra cosa. Hay que tratar de sacar al hijo del alcance del padre sin enojarle más.

Es muy difícil controlar la lengua, pero Dios es nuestro socorro. Nuestra oración continua debe ser:

> Pon guarda a mi boca, oh Jehová; guarda la puerta de mis labios. . . .Sean gratos los dichos de mi boca y la meditación de mi corazón delante de ti, oh Jehová, roca mía, y redentor mío.
>
> Salmos 141:3; 19:14

PREGUNTAS

1. ¿Qué está incluído en el proceso de la educación?

2. La educación es el cumplimiento ¿de qué cosa?

3. ¿Qué utilizamos para educar a nuestros hijos?

4. ¿Cuáles son las antenas del cerebro?

5. La vida es_____del televisor que avisa al mundo qué clase de educación están recibiendo en el hogar.

6. Por mirar la actuación del niño ¿puedes ver cómo es la vida de los padres?

7. El niño es imitador ¿de quiénes?

8. ¿Cuáles son algunas cosas que debes enseñar a tus hijos para que salgan como alhajas preciosas?

9. La lengua es solamente el órgano que usamos para formar palabras con el fin de expresar lo que pensamos en el corazón, lo que sentimos en el corazón.

Lo que dice la lengua es un proceso:

_____en el corazón primeramente

_____en los pensamientos

_____en palabras, y al fin

_____en acciones.

10. Satanás conoce bien el proceso. ¿Cómo se aprovecha de ello? Usando nuestra naturaleza pecaminosa, Satanás:

_____las ideas (o deseos) en el corazón

_____en los pensamientos

_____en palabras, y al fin

_____en acciones.

11. La lengua es el estetoscopio del corazón. Al decir eso ¿a qué estamos refiriéndonos?

12. En los ojos de Dios ¿hay diferentes clases de mentiras?_____

13. ¿Quién es el padre de mentiras (Juan 8:44)? _____

14. Si los hijos usan palabras feas y de menosprecio. ¿qué debes hacer?

15. Según Isaías 32:18 ¿cuál es la meta de Dios para los hogares?

16. ¿Qué quiere decir Proverbios 15:23,24?

17. ¿Debes criticar al marido delante de los hijos?_____

18. ¿Debes meterte cuando el marido está corrigiendo VERBALMENTE al hijo?*

*Si está hiriendo al hijo, es otra cosa.

LA LIMPIEZA

V
E
Limpieza   ¡Velad por la Limpieza!
A
D

¿Quién subirá al monte de Jehová? Y quién estará en su lugar santo? El limpio de manos y el puro de corazón.
Salmo 24:3-4

Este versículo nos habla de dos clases de limpieza: 1) la de adentro y 2) la de fuera. Dios trata con las dos porque las dos son de suma importancia.

1) **LA LIMPIEZA DE ADENTRO** toca lo espiritual. Tiene que ver con la limpieza del alma. Tiene sus dos puntos:

a) **LA LIMPIEZA JUDICIAL** que dura para siempre, "el puro de corazón", habla de la salvación.
Nos salvó, no por obras de justicia que nosotros hubiéramos hecho, sino por su misericordia y por la renovación en el Espíritu.
Tito 3:5

Antes de que podamos subir al cielo y estar en la presencia de nuestro Dios santo tenemos que estar "puros de corazón". Nosotros mismos no podemos hacernos puros de corazón. Cristo es el único que puede hacerlo para nosotros. No por nuestras obras de justicia, dice Tito 3:5, sino por el lavamiento de regeneración.

La sangre de Jesucristo nos limpia de todo pecado.
1 Juan 1:7

En angustia el salmista clamó, "Crea en mí, oh Dios, un corazón limpio, y renueva un espíritu recto dentro de mí, Salmo 51:10. Cuando recibimos a Cristo como nuestro Salvador, El nos hace nuevas criaturas en El, según 2 Corintios 5:7. El nos limpia de todo pecado y a la vez nos salva eternamente. No necesitamos ser lavados de nuevo de esta manera. Pero hay otra limpieza que necesitamos. Esa es:

b) **LA LIMPIEZA COTIDIANA**, también una limpieza del corazón. Aunque el pecado no destruye nuestra posición (salvación) en Cristo Jesús, quita la comunión con El. Por eso:
Si confesamos nuestros pecados, El es fiel y justo para perdonar nuestros pecados, y limpiarnos de toda maldad.
1 Juan 1:9

No podemos vivir en el mundo sin ser contaminados. Tenemos una naturaleza a la que le gusta pecar. Después de ser salvos, si pecamos de nuevo, es necesario (no para la salvación sino para la comunión) confesar nuestro pecado a Dios para ser perdonados y entrar de nuevo en comunión con El, el lugar de bendición.

Si consideramos lo que fue requerido de Aarón y de sus hijos, podemos comprender mejor esta verdad. Dios había escogido a Aarón y a sus hijos para ser sacerdotes especiales. Dios habló a Moisés diciendo:

> Esto es lo que les harás para consagrarlos, para que sean mis sacerdotes. . .Llevarás a Aarón y a sus hijos a la puerta del tabernáculo de reunión, y los lavarás con agua, y tomarás las vestiduras y vestirás a Aarón.
> Exodo 29:1,4,5.

Eso es un cuadro de la salvación. Antes de que Aarón pudiera ser vestido con las vestiduras santificadas, tuvo que ser lavado. Es la ilustración que muestra que nosotros tenemos que ser lavados, pero por la sangre de Jesús antes de que podamos ser vestidos con la justicia de Cristo.

Aarón nunca tuvo que ser lavado de nuevo de esta manera, pero fuera del lugar santo del tabernáculo había una fuente de bronce. Antes de que él y sus hijos pudieran acercarse al altar para ministrar, tenían que lavarse las manos y los pies.

> Harás una fuente de bronce. . .para lavar. . .Cuando se acerquen al altar para ministrar. . .se lavarán las manos y los pies para que no mueran.
> Exodo 30:18-21.

Jesús dice en Juan 13:10:

> El que está lavado no necesita sino lavarse los pies, pues está todo limpio.

Aunque Aarón y sus hijos fueron lavados de sus pecados, ellos tenían la necesidad de una limpieza cotidiana. Asi nosotros también somos lavados de nuestros pecados, pero necesitamos una limpieza cotidiana, necesitamos confesar nuestros pecados al Señor diariamente, confesar nuestros pensamientos pecaminosos, nuestras malas actitudes, y nuestros hechos injustos.

Eso no solamente es preciso para nosotros, sino también para nuestros hijos. Tenemos que enseñarles no solamente la necesidad de ser lavados, "por la sangre de Cristo" sino también la necesidad de mantener la comunión preciosa con su Señor Jesús. Eso demanda que confiesen diariamente a Dios si han mentido, si han usado palabras feas, si han desobedecido, si se han portado mal, o en cualquier manera que han pecado.

Es necesario enseñarles que no pueden ocultar sus pecados de Dios porque El es omnisciente. El sabe todas las cosas. Sabe aún los pensamientos de nuestro corazón.

Los ojos de Jehová. . .recorren toda la tierra.
Zacarías 4:10b

Todas las cosas están desnudas y abiertas a los ojos de Aquel a quien tenemos que dar cuenta.
Hebreos 4:13b

Los ojos del Señor están sobre los justos, y sus oídos atentos a sus oraciones; pero el rostro del Señor está contra aquellos que hacen el mal.
1 Pedro 3:12

2) LA LIMPIEZA DE AFUERA -- "el limpio de manos".

Lo que está en el corazón se ve por los hechos. Si el corazón está limpio, todo aspecto de nuestra vida debe ser limpio también. Así la limpieza de afuera toca a lo físico y tiene que ver con el aseo del cuerpo, de la ropa, del hogar, y de los hechos.

Si leemos los libros de Exodo y Levítico, podemos ver el énfasis que Dios pone sobre la limpieza no solamente para la purificación sino también para la salud. Dios demanda la limpieza en todos los aspectos de la vida; limpieza de la mente, limpieza de las emociones, y limpieza del cuerpo.

Limpiémonos de toda contaminación de carne, y de espíritu. .
2 Corintios 7:1.

Acerquémonos con corazón sincero, en plena certidumbre de fe, purificados los corazones de mala conciencia y lavados los cuerpos con agua pura.
Hebreos 10:22

El cuerpo es el templo del Espíritu Santo. Si era tan imprescindible que los sacerdotes tuvieran que lavarse repetidamente, y que las cosas del tabernáculo tuvieran que ser lavadas y guardadas limpias, cuánto más necesitan ser limpios nuestros cuerpos que son el templo del Espíritu Santo.

Siendo embajadores de Cristo debemos guardarnos limpios para un buen testimonio. Las mujeres (y hombres también)

La Mujer Ideal 209

deben bañarse cada día, utilizando agua y jabón y desodorante si es posible. Es bueno para la salud y la moral. Lava bien las partes del cuerpo que se ven y las partes que no se ven.

Cuando te toca el tiempo de la menstruación, es indispensable que te laves con jabón varias veces al día usando también talco si es posible.

Hay que recordar, si eres casada que tu cuerpo pertenece a tu marido, 1 Corintios 7:4. Hay que mantenerlo en tal forma que sea un gozo para él estar contigo. El perfume puesto a su tiempo hace maravillas para la moral, y te hace sentir más respeto para ti misma.

Los hombres también deben ducharse bien. 1 Corintios 7:4 dice que los cuerpos de los maridos pertenecen a las esposas. Sus manos deben ser bien limpias antes de tocar la esposa. Un perfume especial para hombres es agradable a la esposa.

Los dientes deben ser lavados tres veces al día, mejor después de cada comida si es posible. Si no, por la mañana y por la noche.

La ropa también debe estar limpia y arreglada. No es preciso tener mucha ropa ni que sea ropa cara. Pero la que tienes debe estar bien guardada y aseada, si es así tu apariencia estará bien aceptable.

No hay que ser como tantas mujeres quienes después de casarse se hacen muy negligentes en su apariencia y dicen, "Ya soy casada, no me importa ahora", y su apariencia lo muestra claramente. Después de un tiempo ellas descubren que los ojos de sus maridos están puestos en mujeres que tienen interés en cuidarse bien.

El aseo de los hijos es la responsabilidad de las madres. Hay madres que les ponen solamente una camisita a su nene dejándole desnudo abajo. Tal vez no se den cuenta estas madres del peligro que hay en no poner pañales a sus hijitos. Hay enfermedades infecciosas y bichos en la tierra. La tierra está contaminada con estas enfermedades y bichos agresivos que esperan la oportunidad de atacar los cuerpitos de los niños. La madre que deja a su nene sentarse en la tierra desnudo debe entender que su hijito puede ser infectado con estas enfermedades. Es mejor poner pañales a tus hijitos que pagar al médico y tener que comprar remedios después para sanar a tus hijitos. No hay que dejar a tus hijitos sufrir. No pueden contarte lo que les molesta.

Tampoco está bien que anden descalzos. Si pisan un clavo o una tachuela, o un metal oxidado, hay peligro del tétano. Si andan descalzos donde hay animales como chanchos, y si hay una herida o una llaga en el pie, las lombrices intestinales pueden entrar por la herida.

Hay otros problemas que surgen cuando los hijitos están medio desnudos. Una señora recién me estaba contando acerca de otra quien vino a visitarla. Trajó a su bebé sin pañal. La madre sentó a su hijito sobre la cama. De repente el hijito mojó la cama arruinando el colchón de la dueña. La madre bajó a su hijito de la cama y él prosiguió haciendo lo que era peor en el piso. Cuando el marido llegó a su hogar y olió el mal olor y vió su colchón, estaba muy irritado y enojado con su esposa y con la madre de este bebé. Ella no fue bien- venida a su casa de nuevo. Cuando salgas para visitar con tu hijito, debes ponerle no solamente pañal sino cubrir el pañal con pantalones de plástico.

Cuando tu hijito comience a crecer bastante hay que enseñarle a vestirse por sí mismo. Debes empezar a enseñarle a la edad más temprana posible. Al principio no puede hacerlo bien pero no hay que gritarle, o criticarle o burlarse de él. Sus deditos son pequeños todavía y está aprendiendo a manejar y a controlarlos. Necesitas mucha paciencia y siempre hay que alabarle por sus esfuerzos y animarle a seguir. No importa si tú puedes hacerlo mejor y más rápido. Tú tienes que desarrollar la paciencia. Con práctica y ánimo tu hijito puede aprender bien a cuidar su propio cuerpo, a lavar sus manos y cara, a peinarse bien, y a guardar limpia y arreglada su ropa. Si quieres tener a un hijo joven que sea responsable, tienes que empezar a enseñarle a cumplir responsabilidades cuando es chico. Cuesta tiempo y paciencia para enseñarle, pero vale la pena.

También tienes que enseñarle a mantener limpio su cuarto y tener respeto por su hogar y el de otros. Si el marido puede volver a casa de su trabajo y encontrar a su esposa aseada y aderezada y su hogar ordenado y adornado, tendrá un marido contento y con el deseo de pasar más tiempo con ella y en su casa.

Si tienes hijos, ellos deben ayudar con esta responsabilidad. Ellos, ya sean hijos o hijas, deben arreglar su propia cama, poner en su lugar libros y papeles, colgar su ropa o meterla en el lugar apropiado y meter la ropa sucia en el lugar previsto. Mientras que las hijas ayudan a barrer, a sacar polvo de los muebles, a lavar los platos, etc., los hijos pueden mantener bien el patio y hacer las tareas designadas para ellos. Cada hijo debe tener responsabilidad en la casa, y los padres deben hacerles cumplir sus responsabilidades.

Hay que distruibir los quehaceres entre los hijos según las edades y capacidades de ellos. Los pequeños no pueden hacer mucho pero pueden hacer algo y deben participar en la limpieza de su hogar. Hay que mostrar aprecio a los niños por sus esfuerzos. El elogio es un elemento social muy agradable que vale su precio en oro si se utiliza en el momento adecuado y con sinceridad. A todos nos agrada saber que nuestro trabajo es importante y apreciado, que somos necesitados y si hacemos nuestro trabajo bien nos gusta que lo demás lo reconozcan. Los niños no son diferentes. A ellos también les gusta ser elogiados por un trabajo bien cumplido. Es esencial elogiarlos también cuando nos hacen un favor sin ser pedido. Tal vez lo que hacen no salga perfecto o aun puede causar más trabajo, pero lo que hacen, lo hacen para mostrar su amor para con sus padres.

Un día mi yerna me llamó para contarme de los acontecimientos de mis nietos. La noche anterior ella estaba esperando visitas. Así ella se apuró en llegar a su hogar después de enseñar sus clases en la escuela. Quiso ordenar y limpiar todo. Cuando sus tres hijos llegaron a la casa de la escuela, ella les avisó que las visitas habían de llegar esa noche y que no debían jugar en la sala.

Ella fue a la cocina y comenzó a alistar la cena. De repente su marido entró con un carpintero tras de él llevando todas sus herramientas. Pasaron por la cocina y entraron en la sala. "Ay no", pensó ella. "¿Por qué esta noche?" Entró ella en la sala para recordarle a su marido de la pronta llegada de las visitas. El le respondió, "No tengas pena, querida, terminará antes de su llegada". Bueno, no había otra cosa que hacer sino regresar a la cocina. Jonatán, su hijo de 5 años, estaba observando a su mamá y notó su frustracion y preocupación.

Lamentablemente el carpintero tuvo que utilizar su sierra dejando aserrín amontonado en el piso. Cuando terminó, el marido llevó al carpintero a su casa pero dejó la sala desordenada y sucia. Jonatán miró el aserrín amontonado en la sala. El sentía compasión y amor por su madre y decidió ayudarle. Sacó el ventilador. La puso cerca del aserrín y la encendió. El aserrín voló por todas partes del cuarto pero Jonatán estaba muy feliz porque ya no veía el montón acumulado ahí.

Entró en la cocina y con una gran sonrisa de felicidad le dijo a su madre, "No tengas pena, mamita, yo limpié la sala por ti". Ella entró en la sala para ver lo que había hecho. Al ver el aserrín esparcido por todas partes de la sala, su primera intención era gritarle en alta voz y decirle que le había dado doble trabajo. Felizmente al ver la cara alegre de Jonatán y su sonrisa, esperando ver en la cara de ella una señal de gusto, de aprobación, ella controló su desagrado. Puso sus brazos alrededor de Jonatán y le agradeció por sus pensamientos hacia ella, por su deseo de ayudarle. A la cena elogió la actitud linda de Jonatán delante de los demás de la familia. Jonatán estaba tan contento que casi no podía contenerse. Se retorcía de deleite.

Después, ella, esperando el momento oportuno, hizo una sugerencia a Jonatán, que los dos con la escoba y la pala recogieran la basura. Sin ofenderle ella barrió todo y él le ayudó agarrando la pala y llevando lo recogido al basurero. Dios dice:

> No te niegues a hacer el bien a quien es debido cuando tuvieres poder para hacerlo.
>
> Proverbios 3:27

Pero si me dices: "Es mucho más fácil y conveniente para mí hacer el trabajo. Lo hago más rápido. No tengo mucha paciencia." Yo te respondo, "Si tú lo haces sin enseñar a tus hijos, será un tropiezo grande en la vida de ellos. Cuando lleguen a ser adultos y se casen, no van a querer aceptar su responsabilidad en el casamiento. Se encontrarán en graves problemas matrimoniales. Si tú amas a tu hijo, dale responsabilidad y hazle cumplir. Verás que cuando crezcan --

> ...Se levantarán (tus) hijos y (te) llamarán bienaventurada; y (tu) marido también (te) alabará.
>
> Proverbios 31:28

LOS AMIGOS

V
E
L
Amigos   ¡Velad a los Amigos!
D

El hombre que tiene amigos ha de mostrarse amigo; y amigo hay más unido que un hermano.

Proverbios 18:24

Afortunado es el joven que tiene buenos amigos. Desafortunado es él que no tiene ninguno o si sus amigos son malos. Tu hijo necesita amigos. La vida sin amigos es una vida de pobreza, no importa cuánto dinero tenga. La amistad verdadera de un amado y fiel amigo a veces es más profunda y más fuerte que la relación entre hermanos de sangre. ¿Recuerdas la gran amistad que desarrollaron David y Jonatán, el hijo del rey Saúl? La devoción y respeto que tenían el uno para con el otro era tan profundo que estuvieron listos a morir el uno por el otro.

Nadie tiene mayor amor que éste, que uno ponga su vida por sus amigos.

Juan 15:13

Si el amigo del joven es creyente que ama al Señor y cuya vida está entregada a su Dios, de veras este joven es bienaventurado.

Casi no hay otra cosa que tenga más influencia en la vida de tu hijo que sus amigos. En muchas ocasiones él está más listo a escuchar el consejo de ellos que el consejo de sus padres. Por eso es tan importante que tu hijo esté metido en la vida de la iglesia, participando en todas las actividades tomando parte en los cultos, ayudando en la liga de jóvenes, asistiendo a campamentos para jóvenes, retiros espirituales, días de campo, etc. Hay más oportunidades de hacer amistades de valor en tales lugares.

Cuando tu hijo es pequeño, puedes escoger a sus amigos. Los hijos son fieles a sus padres y confían en sus consejos.

Pero una vez que el hijo ha llegado a ser joven, escogerá a sus propios amigos, y se resentirá de ello si creen que los padres están "metiendo la pata". Al hijito que antes le gustaban tus sermoncitos ahora se rebela contra ellos ya que es joven. A veces no hay otro recurso sino la oración, pero este es el mejor recurso. Hay que orar y orar de nuevo.

La oración eficaz del justo puede mucho.

Santiago 5:16

Si el hijo está acostumbrado a la vida de la iglesia, y si es creyente, buscará sus amistades entre los creyentes ahí.

Es necesario que tu hijo aprenda responsabilidad, pero es preciso también que tenga tiempo de recreación y tener buen rato con amigos. Es preciso que tenga amigos con quienes pueda charlar acerca de los problemas mutuos que tienen, acerca de sus esperanzas y metas en la vida, y con quienes pueda guardar secretos. El se siente más seguro en expresarse delante de sus amigos porque ellos también están experimentando un cambio grande en sus cuerpos, mentes, y emociones. Tu hijo joven ya no es niño, pero tampoco es adulto. Así no está muy cómodo con adultos, tampoco con niños. Por eso es imprescindible que tenga amigos de su propia edad.

Si tiene amigos vecinos que no son creyentes, anima a tu hijo testificarles y llevarles a los cultos consigo. Cuando están en tu casa, pide al Señor que te dé oportunidad de hablarles acerca de la salvación. Permite a tu hijo convidar a sus amigos a su casa. Tu casa no tiene que ser grande u ostentosa, pero es necesario que los jóvenes se sientan bienvenidos. Tu influencia en las vidas de ellos es mejor que la influencia de los padres incrédulos en la vida de tu hijo. Además no tienes que estar preocupada en preguntarte dónde está tu hijo, con quiénes está, y si está bajo influencias malas.

Se dice que una onza de prevención vale más que un kilo de remedio. Así que si tienes hijos pequeños, empieza ahora a ser amigos con ellos. Muéstrales amor, respeto, compañerismo. Préstales la atención necesaria. Dales algo de tu tiempo. No menosprecies sus personas, ni te burles de sus ideas o sus preguntas. Más que todo, guarda bien sus confianzas. A la vez no hay que mimarles dándoles todo lo que deseen. No te permitas ser demandada por ellos. Cuando es necesario, hay que disciplinarles justamente, con consistencia, y sin parcialidad. Hay que vivir espiritualmente en el nivel más alto, y anímales a ellos también a vivir en este nivel. No tienes que comprometer tu testimonio, permanece fiel a la Palabra de Dios. Si tienes que escoger entre ser fiel a tus hijos o a tu Dios, escoge ser fiel a Dios. No hay que comprometer el testimonio. Después tus hijos tendrán más respeto para ti y para tu Dios. Si comprometes tu testimonio para apoyar a tu hijo en algo que no debe hacer, él perderá el respeto para ti, para tu testimonio, y para Dios. Si vives lo que crees, aunque él se aparte del camino del Señor, algún día volverá porque tu vida será para él estandarte de la verdad.

EL ALTAR

V
E
L
Altar   ¡*Velad por el Altar!*
D

Altar de tierra harás para mí. . . .
Exodo 20:24

Como hemos visto, el altar de tierra habla del altar del corazón porque Dios hizo al hombre del polvo de la tierra. El corazón del hombre sin Dios es como un mar turbulento, y nada puede calmar la tempestad hasta que el corazón vuelva a ser de nuevo el altar de Dios.

El altar que Dios quiere de ti es tu corazón, y el sacrificio del altar es la alabanza de tus labios.

> Ofrezcamos siempre a Dios, por medio de El, sacrificio de alabanza, es decir, fruto de labios que confiesan su nombre.
> Hebreos 13:15
> Hablando entre vosotros con salmos, con himnos, y cánticos espirituales, cantando y alabando al Señor en vuestros corazones; dando siempre gracias por todo al Dios y Padre, en el nombre de nuestro Señor Jesucristo.
> Efesios 5:19,20
> Y de hacer bien y de la ayuda mutua, no os olvidéis porque de tales sacrificios se agrada Dios.
> Hebreos 13:16

Estos versículos nos muestran la mayor razón para el altar familiar porque agrada a Dios. El altar familiar es para el reconocimiento de Dios. Pero a cambio de hacerlo para El, El nos hará bien.

Dios no solamente quiere para su altar nuestro corazón, sino también quiere el corazón de nuestro hogar, que la familia le adore como una unidad. Por eso el altar familiar es tan imperativo. Ha de ser:

1) Un tiempo para conocer mejor a Dios por medio de su Palabra "a fin de conocerle, y el poder de su resurrección, y la participación de sus padecimientos", Filipenses 3:10.
2) Un tiempo para alabar y cantar a Dios y darle gracias por medio de la oración.
3) Y un tiempo de hacer bien por la ayuda mutua entre los miembros de la familia.

Se dice que "la familia que ora junta se queda junta". Por eso debemos recordar que la responsabilidad para el buen éxito de la enseñanza espiritual de nuestros hijos descansa sobre los hombros de los padres, y NO sobre los de la iglesia. Es importante asistir a la iglesia porque es un mandamiento de Dios, y reciben buenas enseñanzas ahí.

Considerémonos unos a otros para estimularnos al amor y a las buenas obras; *no dejando de reunirnos*, como algunos tienen por costumbre, sino exhortándonos.
Hebreos 10:24,25

Pero cuando recordamos que los niños pasan solamente un porcentaje menor de su tiempo en la iglesia, nos damos cuenta que es imposible que la iglesia dé aún lo mínimo de la enseñanza necesaria para nuestros hijos.

Dios dice en Deuteronomio 11:18-20:

Por tanto, pondréis estas mis palabras en vuestro corazón y en vuestra alma, y las ataréis como señal en vuestra mano y serán por frontales entre vuestros ojos. Y las enseñaréis a vuestros hijos, hablando de ellas cuando te sientes en tu casa, cuando andes por el camino, cuando te acuestes, y cuando te levantes. Y las escribirás en los postes de tu casa, y en tus puertas.

El versículo 18 pone el énfasis sobre las devociones personales de los padres que conozcan la Palabra de Dios con todo su corazón, y con toda su alma. Si no, ¿Cómo podrán enseñar la Palabra a sus hijos?

La Mujer Ideal 217

Cuando los israelitas volvieron del cautiverio, tomaron en cuenta literalmente este mandamiento en vez de tomarlo figurativamente. Escribieron ciertos pasajes bíblicos en pergaminos que se llaman filacterias, (Mateo 23:5), y antes de empezar a orar, los ataron en el brazo izquierdo y en su entrecejo (en su frente entre las cejas). Después de orar los sacaban y dejaban en el templo.

Pero eso no era lo que Dios quería decir que hicieran. Lo que Dios quiso mostrarles por este mandamiento era la importancia de retener la Palabra de Dios en sus corazones, confesarla con su boca, y ponerla en práctica en sus vidas diarias. La Palabra no era para usar solamente cuando estuvieron en un culto y después dejarla ahí cuando salieran. Lamentablemente para la mayoría era más conveniente así, dejando la Palabra colgar de su brazo. En esta manera cumplieron la "letra de la ley", en lugar de ponerla en el corazón donde podía activar la conciencia. La Palabra había de formar una parte íntegra y vital de sus vidas diarias. En este versículo Dios habló acerca de cuatro cosas que forman parte del ser:

1) el corazón
2) el alma
3) la mano
4) y los ojos

Lo que el corazón y el alma aprendieran de la Palabra, la mano y los ojos debían ponerlo en práctica.

"Atadlas (mis palabras) como señal en vuestra mano", (Deuteronomio 6:8). Un propósito de una señal para hacerles recordar. Dios quería que su pueblo recordara que era su mano poderosa que les había sacado del poder del enemigo, (Deuteronomio 7:8). El quería que ellos recordaran constantemente que El estaba siempre con ellos en cada cosa que sus manos encontraran para hacer, para ayudarles en las batallas, en su trabajo, con el fin de que Dios pudiera cumplir sus promesas a ellos *SI* obedecían sus mandamientos.

¿Qué pide Jehová, tu Dios de ti, sino. . .que GUARDES los mandamientos de Jehová y sus estatutos que yo te prescribo hoy para que TENGAS PROSPERIDAD?
Deuteronomio 10:12,13

La meta de Dios para su pueblo era que tuviera prosperidad no solamente en su vida espiritual sino también en su vida diaria. La única manera para prosperar era guardar y hacer la Palabra de Dios.

> Nunca se apartará de tu boca este libro de la ley, sino que de día y de noche meditarás en él, para que guardes y hagas conforme a todo lo que en él está escrito; PORQUE ENTONCES harás prosperar tu camino, y todo te saldrá bien.
>
> Josué 1:8

> Y serán por frontales entre vuestros ojos.
>
> Deuteronomio 6:8b

> Hijo mío.. . .miren tus ojos por mis caminos.
>
> Proverbios 23:26

¿Para qué? Para que ellos puedan ver que Dios tuvo su propósito en la vida de cada uno de ellos. También dice Dios:

> Para que vuestro corazón no se infatúe, y os apartéis y sirváis a dioses ajenos y os inclinéis a ellos.
>
> Deuteronomio 11:16

> La palabra "frontales" en hebreo, el idioma original del Antiguo Testamento, quiere decir "algo que circunda o envuelve" como las anteojeras para caballo. El propósito de las anteojeras es tapar lateralmente los ojos del caballo para que no quite los ojos del camino delante de él. De otro modo por ver algo a su lado se puede asustar y salir del camino.

Así es la Palabra de Dios para nosotros. Es como frontales para los ojos, para que nuestra vista se quede puesta en la carrera de Cristo y de esta manera no nos desviemos del camino recto.

> Tus ojos miren lo recto, y diríjanse tus párpados hacia lo que tienes delante. Examina la senda de tus pies, y todos tus caminos sean rectos. No te desvíes a la derecha ni a la izquierda; Aparta tu pie del mal.
>
> Proverbios 4:25-27

> Por tanto, nosotros también. . .despojémonos de todo peso y del pecado que nos asedia, y corramos con paciencia la carrera que tenemos por delante, puestos los ojos en Jesús, el autor y consumador de la fe.
>
> Hebreos 12:1,2

Para gozarse de la prosperidad, los padres tuvieron que guardar y hacer la Palabra de Dios. Dios les mandó también enseñar su Palabra a sus hijos para que ellos también pudieran regocijarse de las bendiciones y prosperidad del Señor y para que no fracasaran en sus vidas.

> ¿Con qué limpiará el joven su camino? Con guardar tu palabra. . .En mi corazón he guardado tus dichos, para no pecar contra ti.
>
> Salmo 119:9,11

> Y las enseñaréis (mis palabras) a vuestros hijos, hablando de ellas cuando te sientes en tu CASA, cuando andes por el camino, cuando te acuestes y cuando te levantes.
>
> Deuteronomio 11:19

Vemos que la enseñanza espiritual de los padres a los hijos había de ser una enseñanza constante, continua, y cuidadosa. Los padres habían de aprovecharse de cada oportunidad para enseñarles la Palabra de Dios no solamente durante el tiempo del altar familiar sino:

1) "cuando te sientes"
2) "cuando andes"
3) "cuando te acuestes"
4) "cuando te levantes"

La enseñanza espiritual había de ser una cosa tan natural y acostumbrada como el acto de sentarse a comer, de andar, y de dormir. Había de ser la manera de vivir para ellos.

> Y las escribirás (mis palabras) en los postes de tu casa y en tus puertas.
>
> Deuteronomio 11:20

Dios muestra con este versículo que la Palabra de Dios no solamente debía formar una parte en las vidas de los padres y de los hijos sino también integrar el hogar. Dios les dijo que escribieran la palabra en los "postes" de la casa. La palabra hebrea para "postes" se refiere no solamente al lugar prominente donde tuvieron que escribir la Palabra de Dios, sino también a la manera en que tuvieron que escribirla -- en una manera bien visible. No quiere decir que nosotros tenemos que seguir este ejemplo hoy en día por escribir literalmente la Palabra de Dios así, sino que la realidad de la Palabra en nuestros hogares sea evidente a todos. Que por medio de nuestra vida mostremos a todos los que entran o salen del hogar que nuestro hogar pertenece a Dios. Cristo dice:

> Vosotros sois la luz del mundo, una ciudad asentada sobre un monte no se puede esconder. Ni se enciende una luz y se pone debajo de un almud, sino sobre el candelero, y alumbra a todos los que **ESTAN EN CASA**.
>
> Mateo 5:14,15

> Lámpara es a mis pies tu palabra, y lumbrera a mi camino.
>
> Salmo 119:105

Si quieres que tu hijo tenga lumbrera en este mundo de oscuridad, tienes que enseñarle la Palabra de Dios.

Dios dice:

> Creced en la gracia y el conocimiento de nuestro Señor y Salvador Jesucristo.
>
> 2 Pedro 3:18.

Para crecer en el conocimiento de Cristo, tenemos que estudiar la Palabra de Dios. Para crecer en la gracia tenemos que poner en práctica en nuestras vidas las enseñanzas de la Palabra.

Bendito es el hijo que tiene padres quienes "han escogido la buena parte (que) no les será quitada", el sentarse a los pies de Jesús para oir su palabra, (Lucas 10:39,43). Pero pobre es el hijo cuyos padres están tan afanados, turbados, flojos, o preocupados con otros quehaceres que no dan tiempo para la Palabra de Dios en su casa.

Muchos de los gigantes espirituales empezaron su crecimiento espiritual sentados a los pies de Jesús escuchando su Palabra en el altar familiar.

¿Qué puede el altar familiar hacer para tu familia? Puede desarrollar en sus vidas:

1) Un reconocimiento de la importancia de la reverencia y de la adoración a Dios. "Estad quietos, y conoced que yo soy Dios." Salmo 46:10
2) Una unidad con su familia y con su Dios.
3) Un deseo para mantener una vida de oración al ver como Dios contesta a las oraciones.
4) Un anhelo para conocer la Palabra de Dios y la necesidad de leerla diariamente.
5) Una profundidad en sus vidas espirituales.
6) El método para tener buen éxito en todos los aspectos de su vida.
7) Cómo empezar y mantener un altar familiar al casarse.

Al empezar el altar familiar es importante escoger un tiempo, una hora específica cuando todos pueden encontrarse regularmente. Un tiempo casual termina en dejar de efectuar el altar familiar. A veces es difícil hallar un tiempo cuando toda la familia puede estar presente. Si es así, escoge la hora mejor cuando la mayoría puede estar presente. Los hijos ausentes pueden tener otro tiempo conveniente con su madre o con su padre para sus devociones. Pero la cosa importante es que las tengan y que las tengan cada día.

Si puedes hallar tiempo fijo para comer, dormir, trabajar, puedes fijar tiempo para el altar familiar. Es de igual importancia para el bienestar de las emociones y del espíritu de tus hijos. El padre que está demasiado ocupado en "la obra del Señor" para mantener un altar familiar en su hogar debe saber que la prioridad es la siguiente:

1) El ministerio espiritual a su propia vida, que tenga una relación buena y estrecha con su Dios.

2) El ministerio espiritual a su familia. La palabra enseña claramente que el hombre que no sabe gobernar su familia, no sabe cuidar de la obra del Señor.

Es necesario que el obispo (pastor o anciano). . .gobierne bien su casa, que tenga a sus hijos en sujeción con toda honestidad (pues él que no sabe gobernar su propia casa, ¿cómo cuidará de la iglesia de Dios?).

1 Timoteo 3:2,4,6

Lo que aprende a ministrar según las necesidades de su familia es lo que puede usar para ministrar las necesidades de otros, porque otros tienen los mismos problemas.

3) El ministerio espiritual en la obra del Señor (a otros).

Si tu esposo se encuentra demasiado ocupado para atender el altar familiar y asumir sus responsabilidades espirituales para la familia, hay que orar por él sin críticas. Dios es todopoderoso y puede obrar en su corazón. Mientras tanto sigue guiando el altar familiar con tu familia.

Si el padre tiene un trabajo que le ocasiona viajar, la madre tiene que asumir la responsabilidad mientras no está. O si el padre rehusa asumir la responsabilidad, la madre debe hacerlo.

Sencillamente el altar familiar incluye tres aspectos:

1) La lectura de un pasaje de la Palabra de Dios
2) La oración
3) Si es posible un tiempo para compartir el beneficio mutuo el uno con el otro, o una petición de oración. Los métodos para cumplir estos aspectos pueden variar, depende de la genio de los miembros de la familia.

El padre puede dirigir o puede dar la responsabilidad al hijo. Si el hijo aprende a dirigir, tendrá confianza en empezar el altar familiar en su hogar al casarse. Los hijos tendrán más interés si todos participan. Tal vez la hija pueda hacer una lista de peticiones de las necesidades de cada miembro de la familia, del hogar; de las necesidades de otros; el pastor, la iglesia y amigos; de problemas si el problema no avergüenza a otro. Ella puede anotar las respuestas a las oraciones para animar a los demás a seguir fieles en la oración.

Puede usar libros devocionales, o leer una porción de un libro acerca de la vida de un creyente bien conocido. Pero siempre debe ser leído junto con un pasaje de la Biblia aunque sea solamente cuatro o cinco versículos. Los Salmos, los Proverbios, las epístolas son buenos libros para devociones. Los hijos pueden escoger versículos para aprender, y toda la familia debe aprender el versículo. Pueden cantar coritos y enseñar nuevos coros a los hijos.

Pueden hacer preguntas que les estimulen a pensar. Al principio quizás sea difícil acostumbrarse a participar, pero si sigue en una manera natural, el proceso pensador empezará a funcionar. No hay que forzar a los hijos que contesten. Y la oración no debe ser muy larga. Puedes orar más cuando estás a solas. El altar familiar debe ser un tiempo de gozo y no un tiempo que cause rebelión. Los aburridos no van a aprovechar nada. Debe ser siempre interesante.

No permitas que el altar familiar se haga una cosa larga ni por rutina donde nadie saca bendiciones, o es posible que los hijos se vuelvan contra esta hora que puede ser la hora más importante del día.

Si los hijos son muy chiquitos y no pueden quedarse quietos, dales algo que comer, o déjales en otro cuarto jugando con algo. Si están satisfechos con papel y lápiz, que se queden con la familia. Pero la madre puede tener un tiempito aparte con los más chiquitos, contándoles una historia de la Biblia y orando con ellos. La hora de acostarse puede servirte bien para esto.

Había una madre que siempre leía el mismo pasaje a su hijito cada noche antes de meterle en cama. Aunque él no comprendía lo que era leído, estaba muy contento sentado en la falda de su mamita escuchando su voz. Tenía menos de dos años, pero después de algunos meses el hijito podía decir de memoria muchos de los versículos.

Yo enseñé 1 Pedro 5:7 a una clase de niños de cuatro y cinco años. Había un niño, Juancito, de dos años en la clase porque no había clase para los más pequeños. El estaba jugando todo el tiempo. No podía sentarse quieto ni por un minuto. Una noche estuve en la casa de Juancito y fui sorprendida al escucharle citar el versículo sin error. Ni sabía que Juancito estaba prestando atención a lo que yo estaba enseñando.

No hay que menospreciar la inteligencia ni la capacidad de los chiquitos para aprender. ¡Pueden! ¿Estás en conocimiento de que en los cuatro primeros años de su vida el niño aprende más que en cualquier otro período de cuatro años de su vida? Aprende a hablar el idioma. Aprende a caminar. Aprende acerca de todo lo que hay alrededor de él porque todo era absolutamente nuevo cuando entró en el mundo. Por eso está llenito de preguntas. Quiere aprender. Usa bien este tiempo para enseñar las cosas de Dios, que queden en su mente y corazón, puesto que nunca más tendrás tal oportunidad. Si el hijo no quiere participar, no te muestres frustrada. Esto no quiere decir que no está prestando atención y que no tiene interés. Hay que seguir con paciencia y amor SIN ENOJARTE y algún día tu paciencia será premiada.

Si tu esposo no es creyente no hay que criticarle si no quiere tener nada que ver con el altar familiar. Hay que recordar que

> El hombre natural no percibe las cosas que son del Espíritu de Dios, porque para él son locura, y no las puede entender, porque se han de discernir espiritualmente.
> 1 Corintios 2:14

Hay que seguir amándole, honrándole y orando por él.

> La oración eficaz de (la justa) puede mucho.
> Santiago 5:16b

No hay que dejar pasar otro día para empezar lo que puede resultar en las bendiciones más preciosas de tu vida.

PREGUNTAS

1. ¿A qué se refiere la frase, "el puro de corazón"?

2. Llegamos a ser "puros de corazón" por medio de qué (1 Juan 1:7)

3. Seguimos "puros de corazón" por medio de qué (1 Juan 1:9)

4. ¿Podemos ocultar de Dios nuestros pecados? (Heb. 4:13b)

5. Dios ha dado leyes acerca de la limpieza. Como creyentes nuestros cuerpos son el templo del Espíritu Santo y debemos cuidarlos bien. ¿Qué dice Hebreos 10:22?

6. ¿Por qué es más deseable poner pañales a los hijitos y poner calzados en los pies de ellos?

La Mujer Ideal 225

7. ¿Por qué es tan necesario que los hijos aprendan responsabilidades desde su niñez?

8. El elogio es importante a todos y debemos aprender a ponerlo en práctica en las vidas de todos especialmente en las de nuestra familia. ¿A quién están elogiando en Proverbios 31:28 y por qué?

9. Si el hijo no aprende a tener responsabilidad en cuidar su cuerpo, su cuarto y su hogar, ¿Cuáles problemas tendrá en su matrimonio?

10. Para tener amigos ¿qué tiene que hacer una persona según Proverbios 18:24?

11. Siendo que los amigos del hijo joven tienen muchas veces más influencia en la vida de él que sus padres, ¿a qué edad debe empezar a enseñar al hijo los principios básicos de la Biblia y cómo escoger amigos?

12. Hay más posibilidades para hallar a amigos buenos si el hijo ha sido crecido en la vida de la iglesia y metido en sus actividades. Pero, ¿Son buenos todos los jóvenes que asisten la iglesia?

(El hijo debe ser enseñado a como escoger a amigos personales entre los que asisten los cultos--que busque cualidades en las vidas de una persona, especialmente cualidades espirituales)

13. Según Santiago 5:16 ¿cuál es la cosa más importante que puedes hacer por tu hijo?

14. ¿Por qué es muy importante que tú abras tu hogar a los amigos de tu hijo?

15. ¿Cuáles son algunas cosas que puedes hacer para ganar la amistad de tu hijo?

16. ¿Qué clase de altar quiere Dios?

17. ¿De qué clase de sacrificios se agrada Dios? (Hebreos 13:15,16, Efesios 5:19,20)

18. ¿Cuál es el propósito del altar familiar?

19. Según Deuteronomio 11:19 ¿quién tiene la responsabilidad de enseñar la palabra de Dios a los hijos?

20. Si el padre no lo hace, ¿quién debe tomar la responsabilidad de enseñar la palabra de Dios a los hijos?

21. Según Salmo 119:9,11,105 ¿por qué es tan necesario que los hijos conozcan la Palabra de Dios?

EL DECORO

V
E
L
A
Decoro   *¡Velad por el Decoro!*

¿Qué queremos decir cuando hablamos del "decoro" de una mujer. La palabra "decoro" tiene muchos sentidos lindos que sería imposible escribir acerca de todos en este capítulo, pero incluyen: recato, honestidad, pureza, respetabilidad, reverencia, honra, respeto, modestia, decencia, circunspección, dignidad, y otros. No es extraño entonces que un sabio escribió, "El recato (decoro) es la principal virtud de una mujer".

Había una mujer sabia que tuvo un hijo amado. Cuando nació su hijo, ella lo dedicó al Señor y le llamó Lemuel, que quiere decir "dedicado a Dios". Ella reconocía que era de primerísima importancia que su hijo supiera escoger a una buena señorita para que fuera su esposa. Sabía que el resultado de esta decisión le traería posiblemente el gozo y contentamiento más grande de toda su vida, o llenaría su vida de una tristeza profunda, de frustración, y de un remordimiento inexpresable.

Seguramente esta madre temía, como todas las madres, que al escoger a una esposa, su hijo se dejaría guiar por su pasión en vez de la razón. Rogando sabiduría a su amado Dios, anotó algunos consejos para su hijo, y este hijo, el rey Lemuel, los tenía en gran estima. Porque la madre fue guiada por Dios, los consejos famosos fueron incluídos en el capítulo 31 de Proverbios para guiarnos a nosotras también.

> Mujer virtuosa, ¿quién la hallará? Porque su estima sobrepasa largamente a la de las piedras preciosas. El corazón de su marido está en ella confiado, y no carecerá de ganancias. Le da ella bien y no mal, todos los días de su vida.
>
> Proverbios 31:10-12

Lo que la madre aconsejaba a su hijo era, "Lemuelito, si tú puedes hallar a una mujer cuya disposición constante de su alma le incita a obrar bien y evitar el mal, quien ha guardado celosamente su castidad, quien está reconocida por su integridad de ánimo y bondad de vida, tú has hallado un tesoro cuya estima sobrepasa largamente a la de las piedras preciosas. Con firmeza ella guarda el decoro de su vida, su respetabilidad, decencia, circunspección, y dignidad. Porque lo hace, tu corazón puede confiar, reposar tranquilamente en ella y no carecerá de otra ganancia. Porque es honesta y reverente, te da bien y no mal todos los días de tu vida".

De los versículos 12 hasta el 31 están registrados más de las características de la mujer decorosa. Léelas y anótalas para que puedas inculcarlas en las vidas de tus hijos durante sus años formativos. Entonces tendrás tesoros que todo el mundo apreciará y estimará.

Si tú fueras una madre decorosa exhibiendo estas características en tu vida, será mucho más fácil infundirlas en el carácter de tu hijo porque serás para él el modelo precioso y probado, la medida para su vida, la que puede usar cuando busca a la futura compañera con quién compartirá su vida.

La hija decorosa es una joya rara que es difícil hallar en el día de hoy. La propaganda sexual que se halla tan frecuentemente en las revistas, en los periódicos, en el cine, en la televisión, etc. compite por la atención de todos. Al mirar tales cosas es casi imposible guardar puros los pensamientos y las emociones. La madre debe tomar en cuenta esto. Debe proteger a su hijo cuanto sea posible, mientras está aconsejándole de los peligros de dejar a sus ojos y sus emociones festejarse en la propaganda seductiva, las novelas feas, obras "literarias" de carácter obsceno, revistas de pornografía, y los cines que pueden destruir la moralidad.

Los cambios radicales en los cuerpos y en las emociones de los jóvenes les hacen muy concientes de sí mismos y muy susceptibles a las opiniones de sus compañeros. Tienen mucho miedo de ser diferentes. No pueden aguantar la burla de nadie, especialmente de sus amigos. Es urgente para ellos ser aceptados por su grupo. Es la cosa que vale más en sus vidas. Por eso es tan importante la clase de compañeros que tiene tu hijo. ¡Pobre hijo, si los líderes de su grupo son jóvenes indecorosos! Si son sucios de mente y cuerpo, que fuman, toman, y juegan con el sexo, tu hijo les imitará. Si las señoritas se visten al extremo, la falda más corta, los pantalones más apretados y la escotadura más baja, tu hija seguirá la manera de ellas. El pretexto que se usa para hacerlo es, "Está de moda. Todos están haciéndolo".

Pero esta no es la única razón del por qué una chica se viste indecentemente. Hay otras como las siguientes:

1) A veces la señorita tiene miedo de que no tenga oportunidad de casarse. Para no quedarse soltera, la chica cae en la trampa de explotar su sexo (y muchas veces desgraciadamente apoyada y animada por su madre) para conseguir marido. Para cautivar la atención del sexo opuesto se viste con ropa llamativa y seductora, no tomando en cuenta de que lo que ve el hombre sirve para incitarle a obtener lo que no se ve por la seducción o por la fuerza y no por el casamiento. La clase de hombre atraído de esta forma es el que no puede o no quiere casarse con ella. Su único deseo es saciar su apetito sexual por medio del cuerpo de ella.

Muchas veces a propósito la chica seduce al joven con el motivo de forzarle a casarse con ella. Pero, ¡qué fundamento para edificar su matrimonio y su hogar! Es un fracaso antes de empezar.

2) Si la señorita no puede aceptarse a sí misma porque cree que es demasiada peticita o alta, o gorda, o fea de cara, etc., ella cree que los jóvenes tampoco pueden aceptarla como es. Entonces trata de compensar su problema vistiéndose de una manera muy seductora.

3) Tal vez la hija tiene una admiración profunda por su papá, y busca maneras para agradarle. Si ella se fija de que a su papá le gusta mirar a las mujeres escasamente vestidas, o con pantalones bien apretados, o con el pecho medio puesto a la vista, ella las imitará. Si el padre se enoja cuando ve a su hija vestirse de tal manera, ella creerá que su papá la ha rechazado. Se vuelve rebelde y frustrada, y actúa peor.

4) Si no está recibiendo la atención que anhela, se vestirá de una manera llamativa para conseguirla.

Una buena regla de vestirse es ésta. El carácter de una persona se ve en la cara. El vestido debe llamar la atención entonces a la cara. Si atrae la atención a otra parte de la anatomía, no se ve su carácter sino la falta de ella. Por tu propia experiencia has visto a muchas personas que no tienen una cara bonita y bella, pero te gusta mirarlas porque muestran cualidades admirables que se ven en la cara: poder, bondad, gracia, etc. También has visto a otras personas con hermosura y belleza, pero no te gusta estar con ellas. Su cara indica aborrecimiento, rebeldía, menosprecio, orgullo. Entonces la belleza física no es lo importante. Por el fruto del Espíritu, el Espíritu Santo quiere darnos un carácter más y más como el del Señor Jesucristo, Gálatas 5:22,23; 2 Corintios 3:18. Así el vestido puede hacer mucho para llamar la atención a la cara. Si distrae la atención de la cara a otros miembros del cuerpo que no tienen nada que ver con mostrar el carácter ha perdido mucho de valor y ha ganado solamente problemas.

> Asimismo que las mujeres se atavíen de ropa decorosa, con pudor y modestia; no con peinado ostentoso, ni oro, ni perlas, ni vestidos costosos, sino con buenas obras, como corresponde a mujeres que profesan piedad.
> 1 Timoteo 2:9,10

> Vuestro atavío no sea el externo de peinados ostentosos, de adornos de oro o de vestidos lujosos, sino el interno, el del corazón, en el incorruptible ornato de un espíritu afable y apacible, que es de grande estima delante de Dios.
> 1 Pedro 3:3,4

Ni Pablo ni Pedro quieren decir en estos versículos que la mujer no debe peinarse bien o en una manera atractiva. Tampoco quieren decir que no debe llevar adornos como brazaletes, collares, joyas, aretes, etcétera. En Ezequiel capítulo 16:10-14 Dios dice que El vistió a su esposa (la nación de Israel) con ropa fina, con adornos, con aretes en sus orejas etcétera. El énfasis de Pablo y Pedro era que el adorno exterior no debe ser el adorno más importante. El adorno exterior no desarrolla el carácter como podemos ver al leer todo el capítulo 16 de Ezequiel. Los israelitas abusaron de la bondad de Dios e hicieron ídolos de los regalos con los que Dios les había vestido. Y Dios dice en versículo 30:

> ¡CUAN INCONSTANTE ES TU CORAZON, DICE JEHOVA EL SEÑOR, habiendo hecho todas estas cosas, obras de una ramera desvergonzada!

Uno debe hacerse lo más presentable posible, pero el énfasis debe estar en el carácter, lo interior que luego se refleja en la cara. Si esto agrada a Dios, agradará también a los que son de Dios. Creo que la palabra clave para la mujer (u hombre) creyente es la palabra "moderación", la virtud que nos mantiene entre los extremos. Para llevar un buen testimonio, debemos ser limpias y atractivas. El atractivo más valioso tiene que ver con la personalidad, el carácter y no tanto con la hermosura natural. La cara que no es linda es realzada por la personalidad atractiva; aquella no le quita a ésta última.

Cuando tratas con el hijo joven o con la señorita, hay que recordar que es difícil para ellos ser moderados porque los cambios de su cuerpo les llevan de un extremo a otro por sus emociones. No es porque ellos quieren ser malos y portarse mal, simplemente quieren ser aceptados. Sus emociones son inestables. Si has podido inculcar las medidas de Cristo en sus vidas desde su niñez, has ganado la batalla de la juventud. Pero si no, lo que necesitas para tratar con ellos es paciencia, amor y firmeza.

Puedes aconsejar a las que sufren de complejos de inferioridad que Dios es soberano, que antes de la creación del mundo El planeó la apariencia de cada persona y la escribió en un libro. Esto es claro en Salmo 119:14,16.

> Te alabaré; porque formidables, maravillosas son tus obras. Estoy maravillado, y mi alma lo sabe muy bien...Mi embrión vieron tus ojos. Y en tu libro estaban escritas todas aquellas cosas que fueron luego formadas sin faltar una de ellas.

Sabía Dios si la persona iba a ser alta o pequeña, si iba a tener cabello crespo o lacio, si tendría nariz aguileña o sería ñata. El les dio cada miembro de su cuerpo porque en su sabiduría infinita sabía lo que él y ella necesitarían en este mundo para glorificar a Dios. Un día veremos y entenderemos que su plan ha sido el mejor. Cuando uno reniega de sí mismo, está negando a Dios, su Creador. Explica que Dios no ha terminado con él o ella todavía.

> Porque somos hechura suya, creados en Cristo Jesús....
> Efesios 2:10
> Estando persuadido de esto, que El que comenzó en vosotros la buena obra, la perfeccionará hasta el día de Jesucristo.
> Filipenses 1:6

Que sepa el padre que no puede dominar los ojos que "tienen los ojos llenos de adulterio", no se sacian de pecar, 2 Pedro 2:14.

> Cualquiera que mira a una mujer para codiciarla, ya adulteró con ella en su corazón.
> Mateo 5:28

Job dijo en Job 31:1:

> Hice pacto con mis ojos; ¿Cómo, pues, había yo de mirar a una virgen?

Que sepa el padre que lo que está sembrando en su propia

La Mujer Ideal 233

Porque cual es su pensamiento en su corazón, tal es él.
Proverbios 23:7.

Dios dice en Proverbios 23:26,27:

Dame hijo mío, tu corazón, y miren tus ojos mis caminos. Porque abismo profundo es la ramera.

Como anteriormente hemos visto, el pecado, el resultado de una vida indecorosa es una serie o sucesión de eventos. Tiene sus cuatro partes: 1) su base, 2) su principio, 3) su hecho, y 4) su fin.

1) Su Base:

Cada persona que nace en el mundo, nace con una naturaleza pecaminosa, una naturaleza que le gusta pecar. Pero la persona que recibe a Cristo como su Salvador es una nueva criatura en Cristo Jesús, y recibe una naturaleza nueva. Las dos naturalezas son enemigas y siempre están en conflicto para dominar a la persona.

La naturaleza nueva, Cristo, es la fuente de la vida abundante. La naturaleza pecaminosa es un cenegal de impureza, deleites, carnales, y goces sensuales.

Si bien todos nosotros *somos como suciedad, y todas nuestras justicias como trapo de inmundicia*.....
Isaías 64:6

2) Su Principio:

Hay varios términos que la Biblia usa para impureza:

a) *LA LASCIVIA:* propensión a la lujuria o al deleite carnal. Es el "yo" estimulando a los deseos carnales de sí mismo.

b) *LO SENSUAL:* relativo al apetito carnal; preocupación con placeres sexuales y corporales; recursos planeados para los sentidos físicos a fin de complacer los deseos carnales. "Estos son los que causan divisiones; los sensuales, que no tienen al Espíritu". Judas 19.

c) *LA CONCUPISCENCIA:* deseo inmoderado de los goces sensuales. Es un fuerte deseo sexual que es anormal. Está dejando que el deseo pecaminoso le domine a él en lugar de dominar él al pecado.

3) *Su Hecho:*

Sino que cada uno es tentado cuando de su propia concupiscencia es atraído y seducido. Entonces *la concupiscencia, después que ha concebido, da a luz el pecado*. . . .
Santiago 1:14,15a

4) Su Fin:
. . .*Y el pecado, siendo consumado, da a luz la muerte.*
Santiago 1:15b

Vemos la sucesión del pecado en los siguientes versículos:
Marcos 7:21-23:

De dentro del corazón de los hombres salen los malos pensamientos, los adulterios, las fornicaciones, los homicidios, los hurtos, las avaricias, las maldades, el engaño, la lascivia, la envidia, la maledicencia, la soberbia, la insensatez. Todas estas maldades de dentro salen, y contaminan al hombre.

Corazón----Pensamientos----Hechos
Santiago 1:14,15:

Sino que cada uno es tentado, cuando de su propia consupiscencia es atraído y seducido. Entonces la concupiscencia, después que ha concebido, da a luz el pecado; y el pecado, siendo consumado, da a luz la muerte.

Concupiscencia----Pecado----Muerte

Juntemos estos dos pasajes y vemos la sucesión que sigue:

Corazón----Pensamientos----Concupiscencia----Pecado----Muerte.

La lascivia estimula los deseos carnales. Lo sensual planea cómo apaciguar el apetito carnal. La concupiscencia (el deseo sexual anormal) lleva a cabo el pecado. Y el pecado consumado da a luz la muerte.

HONESTIDAD

La honestidad es el recato o decoro en las acciones y palabras.

Nunca se aparten de ti la misericordia y la verdad. Atalas a tu cuello. Escríbelas en la tabla de tu corazón y hallarás gracia y buena opinión ante los ojos de Dios y de los hombres.
Proverbios 3:3,4

Hemos escrito acerca de la honestidad en las palabras: la verdad y la mentira, bajo el tema de la lengua. Ahora quisiéramos tocar la honestidad en las acciones. Hay creyentes, como los que dicen que no hay maldad en la mentirita, que dicen lo mismo del engaño. "Un poco de engaño no hace mucho mal a nadie", y se ríen. De veras sienten una alegría y satisfacción secreta cuando han engañado a otro con éxito, y se burlan de la ignorancia del engañado. Dios dice de ellos:

La indiscreción de los necios es engaño.
Proverbios 14:8b.

No habitará dentro de mi casa el que hace fraude; el que habla mentiras, no se afirmará delante de mis ojos.
Salmo 101:7

No os engañéis; Dios no puede ser burlado; pues todo lo que el hombre sembrare eso también segará.
Gálatas 6:7

Los que aran iniquidad y siembran injuria, la siegan.
Job 4:8

El engaño es una mentira en acción. Un ejemplo es el hijo que entra en la cocina para comer galletas prohibidas. La madre al escucharle llama en voz alta, "¿Qué estás haciendo en la cocina?" El hijo agarra un vaso de agua y empieza a beberla. Entonces contesta, "Estoy tomando agua". Bueno, aunque de veras está tomando agua, su barriga está llena de galletas prohibidas. Una mentira es una deliberada tentativa de engañar a pesar de que ha usado lo que en un sentido es la verdad.

Tú tienes que enseñar a tu hijo que esta clase de acción se llama engaño y que el engaño es pecado, y el pecado no agrada al Señor. Explícale que Dios no solamente escuchó lo que él había dicho a su madre sino también vio las galletas acomodadas en su estómago. Además Dios ha visto el mal pensamiento en su corazón.

Los ojos de Jehová (Dios) están en todo lugar mirando a los malos y a los buenos.
Proverbios 15:3

El que encubre sus pecados, no prosperará.
Proverbios 28:13

Si tú recalcaras esta verdad con el chicote contra la nalguita de tu hijo, él aprenderá que de veras "...el camino de los transgresores es duro", Proverbios 13:15.

Pero, mi amiga, no hay que juzgar a tu hijo si él ha aprendido el engaño de ti. ¿Qué es lo que haces en tu tienda o en tu casa? ¿Tienes una balanza que sabes que no da el peso justo?

Pesa falsa y medida falsa ambas cosas son abominación a Jehová.
Proverbios 20:10

Mas la pesa cabal le agrada.
Proverbios 11:1b

Peso y balanzas justas son de Jehová. . . .
Proverbios 16:11

Pero me dices, "No tendríamos bastante para comer si no falsificáramos el peso y la medida un poco. Todas las cosas son tan caras." Dios te dice:

Mejor es lo poco con el temor de Dios que el gran tesoro donde hay turbación.
Proverbios 15:16

...Contentos con lo que tenéis....
Hebreos 13.5

Mejor es lo poco con justicia que la muchedumbre de frutos sin derecho.
Proverbios 16:8

Mejor es el pobre que camina en su integridad, que el de perversos caminos y rico.
Proverbios 28:6

Dios tiene su pesa también.
Pero Jehová pesa los corazones....y los espíritus.
Proverbios 21:2 y 16:2

Dios prueba los corazones (tu corazón) para averiguar si el engaño se encuentra ahí. Ojalá que Dios no tenga que decir de ti como dijo del rey Belsasar, "Pesado has sido en balanza, y fuiste hallado falto", Daniel 5:27. Belsasar perdió todo su reino y su vida, Daniel 5:30,31.

Hay otra cosa en lo que muchos no piensan. No son cumplidos con lo que prometen. Conozo un pastor que es carpintero, trabaja para sostener a su familia y así poder compartir la Palabra de Dios con otros. Un día cuando mi esposo estuvo en su casa, un hombre vino pidiéndole hacer unas puertas. Cuando don Marcelino le dijo el día que podía recogerlas, el hombre insistió que se las entregara mucho antes. Don Marcelino le respondió, "Puedo decirle que voy a tenerlas listas para el martes, pero no puedo. Tengo otro trabajo prometido. Puedo dárselas antes, pero la calidad del trabajo sería inferior. No me gusta hacerlo así. Quiero hacerlas bien, y para hacerlo como le gusta a Ud. también, necesito más tiempo. Pero Ud. puede estar seguro que estarán listas en ese día". Hubiera sido fácil pensar de esta manera, "Puedo mentir y decirle que puedo hacerlas para el martes. Cuando venga, puedo darle excusas y decir, 'Mañana'. No importa, casi todo el mundo lo hace. Además, si no lo hago así, tal vez irá a otro carpintero y perderé el trabajo".

Pero la gente de ese pueblo había aprendido que podía confiar en lo que dijo don Marcelino. Por eso el hombre prefirió esperar unos días sabiendo dos cosas: que iba a recibir sus puertas bien hechas e iba a recibirlas en el día señalado. Hay tantos que no son cumplidos que cuando uno encuentra a tal persona, es un gozo dejarle el trabajo a él. ¿Eres tú cumplida en todo? Es cierto que hay tiempos cuando las mejores intenciones no salen bien por las circunstancias. Pero uno debe poder confiar en tu palabra y en tu trabajo. Don Marcelino había aprendido,

> Y todo lo que hacéis, sea de palabra o de hecho, hacedlo todo en el nombre del Señor Jesús (y Jesucristo no puede mentir o engañar), dando gracias a Dios Padre por medio de él.
> Colosenses 3:17

No ha perdido nada. Ha ganado mucho. Y no solamente eso, los que pueden creer su palabra en lo referente a su trabajo también pueden confiar en él cuando les habla de su Salvador.

Tú eres una embajadora de Dios, un testimonio al mundo de lo que Dios puede hacer en la vida de una persona rendida a El. Tu vida es una luz al mundo. Así alumbre tu luz delante de otros para que vean tus buenas obras, tus pesas y medidas justas, tu buen trabajo, tu fidelidad en ser cumplida en todo y glorifiquen a tu Padre celestial, Mateo 5:14,16.

Pero mi amiga, si tú eres injusta, engañosa en tu tratamiento a otros, ¿qué valor tiene tu ganancia?

> ¿Qué aprovechará al hombre si ganare todo el mundo, y perdiere su alma?

Si estás manchando tu testimonio, estás obscureciendo la luz.

> Si la luz que en ti hay es tinieblas, ¿cuántas no serán las mismas tinieblas?
> Mateo 6:23b

> Los caminos del hombre están ante los ojos de Jehová. Y El considera todas sus veredas.
> Proverbios 5:21

De veras, "...el camino de los transgresores es duro. Pero,

> Cuando los caminos del hombre son agradables a Jehová, aún a sus enemigos hace estar en paz con él.
> Proverbios 16:7

> Hacer justicia y juicio es a Jehová más agradable que sacrificio.
> Proverbios 21:3

> Mas la senda de los justos es como la luz de la aurora, que va en aumento hasta que el día es perfecto.
> Proverbios 4:18

LA DISCIPLINA

V
E
L
A

Disciplina *¡Velad por la Disciplina!*

En el Antiguo Testamento Dios dijo a Moisés, "Tú serás para él (Aarón) en lugar de Dios", Exodo 4:16. En el mismo sentido, para nuestros hijos Dios nos ha puesto a nosotros, los padres, en lugar de Dios. Para saber actuar como padres hacia nuestros hijos, debemos fijarnos cómo actúa nuestro Padre celestial con nosotros, sus hijos.

Dios es un Dios de amor, pero a la vez es un Dios de justicia. Su justicia demandó el pago por el pecado, pero a la vez su amor proveyó el pago total. El único pago por el pecado que podía satisfacer la justicia de Dios era la muerte, Romanos 6:23. Su amor no podía obrar sin su justicia, no podía excusar el pecado. Había solamente uno que no había pecado. El precio era infinito. Para rescatarnos de nuestros pecados, su grande amor tuvo que proveer aún a su unigénito Hijo, el Cordero de Dios, quien derramó su sangre en la cruz una vez para siempre. La sangre de Cristo derramada en el Calvario es suficiente para pagar todo pecado empezando desde el primer pecado que trajo la ruina a toda la humanidad hasta el último que será cometido antes de la destrucción del mundo. Los que reciben a Cristo como su Salvador tienen la seguridad de que el pago por su pecado ya ha sido pagado por completo. Pero el pago total sirve solamente a los que lo aprovechan por recibirlo. Los que no lo reciben tienen que pagar por su propia muerte, la separación de Dios para siempre.

Cuando uno recibe a Cristo como su Salvador, se hace hijo de Dios, e inmediatamente está dentro de la familia de Dios. Dios el juez justo, ya se hace su Padre amante. Antes tuvo que condenar al pecador perdido, pero ya no puede condenar al pecador perdonado porque Cristo fue condenado en su lugar. Cristo prometió:

> De cierto, de cierto os digo: El que oye mi palabra, y cree al que me envió, tiene vida eterna; *y no vendrá a condenación* mas ha pasado de muerte a vida.
>
> Juan 5:23

Pero si Dios ama a sus hijos, ¿Qué pasa cuando uno de sus hijos peca? ¿Puede pasar por alto el pecado porque es su hijo? ¡NO! Dios es justo y no puede excusar el pecado. No puede condenar a su hijo tampoco. Pero en amor puede disciplinarle.

Si tú eres hija de Dios, El te dice:

> Hijo (hija) mío no menosprecies la disciplina del Señor, ni desmayes cuando eres reprendido por El; porque el Señor al que ama, disciplina, y azota a todo el que recibe por hijo. Si soportas la disciplina, Dios te trata como a hijo: Porque ¿Qué hijo es aquel a quien el padre no disciplina? Pero si se os deja sin disciplina, de la cual todos habéis sido participantes, entonces sois bastardos, y no hijos. Por otra parte, tuvimos a nuestros padres terrenales que nos disciplinaban y los venerábamos. ¿Por qué no obedeceremos mucho mejor al Padre de los espíritus y viviremos? Y aquellos, ciertamente por pocos días nos disciplinaban como a ellos les parecía, pero éste (nuestro Padre amante) para lo que nos es provechoso, para que participemos de su santidad. Es verdad que ninguna disciplina al presente parece ser causa de gozo, sino de tristeza; pero después da fruto apacible de justicia a los que en ella han sido ejercitados.
>
> Hebreos 12:5-11

La meta del castigo no es el desahogar la ira sobre tu hijo para apaciguar tu ira sino para ayudar al hijo a madurar, para que aprenda que el pecado no le recompensa en una buena manera, sino que él tiene que pagar por el pecado. El castigo administrado en amor sin ira en su tiempo "da fruto apacible de justicia a los que en ello han sido ejercitados", Hebreos 12:11.

Para ilustrar esta verdad, podemos usar un pedazo de madera y un carpintero o un escultor en madera. Si nosotros miramos la madera, la vemos sin forma, áspera, y parece que sirve solamente para leña. Pero este mismo pedazo de madera en manos del carpintero, un maestro, se hace algo lindo, útil, que dará gozo al dueño.

Tú y tus hijos son los pedazos de madera. Cristo, el Carpintero, es el Maestro. Antes de ser salva, no eras nada, sin vida, muerta en los pecados. Pero ahora estás en manos del Maestro, y El puede ver en ti y en tus hijos algo que es hermoso, útil, que dará gozo al dueño. Así con sus herramientas el maestro empieza a formar su obra maestra. Cada golpe, cada fragmento sacado tiene su significado, y el proceso de martillar y cortar es absolutamente necesario para llegar al fin deseado. El maestro sabe lo que hace y no pierde moción ni tiempo. Está concentrado en la madera con el fin en mente, sabiendo exactamente donde tiene que cincelar, etc. para que salga perfecta su obra maestra.

Si "el pedazo de madera" quiere ser algo que sea útil, algo hermoso, tiene que confiar en las manos del maestro. Tiene que sufrir cuando el maestro quita algo de su vida que no sirve, algo que está impidiéndole salir como obra maestra. Pero al fin vale la pena. En la eternidad veremos los propósitos de cada prueba, de cada sufrimiento, y veremos que de veras cada uno era necesario, aun una bendición para ayudarnos a llegar a la meta que Dios ha puesto para nosotros. Entonces le daremos gloria y alabanza. ¿Por qué no podemos glorifcarle ahora aunque no podemos entender lo que está haciendo Dios?

...Cristo amó a la iglesia (nosotros los creyentes), y se entregó a sí mismo por ella, para santificarla, *habiéndola purificado* en el lavamiento del agua por la palabra, *a fin de presentársela a sí mismo, una iglesia gloriosa, que no tuviese mancha ni arruga ni cosa semejante, sino que fuese santa y sin mancha.*
Efesios 5:25-27

Si esto es la verdad -- y es -- podemos glorificar a nuestro Dios, "Dando gracias por todo al Dios y Padre, en el nombre de nuestro Señor Jesucristo", Efesios 5:20.

Así la disciplina puede ser castigo por el pecado con el fin de quitar el pecado que puede dañarnos. Esto es el azotar de Hebreos 12:6. La meta es un hijo obediente que puede experimentar las ricas bendiciones de su Padre Celestial. O puede ser para la madurez del hijo. ¿Recuerdas que todo (pámpano) que lleva fruto, lo limpiará (podará es decir cortar lo que no sirve), para que lleve más fruto, Juan 15:2b? Los dos resultados son de sumo valor y merecen nuestra eterna gratitud. Si te toca una prueba, si es por tu desobediencia, vas a saberlo. Vuelve a la comunión con tu Dios por 1 Juan 1:9. Pero si no es por el pecado en tu vida, tienes que preguntarte, "¿Qué lección quiere enseñarme mi Padre celestial con esto?" Aunque no comprendas lo que está haciendo, puedes darle gracias de que está obrando para hacerte una obra maestra que le dará gloria.

> Quita las escorias de la plata, y saldrá alhaja al fundidor.
> Proverbios 23:4

Dios quiere hacer de ti y de tus hijos obras maestras. Quiere transformarles de pedazos de madera a la imagen, a la semejanza de Cristo. Su martillo, cincel y su sierra son personas, circunstancias y acontecimientos que Dios usa para disciplinarles, para desarrollar en Uds. obras maestras.

> Ninguna disciplina al presente parece ser causa de gozo, sino de tristeza; pero después da fruto apacible de justicia a los que en ella han sido ejercitados.
> Hebreos 12:11

> Por tanto, nosotros todos mirando...la gloria del Señor, somos transformados de gloria en gloria en la misma imagen, como por el Espíritu del Señor.
> 2 Corintios 3:18

Tú y tu marido son las herramientas que Dios usa para disciplinar a tus hijos. Dios ama a sus hijos y tiene un propósito maravilloso para cada uno. Pero no puede formarles y hacer algo útil de ellos si son desobedientes. Si aprenden a obedecer a sus padres, será mucho más fácil obedecer a Dios. Así que "No rehúses corregir al muchacho", Proverbios 23:13.

> Castiga a tu hijo en tanto que hay esperanza.
> Proverbios 19:18

> El que detiene el castigo, a su hijo aborrece; mas el que lo ama, desde temprano lo corrige.
> Proverbios 13:24

Cuando Dios castiga a sus hijos, es para el provecho de ellos; es porque Dios les ama y está buscando lo mejor para ellos.

> La vara y la corrección dan sabiduría.
> Proverbios 29:15

La disciplina tuya a tus hijos debe tener el mismo propósito porque tú estás en lugar de Dios.

> Corrige a tu hijo, y te dará descanso y dará alegría a tu alma.
> Proverbios 29:17

Tú les amas y estás buscando lo mejor en esta vida para ellos. Es para el provecho de ellos, enseñándoles que el pecado no paga un buen sueldo. Pero si tú no lo haces, y el hijo sigue en el pecado, él pagará por su pecado y a veces el pago requerido es la muerte.

> El hombre que reprendido endurece la cerviz, de repente será quebrantado, y no habrá para él medicina.
> Proverbios 29:1

Pero, "Lo castigarás con vara, y librarás su alma del Seol", Proverbios 23:14.

Nunca castigues a tu hijo con rabia. Espera hasta que se pase tu enojo. El castigo tiene que ser bastante fuerte para asustarle, para que tenga miedo de repetir el mismo hecho, pero nunca tan fuerte como para dañarle físicamente. Es mejor usar un chicote y no la mano. Pero el chicote no usado fuertecito sirve solamente para hacer enojar al hijo. Eso es peor que nada, y le hace más rebelde.

Aquí hay unas reglas para seguir en tu disciplina:

1) Siempre pide sabiduría a Dios

2) No hay que gritar y gritar y gritar. Amonéstale con firmeza, y disciplínale si lo hace de nuevo. Sé consistente. No digas, "Si no haces esto, te voy a pegar", sino, "Haz esta cosa". Si no lo hace disciplínale.

3) No hay que pedir algo de tu hijo si no tiene la capacidad de hacerlo. Sé razonable en tus demandas.

4) Insiste que sea obediente a los profesores, a las autoridades del gobierno y de la iglesia, y también a otros que tienen autoridad sobre él. Si tu hijo es culpable y les ha desobedecido, hay que apoyar a las autoridades y no a tu hijo. Pero no tienes que abandonar a tu hijo.

5) Insiste que tenga respeto para cosas ajenas. Si destruye o arruina algo de otro, que él pague al dueño el valor del objeto destruido. Si no tiene la plata para hacerlo, tú puedes pagar por la cosa dañada, pero debes hacerle trabajar para devolverte el dinero. Si es propiedad, tal vez tu hijo pueda trabajar para el dueño hasta que todo esté bien arreglado.

6) Si otro se queja contra tu hijo, hay que averiguar si la queja es legítima antes de disciplinarle. No hay que disciplinarle injustamente porque otra persona piensa que deber ser disciplinado.

7) No hay que disciplinarle delante de otros. Espera hasta que estén a solas. La vergüenza puede causar una rebeldía y no la corrección. También él debe saber bien por qué estás disciplinándole.

Hay que averiguar qué castigo sirve mejor para tu hijo. De mis dos hijos mayores, uno tenía mucho miedo al chicote. Así que usaba el chicote para disciplinarle. El temía tanto al chicote que llegó a ser muy obediente. Pero el segundo hijo no temía al chicote. El aborrecía ser puesto en cama toda la tarde. Me pedía el chicote en lugar de la cama. Así que usaba

La Mujer Ideal 243

la cama para mi segundo hijo con buenos resultados. Tal vez tu hijo te obedezca mejor si le quitas el privilegio de jugar al fútbol, o si le prohibes asistir a un partido de fútbol. Puedes aprender qué disciplina sirve mejor para cada hijo, ya que no todos son iguales.

Recuerda que tú eres responsable delante de Dios por la manera con que disciplinas a tu hijo, la razón del por qué le disciplinas, o la razón del por qué no lo haces.

> Y vosotros, padres, no provoquéis a ira a vuestros hijos, sino criadlos en disciplina y amonestación del Señor.
>
> Efesios 6:4

La vida moderna hace que muchos padres, por causa de su trabajo, se ausenten de su hogar por períodos más o menos largos, dejando todo el cuidado de la casa bajo la responsabilidad de la madre. Esta situación indeseable por razones obvias, es aprovechada por los hijos en su tendencia natural de indisciplina. Es aquí donde la señora no debe escatimar esfuerzo para poner de manifiesto su autoridad en ausencia del padre y "corregir" al niño oportunamente. La palabra del Señor enseña:

> El que detiene el castigo, a su hijo aborrece; mas el que lo ama, desde temprano lo corrige.
>
> Proverbios 13:24

> Castiga a tu hijo en tanto que hay esperanza; mas no se apresure tu alma para destruirlo.
>
> Proverbios 19:18

Tú, hermana, ¿amas a tus hijos?

> Y si alguno de vosotros tiene falta de sabiduría, pídala a Dios, el cual da a todos abundantemente y sin reproche, y le será dada.
>
> Santiago 1:5

EL DESARROLLO

V
E
L
A

Desarrollo   *¡Velad por el Desarrollo!*

Leemos en Lucas 2:51,52 que Jesús volvió a Nazaret con José y María, y "Estaba sujeto a ellos", creciendo "en sabiduría y en estatura, y en gracia para con Dios y los hombres".

A veces es difícil para nosotros creer que una vez Cristo, el Hijo de Dios, Dios Hijo, era de veras un niño antes de hacerse hombre. Es aún más difícil creer que como cualquier otro niño, Jesús tenía que enfrentarse con los problemas y dificultades de la vida. Y si lo hacía, estamos tentados a creer que con algunas palabras o al tronar los dedos El hiciera desaparecer en el aire todos sus problemas y dificultades. Pero no era sí. Nos dice en Hebreos 2:16-18 que Jesús,

> NO socorrió a los ángeles, sino que socorrió a la descendencia de Abraham. Por lo cual debía ser en todo semejante a sus hermanos... (y porque) El mismo padeció siendo tentado (pero sin pecado, Hebreos 4:15), es poderoso para socorrer a los que son tentados.

Jesús crecía normalmente como cualquier otro niño. Fue tentado. Y a veces, como otros niños, hizo cosas que sus padres no podían comprender. ¿Recuerdas el acontecimiento cuando estaba volviendo a Nazaret de Jerusalén con sus padres? En el camino no podían encontrar a Jesús. Regresaron a Jerusalén, y por tres días le buscaron frenéticamente. Por fin le encontraron en el templo. Su madre le dijo:

> Hijo, ¿por qué nos has hecho así? He aquí, tu padre y yo te hemos buscado con angustia.

Aunque Jesús les explicó la razón por qué,

> ¿No sabíais que en los negocios de mi Padre me es necesario estar?

Lucas 2:50 nos dice:

> Mas ellos no entendieron las palabras que les habló.

Muchas veces nosotras, las madres, nos encontramos en situaciones semejantes. Recién una madre se quedó estupefacta cuando averiguó que su hijo de ocho años junto con sus amigos se habían tragado vivos algunos renacuajos y un sapito chiquitito. Cuando le preguntó por qué lo hizo, él respondió, "Para que yo pueda saltar más alto." A veces algunas razones comprensibles a los hijos son incomprensibles a las madres.

Bueno, después de años de observar el comportamiento de los niños, algunos expertos (seguramente compuestos de padres pasmados por los hechos de sus hijos) han averiguado que mucho de lo que anteriormente los padres creían anormal en sus hijos es en realidad normal. Se dice que los niños a ciertas edades manifiestan ciertas características. Fortalecidas con este conocimiento, nosotras podemos utilizarlo en comprender mejor a nuestros hijos, enseñarles mejor, y ser más eficaces en alcanzarles para Cristo.

Dividamos a los niños en tres grupos: 1) Pre-escolares, 2) Primarios, 3) Adolescentes. Porque el total del niño se compone de varias partes, vamos a ver el desarrollo de cada grupo en cinco áreas: a) Desarrollo físico, b) Desarrollo mental, c) Desarrollo social, d) Desarrollo emocional, y e) Desarrollo espiritual.

Lo que notaremos a continuación no deben considerarse reglas fijas que nos dirán que un niño de cierta edad tiene que pesar tanto, tiene que alcanzar una cierta altura, etcétera. Los niños nacen con estructuras corporales que dictan si el nene será grande o petizo, si será gordo o delgado. Por supuesto mucho depende también de su dieta, su ambiente y las tendencias que heredaron de sus padres. Los niños nacen con una variedad de disposiciones. Los que tienen cuerpos grandes se inclinan a ser más cordiales y contentos; los gordos tienden a ser más cariñosos; los delgados y sensitivos tienen la tendencia a ser reservados. A los gordos les gusta comer y estar abrazados, pero a los delgados no les gusta tanto ni lo uno ni lo otro. Así que los padres tienen que reconocer estas tendencias y diferencias y conformarse a la personalidad y características de cada hijo.

Hay que recordar que tanto los niños como los adultos pasan por ciclos en sus vidas. Hay tiempos cuando están en paz consigo mismos y con otros. También pasan por tiempos cuando se sienten frustrados, tempestuosos y obstinados. Los niños tienen sus problemas. Sienten presiones dentro de sí mismos que no comprenden. Tienen emociones que necesitan ser complacidas, pero no saben cómo. Tienen que aprender a aguantar restricciones puestas por adultos, y presiones de sus amigos. Sienten frustraciones cuando les falta la habilidad de hacer lo que quieren. No pueden comprender a los adultos, y a veces se enojan porque no saben comunicar sus deseos y necesidades a sus padres. Así que desde su nacimiento tus hijos necesitan tu comprensión, tu amor, tu paciencia y tu disciplina porque a veces se dejan dominar por su naturaleza pecaminosa que también se manifiesta desde su nacimiento.

Algún día cuando encuentres que has agotado todo tu ingenio por causa de los altercados, las peleas, las acciones incomprensibles de tus hijos, recuerda lo que dijo la Sra. Catherine Marshall, que la familia es el centro de pruebas, un campo de entrenamiento donde los pecadores pasan por el proceso (a veces doloroso) para llegar a ser santos.

Aunque no se puede poner a todos los niños en el mismo molde, hay ciertas características de ciertas edades que pertenecen a la mayoría de los niños. Se dice que cuando tiene cuatro años, el niño ya ha desarrollado la mitad de su inteligencia, no su conocimiento, sino su inteligencia. Aún en los dos primeros años de su vida el niño ya ha logrado cosas maravillosas.

A los tres meses le gusta estar sentado (con ayuda) en la falda donde puede mirar lo que está pasando delante de él. Ya sabe seguir con los ojos un objeto en movimiento. Le gusta ser abrazado y puede ganar los corazones de todos porque sabe compartir con ellos sus sonrisas. Si duerme de estómago sin estar envuelto en su frazada es posible que ya está empujándose con sus rodillas y volcándose. Yo puse a mi hijito de seis semanas de estómago sobre una cama grande y salí del cuarto por un momento. Escuché un ruido y el grito de mi hijito. Corrí al dormitorio y le hallé en el piso. Estaba más asustada que él. No podía comprender cómo cayó de la cama a esta edad, hasta que le puse de estómago otra vez. En seguida él comenzó a empujarse de nuevo con sus rodillas. Desde entonces tuve que dejarle en su camita que tenía vallas para protegerle.

A los tres meses a veces empieza a ser vacunado. La primera vacuna es para la tos ferina, se le administra a los tres meses. Pero si en ésta se incluye la "triple" (tos ferina, difteria y tétano) se da a los seis meses. Siempre es mejor consultar al médico o ir al centro de salud para saber acerca de la edad cuando debe recibir vacunas contra: la viruela, tifoidea, alfombrilla, y poliomielitis (parálisis) A veces se vacuna contra fiebre amarilla también. Pero hay tanto progreso en medicina que es imprescindible consultar un buen médico acerca de lo que necesitan tus hijitos.

A los seis o siete meses el hijo aprende a sentarse. A los ocho a nueve meses empieza a gatear. Le gusta recoger cualquier cosita del piso y meterla a la boca. Una amiga en Colombia vio a su hijito con algo en la boca. Cuando lo sacó, encontró que era un escorpión vivo! Fue solamente la misericordia de Dios lo que impidió que ninguno de los dos hubiese sido picado. Algunos nenes empiezan a repetir palabras muy sencillas y hacer con la mano la seña de "chau". A los ocho hasta once meses ya se para solito. Aunque se para sólo, al principio, a veces, no sabe sentarse de nuevo. Si encuentras a tu hijito parado, fatigado, pegado a la orilla de la silla u otra cosas llorando y temblando, ayúdale a sentarse de nuevo.

La edad de uno a dos años es la edad de exploración y de descubrimientos. Al niño no le gusta ser encerrado. Le gusta vagar y meterse en una cosa y otra. Le agrada tocar, probar, saborear, escuchar, y mirar todo pero no por tiempos largos , porque el interés o atención que puede mostrar en una cosa es muy cortita. Experimenta con todas las cosas. Es tiempo, si tú no lo has hecho antes, de poner todas las cosas venenosas, peligrosas, rompibles o que le pueden dañar fuera de su alcance. Si puede deshacer algo, lo hará. Le gusta hacer todo. Así su propia taza o vaso debe ser de plástico de algo que no sea rompible. A veces resiste ser abrazado. Ya sabe jugar un poco. Le gusta dar palmaditas, ser cazado, jugar en el agua, y sentir la comida. Cuando le llamas se va en la dirección opuesta. Ha aprendido a decir, "no".

Así que es mejor no preguntarle si quiere comer o si quiere ser vestido, etc. Alzale y llévale a la mesa hablándole amablemente. Es la edad cuando prefiere escribir o pintar en las paredes en vez de usar el papel. Es mejor que no le des lápices si no puedes quedarte con él. Si corre con el lápiz y cae, la punta puede entrar en el ojo o cuerpo y hacerle mucho daño. Puede ser venenosa. Y nunca hay que dejarle jugar con cuchillo o tijeras puntiagudas.

PRE-ESCOLARES

DESARROLLO FISICO:

2-5 AÑOS

1) Crecimiento rápido, va perdiendo su gordura. Es muy activo y enérgico, pero también se cansa rápido. Llora mucho y es exigente. Para la edad de dos años, algunos han puesto el título, "Los Terribles Años de Dos". Su palabra favorita es ¡NO!, y no tiene ganas de cooperar. A los tres se hace reñidor.

2) Los músculos grandes ya están desarrollándose. Por eso es muy despierto. A la edad de dos años le gusta subir y bajar gradas y cuestas. A veces sube un arbolito, pero tiene miedo de bajarse. Aunque le asustan los sonidos fuertes, le falta el sentido del peligro. Una vez que empieza a gatear o caminar, no le dejes acercarse a pozos de agua. Es seguro que se va a meter. Tampoco le permitas jugar cerca de la calle. No tiene miedo del tráfico. A los cuatro años tiene mucha curiosidad y le gusta jugar con fuego y fósforos. Necesita muchísimo cuidado.

3) En los primeros años puede concentrarse solamente en una cosa a la vez. Por eso durante un coro con acciones, él canta las palabras sin hacer las acciones, o hace las acciones sin cantar el coro.

4) Anímale a pedir lo que necesita en vez de llorar para conseguirlo.

5) Los músculos vocales todavía no están desarrollados. Así que no debes animarle a cantar muy fuerte ni muy alto.

6) De los tres años en adelante ya está aprendiendo a obedecer mejor. Puede cepillarse los dientes y poner sus juguetes en su lugar.

7) Es muy susceptible a las enfermedades contagiosas y sufre repetidamente de resfriados.

8) A la edad de cinco años ya le gusta ayudar. Se entusiasma con todo lo que hace. Quiere ser aprobado por sus padres. Cada vez que hace algo que merece tu aprobación, muéstrasela. A esa edad parece que habla a gritos y exagera mucho. Está aprendiendo a jugar con otros. El hijito colérico le gusta mandar, pero sus amiguitos se cansan de ser mandados y se vuelven a casa. Entonces el hijito llora porque no comprende por qué sus amigos no quieren jugar con él.

9) A los cuatro y cinco años sus emociones son profundas, y el temor es la más profunda de todas. Todavía es celoso y se enoja rápido. No hay que usar "el temor" como un modo de castigo porque puedes dañar sus emociones para toda su vida. Necesitas ayudarle a sentirse seguro. El necesita tu compasión, comprensión y firmeza en tratar con su rabia.

DESARROLLO MENTAL:

1) A la edad de dos años tiene un vocabulario limitado, pero va creciendo. Empieza a charlar a la edad de tres y expresarse bien a los cuatro y cinco años.

2) Le agradan las historias y cuentitos que le son leídos. No se cansa de escucharlos repetidamente; ahí está el peligro. Si lees para él la misma historia tres o cuatro veces antes de meterle en cama, él va a querer que cada noche le leas una historia tres o cuatro veces.

3) No puede concentrarse en una cosa por mucho tiempo ni puede recordar algo por mucho tiempo. Puede aprender de memoria frases de versículos o versículos cortitos, pero no comprende su sentido. Aunque puede aprender versículos más largos a la edad de cinco años, todavía no comprende muy bien el sentido, porque su mente comprende solamente cosas literales y no cosas simbólicas.

4) Cree todo lo que escucha. Siempre dile la verdad y contéstale cuando te hace una pregunta. Es la manera que él usa para aprender. No le asustes hablando de almas, espíritus, etc.

5) A los tres y cuatro años tiene una imaginación activa. No sabe distinguir entre historias verídicas y cuentos. Los cuen-

tos que él relata son para él la verdad. Una vez tuve una visita en casa. Mi hijo de cuatro años estaba contándole acerca de su abuela. Le dijo que su abuela era misionera entre los indígenas en los Estados Unidos, y que los indígenas tienen muchas ovejas (la verdad). Entonces su imaginación combinada con su deseo, le hicieron añadir, "Ella tiene muchas ovejas también. Vendrá a Bolivia a visitarnos." (No era la verdad.)

Cuando la visita le preguntó, "Pero ¿qué hará ella con las ovejas si viene a visitarte aquí?" El quedó pensativo por un momento y entonces le dijo, "Bueno, va a meterlas todas en el avión para traerlas consigo". El no se dio cuenta de que no era la verdad. Estuvo usando la lógica del niño de cuatro años. Si los indígenas tenían ovejas, seguramente su abuela tenía también. Ella no podía dejar las ovejas solas. Era lógico para ella traerlas consigo. A la edad de cinco años el niño empieza a distinguir entre la verdad y lo que es inventado.

DESARROLLO SOCIAL:

1) A la edad de dos y tres, el hijo es tímido con desconocidos, dependiente, piensa solamente en sí mismo, es celoso y se enoja rápido.

2) A los dos le gusta jugar solo; a los tres juega con otros lado a lado; a los cuatro empieza aprender a jugar con otros; y a los cinco ya sabe jugar dentro de un grupo.

3) Le gusta la atención. A los dos se hace payaso poniéndose el sombrero o calzados de su papá o su mamá. A los tres le gusta vestirse con la ropa de su mamá. Le agrada pretender. Actúa con sus carros o muñecas experiencias verídicas por las cuales ya ha pasado, o las que ha visto, usando el mismo vocabulario de sus padres. Es buen mímico usando aun el tono de la voz de su mamá o su papá.

DESARROLLO ESPIRITUAL:

1) A los dos o tres años tiene un anhelo por las cosas de Dios que tú debes animar. Tiene una habilidad a pesar de las limitaciones en comprender las verdades acerca de Dios. Hay que usar el vocabulario que él conoce para explicar cosas espirituales. El imita a sus padres. Así que debes llevar una vida ejemplar delante de él. Puede aprender oraciones sencillas como, "Gracias, Padre, por la comida", etc. Tienes que

enseñarle a compartir con otros sus juguetes y otras cosas, mostrándole que eso le agrada a Dios. A los cuatro y cinco años piensa en Dios como una persona. Tiene una fe sencilla en él. Por eso el Señor Jesús dijo:

> Dejad a los niños venir a mí, y no se lo impidáis; porque de los tales es el reino de Dios. De cierto os digo, que el que no recibe el reino de Dios como un niño, no entrará en él.
>
> Lucas 18:16,17

A los cinco puede comprender lo que es la verdad y lo que es la mentira. Muéstrale que el mal no agrada a Dios. Ya sabe adorar a Dios.

PRIMARIOS EDADES 6-11

DESARROLLO FISICO:

EDADES 6-8

1) Crece irregularmente. Los brazos y piernas crecen más rápido que el cuerpo. Por eso es difícil para él sentarse por mucho tiempo en un lugar o en una sola posición. A los seis años le gusta la vida. Quiere "hacer" en vez de "mirar". Es muy emocional, entusiasmado, agresivo, tumultuoso, exigente, impaciente, temeroso, rebelde, reacciona negativamente a las órdenes, es desobediente y a veces descarado. Rie y llora fácilmente. Le gusta probar nuevas cosas porque le gusta experimentar. Quiere cocinar, coser, y construir, pero se cansa fácilmente. Tiene curiosidad acerca de los nacimientos.

A los siete años hay un cambio en sus emociones. A veces le gusta estar solo; es caprichoso y melancólico, un día cree que nadie le quiere, y otro día que todos le aman. Necesita tener su confianza restaurada con frecuencia.

A los ocho años ya es más considerado con otros, pero sigue sensitivo. Muestra más interés en otros, pero es herido fácilmente.

EDADES 9-11

1) Es más independiente, más maduro. Le gustan actividades útiles y prácticas. Es más fuerte y le agrada hacer trabajo que requiere fuerzas. Le gusta utilizar sus habilidades

y perfeccionarlas. No se cansa de rehacer una cosa para cumplirla. Le gustan los juegos y los deportes como el fútbol, la natación, luchar a brazo y otros. Puede trabajar varias horas en algo que le gusta sin interrupción. Por causa de los cambios en el cuerpo a veces se queja y es caprichoso. Un momento es tímido, otro jactancioso; un momento jovial, otro gruñón. Pero a pesar de eso, se ha hecho más responsable, más paciente y obediente. Aunque no le gusta hacer algo, lo hace porque es persistente. Es sensitivo a críticas y está afligido si no puede hacer su trabajo tan bueno como otros. Ya no es tan temeroso y actúa con valor. Tiene vergüenza si es corregido. Le gusta el humor y la alabanza si ha hecho bien. Enséñale lo que es el buen humor y lo que no agrada a Dios.

DESARROLLO MENTAL:

EDADES 6-8

1) A esa edad ya ha alcanzado la etapa de razonamiento. Quiere saber todo. Es preguntón. Ya está aprendiendo a leer, escribir y contar. Le gustan juegos de números o palabras. Puede prestar atención por más tiempo. Tiene una buena memoria e imaginación. Es curioso.

EDADES 9-11

1) Porque es auto suficiente, cree que ya no necesita consejos. Le gustan la geografía, la historia, la lectura y la escritura. Quiere coleccionar tarjetas o cualquier otra cosa. Sabe pensar y razonar. Tiene buena memoria, y es investigador.

DESARROLLO SOCIAL:

EDADES 6-8

1) Es el fin de ser nene. Quiere ser tratado como un individuo y no como nene. Ya es independiente. La vida ya no revuelve alrededor de la madre sino alrededor del "YO". Le gusta jugar con otros pero no tanto en juegos de competencia.

No quiere esperar su turno; quiere estar participando todo el tiempo. Si no, se aburre. Quiere tener amigos de ambos sexos. Ya tiene más respeto a las autoridades. Tiene la tendencia de ser egoísta. Tú tienes que enseñarle a ser considerado con otros.

EDADES 9-11

1) Le gusta tener un guía sobre él pero no un dictador. Quiere ser miembro de una cuadrilla y de equipos deportivos. Admira a los hombres que son estrellas en deportes, en música, etcétera. Trata de agradar a otros, y quiere que otros le quieran. Ya no quiere mostrar que tiene interés en el sexo opuesto.

DESARROLLO ESPIRITUAL:

EDADES 6-8

1) Es muy posible que esté listo a entender lo que es ser salvo. Aunque algunos niños reciben a Cristo a la edad de cuatro o cinco años, usualmente es seis años o más cuando lo hacen. Le gusta la escuela dominical y el culto para los de su edad. Le es difícil quedarse tranquilo durante el culto para adultos. Tiene el deseo de ser bueno. Tiene fe en la oración. Quiere saber acerca de la muerte y el cielo. Le gusta actuar en dramitas e historias de la Biblia. Anímale a memorizar versículos de la Biblia. Anímale a leer algunos versículos cada mañana y cada noche para sus devociones personales y a orar después.

ADOLESCENCIA

DESARROLLO FISICO:

EDADES 11-14

1) El primer período de la adolescencia es una época de rápido crecimiento, tanto en lo que respecta a la altura como el peso. En el espacio de un año tu hijo puede aumentar 10 kilos de peso y crecer hasta 12 o 15 centímetros más.

2) El crecimiento no es uniforme en todas partes del cuerpo. El corazón crece más rápidamente que las arterias, dando como resultado un aumento en la presión arterial. Es por eso que los adolescentes se quejan de palpitaciones, mareos, des-

vanecimientos, dolores de cabeza, y desasosiego. Las piernas, los pies y los brazos también crecen más rápidos. Para nuestro segundo hijo tuvimos que comprar ropa nueva tres veces en un año, especialmente camisas con brazos largos y pantalones largos.

3) Hay torpeza de movimiento en los jóvenes a esta edad.

4) Las jovencitas maduran más rápido en esta edad que los jóvenes. A veces se sienten torpes, nerviosas, y tienen miedo de hablar.

5) Las cuerdas vocales del joven se duplican en longitud. Por eso sufre bastante porque no puede controlar la voz.

6) La creciente actividad de las glándulas de la epidermis produce algunas erupciones cutáneas de modo que los adolescentes se sienten cohibidos e infelices. Tú debes proceder con consideración y cuidar de no reirte ni burlarte del joven que pasa por una edad torpe. Así mismo te debes abstener de hacer alusión a sus modales. De lo contrario el adolescente, sea joven o señorita, sufrirá mucho.

7) Es el comienzo de la pubertad. Varía según el clima, la raza, medio ambiente, la edad y ocupación. Al considerar la importancia de las funciones del sexo dadas por Dios, podemos entender por qué su despertar provoca al principio un trastorno de las emociones y un nuevo concepto de la vida. El cambio provoca nuevos impulsos, nuevas tentaciones, nuevos problemas. El mundo se presenta extraño y maravilloso. Es el momento oportuno cuando tú tienes que impartir tus sabios consejos a fin de preparar al hijo o la hija para hacer frente a los cambios que se presentarán en al pubertad. Es oportunidad de corregir las ideas equivocadas y los terrores infundados, mediante una explicación sana de los misterios de la vida.

8) La vida al aire libre, muchas horas de sueño, y comidas alimenticias son muy importantes para el adolescente. Su apetito aumenta mucho.

9) A esa edad tu hijo o hija se vuelve irritable. La alegría y la tristeza, el entusiasmo, el desánimo, y la exaltación se suceden con rapidez extraordinaria. La causa de los cambios no es siempre evidente. En realidad, tu hijo mismo apenas sabe lo que pasa. Las temporadas de ira quizás se intensifiquen durante este período.

10) Casi todos los varones normales están inclinados a pelear durante los primeros años de la adolescencia.

11) El carácter es dañoso porque es explosivo, melancólico, vengativo, y si no le aconsejas, se convierte en costumbres. Tú debes emplear franqueza en tu conversación y hacerle notar que un mal temperamento dificulta el éxito en la vida; que tal conducta no merece alabanza, sino más bien constituye un rasgo de debilidad.

EDADES 15-20

1) Ha llegado casi a la madurez.

2) Tal vez tenga vergüenza por causa de facciones físicas.

3) No le gusta acostarse temprano.

4) Le gustan los deportes.

5) Quiere ser aceptado como adulto.

Ayúdale a aceptar las facciones físicas por mostrarle que la belleza verídica es la vida interior, la espiritual. Muéstrale que su cuerpo necesita descanso y que debe cuidar bien su cuerpo porque es el templo del Espíritu Santo, 1 Cor. 6:19. Hay que respetar sus ideas y no burlarse de ellas aunque tal vez no estés conforme con ellas.

6) Casi no quiere ser ayudado cuando está bién pero cuando algo le perjudica, hay un cambio. Tiene la debilidad de revelarse contra todas las cosas, cuando la suerte le es adversa, fracasa. Tú, como consejera, debes procurar hablarle cuando ha sufrido o se encuentra desprevenido. Tienes que ser paciente, dispuesta a sacrificarte, tomar bastante tiempo con él, y la recompensa será grande. Tú tienes que tener una relación estrecha con tu hijo o hija, ya que estás llamada a ser una amiga y consejera de ellos. Puedes tener éxito en cambiar una vida o infundir nuevo aliento para que no se sienta desdichado.

DESARROLLO MENTAL:

EDADES 12-14

1) Tiene capacidad de pensar profundamente.

2) Le gusta ejercitar su capacidad mental.

3) Tiene interés en el futuro; va en pos de los ideales; tiene orgullo de los años que lleva; formula preguntas buscando conocimiento. El adolescente siempre pregunta, pero muchas veces sus preguntas son pasadas por alto o contestadas en forma superficial, usualmente porque los padres no saben las respuestas y no quieren aparecer ignorantes. Desea expresarse, sentir confianza, exponer sus problemas y su vida interior a través de sus preguntas. Tú estás en el deber de orientarle, moldear su carácter, contribuir con la respuesta correcta. No hay derecho alguno de ocultar a las niñas lo que deben saber a fin de precaverse de los peligros que las acechan. La vida de la joven puede formarse o mancharse fácilmente durante este período. Se deja conducir y puede fácilmente ser dirigida por la persona que ama y comprende. La vida joven requiere una mano hábil en el timón para guiarla a puerto seguro a través de las difíciles circunstancias que pueden ser peligrosas para ella. Para ella eres la amiga sincera y comprensiva, la que orienta y estudia, guía y consuela, aconseja y muestra lo mejor para sus hijos a través del libro precioso, la Palabra de Dios.

4) Tiene una imaginación activa.

5) Juzga rápido a otros.

6) Le gusta el humor. Tienes que enseñarle que las cosas sucias no son chistosas. Tiene que aprender qué clase de humor agrada a Dios y lo que no le agrada.

EDADES 15-20

1) La vida mental es vigorosa, demanda razón de todo. Es un idealista porque no ha tenido mucha experiencia en la vida. Así, no hay problema difícil para él. Sin embargo la falta de madurez puede llevarlo a una actitud crítica.

2) Quiere conocimiento práctico.

3) Está preocupado del futuro.

4) Tiene intereses especiales.

5) Juzga mejor.

6) Tiene un sentido de independencia. No trates de forzarlo a aceptar tus ideas, pero hay que darle razones para hacerle ver que estas ideas son buenas. Es casi seguro que al prin-

cipio no las van a aceptar porque quiere saber por experiencia. Quiere fundar sus propias ideas. Necesita mucha oración durante toda la adolescencia.

DESARROLLO SOCIAL:

EDADES 12-14

1) Al llegar a esta época de crecimiento, tu hijo burla tu vigilancia, no se trata del abandono de la casa o de repudiar la autoridad paterna, sino que es el abandono de esa dependencia infantil. Tienes que tratar de reconocer a tu hijo que ha cambiado rápidamente. Ya no es fácil enseñarle. Se convierte intratable, indómito, desprecia las demostraciones de afecto. Es posible que cese de depositar la confianza en ti y en su padre y busque compañeros y diversiones fuera de su casa. Por eso es tan importante que haya crecido en la iglesia, si la iglesia es buena. Pero aun más importante es que haya recibido durante su niñez los principios básicos importantes de la vida espiritual y hayan visto estos principios practicados por sus padres. Es perturbador verle buscar compañeros y diversiones fuera de su casa, pero el motivo que le impulsa a esa conducta es normal. El siempre quiere ser primero, quiere mostrar su orgullo por su apariencia personal.

2) Tiene un sentido fuerte de la lealtad.

3) Es muy consciente de sí mismo.

4) Tiene una admiración grande por los que tienen talentos musicales, deportivos o por los hombres que él cree que son "machos".

Hay que enseñarle que la fidelidad está muy bien, pero que tiene que tener sumo cuidado a quién ser fiel. Su primera fidelidad debe ser a Cristo.

EDADES 15-20

1) A los 18 años el joven siente la necesidad de desligarse del dominio materno, aunque la buena educación le incline a escuchar consejos. El mismo adopta las decisiones que le corresponden. A esta edad el joven confronta las realidades de la vida en forma más definida que antes.

2) Le gustan discusiones informales.

3) Tiene intereses diversos.

4) Tiene el deseo de ser líder.

5) Le gusta participar o mirar los deportes.

6) El anhela el compañerismo del sexo opuesto.

DESARROLLO ESPIRITUAL:

EDADES 12-14

1) Quiere una religión práctica.

2) Hay que estar segura de su estado espiritual, si de veras es creyente.

3) Si es creyente, tiene el deseo de servir al Señor. Así debe tener responsabilidades en la escuela dominical y el culto de los jóvenes.

4) Tiene muchas dudas por causa de las enseñanzas seculares que ha recibido. Hay que mostrarle las verdades por medio de la Biblia.

5) Quiere un ejemplo para su propia vida.

EDADES 15-20

1) Conoce a Dios como Persona. Anímale a pasar más tiempo con Dios.

2) Quiere razones por su fe.

3) Quiere servir al Señor.

4) Sus costumbres espirituales están siendo formadas.

5) Un sin número de jóvenes se ven obligados a alejarse del hogar. Unos para asistir al colegio, otros para entrar en la universidad y otros en busca de trabajo. Pasan del ambiente familiar a uno nuevo y extraño. Ya no están rodeados de la autoridad y cuidado paterno. Es el joven mismo que tiene que buscar su bienestar de vida, mirando lo que va a hacer para el beneficio del futuro.

El mundo en el cual vivimos es un mundo lleno de tentaciones que los jóvenes y señoritas se ven obligados a enfrentar. Nos encontramos en un mundo lleno de deseos, en los cuales muchos jóvenes son víctimas de caer en lugares de inmoralidad.

En todo el mundo hay iglesias evangélicas, pero el mundo en el cual vivimos es impío, y si el hijo o hija no ha sido fundado en las verdades espirituales, el éxito, el placer, el dinero, el sexo y la política pueden convertirse en dioses del joven.

El cinismo, la corrupción, el vicio, y el deseo de la carne son cosas que existen en este mundo de una manera tal que el joven está en peligro. Pero tú, como una persona de experiencia, como una alumna en la escuela de la vida, tienes que meditar en el futuro de tu hijo, en su vida misma e instruirla por medio de la Palabra de Dios, a fin de que tu hijo o tu hija que sale del hogar, al enfrentarse con las cosas mundanas, sea un hijo fuerte, firme y victorioso en Cristo. Es importante que tu hijo se sienta fortalecido con las muchas promesas de la gracia y la ayuda de Dios; que él mismo sienta el gozo en su alma y la convicción de fe en Cristo, al punto que pueda decir, "Todo lo puedo en Cristo que me fortalece", Filipenses 4:13.

Vivimos en un mundo donde impera la ilegalidad, donde la caballerosidad y cortesía tienden a desaparecer, donde muchos que han llegado a triunfar en el pasado están yendo retrospectivamente al desprestigio y al fracaso.

Los jóvenes deben estar preparados para esta clase de mundo. Como inspiración para tu tarea, tienes ante ti el ejemplo supremo de un hombre, Cristo quien dijo, "Mas confiad, yo he vencido al mundo".

Tú, que ya has llegado a la madurez espiritual ayudada por las lecciones de la experiencia, sabes que ". . .el mundo pasa, y sus deseos; pero el que hace la voluntad de Dios permanece para siempre", 1 Juan 2:17. Así estás ya en una situación de ser de gran ayuda a tus hijos en cualquier crisis que se presente. No nos olvidemos de que siempre para aconsejar a un joven o señorita, es necesario que se haga mediante una pequeña exposición de la Palabra de Dios, para que ellos encuentren una base sólida y puedan convencerse que la verdad divina interviene en sus propias vidas, comprendiendo así el texto que dice:

Porque, ¿qué aprovechará al hombre, si ganare todo el mundo y perdiere su alma?

Marcos 8:36

PREGUNTAS

1. ¿Qué quiere decir la palabra "decoro"?

2. ¿Qué dice Proverbios 31:10-12 acerca del valor del "decoro" en la vida de la mujer?

3. Lee Proverbios 31:10-31 y anote las palabras sinónimas con la palabra "decoro" en la vida de la mujer virtuosa.

4. ¿Cuál era el resultado de la vida de la mujer virtuosa por causa de su decoro?

5. ¿Será más fácil infundir esta característica en las vidas de las hijas y los hijos si la madre y el padre son decorosos?

6. ¿Cuáles son algunas cosas que tú puedes hacer para proteger a tus hijos de adoptar modelos opuestos al decoro?

7. ¿Cuáles son algunas razones por las cuales tu hija (o hijo) se viste en una manera llamativa e indecorosa?

8. El carácter de una persona se ve en la_____.

El vestido debe llamar la atención entonces a la_____. Si atrae la atención a otra parte de la anatomía, no se ve su_____sino la falta de ella.

9. Si distrae la atención de la cara a otros miembros del cuerpo, ha perdido mucho de_____y ha ganado solamente_____.

10. ¿Qué es el consejo de 1 Timoteo 2:9,10 y de 1 Pedro 3:3,4?

11. Tocante la manera de vestirse, la palabra clave debe ser _____.

12. La cosa que vale más a los jóvenes es ser_____ por su grupo.

13. Los cambios drásticos en los cuerpos y emociones de los hijos jóvenes les llevan de un extremo al otro. Pero si tú has podido inculcar las medidas de quién en sus vidas, desde su niñez, has ganado la batalla._____

14. Hay varios términos que la Biblia usa para la impureza. ¿Qué quiere decir los siguientes:

   a. La lascivia?

   b. Lo sensual?

   c. La concupiscencia?

   15. La lascivia estimula_____.

   Lo sensual planea como apaciguar_____.

   La concupiscencia da a luz_____.

   16. La "honestidad" es el decoro en las_____ y en las _____.

   17. El engaño es una mentira en_____.

   18. ¿Qué dicen Proverbios 15:3 y Proverbios 28:13?

   19. Hay que comparar Proverbios 20:10 con Proverbios 11:1b.

20. Según Juan 1:12 cuando uno recibe a Cristo como Salvador se hace_____.

21. Cuando el hijo desobedece, el padre le_____. Así hace Dios Padre a nosotros, los hijos.

22. ¿Qué dice Hebreos 12:5 y 6?

23. Según Hebreos 12:10 Dios Padre nos disciplina por
_____

24. Si aprendemos cuando el Padre Dios nos disciplina, según Hebreos 12:11 ¿qué cosa produce en nosotros?

25. ¿Cuál era el testimonio del Salmista en Salmo 119:67 y 75?

26. La disciplina es una manera de cumplir Proverbios 25:4 ¿Qué dice este versículo?

27. ¿Qué da la disciplina según los siguientes versículos?

   a. Proverbios 29:15

   b. Proverbios 29:17

28. ¿Cuáles son algunas reglas que debemos cumplir en la disciplina?

29. ¿Qué dice la Biblia acerca del desarrollo de la vida de Jesús? (Lucas 2:51,52)

30. Los niños como adultos pasan por ciclos en sus vidas. ¿Qué quiere decir eso?

31. La señora Catherine Marshall dice que "La familia es el centro de_____, un campo de_____ donde los pecadores pasan por el proceso para llegar a ser_____. ¿Qué te parece?

Capítulo 5

La Mujer Creyente en la Comunidad

PARTE A

"SOJUZGAD"
  Y los bendijo Dios y les dijo: Fructificad y multiplicaos, llenad la tierra y **SOJUZGADLA**.
  Génesis 1:28

Tres Niveles de la Vida Cristiana:
  1. Primer nivel -- "YO" -----   1 Corintios 6:12
  2. Segundo nivel -- "Otros" -- 1 Corintios 8:9,13
  3. Tercer nivel -- "Cristo -- 1 Corintios 10:31

INTRODUCCION:

Dios mandó a Adán y a Eva sojuzgar (vencer, rendir) la tierra. Dios hizo la tierra para el hombre, y el hombre había de reinar sobre ella, controlándola para el beneficio de la humanidad. Cada planta y árbol era lindo y bueno para comer, produciendo fruto delicioso para deleitar al hombre. Adán y Eva no tenían que hacer mucho para sojuzgar la tierra porque el pecado todavía no había entrado en el mundo. No tenían que preocuparse de tales cosas como bichos, espinas, cardos. Pero cuando pecaron Adán y Eva, el juicio de Dios cayó no solamente sobre ellos sino también sobre todo lo que les pertenecía -- la tierra, los animales, etcétera. Desde entonces la tierra se hizo enemigo del hombre, y ha sido una batalla continua para el hombre sojuzgarla.

En el sentido espiritual, Dios ha dado el mismo mandamiento a nosotros los creyentes, "Sojuzgad (venced) al mundo", que es el sistema satánico que excluye a Dios en todos los aspectos de la vida. Es posible vencer al mundo porque Cristo ya ha ganado la victoria sobre él.

> Ahora es el juicio de este mundo; ahora el príncipe de este mundo (Satanás) será echado fuera.
>
> Juan 12:31

Se dice esto en referencia a su victoria cuando murió en la cruz. De esta manera ha hecho posible nuestra victoria.

> Porque todo lo que es nacido de Dios vence al mundo; y esta es la victoria que ha vencido al mundo, *nuestra fe.*
>
> 1 Juan 5:4

El mundo que nosotros tenemos que sojuzgar no es una tierra que tenemos que arar, sembrar y cosechar, sino el mundo controlado por Satanás. Hay dos fases que cumplir al obedecer este mandamiento. Una se refiere a nuestra vida espiritual en vencer el sistema satánico. La otra se refiere a nuestra responsabilidad de vencer a Satanás por ganar a otros para Cristo, rescatándoles del dominio del diablo. Las dos están relacionadas porque no podemos tener éxito en ganar a otros si nosotros estamos en cautiverio, bajo el dominio del mundo y su príncipe.

Los tres enemigos del creyente son *el mundo, la carne, y el diablo.* Estos tres son los que impiden al creyente cumplir su responsabilidad en el propósito supremo de Dios, el cual es redimir para sí mismo a la humanidad perdida y sin esperanza.

> ¿No sabéis que la amistad del mundo es enemistad contra Dios? Cualquiera, pues, que quiera ser amigo del mundo se constituye enemigo de Dios.
>
> Santiago 4:4.

Si en nuestra vida diaria podemos tener en sujeción al mundo, tendremos más éxito en cumplir el mandato de Cristo:

Id por todo el mundo y predicad el evangelio a cada criatura.
Marcos 16:15

Así que hay dos mundos:

No améis al mundo, ni las cosas que están en el mundo. Si alguno ama al mundo, el amor del Padre no está en él. Porque todo lo que hay en el mundo, los deseos de la carne, los deseos de los ojos, y la vanagloria de esta vida, no proviene del Padre, sino del mundo.
1 Juan 2:15.16

Pero leemos también:

Porque de tal manera amó Dios al mundo. . . .
Juan 3:16

No es una contradicción. Dios ama a todos en el mundo -- la humanidad -- no el sistema satánico controlado por el príncipe de la oscuridad, el Diablo. Nuestra responsabilidad es amar a la gente no el sistema satánico y las cosas en el sistema que son tan atrayentes a los deseos carnales.

Cada uno de nosotros tenemos nuestro propio mundo donde tenemos la responsabilidad de representar a nuestro Salvador. Dios nos dice en Hechos 1:8:

...Me seréis testigos en Jerusalén, en toda Judea, en Samaria, y hasta lo último de la tierra.

Podemos aplicar este versículo a nuestras vidas en esta manera:

Me seréis testigos en Jerusalén (la familia), en Judea (las amistades), en Samaria (la vecindad) y hasta lo último de la tierra (la sociedad en su totalidad -- cualquier persona con quien podemos hacer contacto). No debemos pasar por alto a nadie. Este es tu mundo y mi mundo -- gente.

En los capítulos anteriores, hablamos acerca de nuestras relaciones con el esposo y los hijos. Ahora queremos tocar nuestra responsabilidad en alcanzar a nuestros vecinos para Cristo, y lo que hace el mundo para impedirnos hacerlo. Tenemos dos instrumentos que siempre están con nosotros que podemos utilizar en ser testigos fieles: 1) La boca para los que nos escuchen, y 2) la vida para los que rehusan escucharnos. Aunque no quieren escucharnos siempre están fijándose en nuestras vidas. La boca sin la vida o la vida sin la boca resulta en un testimonio muy débil, pero en combinación dan un testimonio fuerte.

Recuerda que hemos mencionado anteriormente que según 2 Corintios 3:2,3 somos "Cartas de Cristo" -- tal vez la única "carta" o "Biblia" que nuestros vecinos leerán. Si es así, ¿qué clase de historia está relatando tu vida a tus vecinos? ¿Han visto a Cristo en tu vida? ¿O hay algunas cosas en tu vida que están obstruyendo a su vista de ver a Cristo en ti? Yo no puedo decir lo que ven en tu vida, pero de una cosa estoy segura que ellos se fijan en ti observando todo lo que haces y cómo te conduces. ¿Es tan diferente tu vida que les da un "apetito", un deseo, de conocer a Cristo, tu Salvador y Señor? ¿O hay algo ahí que les hace decir, "Si ella es creyente, no quiero tener nada que ver con su cristianismo"?

PARTE B

TRES NIVELES DE LA VIDA CRISTIANA

¿Sabes que hay tres niveles de la vida cristiana? Tú estás viviendo en uno de estos niveles. La influencia que vas a tener en las vidas de tus vecinos y de otros depende mucho del nivel en que estás viviendo. El nivel en el cual escoges vivir es la responsabilidad tuya, y muestra a todos qué clase de creyente eres y qué clase de testimonio estás llevando. También tendrá efecto no solamente en tu vida personal sino también en tu ministerio a otros. El nivel en que vives depende de cuánto amas a tu Señor y Salvador.

Estudiemos entonces estos tres niveles de la vida cristiana.

CRISTO -- *gloria*

OTROS -- *conciencia*___

YO -- *libertad*_____

  (libertinaje)

1. EL PRIMER NIVEL – EL NIVEL DEL "YO" (¿Libertad o libertinaje?)

Este nivel es el nivel más bajo en la vida cristiana y el nivel más abusado porque tiene que ver con la "libertad" del creyente. Hay algunos pasajes que muchos de los que viven egoístamente escogen para apoyarse en su conducta, como Romanos 14 y 1 Corintios 8, pero tienen cuidado en escoger solamente unas palabras que les favorecen, dejando el contexto que contradice su punto de vista. De veras somos salvos eternamente y tenemos libertad, pero no es la libertad para pecar. Por primera vez, en Cristo, somos libres de la **PENA** (culpa) del pecado y libres del **PODER** del pecado y *libres* para servir a nuestro Dios. Antes de ser salvos, no podíamos hacer nada -- absolutamente nada -- para glorificar a Dios. Eramos esclavos (no libres) del pecado, de Satanás, del mundo y de la carne. Y más que esto, estábamos muertos, sin vida ("muertos vivientes a los ojos de Dios), separados de El.

> . . .Cuando ESTABAIS MUERTOS EN VUESTROS DELITOS Y PECADOS, en los cuales anduvisteis en otro tiempo, siguiendo la corriente de potestad del aire (el diablo), el espíritu que ahora opera en los hijos de desobediencia, entre los cuales también TODOS NOSOTROS vivimos en otro tiempo en los deseos de nuestra carne (la naturaleza pecaminosa heredada de Adán y Eva) y de los pensamientos, y éramos por naturaleza hijos de ira (condenados ya por Dios), lo mismo que los demás.
> Efesios 2:1-3.

Aún lo mejor que teníamos que ofrecer no era aceptable a Dios.

> Si bien todos nosotros somos como suciedad, y todas nuestras justicias (no nuestros pecados) como trapo de inmundicia.
> Isaías 64:6

Vemos la verdadera libertad en Cristo en Romanos 8:21. Pablo habla de "la libertad gloriosa de los hijos de Dios" del "yugo de la esclavitud de la corrupción". Antes de llegar a ser hijos de Dios estuvimos bajo la esclavitud de la ley -- es decir que tuvimos que ser perfectos cumpliendo cada letra de la ley para ser salvos, lo que nadie podía hacer (Hechos 15:10,11). Por traspasar la ley, fuimos condenados por la ley, mereciendo la ira de Dios. Pero Cristo, el único en toda la historia humana quien cumplió perfectamente toda la ley, tomó el lugar por nosotros en la cruz del Calvario, librándonos de la maldición de la ley. Podemos ver esto claramente en Gálatas 3:12,13:

> La ley no es de fe sino que dice: El que hiciere estas cosas vivirá por ellas. Cristo nos redimió de la maldición de la ley, hecho por nosotros maldición (porque está escrito: Maldito todo el que es colgado en un madero).

Esta libertad es aun más gloriosa cuando nos damos cuenta de que por Cristo somos libres también de la **PENA** o culpa del pecado, del **PODER** del pecado en nuestra vida diaria, y algún día seremos libres de la **PRESENCIA** del pecado cuando estemos con Cristo.

Pero los que viven en este nivel del "YO" interpretan la libertad así: Soy salvo y tengo la vida eterna. No estoy bajo la ley ya. Tengo libertad para hacer lo que a mí me gusta, lo que me conviene porque aún Pablo dijo en 1 Corintios 6:12:

Todas las cosas me son lícitas.

Para tales personas la libertad les da una excusa para la vida licenciosa, pero tal licencia les pone bajo la esclavitud de nuevo -- esta vez a la esclavitud de la carne que dice, "Pero esto me agrada. No me hace mal a mí. Estoy bajo la gracia, no bajo la ley. Cada uno tiene el derecho de estar convencido en su propia mente. Así que tenemos la libertad de hacer lo que queremos". Y lo hacen, pero sus vidas son un fracaso espiritualmente. Su libertad se ha hecho nada más que libertinaje.

Este nivel es un nivel egoísta porque la persona está pensando solamente en sí misma. En vez de usar su libertad para glorificar a Dios, está abusando por usarla para agradar a su carne pecaminosa. Por eso el primer nivel se llama el "YO"

Sansón es ejemplo del creyente que vive en este nivel de la vida cristiana. Hemos estudiado acerca de la vida de Sansón en el capítulo 2 de este libro, ¿recuerdas? Sansón fue escogido de Dios antes de su nacimiento para servirle. El era nazareo -- separado para servir a Jehová. Pero su vida espiritual era un fracaso.

Sansón manchaba su vida; violaba el llamamiento de Dios por medio de su apetito carnal. Se casó con una enemiga de Dios. Pasó la noche en la casa de una prostituta. Seguía solamente sus propios deseos. Pero a pesar de todo esto Dios utilizó a Sansón, NO POR CAUSA DE SANSON, SINO A PESAR DE EL. Dios amó a Israel, su pueblo. Utilizó a Sansón como instrumento para librar a su pueblo de la mano opresiva de sus enemigos. ¿Recuerdas cuáles fueron los resultados de la vida de Sansón? No cumplió ninguna obra permanente para

Dios, y murió en esclavitud-esclavo de sus deseos carnales y esclavo de sus enemigos.

Todos nosotros conocemos a creyentes -- a lo menos a los que dicen que son -- que están viviendo en este nivel de la vida cristiana, esclavos del enemigo, de su naturaleza pecaminosa. Hombres y mujeres, "creyentes", viviendo vidas inmorales, deleitando la vista en fotos y revistas de pornografía, cometiendo adulterio, participando en hechos homosexuales, fornicando, emborráchandose etcétera.

Hay otros creyentes que, aunque viven vidas morales, desean solamente la ganancia y usan la gracia del Señor para su propia conveniencia. Si Dios les utiliza, lo hace A PESAR DE sus vidas y NO POR CAUSA DE ELLOS. Dios les usa como El usa a veces a los incrédulos para cumplir su voluntad. Si no se arrepienten de las cosas que hacen, en su debido tiempo Dios les juzgará y les castigará conforme a sus obras.

> De manera que cada uno de nosotros dará a Dios cuenta de sí.
> **Romanos 14:12**

El fin de Sansón era triste. Los enemigos le sacaron los ojos y le hicieron trabajar como un animal en el molino. Fue hecho no más que juguete en las manos de los filisteos, y murió como esclavo. Dios nos amonesta:

> Y si él hiciere mal, yo le castigaré con vara de hombres, y con azotes de hijos de hombres.
> **2 Samuel 7:14**

> No os engañéis; Dios no puede ser burlado; pues todo lo que el hombre sembrare, eso también segará.
> **Gálatas 6:7**

Lo que pasó con los hijos de Dios en el Antiguo Testamento está escrito para nuestro beneficio para que nosotros no caigamos en la misma trampa, en el mismo error como ellos.

> Mas estas cosas (experiencias de los israelitas) sucedieron como ejemplos para nosotros, para que no codiciemos cosas malas, como ellos codiciaron...Y estas cosas les acontecieron como ejemplo, y están escritas para amonestarnos a nosotros, a quienes han alcanzado los fines de los siglos.
> **1 Corintios 10:6,11**

Hay unas verdades muy importantes que siempre debemos tener en cuenta. La persona que vive en este nivel debe examinarse. Es muy posible que no es salva. Hay personas que quieren ser salvas del infierno, pero no quieren ser salvas de sus pecados. Cuando el ángel anunció el nacimiento de Cristo a José, le dijo:

> Llamarás su nombre JESUS, *porque él salvará a su pueblo de sus pecados.*
>
> Mateo 1:21

El no les salva *en* sus pecados, sino *de* sus pecados. No salva a una persona del infierno si primero no le ha salvado de sus pecados. Pero si uno cree que puede recibir a Cristo como su Salvador para ir al cielo sin recibirle como el Salvador de sus pecados se ha equivocado tremendamente. Estoy segura que hay muchos que creen que son creyentes, salvos eternamente, que no lo son.

Además la vida cristiana no es una vida SIN la ley. Todavía tenemos que obedecer leyes aunque esto no es una condición para la salvación. Hay muchos en la cárcel porque han desobedecido en una forma u otra los diez mandamientos. La vida cristiana es una vida disciplinada por la Palabra de Dios, controlada y regulada por el Espíritu Santo. Su camino todavía es "el camino estrecho", pero lleno de bendiciones en esta vida y aun más en la vida más allá.

> Porque la ley del Espíritu de vida en Cristo Jesús me ha librado de la ley del pecado y de la muerte. Porque lo que era imposible para la ley (hacer al hombre capaz de cumplir la ley y ganar una justicia aceptable ante Dios), por cuanto era débil por la carne (nuestra naturaleza pecaminosa), Dios enviando a su Hijo en semejanza de carne de pecado y a causa del pecado condenó al pecado en la carne para que la justicia de la ley se cumpliese en nosotros, que no andamos conforme a la carne, sino conforme al Espíritu.
>
> Romanos 8:2-4

Hemos mencionado que los que viven en este nivel y buscan apoyo por algunos pasajes de las Escrituras, han interpretado mal la Palabra de Dios. Miremos por un rato estos dos pasajes, Romanos 14 y 1 Corintios 8. La primera cosa que debemos notar es que Pablo NO está hablando de cosas pecaminosas, sino de "cosas dudosas". El pecado nunca ha tenido el apoyo de Dios, y es terminantemente prohibido en la Palabra de Dios. No hay duda de esto. Dios nunca nos ofrece la libertad de pecar. El pecado es pecado, no importa en cual vida se encuentre, sea en la vida del creyente o en la del incrédulo.

¿Qué quiere decir entonces "cosas dudosas"? Las cosas dudosas son cosas que en sí mismas no son pecaminosas aunque a veces por la manera en que son usadas pueden llegar a ser. Por ejemplo, el comer, el beber, el guardar días religiosos, la circuncisión etcétera, durante el tiempo cuando Pablo escribió a los Corintios y a otras iglesias causaron problemas. Había costumbres que estaban dividiendo a los creyentes dentro de la iglesia. No había ningún pasaje de la Palabra de Dios que prohibiera tales cosas, pero habían dudas en cuanto a si fueran buenas o malas.

Miremos la historia de las leyes y las costumbres que ejercitaban influencia en las vidas de los judíos y los gentiles. Cuando Dios escogió a los israelitas para ser su pueblo, quiso hacerles "un pueblo único", "mi tesoro especial" de entre todos los pueblos que estaban sobre la tierra. Dios les dijo:

"Si diereis oído a mi voz y guardareis mi pacto (mi palabra), vosotros seréis...un reino de sacerdotes, y gente santa.
Deuteronomio 14:2; Exodo 19:5,6

Aunque al principio había el conocimiento de Jehová, las generaciones después se apartaron de Dios y vivían en el pecado, adorando dioses falsos. Dios quiso hacer de Israel un pueblo diferente que pertenecía solamente a El. Quería un pueblo que pudiera ser testigo de la gloria y santidad del Dios vivo y verdadero delante de todas las otras naciones. Al ver lo que Dios estaba haciendo para su pueblo, las otras naciones confesarían:

Ciertamente pueblo sabio y entendido, nación grande es ésta. Porque ¿Qué nación grande hay que tenga (su Dios) tan cercano a ellos como la está Jehová Dios en todo cuanto le pedían?
Deuteronomio 4:6,7

Para hacer de ellos un pueblo distinto y separado les dio leyes. No podía haber una equivocación en saber lo que era la voluntad de su Dios. Había leyes contra toda maldad y pecado. Pero además había leyes religiosas en cuanto a la manera de adorarle, leyes de comportamiento, leyes de casamiento, aún leyes de vestidura y de las cosas que podían comer o de las cosas prohibidas. Eran leyes que controlaban cada aspecto de sus vidas. Tenían la responsabilidad de enseñar todas estas leyes a sus hijos. Más tarde cuando los fariseos clasificaron todas las leyes de Moisés, hicieron un sumario de ellas con 615 leyes, 250 mandamientos positivos y 365 negativos. A ellas fueron añadidas "la tradición de los ancianos", otros reglamentos puestos sobre el pueblo sin la aprobación de Dios. No debemos ser sorprendidos por lo que Pedro dijo en el concilio de Jerusalén:

> Ahora, pues, ¿por qué tentáis a Dios, poniendo sobre la cerviz de los discípulos un yugo que ni nuestros padres ni nosotros hemos podido llevar?
>
> Hechos 15:10

Para animarles a ser obedientes, Dios les prometió que si cumplían sus leyes El les bendeciría en gran manera y les prosperaría en cada fase de su vida. Ellos habían de ser representantes del Dios Santo. Si guardaban los mandamientos de Dios, les haría una nación grande y santa, un reflejo de la santidad de Dios mismo. ¡Qué privilegio! Serían una luz a las otras naciones cuyo mundo espiritual era el de la oscuridad y de dioses falsos.

La cosa triste fue que los israelitas fracasaron vez tras vez tras vez en guardar la Palabra de Dios porque vivían en el nivel del "YO". En vez de ser un pueblo santo y separado a Dios, se juntaron a las otras naciones, ocultando su luz "debajo de un almud". Querían ser como las naciones paganas y aun hasta adorar sus imágenes y dioses falsos. Al fin cuando Dios les envió a su unigénito Hijo, le rechazaron como su Mesías y Salvador, clavándole en una cruz. Así que fueron juzgados y esparcidos a todas partes del mundo. Ya no era una nación apartada para la bendición de Dios. Desde que los israelitas perdieron este privilegio como una nación, las leyes que les hicieron un pueblo santo y separado ya no era necesarias. Dios las quitó cuando a la muerte de Cristo, el velo del templo se rasgó, anulando para siempre esta obligación del hombre.

> Anulando el acta de los decretos que había contra nosotros, que nos era contraria, quitándola de en medio y clavándola en la cruz.
>
> Colosenses 2:14

Dios mostró esta verdad al apóstol Pedro según Hechos 10:11-15 cuando Pedro --

> Vio el cielo abierto, y que descendía algo semejante a una gran lienzo, que atado de las cuatro puntas era bajado a la tierra; en el cual había de todos los cuadrúpedos terrestres y reptiles y aves del cielo. Y le vino una voz: Levántate, Pedro, mata y come. Entonces Pedro dijo: Señor, no, porque ninguna cosa común o inmunda he comido jamás. Volvió la voz a él la segunda vez: Lo que Dios limpió, no lo llames tú común.

Esto muestra que los animales prohibidos bajo la ley de Moisés no eran inmundos en sí mismos. Lo que les separó era el mandamiento de Dios.

Cuando unos corintios aceptaron a Cristo como su Salvador dejaron su adoración a los ídolos en los templos paganos. Pablo nos da la ilustración de un creyente corintio que razona así, "Ya soy salvo por la gracia de Cristo. Sé que los ídolos del templo no son dioses. La carne ofrecida a ellos es buena carne, tal vez la mejor carne porque reservaron la mejor para sus dioses. Porque los ídolos no son dioses y no pueden hacer nada, no han contaminado la carne. Y porque no han podido comer la carne, se vende esta carne linda en el templo después (tal vez a un precio más barato también). Entonces voy al templo para conseguir buena carne". En una manera no hay pecado. Todo lo que ha dicho era la verdad.

No obstante hay un nuevo creyente que le ve entrar en el templo. Es ofendido porque don "fulano de tal", el anciano de la iglesia, está participando en los negocios del templo. El lo menciona a otros creyentes. Por fin alguien habla al anciano que ha causado el problema, pero el anciano de la iglesia dice, "No me importa si el nuevo creyente está ofendido. El sabe que estos dioses no son nada. Tengo mis derechos. Si a él no le gusta, él tiene la culpa." Esto es el razonamiento de la persona que vive en el nivel del "YO", -- "mis derechos". No le importa el efecto en la vida de otros.

Pablo da una admonición a los dos.
> El que come, no menosprecie al que no come, y el que no come, no juzgue al que come; porque Dios le ha recibido.
> Romanos 14:3

> Si bien la vianda no nos hace más aceptos ante Dios; pues ni porque comamos, seremos más, ni porque no comamos, seremos menos.
> 1 Corintios 8:8

> Porque en Cristo Jesús ni la circuncisión vale algo, ni la incircuncisión, sino la fe que obra por el amor.
> Gálatas 5:6

Hoy en día Dios quiere otro pueblo separado a El para mostrar a otros por medio de sus vidas la gloria y la santidad del Dios vivo y verdadero. Tú y yo somos ahora una parte de este pueblo de Dios, la iglesia de Jesucristo. Somos hijas por la fe en Cristo, testigos al mundo de la gracia y la misericordia de Dios.

Mas vosotros sois linaje escogido, real sacerdocio, nación santa, pueblo adquirido por Dios, para que anunciéis las virtudes de aquel que os llamó de las tinieblas a su luz admirable.
1 Pedro 2:9

Su método para hacernos a nosotros un pueblo santo no es cumplir algunas leyes nuevas. Su método es conformarnos a Cristo quien vive en nosotros y transformarnos por el Espíritu Santo para que nuestras vidas muestren la belleza y justicia de Cristo.

Un hombre de Dios dijo que la libertad no es el privilegio de hacer lo que queremos hacer sino el poder de hacer lo que debemos hacer. Eso es vivir de tal manera que nuestras vidas edifiquen a otros y no las destruyan. Para guardarnos de permitir a nuestra libertad llegar a ser licencia, Dios nos dio otro principio básico. Esto tiene prioridad sobre el principio básico de la libertad, y esto es -- ***QUE NO DEBEMOS USAR NUESTRA LIBERTAD EN TAL FORMA QUE HAGA CAER EN EL PECADO A NUESTRO HERMANO.***

Decidid no poner tropiezo u ocasión de caer al hermano... Bueno es no comer carne ni beber vino, ni nada en que tu hermano tropiece, o se ofenda, o se debilite.
Romanos 14:13,21.

Pero mirad que esta libertad vuestra no venga a ser tropezadero para los débiles...y por el conocimiento tuyo, se perderá el hermano débil por quien Cristo murió. De esta manera, pues, pecando, contra los hermanos e hiriendo su débil conciencia contra Cristo pecáis.
1 Corintios 8:9,11,12

Vemos la actitud de Pablo --

Todas las cosas me son lícitas, mas no todas convienen; todas las cosas me son lícitas, mas yo no me dejaré dominar de ninguna.
1 Corintios 6:12

Esto nos lleva al segundo nivel de la vida cristiana.

2. *EL SEGUNDO NIVEL -- EL NIVEL DEL "OTRO"* (La conciencia):

La Palabra de Dios nos amonesta que no debemos hacer nada en que nuestro hermano tropiece, o se ofenda, o se debilite.

Y por el conocimiento tuyo, se perderá el hermano débil por quien Cristo murió. De esta manera, pues, pecando contra los hermanos e hiriendo su débil conciencia, ***CONTRA CRISTO PECAIS.***
1 Corintios 8:11,12

¿Cuál es la diferencia entre el "tropezar", el "ofenderse", y el "debilitarse"?

   a. *El tropezar* es cuando otra persona usa nuestra vida como modelo para su propia vida, al hacerlo cae en el pecado por causa de nuestro comportamiento.

   b. *El ofenderse* es cuando nos ve hacer algo que él cree que no debemos hacer. El no lo hace, pero pierde respeto por nuestro testimonio. Deja una división entre miembros del cuerpo de Cristo.

   c. *El debilitarse* es cuando lo que hacemos debilita la fe de otro, le hace participar en una cosa contra su conciencia. Puede resultar en que el hermano débil deja de seguir a Cristo.

Si tú eres una hermana fuerte, lo que es requerido de ti es:

   a) Cuidar que lo que hagas no sea ocasión de pecado para otro quien es débil.

   b) Portarte de tal manera que otros no pierdan respeto por tu testimonio.

   c) Portarte de tal forma que otros no se desvien de la verdad por causa de ti.

No hay ninguna razón válida dada en la Biblia que te da excusa para hacer tropezar a otro, ofender, o debilitar su fe. Esta persona es preciosa a Cristo. El se dio a si mismo para redimirle.

Hace unos años habían un desacuerdo entre una iglesia y su pastor. Hasta entonces la iglesia se había gozado de grandes bendiciones del Señor. Pero esta disensión dejó un mal testimonio por toda la comunidad. Y todo era por causa de una lámpara que pertenecía a la iglesia. El pastor insistía en sus derechos como pastor para utilizar la lámpara (que en este asunto en realidad no tenía sin permiso de la iglesia). Aparentemente la iglesia tuvo su razón por no permitir el pastor utilizar la lámpara. Quizás la kerosina o la gasolina era escasa. No sé. Mi esposo fue a aconsejarle para procurar solucionar el problema. Le dijo al pastor que si tenía razón o no, no debía destruir la obra de Dios por una lámpara. Parece que todo fue arreglado, pero después de una o dos semanas más, otra vez el pastor demandó sus derechos. Por fin la iglesia tuvo que poner a su pastor bajo disciplina. Pero el mal testimonio quitó las bendiciones de esa iglesia, y nunca ha recuperado lo que ha perdido. ¡Qué precio se tuvo que pagar por demandar unos "derechos"!

¿Has pensado en tus derechos? ¿Cuáles derechos?

> O ignoráis...que no sois vuestros? Porque habéis sido comprados por precio (¡y que precio!): glorificad, pues a Dios en vuestro cuerpo y en vuestro espíritu, los cuales son de Dios.
>
> 1 Corintios 6:19,20

Ya no tenemos derechos. ¡Tenemos a Cristo! Pertenecemos a otro quien nos amó tanto que nos ha comprado por su sangre. Los únicos derechos son de El.

Nadie tiene el derecho de decir: "Yo puedo hacer esto. No es mi culpa que ella sea débil. No soy responsable por sus acciones si le hacen pecar. Tengo mi libertad en Cristo, y nadie me la va a quitar". Dios dice:

> Si por el conocimiento tuyo, se perderá el hermano débil por quien Cristo murió...contra Cristo pecas.
>
> 1 Corintios 8:11,12

> Porque ninguno de nosotros vive para sí, y ninguno muere para sí.
>
> Romanos 14:7

Cada palabra tuya y cada hecho tuyo tiene su efecto en las vidas de otros. Por eso Pablo te exhorta:

> Solamente que os comportéis como es digno del evangelio de Cristo.
>
> Filipenses 1:27

Ahora en nuestros tiempos nosotros, los creyentes, tenemos que hacer frente también a "cosas dudosas", cosas que están causando divisiones entre creyentes, entre obreros en la iglesia. ¿Cuáles son? He anotado solamente algunas. Estoy segura que tú puedes añadir más:

1) El fumar.
2) El bailar.
4) El beber vino o bebidas alcohólicas.
5) La televisión
6) Los naipes.

Primero tienes que decidir si son "cosas dudosas" o "cosas pecaminosas". Por ejemplo el fumar. Donde yo vivía por muchos años los creyentes no creían que era malo fumar. Al salir del culto todos los hombres sacaban sus cigarrillos y empezaban a fumar. Pero ahora los médicos han probado que es una verdad científica que el fumar es una causa del cáncer, un tumor maligno que está matando a tanta gente. La Palabra de Dios no habla ni una palabra contra el fumar, porque no era conocido en aquel entonces. Pero nos da algunos principios básicos para guiarnos. Dios nos prohibe dañar el cuerpo porque es el templo del Espíritu Santo.

> ¿O ignoráis que vuestro cuerpo es templo del Espíritu Santo, el cual está en vosotros, el cual tenéis de Dios y que no sois vuestros?
> 1 Corintios 6:19
>
> Por lo cual, salid de en medio de ellos, y apartaos dice el Señor. Y no toquéis lo inmundo: y yo os recibiré.
> 2 Corintios 6:17

Para ayudarte a averiguar si son cosas dudosas o cosas pecaminosas hazte las siguientes preguntas:

1) ¿Está prohibido por la Palabra de Dios?
2) ¿Hay algo inherente en esto que viola los principios de la Palabra de Dios?
3) ¿Daña el cuerpo, el alma, el espíritu?

Si tienes que decir "si" a cualquiera de las preguntas, entonces no es cosa dudosa sino una cosa pecaminosa.

Aquí hay otras preguntas más que te pueden ayudar:

a. Si lo hago, ¿qué gano yo y qué pierdo yo?

¿Qué efecto tiene esta "cosa" en mi vida? ¿Edifica mi vida espiritual o estimula a mi carne pecaminosa? ¿me estimula a crear un hábito, o poseer lo que tiene otro, o actuar en una manera que yo sé que no agrada a Dios? ¿Me hace mejor creyente? ¿Causa insatisfacción en mi vida? ¿Crea en mí el deseo de ganar el mundo aunque pierda la bendición de Dios de alcanzar las metas trazadas? ¿Puede ser la razón de los problemas en mi vida espiritual ? ¿de los problemas con mi esposo o con mis hijos?

b. Si lo hago, ¿Qué gana otro y qué pierde otro?

Si lo hago, ¿Qué efecto puede tener en la vida de otra persona? Si él lo hace porque yo lo hago, beneficiará su vida? ¿Le hará tener el deseo de seguir en mis pisadas? Aunque a mí no ¿estimulará los deseos pecaminosos, la concupiscencia, en otros? ¿Dañará la vida espiritual de otro? ¿Será un obstáculo en el camino de un incrédulo, o va a ayudarle a encontrar a Cristo como su Salvador? ¿Hace que otros pierdan respeto por mi testimonio? Si lo hago, ¿puede debilitar la fe de otro? "Yo puedo hacer esto sin pecar," pero, ¿qué del hermano? ¿"Soy yo acaso guarda de mi hermano"? Dios dice que sí.

c. Si lo hago, ¿Qué gana Dios y qué pierde Dios?

Tengo al santo Dios viviendo en mí, el mismo Dios que dijo a Moisés cuando quiso acercarse a la presencia de Dios en la zarza ardiendo,

> No te acerques; quita tu calzado de tus pies, porque el lugar en que tú estás, tierra santa es.
>
> Exodo 3:5

Mi cuerpo es tierra santa. ¿Se regocija Dios cuando me ve hacer estas cosas? Dios es santo. El pecado le costó la vida de su Hijo. ¿Puedo yo llevar a Cristo conmigo a estos lugares, o hago esto sabiendo que El vive en mí? Te agrada a ti, pero ¿agradará al Dios Santo que vive en ti? ¿Satisfacería la santidad de Dios? ¿Puede Dios bendecir mis hechos, mi participación en tales cosas? ¿Trae honor y gloria al nombre de El o da ocasión al mundo para burlarse de El? ¿Está feliz conmigo mi Salvador cuando lo hago? ¿Qué pierde Dios cuando lo hago? Si anduviera Cristo en la tierra hoy día, ¿me llevaría a mí tales lugares? ¿Haría estas cosas conmigo?

> Y no contristes al Espíritu Santo de Dios, con el cual fuisteis sellados para el día de la redención.
>
> Efesios 4:30

Cristo nos dice en Juan 17:11,14 que estamos *en* el mundo, pero no somos *del* mundo. Estando en el mundo nos encontramos en medio de muchas tentaciones. Las cosas del mundo son tan relucientes y atractivas que despiertan los deseos de nuestra naturaleza pecaminosa. Despiertan el deseo de saborear los placeres del mundo. Este deseo es tan absorbente que nos hace ver cuán cerca del mundo podemos quedarnos y a la vez seguir siendo considerados creyentes. Pero mis queridas amigas, Dios busca a los que quieren quedarse lo más cerca de El.

> Acercaos a Dios, y El se acercará a vosotros.
>
> Santiago 4:8

Hemos dicho que las "cosas dudosas" en sí mismas no son pecaminosas, sino que la manera por el cual son usadas puede cambiarlas en pecado. Por ejemplo, la jeringa y drogas en manos del médico son usadas para sanarnos de enfermedades, pero en manos de un adicto son pecaminosas porque por la manera en que él las usa está destruyendo su vida. La televisión y el cine en sí mismos no son pecaminosos. Hay programas buenos. Pero uno tiene que aprender seleccionar lo que es bueno y lo que no agrada a Dios. También podemos usarlos en propagar el evangelio. Podemos mostrar películas cristianas que edifican la vida espiritual. Pero el cine y la televisión en manos del diablo no nos van a edificar. Las cosas que él proyecta en la pantalla nos hacen alejar de Dios. Tal vez no de golpe, sino poco a poco, nos vamos enfriando espiritualmente. Nos hacen desear más las cosas del mundo y perder interés en las cosas de Dios. Al principio no hay tiempo para orar; entonces no hay tiempo para leer la Biblia; después dejamos de asistir regularmente a los cultos. Estamos demasiado ocupados con otras cosas.

> Y los que disfrutan de este mundo (sean) como si no lo disfrutasen.
>
> 1 Corintios 7:31

Podemos usar las cosas del mundo, pero no debemos abusarlas. Cristo oró a su Padre:

> No ruego que los quites del mundo, sino que los guardes del mal.
>
> Juan 17:15.

Cristo conoce nuestro camino porque El ya ha andado por él. Satanás usó el mundo para tentar a nuestro Salvador y Señor.

> Otra vez le llevá (a Cristo), el diablo a un monte muy alto, y le mostró todos los reinos del mundo y la gloria de ellos. y le dijo: Todo esto te daré, si postrado me adorares.
>
> Mateo 4:8,9

Si Cristo hubiera capitulado con Satanás para ganar el mundo, para satisfacerse a sí mismo; si hubiera dicho "¿Por qué quiero dar mi vida en rescate de gente que no me ama? No quiero ser, ni voy a ser guarda de mi hermano", tendríamos que pasar la eternidad en el infierno. Pero Cristo no lo hizo. Jesús le respondió:

> Vete, Satanás, porque escrito está: Al Señor tu Dios adorarás, a y El sólo servirás.
>
> Mateo 4:10

Cristo fue tentado, pero no pecó.

> Porque no tenemos un sumo sacerdote (Cristo) que no pueda compadecerse de nuestras debilidades, sino uno que fue tentado en todo según nuestra semejanza, pero sin pecado. Acerquémonos, pues, confiadamente al trono de la gracia, para alcanzar misericordia y hallar gracia para el oportuno socorro.
>
> Hebreos 4:15,16

La Mujer Ideal

Gracias a Dios que El está intercediendo por nosotros. "No ruego que los quites del mundo, sino que los guardes del mal". Como dice 1 Juan 2:6, debemos andar en este mundo como El anduvo, y como dice Santiago 1:27, "Guardaos sin mancha del mundo".

Como hemos dicho anteriormente, la meta de Satanás es "conformarnos al mundo". La meta de Dios es transformarnos conforme a Cristo. La palabra "conformar" quiere decir tomar la forma de otra cosa. Cuando tú haces gelatina, la mezclas con agua hirviendo. Es líquido y no tiene ninguna forma. Pero la pones en un molde, y cuando se enfría, tiene la forma del molde. El creyente cuando se mete en las cosas del mundo y se enfría espiritualmente, pronto tiene el molde del mundo. Por eso el apóstol Pablo nos exhorta:

> No os conforméis a este siglo (a este mundo), sino transformaos por medio de la renovación de vuestro entendimiento, para que comprobéis cual sea la buena voluntad de Dios, agradable y perfecta.
> Romanos 12:1,2

> No os conforméis a los deseos que antes teníais...sino como aquel que os llamó es santo, sed también vosotros santos en toda manera de vivir.
> 1 Pedro 1:14,15

> No améis al mundo, ni las cosas que están en el mundo. Si alguno ama al mundo, el amor del Padre no está en él. Porque todo lo que hay en el mundo, los deseos de la carne, los deseos de los ojos, y la vanagloria de la vida, no proviene del Padre, sino del mundo. Y el mundo pasa, y sus deseos; pero el que hace la voluntad de Dios permanece para siempre.
> 1 Juan 2:15-17

La persona que trata de amar el mundo y a la vez amar a Dios es como el hombre mencionado en Santiago 1:8. Es un "hombre de doble ánimo...inconstante en todos sus caminos". Peor que esto, dice Santiago 4:4:

> ¡Oh almas adúlteras! ¿No sabéis que amistad del mundo es enemistad contra Dios? Cualquiera, pues, que quiera ser amigo del mundo, se constituye enemigo de Dios.

¿Por qué dice Santiago "almas adúlteras"? No se está refiriendo a los que han cometido infidelidad entre esposos, sino a los que son infieles a Cristo. Si dan al mundo su amor, son infieles a Cristo. Han cometido adulterio espiritual, porque los creyentes están comprometidos a Cristo.

1 Juan 2:15-17 nos da tres razones por qué no debemos amar al mundo.
> a. El creyente no puede amar al mundo y a la vez a Dios. El amor del Padre no está en él. Dios no ama tales cosas sino las aborrece. Si nosotros las amamos, sabemos inmediatamente que el diablo y no Dios es la fuente de tal amor.
> b. El contenido del mundo atrae a la concupiscencia, los deseos carnales, los deseos de los ojos, y la vanagloria de la vida, y "no proviene del Padre, sino del mundo".
> c. El mundo está bajo la maldición de Dios y será destruído.

La meta de Dios es conformarnos a Cristo--dejando al Espíritu Santo reproducir en nosotros la vida de Jesús para que el mundo, cuando nos vea, pueda ver a Cristo en nosotros. Nosotros no podemos cumplir esto en nuestras vidas. Es la obra del Espíritu Santo. Pero las cosas del mundo impiden esta obra del Espíritu en nosotros.

La palabra "transformar" tiene el mismo sentido que "transfigurar". En la historia de la transfiguración de Cristo en Mateo 17:2 leemos:
> Y se transfiguró delante de ellos, y resplandeció su rostro como el sol, y sus vestidos se hicieron blancos como la luz.

Esta luz resplandeciente vino de adentro del interior de Cristo -- era su gloria. El Espíritu Santo quiere transformarnos para que la gloria de Cristo quien está en nosostros, resplandezca como una luz al mundo. Si estamos metidos en el mundo, estamos oscureciendo esta luz.

Cristo dice que no somos del mundo aunque estamos en el mundo. El nos ha enviado al mundo (I Juan 17:18) para ser sus representantes, sus embajadores.
> Haced todo sin murmuraciones y contiendas, para que seáis irreprensibles y sencillos, hijos de Dios sin mancha en medio de una generación maligna y perversa, en medio de la cual resplandecéis como luminares en el mundo; asidos de la palabra de vida.
> Filipenses 2:14,16

Ahora hay algunos peligros mencionados en Romanos 14 y 1 Corintios 8 que debes evitar. Uno es el peligro de juzgar a otros. El juzgar no es deber tuyo sino es el derecho del Señor. No hay que tomar el lugar que pertenece a Cristo en juzgar al hermano o condenarle. Tú no eres Dios. El creyente que juzga será juzgado. El creyente no tiene que dar cuenta a otro creyente por sus hechos, sino a Dios. Si ves a otro creyente hacer algo que tú crees que no debe hacer, puedes hablarle en una buena manera, y orar por este hermano o hermana. No le juzgues. Vas a encontrar que si estás orando por otra persona con el ferviente deseo de verle arreglar su vida con el Señor, será muy difícil criticarle. La verdadera oración no producirá la crítica sino el anhelo de ayudarle. Con confianza en la contestación del Señor, buscarás evidencias de la obra del Señor en su vida. Resultará en ver lo positivo y no lo negativo en su vida. Si otro creyente le critica, puedes reclutarle a él también para que oren juntos por el hermano. Encontrarás que pronto has perdido el deseo de buscar fallas en las vidas de otros.

No puedes decir, "Tú no eres creyente si bailas, No eres creyente si asistes al cine. No eres creyente si tomas", etc. Mi amiga, hay creyentes que fuman, que bailan, que toman, que asisten al cine. No estoy diciendo que estas cosas agradan al Señor. Pero si dices que alguien no puede ser creyente si haces tal cosa, tú estás diciendo que la salvación depende de lo que hace o de lo que no hace la persona. Esto no es la verdad. La salvación es por la fe, por la gracia de Dios y nada más. Efesios 2:8,9 dice:

> Porque por gracia sois salvos por medio de la fe; y esto no de vosotros, pues es don de Dios; no por obras, para que nadie se glorie.

Dios quita las obras para quitar la jactancia. La obra de Cristo es la única, que tiene la aprobación de Dios para la salvación. Si tú dices tal cosa, entonces te has hecho legalista porque has impuesto tus leyes para la salvación sobre la gracia de Dios. El comportamiento del creyente, si hace una cosa o si no la hace, tiene que ver con *el andar*, **con el comportamiento** del creyente y no con su salvación.

Uno que no hace tales cosas está equivocado si dice: "Bien, yo no hago esas cosas. Así que soy más espiritual que él". No somos creyentes fieles y espirituales por lo que no hacemos. La vida espiritual es positiva (lo que hago para la gloria de Dios); no es negativa (las cosas que no hago). Como un hombre dijo,"Puedo mostrarle un lugar donde hay miles de personas que no fuman, que no toman, que no bailan, que no asisten al cine. Tampoco son espirituales. Es el cementerio. La vida tiene que manifestarse en lo que uno hace, no en lo que no hace. La espiritualidad depende de si una persona es controlada por el Espíritu (si está llena del Espíritu). Sin duda la espiritualidad producirá una vida diferente y quitará las cosas que no agradan a Dios.

El testimonios de Pablo cuya vida fue usada por el Señor en una manera maravillosa era:

> Todo me es lícito, pero no todo conviene; todo me es lícito pero no todo edifica...No seáis tropiezo ni a judíos, ni a gentiles, ni a la iglesia de Dios...por lo cual, siendo libre de todos, me he hecho siervo de todos para ganar a mayor número...y esto hago por causa del evangelio.
>
> 1 Corintios 10:23,32; 9:19,23

¿Y tú, hermana mía?

3. TERCER NIVEL -- CRISTO: La Gloria

El nivel más alto que puedes encontrar en este mundo, es el tercer principio básico, y esto está gobernado por el amor y no por ninguna ley. Es el cumplimiento del principal mandamiento de Cristo:

> Y amarás al Señor tu Dios con todo tu corazón y con toda tu alma y con toda tu mente.
>
> Mateo 22:37

Se encuentra en dos versículos que nos hablan de cosas positivas:

> Si, pues, coméis o bebéis, o hacéis otra cosa, hacedlo todo para la gloria de Dios.
>
> 1 Corintios 10:31

> Y todo lo que hagáis, hacedlo de corazón, como para el Señor y no para los hombres.
>
> Colosenses 3:23

Juan el Bautista es un ejemplo de una persona que vivía en el nivel más alto de la vida cristiana. Podemos comparar la vida de Juan el Bautista con la de Sansón quien vivía en el nivel más bajo:

    a. Los dos fueron escogidos de Dios antes de su nacimiento.

    b. El nacimiento de los dos fue anunciado por un ángel.

    c. Los dos fueron llamados para servir al Señor.

    d. El Espíritu Santo vino sobre los dos.

Pero ahí termina la comparación. Hay que notar que estas cuatro cosas son las que Dios hizo para ellos. Dios les dio a los dos buenos principios. Pero el nivel en el cual cada hombre iba a vivir dependía del hombre mismo. Sansón escogió seguir su propio camino, el camino ancho, satisfaciendo sus deseos carnales. Juan el Bautista escogió el camino estrecho, el camino del Señor, glorificando a Dios en todo lo que hacía, haciendo todo de corazón.

> El testimonio de Juan el Bautista era que él era solamente una voz para Cristo. Juan 1:23. Dijo en Juan 3:30:
> Es necesario que El (Cristo) crezca, pero que yo mengüe.

Juan el Bautista era un hombre cuya vida fue aprobada de Dios y tuvo este testimonio de Cristo mismo,

> Entre los que nacen de mujer no se ha levantado otro mayor que Juan el Bautista.
> Mateo 11:11

Nosotros somos voces para Cristo. Si escogemos vivir en el nivel más alto de la vida cristiana es necesario que El crezca en nosotros y que nosotros mengüemos.

Nuestro anhelo debe ser el anhelo de Pablo en Filipenses 3:8,10:

> Y ciertamente aun estimo todas las cosas como pérdida por la excelencia del conocimiento de Cristo Jesús, mi Señor, por amor del cual lo he perdido todo, y lo tengo por basura, para ganar a Cristo...a fin de conocerle, y el poder de su resurrección, y la participación de sus padecimientos.

¿Por qué estaba listo Pablo a despojarse de todo lo que había ganado en su vida, de todo peso, de todo pecado que asediaba? Para ganar a Cristo (no para ser salvo porque ya era salvo), para conocerle íntimamente por la experiencia en su vida diaria, y para conocer de la misma manera el poder de su resurrección y para participar en sus padecimientos. Además dice Pablo,

> Pues tengo por cierto que las aflicciones del tiempo presente no son comparables con la gloria venidera que en nosotros ha de manifestarse.
> Romanos 8:18

¿Quieres conocer mejor a tu Salvador? ¿Estás lista a participar en los padecimientos de Cristo para conocerle mejor? A veces es necesario pasar por tiempos difíciles y sufrir como Cristo sufrió. Dios usa estos tiempos para enseñarnos y a veces para probarnos. No es fácil pasar por ellos. Algunas de Uds. ya han pasado por pruebas difíciles en los años pasados. Tal vez otras tengan que hacerlo en los años venideros. Pero gracias a Dios que cuando lleguen estos tiempos de prueba o tristeza, cuando es necesario andar "en el valle de sombra de muerte". El estará a nuestro lado sustentándonos en cada circunstancia. El no nos dejará ni nos desamparará. Cuando estamos pasando por circunstancias difíciles en nuestras vidas es que nos damos cuenta de nuestra necesidad espiritual, y tenemos que confiar más en El. Nos acercamos más a El. Tales experiencias llegan a ser bendiciones porque es en tiempos de prueba cuando aprendemos las lecciones más preciosas.

Lo que tenemos que temer no son los tiempos difíciles, sino que nuestra vida espiritual se vuelva estéril, infecundada con una aridez en nuestro corazón. Si hay esterilidad en nuestra vida espiritual, tendremos la misma actitud que los discípulos mostraron cuando Cristo quiso alimentar a los cinco mil, "Despide a la gente. No tenemos para alimentarles". Se olvidaron de que EL PAN DE VIDA estaba entre ellos.

El Pan de Vida -- Cristo mismo -- vive en ti. El quiere que tú alimentes con la comida espiritual, la Palabra de Dios, a tus vecinos, a los que se encuentran en tu comunidad. Tú eres instrumento escogido para este trabajo. Por eso te encuentras viviendo en tu barrio. Ojalá que seas un instrumento limpio y útil para cumplir la responsabilidad que Dios te ha dado, viviendo en el nivel más alto de la vida cristiana, haciendo todo de corazón para la gloria de Dios. Solamente así puedes darles un ejemplo o ilustración gráfica del amor y gracia de Dios.

En Juan 12:31 Cristo llama a Satanás, "el príncipe de este MUNDO". En 2 Corintios 4:4 se le llama, "el dios de este siglo". Estamos viviendo en un mundo y en un siglo que están bajo el poder de Satanás, y la gente sin Cristo son cautivos de él sin saberlo. Cristo vino a librarles. Cumplió todo lo que era necesario para que sean libres. Es nuestra responsabilidad entonces avisarles de Cristo, el Libertador, para que puedan recibirle como su Salvador. Al hacerlo, será librados del pecado y del poder del diablo.

Así que si el Hijo os libertare, seréis verdaderamente libres"
                                                        Juan 8:36

Nos encontramos entonces en una lucha espiritual contra las influencias satánicas.

Porque no tenemos lucha contra sangre y carne, sino contra principados, contra potestades, contra los gobernadores de las tinieblas de este siglo, contra huestes espirituales de maldad en las regiones celestes.

Efesios 6:12

Satanás no va a rendirse fácilmente. Tampoco entregará a sus cautivos a Cristo sin una batalla. Hemos recibido el mandamiento de resistir al diablo y estar firmes en la lucha, Santiago 4:7; Efesios 6:13. Cristo ya nos ha prometido la victoria. ¿Cómo podemos obtenerla? Como los de Apocalipsis 12:11:

Y ellos le han vencido por medio de la sangre del Cordero y de la palabra del testimonio de ellos.

Tu testimonio tiene mucho valor en esta lucha espiritual. Tienes que guardarte limpia y santa.

Porque Jehová tu Dios anda en medio de tu campamento para librarte y para entregar a tus enemigos delante de ti; por tanto tu campamento ha de ser santo para que El no vea en ti cosa inmunda, y se vuelva en pos de ti.

Deuteronomio 23:14

Para tener una influencia espiritual en las vidas de otros, necesitas dos cosas:

a. Cristo
b. Un testimonio limpio
Sino vestíos del Señor Jesucristo, y no proveáis para los deseos de la carne.

Romanos 13:14

Así no damos a nadie ninguna ocasión de tropiezo, para que nuestro ministerio no sea vituperado.

2 Corintios 6:13.

PARTE C

LA MUJER Y SUS VECINOS

Al principio de este capítulo, mostramos que otro aspecto del sojuzgar el mundo es ganar al mundo para Cristo. La única manera que el mundo sabe subyugar a los suyos es por la fuerza.

Pues aunque andamos en la carne, no militamos según la carne; porque las armas de nuestra milicia no son carnales, sino poderosas en Dios para la destrucción de fortalezas.

2 Corintios 10:3,4

No hay armas más poderosas que el amor.

Amarás a tu prójimo como a ti mismo. El amor no hace mal al prójimo.

Romanos 13:9,10

> Así que, los que somos fuertes debemos soportar las flaquezas de los débiles y NO agradarnos a nosotros. Cada uno de nosotros agrade a su prójimo en lo que es bueno, para edificación. Porque ni aun Cristo se agradó a sí mismo.

Romanos 15:1-3

Nuestra meta de prioridad debe ser ganar al prójimo para Cristo, o si es creyente, edificarle en el Señor. Pero para alcanzar la meta, debemos seguir el método que Dios nos ha mostrado. Dios dice, "Amarás a tu prójimo como a ti mismo". Dios no ha puesto ninguna condición en este amor. No dice, "Amarás a tu prójimo solamente para ganarle para Cristo". Si lo hubiera dicho así, tendríamos una excusa para dejar de amarle si el prójimo rehusa aceptar a Cristo como su Salvador. Dijo Cristo:

> Pero yo os digo: Amad a vuestros enemigos, bendecid a los que os maldicen, haced bien a los que os aborrecen, y orad por los que os ultrajan y os persiguen; para que seáis (o mostrar que sois) hijos de vuestro Padre que está en los cielos, que hace salir su sol sobre malos y buenos, y que hace llover sobre justos e injustos.

Mateo 5:44,45

Dios quiere que amemos al prójimo si acepta a Cristo como su Salvador o no. El nos amó a nosotros cuando éramos rebeldes, indignos de su amor, cuando merecíamos solamente su ira y juicio.

> Mas Dios muestra su amor para con nosotros, en que siendo aún pecadores, Cristo murió por nosotros. . .Porque si siendo enemigos, fuimos reconciliados con Dios por la muerte de su Hijo. . . .

Romanos 5:8,10

Gracias a Dios, por fin su grande amor nos venció.

Cuando tratamos de amar al prójimo solamente para ganarle para Cristo, eso no es un amor verdadero. Si le ayudamos solamente para darnos la oportunidad de testificarle, el prójimo pronto lo notará. Así pensará, "Ella está ayudándome solamente para hablarme acerca de su religión. Tiene interés solamente en lo que puedo significar y no en mí mismo". Entonces la ayuda sirve solamente para levantar otra barrera en su corazón contra el evangelio. Hay agunos creyentes que hablan demasiado acerca de su fe. Una no creyente me dijo una vez, "La Sra._____ siempre viene a mi casa, y no habla de nada más que de su religión. Es demasiado. Casi no puedo aguantarla ya". Es posible hablar demasiado de tu fe haciéndote odiosa.

¿Cómo, pues, puedes saber si no hablas bastante o que hablas demasiado? Tienes que depender 100% en el Espíritu Santo para orientarte. En oración puedes entregar tu día al Señor pidiéndole que te dé oportunidades para testificar de El. Cuando llegue la oportunidad, en el mismo momento en tu corazón puedes pedirle sabiduría para usar esta oportunidad para su gloria. Solamente Dios sabe lo que está en el corazón de la otra persona y sabe lo necesario para alcanzarle. Recuerda que El tiene mucho más interés que tú en ganar a tu prójimo. La Palabra de Dios no es espada tuya, sino la espada del Espíritu, Efesios 6:17. Déjale usarla por medio de ti. Pero hay que recordar también que el Espíritu no puede traer a tu memoria las cosas que no están ahí. Para ser fiel testigo, tienes que ser fiel en aprender más y más de su Palabra. Debes tener cuidado de no ir al otro extremo, dejando de testificar porque no sabes mucho. Si estás empezando ahora, usa lo que tienes. Un futbolista no llega a ser buen atleta leyendo los reglamentos de fútbol, sino jugando, usando lo poco que sabe hasta que sabe mucho.

Si tienes la oportunidad de ayudar al prójimo, hazlo para mostrar el amor de Cristo en ti. Si has testificado varias veces, deja de testificar con tu boca. Deja que tu vida limpia y pura le testifiquen. Es mucho mejor si el prójimo empieza a hablar acerca de tu fe, de las cosas de la Biblia.

> Sino santificad a Dios el Señor en vuestros corazones, y estad siempre preparados para presentar defensa con mansedumbre y reverencia ante todo el que os demande razón de la esperanza que hay en vosotros.
>
> 1 Pedro 3:15

Alguno dirá, "Estoy preparado. Sé Juan 3:16". Esto no es la preparación. Ha pasado por alto la importancia de lo que Dios dice. ¿Por qué va a pedirte razón de tu fe si el pecador no ve en ti la realidad de la vida en Cristo? Por eso, "Santificad a Dios el Señor en vuestros corazones". Dale a El el lugar que El merece, que pertenece a El.

También este versículo nos dice que debemos testificarle "con mansedumbre y reverencia". No hay que discutir con la persona a quien estás testificando. Respeta sus ideas sin burlarte de su religión. Si te da la oportunidad, si te pregunta, puedes mostrarle la diferencia entre lo que ella cree y lo que dice la Biblia, pero de una manera no ofensiva. Pero ten cuidado. Esta es la manera negativa y no es la mejor. Si tu hijito está jugando con una hoja de afeitar y tú le encuentras así, ¿qué vas a hacer? Si procuras quitarla de su mano, él va a agarrarla más fuerte para no perder este tesoro, y se va a herir terriblemente. Pero si tú le ofreces algo mejor, va a agarrar el nuevo juguete sin fijarse que ha dejado la hoja de afeitar. De la misma manera si tú vas a criticar la religión de tu prójimo, procurando mostrarle su error no más, ella va a reaccionar. No quiere perder lo que para ella ha sido tan precioso. Pero si puedes hablar de todas las riquezas que hay en el evangelio, todo lo que hay para el creyente, pronto tu prójimo va a querer saber más. En el proceso ella va a descubrir que su propia religión es muy pobre, que no le ofrece tantas riquezas. Entonces va a estar abierta para saber más de las diferencias sin reaccionar.

"Yo no voy a la casa de mi prójimo, porque toma mucho y hace muchas cosas que yo no hago. Soy creyente, y estas cosas me ofenden". O, "No me gusta que ella me visite. Siempre está fumando, y esto me molesta. No permito a nadie fumar en mi casa". Dios te dijo, "Amarás a tu prójimo", no su pecado. El no te dijo que debes participar de su pecado. Cristo fue llamado "el amigo de publicanos y de pecadores". Jesús siempre estaba disponible para los hombres, y cuando tenía la oportunidad, les testificaba. Pero para testificarles, El tuvo que ser amigo o a lo menos mostrar su amistad para con ellos.

"Muy bien", me dices, "Los hombres en aquel entonces siempre querían hablar con Cristo porque hacía milagros." Verdad. Pero tu vida cambiada es uno de los milagros del Hijo de Dios. ¿Recuerdas la historia de Lázaro, el hombre que Jesucristo resucitó de los muertos? Toda la gente vino a verle. Según Efesios 2 cuando tú estabas muerta en el pecado, Cristo te dio vida, y te hizo nueva criatura en El. Ahora si tu vida está mostrando este milagro, tus prójimos van a querer saber por qué eres tan diferente. Cuando yo digo diferente, no estoy hablando de ser extraña o loquita. Lo que puede hacerte diferente es mostrar a otros el fruto del Espíritu Santo: el amor, gozo, paz, paciencia, benignidad, bondad, fe, mansedumbre, templanza. En contraste, el mundo puede mostrar amistad a otro, pero lo hace seguramente con el fin de obtener alguna ganancia. "Algún día esta persona me puede ser provechosa si le necesito". Que diferencia de una persona llena del Espíritu.

A veces la creyente usa esta razón para no ser amigable con sus vecinos. Tiene miedo que van a imponerse en su "bondad". Prefiere entonces testificar a los que están lejos de su casa, con los que van en el tren, en el avión, o en la flota. Es más conveniente a veces porque los desconocidos tampoco pueden ver el tipo de vida que está llevando, pero Dios sabe. A El tendrá que dar cuenta.

"Quiero hacerme amiga de mi prójimo, pero no sé cómo." Bien, puedes empezar por averiguar en qué tiene interés. Tal vez le gustan las flores y las plantas. Puedes darle algunas plantitas o por lo menos mostrar interés en las que tiene. Si a ella le gusta coser y a ti también, tienen un interés común que pueden compartir. O ella puede coser algo para ti. Los hombres no son los únicos que tienen interés en los deportes. Hay mujeres también. Hay que buscar ocasiones para conocer a tu prójimo. Convídala a tomar una taza de café o té contigo. A veces esto te da la oportunidad de comenzar un estudio bíblico con ella -- tal vez no una cosa formal al principio, sino contestando sus preguntas con la Biblia. Si puedes empezar así, tal vez ella quiera seguir. Después puede ser posible convidar a otras vecinas a asistir a las discusiones sobre las preguntas que tienen acerca de la Biblia. Hay que orar siempre para que Dios te dé la oportunidad de testificar y hay que aprovechar la oportunidad cuando se presenta pero siempre en forma natural y no a empujones.

Cristo nos dijo que somos luces al mundo. No quiso decir que debemos sentarnos en nuestro trono agarrando una luz y diciendo, "Míreme. Soy una luz para Cristo". El ser luz es hacer algo positivo para el bien de otros.

> Así alumbre vuestra luz delante de los hombres, para que vean vuestras buenas obras y glorifiquen a vuestro Padre que está en los cielos.
>
> Mateo 5:16

> Amad a vuestros enemigos, bendecid a los que os maldicen, haced bien a los que os aborrecen, y orad por los que os ultrajen y os persiguen.
>
> Mateo 5:44

Para cumplir el mandamiento de Dios de amar a otros, debemos recordar lo que es el amor:

> El amor es sufrido, es benigno; no es indecoroso, no busca lo suyo, no se irrita, no guarda rencor; no se goza de la injusticia, mas se goza de la verdad. Todo lo sufre, todo lo cree, todo lo espera, todo lo soporta. El amor nunca deja de ser.
>
> 1 Corintios 13:4-8a

Pero vas a encontrar que no puedes amar a otra persona simplemente porque has decidido amarla. No puedes fabricar el amor. El amor que se puede expresar a tu enemiga no es amor humano. Es amor divino. El amor es el fruto del Espíritu Santo (Gálatas 5:22,23), y se produce en el creyente cuando lleva una vida llena del Espíritu. Con tal amor como la base de tu testimonio, el mismo Espíritu Santo puede guiarte en hacer el contacto. Puede guiarte en la oportunidad y la manera de testificar.

> Pero recibiréis poder, cuando haya venido sobre vosotros el Espíritu Santo, y me seréis testigos. . . .
>
> Hechos 1:8.

Si tú eres creyente ya tienes al Espíritu Santo morando en ti. Cuando uno testifica pero no lo hace en el poder del Espíritu, lo hace en la carne. Sí, uno puede testificar en la carne, en su naturaleza pecaminosa. Ese testimonio se hace en el poder de sí mismo, usando su propio conocimiento y sabiduría. Tal vez lo hace para ganar la alabanza de otros creyentes, o por el sentido de obligación no más. No lo hace para la gloria de Dios, sino para su propia gloria. Esto es la carne. La vida llena del Espíritu producirá fruto para la gloria de Dios.

Ojalá que pronto tú tengas el gozo de testificar a tu vecina del amor de Cristo. Que experimentes este amor para con otros que sólo Dios puede dar. Y si tienes el gozo de ganarla para Cristo, encontrarás un gozo indecible. Entonces Uds., las dos, pueden seguir procurando ganar a otras. Es mucho más fácil hacerlo entre dos que una sola.

PARTE D

LA MUJER: SU COMUNIDAD Y SU GOBIERNO

Al terminar este estudio de la mujer y el mundo, nos queda otro aspecto: la relación de la mujer con su gobierno incluyendo las actividades dentro de su comunidad.

Según la Biblia, nosotros los creyentes, tenemos responsabilidades con nuestras comunidades y con nuestro gobierno, no solamente de orar por los líderes, sino también de obedecerles y tener con ellos una influencia para el bien de todos.

> Exhorta ante todo, a que se hagan rogativas, oraciones, peticiones, y acciones de gracias, por todos los hombres, por los reyes (o presidentes), y por todos los que están en eminencia para que vivamos quieta y reposadamente en toda piedad y honestidad. Porque esto es bueno y agradable delante de Dios nuestro Salvador, el cual quiere que todos los hombres sean salvos y vengan al conocimiento de la verdad.
>
> 1 Timoteo 2:1-4

Esta exhortación incluye no solamente a los líderes en puestos altos como el presidente y su gabinete, sino también a los líderes locales de tu pueblo. Aun en tiempos de persecución debemos orar por los que nos maltratan.

> ...y orad por los que os ultrajan y os persiguen.
>
> Mateo 5:44

¿No es una maravilla que Pablo pudo ganar a su carcelero en Filipos y algunos de los soldados que le guardaban en Roma?

En 1 Timoteo 2:1-4, Dios nos da dos razones por las que debemos orar por las autoridades:

   a. Para que vivamos quieta y reposadamente en toda piedad y honestidad

   b. Porque Dios quiere que todos sean salvos y lleguen al conocimiento de la verdad.

Pero hay otra razón también. Todas las autoridades tienen muchas responsabilidades que cumplir. Tienen que hacer decisiones que tendrán su efecto en las vidas de muchos o sino de todos. Tienen muchas tentaciones. Porque la mayoría no son creyentes, no tiene al Espíritu Santo para guiarles y fortalecerles contra las tentaciones. Un peligro, que ellos encuentran sin saberlo, es que puedan ser controlados por espíritus inmundos bajo el poder de Satanás.

> Porque no tenemos lucha contra sangre y carne, sino contra principados, contra potestades, contra los gobernadores de las tinieblas de este siglo contra huestes espirituales de maldad en las regiones celestes.
> Efesios 6:12

Hay autoridades con altos ideales, que de veras quieren el bien del país, pero sin Cristo en su vida pueden ser, sin saberlo, seducidos por espíritus inmundos para hacer las cosas que promueven las metas de Satanás. En el programa de Satanás él tiene sus demonios especiales que controlan países. Satanás les da títulos de "príncipes", copiando el programa de Dios quien llama a ciertos de sus ángeles, "príncipes", Daniel 10:13. Podemos ver un ejemplo en Daniel 10:10-14. Daniel ora, y Dios manda a un ángel para contestar la oración de Daniel, pero un espíritu inmundo pelea con el ángel de Dios para impedirle alcanzar a Daniel. En versículo 13 el ángel habla a Daniel diciendo:

> Mas el PRINCIPE DEL REINO DE PERSIA (el espíritu inmundo) me opuso durante veintiún días; pero he aquí Miguel (el arcángel), uno de los principales príncipes (ángeles especiales de Dios), vino para ayudarme...

Los incrédulos no saben orar según los requisitos que Dios ha dado en su Palabra. Así necesitan mucho las oraciones de los creyentes. Dios contesta a las oraciones de los suyos. Como dice Proverbios 21:1:

> Como los repartimientos de las aguas, así está el corazón del rey en la mano de Jehová.

Hay una promesa maravillosa que Dios dió a Israel, y estoy segura que tiene una aplicación a nosotros también.

> Si se humillare mi pueblo, sobre el cual mi nombre es invocado, y oraren, y buscaren mi rostro, y se convirtieren de su malos caminos, entonces yo oiré desde los cielos, y perdonaré sus pecados, y sanaré su tierra.
> 2 Crónicas 7:14

Como creyentes, tenemos la obligación de obedecer a las autoridades.

> Por causa del Señor someteos a toda institución humana, ya sea al rey, como a superior; ya a los gobernadores, como por

él enviados para castigo de los malhechores y alabanza de los que hacen bien.
1 Pedro 2:13,14

Dios pone a las autoridades sobre los hombres para restringir las malas acciones de ellos.

Porque los magistrados no están para infundir temor al que hace el bien, sino al malo.
Romanos 13:3

En la historia de la civilización había gente que vivía sin leyes y sin autoridades. De Adán a Noé aparte de algunas instrucciones verbales que Dios les dió, la "ley" que gobernaba las acciones de la humanidad era su conciencia. La gente llegó a ser tan mala que el resultado fue un desastre. Podemos leer la historia en Génesis 6.

Y vio Jehová que la maldad de los hombres era mucha en la tierra y que todo designio de los pensamientos del corazón de ellos era de continuo solamente el mal...Y se corrompió la tierra delante de Dios, y estaba la tierra llena de violencia. Y miró Dios la tierra, y he aquí que estaba corrompida; porque toda carne había corrompido su camino sobre la tierra.
Génesis 6:5,11,12

Dios tuvo que castigar al mundo, y con un diluvio destruyó a toda la humanidad menos a ocho personas, Noé y su familia.

Sabiendo Dios que el hombre era inclinado al pecado desde su nacimiento y que no podía dominarse a sí mismo ni quería hacerlo, dio al hombre la estructura de un gobierno humano, instituyendo leyes para gobernar y controlarles.

Porque ciertamente demandaré la sangre de vuestras vidas... de mano del varón su hermano demandaré la vida del hombre. El que derramare sangre de hombre, por el hombre su sangre será derramada; porque a imagen de Dios es hecho el hombre.
Génesis 9:5,6

Aunque creemos que algunas leyes no nos convienen, la mayor parte son para nuestro beneficio, y estamos obligados por Dios a obedecerlas. No nos toca a nosotros escoger las leyes que vamos a obedecer. Debemos obedecerlas en su totalidad y enseñar a nuestros hijos a hacer lo mismo. La falta de respeto por las leyes y las autoridades que Dios ha dado para imponer obediencia, ha dejado a nuestro mundo en el día de hoy casi en un estado de anarquía.

El creyente debe tener otro motivo aún mayor para obedecer las leyes, no solamente por causa de su conciencia sino también porque es la voluntad de Dios, y le agrada a El.

> Por causa del Señor someteos a toda institución humana, ya sea el rey, como a superior. . .Porque esta es la voluntad de Dios; que haciendo bien, hagáis callar la ignorancia de los hombres insensatos.
>
> 1 Pedro 1:13,15

No podemos usar la excusa de que las autoridades son injustas. La única razón que la Biblia da para no obedecer a las autoridades es si ellos procuran forzarnos a hacer algo contrario a las enseñanzas de la Biblia, como hacer algo inmoral, robar, mentir, etcétera, o prohibirnos de adorar a Dios o testificar de Cristo. Entonces debemos hacer como Pedro y los apóstoles dijeron,

> Es necesario obedecer a Dios antes que a los hombres.
>
> Hechos 5:29

No debemos usar esto como pretexto para no hacer algo que a nosotros no nos gusta como el pagar impuestos. Aunque no estemos conformes a veces con la manera en que es gastado el dinero -- o malgastado -- tenemos la obligación de pagar lo que es requerido. Cristo lo hizo, pagando tributo a Roma, un gobierno idólatra, Mateo 17:24-27.

También es nuestro deber respetar a las autoridades no importa si las queremos o no.

> Pagad a todos lo que debéis: al que tributo, tributo; al que impuesto, impuesto; al que respeto, respeto; al honra, honra.
>
> Romanos 13:7

"Pero, ¿qué puedo hacer yo para controlar al gobierno?" Una manera es por medio de las elecciones. Se dice que las malas autoridades son elegidas por los buenos hombres que no votan. Desgraciadamente hay mucha verdad en esto. Si tienes este privilegio, es tu deber aprovecharte de ello. Hay que buscar mucho la voluntad de Dios para saber por cual candidato debes votar. Mientras estás orando, trata de averiguar todo lo posible acerca de cada candidato para tener sabiduría al votar.

Si es posible, puedes ir a las juntas vecinales para saber lo que está pasando en el gobierno local. Tal vez tu voz como creyente les ayudará a hacer mejores decisiones.

Hay que cooperar en lo posible con la alcaldía. Siempre estar firme y constante tocante a la verdad. No hay que comprometer tu testimonio por nada. Si te piden hacer algo que sabes es contra tu conciencia, contra lo que dice la Palabra de

Dios, puedes explicar amablemente la razón por qué tienes que rehusar hacerlo. Tal vez puedes ofrecerle una alternativa aceptable a todos.

A veces uno es convidado a una función social donde sirven bebidas alcohólicas y bailan, pero es necesario asistir. ¿Qué puedes hacer? En algunas ocasiones nosotros hemos asistido, pero desde el principio ellos tuvieron que saber que no tomamos bebidas alcohólicas incluyendo vino. Ellos tuvieron respeto por nuestro testimonio y nos trajeron Coca Cola u otro refresco.

Después de charlar un poco y al empezar el baile, nos despedimos de las personas encargadas y de las personas de honor y salimos. Dios nos ayudó y nos honró. Una vez que comprometes tu testimonio, es casi imposible ganar de nuevo el respeto de la gente.

> Yo honraré a los que me honran, y los que me desprecian serán tenidos en poco.
>
> 1 Samuel 2:30

Daniel y sus tres amigos rehusaron comprometer su testimonio en Babilonia. Sin duda había otros jóvenes que decían: "El rey nos ha escogido entre todos los cautivos de Israel. Así que debemos hacer todo lo que nos dice aunque esté en contra de lo que nos dice la ley de Jehová, porque bajo estas circunstancias Dios va a entender. Además si tenemos el favor del rey, vamos a tener más influencia dentro del gobierno y podremos usarlo para ayudar al pueblo de Dios". Siempre uno puede encontrar razón para excusar su pecado. Y este es el peligro más grande del pecado.

Pero cuando Nabucodonosor les dio de su comida que era contra la ley de Dios para los hijos de Israel (seguramente era comida ofrecida primeramente a los ídolos), ellos no la comieron. Al mismo tiempo no la rechazaron en una manera ofensiva, sino propusieron una alternativa que fue aceptada, Daniel 1. Más tarde cuando el rey demandó la adoración que pertenecía a Dios, no pudo haber una alternativa. Pero Dios los protegió cuando fueron echados al horno, Daniel 3:16-18. El resultado es que Dios fue honrado aún por Nabucodonosor, vv. 28-30, y ellos fueron engrandecidos en el reino. Por fin cuando los enemigos de Daniel le pusieron una trampa, sabiendo que iba a permanecer constante y fiel a Dios (¡qué testimonio!), Daniel fue echado al pozo de los leones. Otra vez

Dios le honró, y el rey Darío alabó a Jehová, 6:25-28. Por su fidelidad, encontramos que estos dos reyes y tal vez el rey Ciro más fueron ganados para el Señor, reyes paganos. La influencia de Daniel y sus amigos sobre naciones que no conocían a Dios fue tremenda.

Probablemente nunca vamos a tener tanta influencia dentro del gobierno nacional o aún de nuestra comunidad, pero solamente la eternidad revelará el resultado del fiel testimonio más humilde para la gloria de nuestro Señor y Salvador.

PREGUNTAS

1. ¿Cuál es el propósito supremo de Dios?

2. ¿Cuáles son los tres enemigos del creyente que le impiden cumplir el propósito supremo de Dios?
    a. _____
    b. _____
    c. _____

3. Aplica Hechos 1:8 a tu vida:
    a. ¿Cuál es tu Jerusalén?_____
    b. ¿Cuál es tu Judea?_____
    c. ¿Cuál es tu Samaria?_____
    d. ¿Cuál es para ti "lo último de la tierra?_____
    _____

4. Explica 2 Corintios 3:2 y 3:

5. Hay tres niveles de la vida cristiana. ¿Cuáles son?
    a. _____
    b. _____
    c. _____

Ahora explica algo de lo que quiere decir cada nivel.

6. ¿Qué debemos hacer respecto a cosas dudosas?

7. ¿Cuál debe ser nuestra actitud hacia nuestros vecinos?

   a. Según Romanos 13:9,10: _____

   _____

   b. Según Romanos 15:1-3: _____

   _____

8. ¿Cuál debe ser nuestra actitud hacia nuestros enemigos, según Mateo 5:44,45?

9. Según Romanos 5:8,10 ¿cuál era la actitud de Dios hacia nosotros antes de ser salvos?

10. ¿Cómo puedo hacerme amiga de mi prójimo?

11. Según 1 Timoteo 2:1-4 ¿cuáles son nuestras responsabilidades ante nuestra comunidad y ante el gobierno?

12. Dé dos razones por la cual debemos orar por las autoridades.
   a._____
   _____
   b._____
   _____

13. ¿Debemos obedecer a las autoridades, según 1 Pedro 2:13,15; Mateo 17: 24-27?

14. Dios da solamente una razón para no obedecer al gobierno. ¿Cuál es según Hechos 5:29)

Capítulo 6

La Mujer como Líder Creyente

PARTE A

"SEÑOREAD"

Y los bendijo Dios, y les dijo: Fructificad y multiplicaos; llenad la tierra y sojuzgadla, y **SEÑOREAD** en los peces del mar, en las aves de los cielos, y en todas las bestias que se mueven sobre la tierra.

Génesis 1:28

A. Introducción
B. La Mujer Victoriosa Sobre la Carne.
C. La Mujer Victoriosa Como Ejemplo:
1. Como miembro de la Iglesia
2. Como líder de la Sociedad Femenil

INTRODUCCION:

No toda carne es la misma carne, sino que una carne es la de los hombres, otra carne la de las bestias, otra la de los peces, y otra la de las aves.

I Corintios 15:39

El último mandamiento según Génesis 1:28 que Dios dio a Adán y Eva era, "Señorear" en toda carne viva en la tierra. La palabra "señorear" es un verbo derivado de la palabra "señor", la cual quiere decir "dueño". Así que la palabra "señorear" quiere decir "apoderarse de una cosa y sujetarla a su dominio" Sencillamente el mandamiento quiso decir que Adán y Eva habían de ser "dueños" en la tierra sobre toda *CARNE*, sea de animales, o de aves, o de peces. Tuvieron que apoderarse de ella y sujetarla a su dominio, a su voluntad. Esta no era una tarea que pudieron cumplir en un día y que una vez cumplida fue cumplida para siempre. Era una tarea a que ellos tenían que atender constantemente. Pero Adán y Eva fallaron en su tarea. Cuando pecaron, las bestias se hicieron sus enemigos. Se hicieron feroces y salvajes, y se esparcieron por toda la tierra.

PARTE B

VICTORIOSA SOBRE LA CARNE

Este mandato tiene también un significado espiritual para los creyentes porque nosotros tenemos que dominar la "*CARNE*", una naturaleza que cuando el pecado entró en el mundo se hizo mala, engañadora, y enemiga del hombre y de Dios. Esta "carne" necesita ser señoreada, dominada también. *El significado espiritual* no se refiere a la carne de animales, o de peces, o de aves sino a la del hombre, la cual la Biblia llama "el viejo hombre", o la "carne", o "la naturaleza pecaminosa". El señorear o dominar la carne es una tarea, pero no es una tarea que uno puede cumplir una vez para siempre, sino es una tarea que uno tiene que atender constantemente.

Entonces ¿qué son algunas de las cosas que debemos saber acerca de la "carne pecaminosa"?

PRIMERO: ¿Qué quiere decir la Biblia cuando habla del "viejo hombre", la "carne" y la "naturaleza" del hombre? Tenemos que tomar en cuenta de que estos nombres son nombres diferentes de la misma cosa. Son los nombres de la naturaleza con la cual cada persona nace. Esta naturaleza es una naturaleza caída, una naturaleza que siempre tiene la tendencia y deseo de pecar, la cual Adán y Eva dejaron como herencia a sus descendientes. Todo el mundo es su descendiente incluyéndote a ti y a mí.

Adán y Eva fueron creados perfectos.
> Y vio Dios todo lo que había hecho, y he aquí que era bueno en gran manera.
>
> Génesis 1:31

<u>Su naturaleza se hizo una naturaleza pecaminosa cuando de su propia voluntad escogieron pecar, desobedecer el mandamiento de Dios. Ellos tenían una sola naturaleza.</u>

> Y...Adán...engendró un hijo a su semejanza (que ya era pecaminosa), conforme a su imagen.
>
> Génesis 5:3

Por eso Jesús dijo a Nicodemo en Juan 3:3 que para ser salvo tenía que nacer de nuevo, porque cuando nacemos de nuestros padres humanos, recibimos de ellos su naturaleza pecaminosa. <u>Esta naturaleza quiere desobedecer a Dios y satisfacerse con las cosas que no agradan a Dios.</u>

SEGUNDO: Cuando una persona recibe a Cristo como su Salvador, Juan 3 nos dice que renace, o nace de nuevo. Nace en la familia de Dios. Este segundo nacimiento es espiritual porque tiene otro Padre, el cual es Dios, nuestro Padre Celestial. Por eso esta persona recibe también otra naturaleza, una naturaleza divina.

> Por medio de las cuales nos ha dado preciosas y grandísimas promesas, para que llegaseis a ser *participantes de la naturaleza divina.*
>
> 2 Pedro 1:4

El Espíritu Santo viene a vivir en el creyente. Entonces el creyente tiene dentro de sí dos naturalezas, la naturaleza pecaminosa que recibió de sus padres humanos y la naturaleza espiritual (divina) que recibió de su Padre Dios. Encontramos entonces que tenemos no solamente enemigos de afuera de nosotros --el diablo y el mundo-- sino también un enemigo que siempre está presente con nosotros y en nosotros, nuestra naturaleza pecaminosa, la "carne". No podemos deshacernos de esta carne hasta que estemos en los cielos, o hasta la venida de Cristo si estamos viviendo. (Por el resto del capítulo, vamos a referirnos a esta naturaleza pecaminosa solamente como la "carne").

TERCERO: <u>La carne en el creyente siempre hace guerra contra la naturaleza espiritual porque quiere "señorear" sobre ella.</u>

> Pero veo otra ley en mis miembros que se rebela contra la ley de mi mente, y que me lleva cautivo a la ley del pecado (la carne) que está en mis miembros. Porque el deseo de la carne es contra el Espíritu, y el del Espíritu es contra la carne; y

éstos se oponen entre sí, para que no hagáis lo que quisiereis.
Romanos 7:23; Gálatas 5:17

Tanto la carne como los espíritus inmundos o demonios son coadjutores de Satanás. A la carne le gusta incitar o suscitar las emociones del creyente con el fin de hacerle pecar contra Dios. Es también el instrumento que Satanás usa para estimular los deseos del creyente a participar en las cosas del mundo u obtenerlas con el motivo de alimentar o satisfacer la avaricia de la carne. Por eso aún el apóstol Pablo clamó:

¡Miserable de mí! ¿Quién me librará de este cuerpo de muerte?
Romanos 7:24

CUARTO; Aunque los creyentes tienen una carne la cual tiene la tendencia de pecar, no tienen que pecar.

Hijitos míos, estas cosas os escribo *para que no pequéis.*
1 Juan 2:1

Cuando el creyente peca, peca de su propia voluntad.

Cada uno es tentado cuando de su propia concupiscencia es atraído y seducido.
Santiago 2:14

Dios ha provisto una manera de dominar la carne. Cuando Pablo clamó, "¡Miserable de mí! ¿Quién me librará de este cuerpo de muerte?", él **NO** nos dejó ahí, sino nos dió la respuesta: "Gracias doy a Dios, por Jesucristo.", Romanos 7:25

Cuando Cristo murió en la cruz, El venció a nuestros tres enemigos:

1) Hirió en la cabeza al *diablo*, Génesis 3:15
2) Juzgó al *mundo* juntamente con su príncipe Satanás.
Juan 12:31

3) Condenó la "*carne*", Romanos 8:3

Sabiendo que nuestro viejo hombre (la carne) fue crucificado juntamente con él (Cristo) para que el cuerpo del pecado sea destruido, a fin de que no sirvamos más al pecado.
Romanos 6:6

Pero los que son de Cristo han crucificado la carne con sus pasiones y deseos.
Gálatas 5:24

Por lo cual Dios nos ha provisto en Cristo, tenemos una promesa maravillosa en Romanos 6:14:

Porque el pecado no se enseñoreará de vosotros; pues no estáis bajo la ley, sino bajo la gracia.

Cuando recibes a Cristo como tu Salvador, Dios Espíritu viene a morar en ti. El es todopoderoso y utiliza este poder para dominar la carne en ti cuando le permites.

    Andad en el Espíritu y no satisfagáis los deseos de la carne.

Gálatas 5:16

Pero a la vez puedes impedir el poder del Espíritu Santo dominar la carne cuando te entregas al pecado. Entonces la carne pecaminosa se señorea de ti.

Podemos ver que la crucifixión de la carne es una crucifixión cotidiana -- una negación de uno mismo y una entrega de sí mismo al Espíritu Santo cada momento del día. Pablo dijo en 1 Corintios 15:31, "Cada día muero", y en 2 Corintios 6:9, "Como moribundo, mas he aquí (vivo)". Si quieres tener la victoria sobre tu carne, tienes que morir a ti misma cada día, morir a tus propios deseos. Jesús dijo:

    Si alguno quiere venir en pos de mí, niéguese a sí mismo, tome su cruz cada día, y sígame.

Lucas 9:23

    Llevando en el cuerpo siempre por todas partes la muerte de Jesús, para que también la vida de Jesús se manifieste en nuestros cuerpos.

2 Corintios 4:10

QUINTO: Si quieres que la vida de Jesús, las características de El -- amor, gozo, paz, paciencia, benignidad, bondad, fe, mansedumbre y templanza producidas por el Espíritu Santo -- se manifieste en tu cuerpo, tienes que morir a ti misma. Jesús dijo:

    De cierto, de cierto os digo, que si el grano de trigo no cae en la tierra y muere, queda solo; pero si muere, lleva mucho fruto.

Juan 12:24

Eso es lo que quiere decir también Juan 15:2:

    Todo pámpano que en mí no lleva fruto lo quitará; y todo aquel que lleva fruto, lo limpiará, para que lleve más fruto.

Una vez nos trasladamos a una casa donde había una vid. La vid no había sido atendida por mucho tiempo, y los pámpanos habían crecido. Estaban feos y sin fruto. Teníamos ganas de sacar todo y botarlo. Pero un amigo, experto en el cuidado de viñas, nos dijo que la vid estaba bien. Todo lo que necesitaba era podar los pámpanos. El empezó su trabajo. Cuando terminó y yo vi su trabajo, exclamé, "¡Oh no, has sacado todo. No dejaste nada!" Creí que todo estaba perdido. Estaba muy sorprendida al ver después de algunos meses una vid linda con nuevos pámpanos o parras llevando mucho fruto. Sus frutos -- uvas blancas -- eran grandes y ricas. No solamente nosotros disfrutamos mucho de su fruto sino también nuestras visitas.

Le costó mucho a la vid estar despojada de sus sarmientos. Pero era muy necesario para la producción de fruto en calidad y en cantidad. Cuando el labrador había sacado todo, dejando solamente la vid y su vida, entonces no había nada que impedía a la vid producir su fruto tan agradable. Cuando te entregas al Espíritu Santo, El quiere quitar de ti cualquier cosa que le impide producir en ti su fruto, el gozo que deseas; la paz que anhelas, etc. No puedes hospedar ningún pecado en ti, aún los pensamientos feos y las imaginaciones carnales que quieres ocultar de todos, pero que no puedes ocultar del Espíritu Santo.

Muchos creyentes tratan de hacerlo, quieren seguir en sus pecados y a la vez experimentar el fruto del Espíritu. Es imposible. No puedes sembrar cacto y esperar que produzca naranjas. No puedes maquinar hechos pecaminosos y pensamientos pecaminosos y esperar que se produzca en ti el fruto del Espíritu.

No puedes seguir en el pecado y esperar tener la victoria sobre el pecado.

> El que siembra para su carne, de la carne segará corrupción.
> Gálatas 6:8

En Gálatas 5:19-21 vemos las obras de la carne.

> Y manifiestas son las obras de la carne, que son: adulterio, fornicación, inmundicia, lascivia, idolatría, hechicerías, enemistades, pleitos, celos, iras, contiendas, disensiones, herejías, envidias, homicidios, borracheras, orgías, y cosas semejantes a estas; acerca de las cuales os amoneste, como ya os lo he dicho antes, que los que practican tales cosas no heredarán el reino de Dios.

Estos pecados son como las zorritas en Cantares 2:15:
> Cazadnos las zorras, las zorras pequeñas, que echan a perder las viñas; porque nuestras viñas están en cierne.

Dios usa la zorritas como un ejemplo o ilustración de los pecados en la vida del creyente. A las zorras les gusta comer no solamente aves, gallinas, animales pequeños sino también uvas. Las pequeñas zorras son muy difíciles de pillar porque son astutas y hábiles para escapar. Son muy destructivas. Cuando saltan para alcanzar las uvas, muchas veces rompen los pámpanos o parras. También suben a la vid y hacen mucho daño a las uvas comiendo muchas y arruinando aún más. Con esto arruinan la posibilidad de tener una buena cosecha.

Si los creyentes dejan a las zorritas -- los pecados -- entrar en sus vidas sin cazarlas, sin destruirlas, ellas van a robarles del fruto del Espíritu, de la victoria en su vida, y van a dañar su testimonio para que no sean útiles al Señor. La Biblia dice:

> Cazad las zorras, las zorras pequeñas, que echan a perder las viñas.

La carne es dura de corazón, terca e inflexible; siempre está tratando de justificarse; busca lo suyo; demanda sus derechos, siempre está llamando la atención a sí misma, y trata de glorificarse.

Generalmente:

1) Es la carne que trata de vivir la vida cristiana, pero sin éxito.
2) Es la carne que trata de hacer la obra del Señor, y fracasa.
3) Es la carne que es dura e inflexible en sus actitudes con otros.

Para que Dios pueda usarte, bendecirte, llenarte, la carne tiene que rendirse delante del Espíritu Santo; tú tienes que aprender a decir, "Yo tengo la culpa"; tienes que dejar de buscar lo tuyo; tienes que entregar tus derechos a Jesús. **LA CARNE**, mis amigas tiene que morir.

La mayor parte de la gente piensa que morir a la carne, le hará miserable. Pero es lo opuesto. Cuando uno rehusa morir a la carne, eso es lo que nos hace miserable. El morir a la carne es tener vida, y vida en abundancia. El rehusar morir a la carne es la muerte verdadera. La carne es un ataúd. La carne nunca nos ha beneficiado. No le debemos nada a la carne. Como dice Pablo, "así que, hermanos deudores somos, no a la carne", Romanos 8:12. Cristo no quiere cambiar la carne, reformándola hasta que El pueda usarla para cumplir sus propios fines; sino quiere traer la carne a la cautividad para que el Espíritu esté libre para obrar en nosotros.

Así, si quieres ser útil al Señor, tienes que entregarte completamente al Espíritu Santo para que El pueda dominar la carne pecaminosa tuya. Aunque esto es difícil en la práctica cuando vemos a tantas y a tantos líderes fracasar, no es imposible. Es imposible solamente cuando tú tratas de hacerlo por medio de tus propios esfuerzos, o cuando reservas una parte de ti para ti misma en vez de entregarte totalmente al Señor.

Sino vestíos del Señor Jesucristo, y no proveáis para los deseos de la carne.

Romanos 13:14

De los tres enemigos, yo creo que es la carne pecaminosa la que hace a más líderes en general y a todos los creyentes caer en el pecado.

PREGUNTAS

1. ¿Qué quiere decir la Biblia cuando habla del "Viejo Hombre", de la "Carne" y de la "Naturaleza Pecaminosa"?

   - Son los nombres de la naturaleza con la cual cada persona nace. Esta es una naturaleza caída.

2. Explique Juan 3:3:

   - Cuando una persona recibe a Cristo como su Salvador, nace de nuevo en la familia de Dios, este nacimiento es espiritual, porque tiene otro Padre, el cual es Dios, nuestro Padre celestial. Por eso esta persona recibe una naturaleza divina.

3. ¿Cómo podemos nacer en la familia de Dios? (Hechos 1:12)

   - Por aceptar a Cristo en nuestro corazón y creer que Él se levantó de los muertos.

4. Según 2 Pedro 1:4 al ser salvos, ¿qué recibimos?

   - La naturaleza divina.

5. ¿La naturaleza divina toma el lugar de la naturaleza pecaminosa o no? (Romanos 7:23; Gálatas 5:17)

   No.

6. Aunque el creyente sigue con una naturaleza pecaminosa, ¿tiene que pecar? (1 Juan 2:1; Santiago 1:14)

   No.

7. ¿Puede vencer la carne pecaminosa? (Romanos 7:25; 6:14)   Sí.

8. ¿Cómo podemos tener victoria sobre los deseos de la carne? (Gálatas 5:L16; Lucas 9:23; Romanos 13:14)

   - Andando en el Espíritu y no satisfaciendo a la carne.

PARTE C

LA MUJER VICTORIOSA COMO EJEMPLO

1. COMO MIEMBRO DE LA IGLESIA:

a. *La Necesidad del Bautismo:*

La importancia del bautismo se revela en el hecho de que en el Nuevo Testamento cada persona debía ser convertida (nacido de nuevo, experimentando una transformación en Cristo) antes de recibir el bautismo. Juan el Bautista dijo a los que querían bautizarse que primero tenían que dar evidencia de su conversión, Mateo 3:1-11. Cuando el etíope quiso ser bautizado, hizo la pregunta, "¿Qué impide que yo sea bautizado?" Felipe dijo:

> Si crees de todo corazón, bien puedes.
>
> Hechos 8:36,37

La fe es indispensable no solamente para la salvación, sino también para el bautismo.

Es cierto que una no necesita ser una líder para bautizarse. Esto es algo que cualquier creyente que ama al Señor debe hacer. Por otra parte no puede ser líder ejemplar si no da el ejemplo de cumplir con esta parte del mandamiento del Señor. Tampoco puedes inspirar a otras el deseo de obedecer a Dios y ser bautizadas si tú no lo has hecho.

1) *El Significado del Bautismo.*

En la Biblia Dios emplea a veces tipos para ilustrar verdades espirituales. El bautismo en agua es un tipo del bautismo del Espíritu Santo. El bautismo del Espíritu Santo se hace una realidad el momento que uno recibe a Cristo como su Salvador. En ese instante el Espíritu Santo le bautiza en el cuerpo de Cristo, le identifica con Cristo, le hace uno con Cristo. Este bautismo es el verdadero bautismo del Espíritu y no tiene nada que ver con ninguna experiencia como el don de lenguas u otras cosas como es enseñado por algunos. El bautismo del Espíritu Santo es la manera que El utiliza para mostrar que nosotros ya pertenecemos para siempre a Cristo, y Cristo nos pertenece para siempre a nosotros, que nosotros formamos ya una parte de El. No es algo que tenemos que buscar después de ser salvos. Por esta identificación con Cristo, el creyente es ahora puesto por el Espíritu Santo como miembro en el cuerpo de Cristo. Siendo ya miembros de su cuerpo, somos participantes de la muerte y resurrección de su cuerpo. Esto es lo que quiere decir el bautismo del Espíritu. Así la muerte de Cristo se hace mi muerte, y su resurrección se hace mi resurrección.

> Con Cristo estoy juntamente crucificado,(dijo Pablo, y su resurrección se hace mi resurrección) y ya no vivo yo; mas vive Cristo en mí.
>
> Gálatas 2:20

Esta verdad se encuentra en 1 Corintios 12:13:

> Porque por un solo Espíritu fuimos(un hecho ya pasado) bautizados en un cuerpo (el cuerpo de Cristo, v. 27).

Muchos no saben nada de este hecho tan maravilloso.

> ¿O no sabéis que todos los que hemos sido bautizados en Cristo Jesús (el bautismo del Espíritu ya una realidad en la vida del creyente) hemos sido bautizados en (hechos partícipes de) su muerte? Porque somos sepultados juntamente con El para muerte por el bautismo (del Espíritu, no del agua), a fin de que como Cristo resucitó de los muertos por la gloria del Padre, así también nosotros andemos en vida nueva (o mejor traducido, en novedad de vida). Porque si fuimos plantados juntamente con El en la semejanza de su muerte, así también lo seremos en la de su resurrección.
>
> Romanos 6:3-5

Es claro que la identificación con Cristo se hace una realidad por el bautismo real del Espíritu, y no por una figura no más. Uno puede bautizarse en agua sin tener la realidad de su identificación con Cristo en su muerte y resurrección.

Por eso encontramos que el tipo, el bautismo en agua, es solamente un símbolo y no un medio para la salvación, pues lo único que salva es la fe en Cristo. Tampoco el bautismo en agua es una garantía para la vida espiritual. No te hace más salva ni te da más poder para enfrentar el pecado con todas sus tentaciones.

2) Entonces, ¿Por qué debemos ser bautizados en agua?

a) Es Un Paso de Obediencia:

Nuestro Señor lo manda, nos corresponde obedecer, Mateo 28:19,20:

> Por tanto, id, y haced discípulos a todas las naciones, bautizándoles en el nombre del Padre, y del Hijo, y del Espíritu Santo.
> Si me amáis, guardad mis mandamientos.
> Juan 14:15

b) Es Uno de los Primeros Pasos en la Vida Cristiana.

Recuerda, hermana, no es uno de los últimos. En la Iglesia Primitiva, el bautismo vino casi siempre inmediatamente después de la conversión, Hechos 2:38,,41; 8:34-38; 16:30-33.

c) Es Testimonio Público de que Ya Hemos Sido Salvos.

El bautismo en agua es un símbolo para mostrar al mundo que ya pertenece a Cristo. Que estamos muriendo a la vida vieja para andar en una novedad de vida.

Hay un solo requisito para ser bautizada en agua, evidencia de que has sido salva. Por medio del bautismo muestras a los demás esta realidad. Por este hecho estás diciéndoles, "He muerto al pecado con Cristo, pero ahora tengo nueva vida en Cristo. El propósito ahora de mi vida es andar en novedad de esta vida, no en el pecado como antes, sino para la gloria de Dios".

Entonces hermana, con estas breves consideraciones, esperamos que cada mujer cristiana, líder o no, cumpla con este deber y privilegio, no solamente identificándose públicamente con Cristo, sino también identificándose con la iglesia local, haciéndote miembro activa.

d) La Necesidad de Asistir a los Cultos Fielmente.

Es un descuido pensar que la asistencia a los cultos no tiene tanta importancia en la vida de una (o un) creyente. Sin embargo la experiencia nos ha demostrado que esa convivencia espiritual con los creyentes de nuestra misma fe es de gran estímulo y provecho para la vida cristiana. Hebreos 10:25 nos dice:

> No dejando de congregarnos como algunos tienen por costumbre, sino exhortándonos; y tanto más cuanto véis que aquel día se acerca (el día de la venida de nuevo de Cristo). Por eso es aun más importante en el día en que vivimos que en cualquier otro día en la historia.

La comunión entre unos y otros en las reuniones de la iglesia es nuestro apoyo. Dice el refrán, "La unión hace la fuerza". Estas reuniones estimulan el amor y la fe; nos dan oportunidades de exhortarnos (no criticarnos) unos a otros; y como alguien dijo, "Cuando los cristianos se reúnen frecuentemente y numerosamente, las fuerzas de Satanás son derribadas, y su astucia es neutralizada por la unanimidad en la fe".

El descuido de la asistencia a las reuniones puede traer el enfriamiento espiritual a nuestras vidas y comunión con otros. Y peor, otros pueden seguir nuestro ejemplo de inasistencia.

No sé cuántas veces tú has escuchado decir a algunas, o tal vez tú has dicho, "Vendré a la reunión si Dios quiere", o "Ya no puedo venir porque no quiero ver a Fulana". Ninguna de estas excusas tienen valor para el Señor porque Dios quiere que asistas, pero, ¿qué de ti? Si te ha ocurrido algún problema con otra, no debes dejarlo así. Dios quiere que todo problema sea arreglado. Algunos dicen también que pueden "adorar mejor a Dios en casa", pero ¿cuántos de ellos realizan a lo menos el culto familiar, o tienen su propio tiempo de comunión con el Señor? No, es solamente una excusa. El alma necesita el compañerismo y amor cristiano. Eso únicamente se puede encontrar en la comunión con otros cristianos. Sería muy precioso que todas digamos como el salmista:

> Yo me alegré con los que me decían, a la casa de Jehová iremos.
> Salmo 122:1.

Es muy cierto que la iglesia ofrece para ti, como mujer creyente, crecimiento para tu vida espiritual. Nunca te alejes de la asistencia a la iglesia; ni permitas que ninguna cosa te impida asistir a los cultos de domingos, la hora de oración, reuniones de señoras, o estudios bíblicos.

> Así nosotros siendo muchos, somos un cuerpo en Cristo y todos miembros los unos de los otros.
> Romanos 12:5

Que no sea un cuerpo dividido. Tu asistencia no es solamente para recibir, sino para dar también. Si tú puedes hacer a la iglesia más espiritual, de más beneficio para todos, es tu privilegio y tu deber. La iglesia en muchos de sus aspectos es como tú la haces.

> Porque así como el cuerpo es uno, y tiene muchos miembros, pero todos los miembros del cuerpo, siendo muchos, son un solo cuerpo, así también Cristo...Vosotros pues, sois el cuer-

po de Cristo y miembros cada uno en particular. . .Para que no haya desavenencia (división) en el cuerpo, sino que los miembros todos se preocupen los unos por los otros.
1 Corintios 12:12,27,25

PREGUNTAS

(La Biblia habla de varios tipos del bautismo. Las preguntas siguientes tienen que ver con el bautismo en agua.)

1. ¿Cuál es el significado del bautismo?

2. ¿Por qué es necesario ser bautizado? (Mateo 28:19)

3. ¿Cuál es el requisito para ser bautizado? (Hechos 8:36,37)

4. El bautismo es un testimonio público de que la persona que está siendo bautizada ya ha sido _____.

5. ¿Es necesario asistir a los cultos en la iglesia? (Hebreos 10:25)

6. ¿Por qué es necesario asistir a los cultos en la iglesia?

c. Un Ejemplo en Diezmar:

1) ¿Qué Es el Diezmo?

El diezmo es la décima parte de todo lo que poseemos. Para el pueblo judío, la entrega de los diezmos de todas sus cosechas era algo establecido por Dios en la ley dada a Moisés, lo cual debía ser cumplido para poder recibir la bendición de Dios.

> Indefectiblemente diezmarás todo el producto del grano que rindiere tu campo cada año.
>
> Deuteronomio 14:22

Hoy en día, querría decir que de cada diez bolivianos, uno es para el Señor. De cien, diez bolivianos es tu diezmo. O si es de cosas, un huevo de cada diez, una gallina de cada diez, una oveja de cada diez, etcétera.

2) *La Necesidad de Dar Diezmos y Ofrendas.*

¿Por qué debe dar el creyente el diezmo? Primeramente vamos a pensar en el principio que Dios nos revela en su Palabra. Mateo 25:14-30 y Lucas 12:42,43 nos enseñan que nosotros somos mayordomos del Señor quien es el dador y dueño de todo lo que poseemos. El mayordomo tiene la responsabilidad de administrar bien las cosas que su señor ha puesto en sus manos. Después tiene que dar cuenta a su señor por la manera en que ha usado estas cosas. En realidad *TODO* ¿o solamente la décima parte? de lo que tenemos pertenece al Señor. Dios dice en Job 41:11b:

> ...Todo lo que hay debajo del cielo es mío.

Dijo el rey David a Jehová el día que el pueblo de Israel trajo sus ofrendas voluntarias para el templo:

> Porque todo es tuyo, y lo recibido de tu mano, te damos.
>
> 1 Crónicas 29:14

> O ignoráis...que no sois vuestros? Porque habéis sido comprados por precio: glorificad pues a Dios en vuestro cuerpo y en vuestro espíritu los cuales son de Dios.
>
> 1 Corintios 6:19,20

3) *El Propósito del Diezmo:*

a) *Sostener la Obra del Señor.*

En Israel los diezmos fueron dados a los levitas y sacerdotes. Eran ellos los que hicieron "el servicio del tabernáculo de reunión", Números 18:21-24.

b) Ayudar a los Necesitados.

Una parte fue apartada.

> Y lo guardarás en tus ciudades. Y vendrá el levita, que no tiene parte ni heredad contigo, y el extranjero, el huérfano y la viuda que hubiere en tus poblaciones, y comerán y serán saciados; para que Jehová tu Dios te bendiga en toda obra que tus manos hicieren.
>
> Deuteronomio 14:28,29

El traer los diezmos fielmente siempre resultó en bendiciones sobreabundantes.

> Y cuando este edicto fue divulgado, los hijos de Israel dieron muchas primicias de grano, vino, aceite, miel, y de todo los frutos de la tierra; trajeron así mismo en abundancia los diezmos de todas las cosas.
>
> 2 Crónicas 31:5

> ¿Robará el hombre a Dios? Pues vosotros me habéis robado. Y dijisteis: ¿En qué te hemos robado? En vuestros diezmos y ofrendas. Malditos sois con maldición, porque vosotros, la nación toda, me habéis robado. Traed todos los diezmos al alfolí y haya alimento en mi casa; y probadme ahora en esto, dice Jehová de los ejércitos, sino os abriré las ventanas de los cielos, y derramaré sobre vosotros bendición hasta que sobreabunde.
>
> Malaquías 3:8-10

Si hacemos la obra del Señor según la voluntad del Señor, habrá bastante para su obra, "mi casa", y también su bendición a nosotros sobreabundará. Cuando somos desobedientes la obra sufre por falta de fondos, y nosotros no experimentamos las ricas bendiciones de Dios. No podemos engañar al Señor.

4) El Propósito de la Ofrenda:

a) La Diferencia entre Diezmos y Ofrendas.

El diezmo era una suma obligada y fija a los israelitas. La ofrenda es voluntaria. En el Nuevo Testamento, porque no estamos bajo la ley sino bajo la gracia, no estamos obligados como los judíos. Pero la gracia es superior que la ley. Por eso como principio, la ofrenda no debe ser menos, ya que el propósito de la ofrenda en el Nuevo Testamento es el mismo que el diezmo en el Antiguo Testamento.

b) Sostener la Obra del Señor.

> ¿No sabéis que los que trabajan en las cosas sagradas, comen del templo, y que los que sirven al altar, del altar participan?

> Así también ordenó el Señor a los que anuncian el evangelio que vivan del evangelio.
>
> 1 Corintios 9:13,14

Usando la enseñanza del Antiguo Testamento, el Señor ahora nos da un mandamiento para el sostén de los pastores y obreros que trabajan en la iglesia. Pablo testificó:

> Y cuando estaba entre vosotros y tuve necesidad (los corintios no cumplieron su deber), a ninguno fui carga, pues lo que me faltaba, lo suplieron los hermanos que vinieron de Macedonia (hermanos obedientes al Señor).
>
> 2 Corintios 11:9

¿Quieres saber si los hermanos de Macedonia eran ricos?

> Así mismo, hermanos, os hacemos saber la gracia de Dios que se ha dado a las iglesias de Macedonia; *que en grande prueba de tribulación, la abundancia de su gozo y su profunda pobreza abundaron en riquezas de su generosidad.* Pues doy testimonio de que *con agrado han dado conforme a sus fuerzas, aún más allá de sus fuerzas, pidiéndonos con muchos ruegos que les concediésemos el privilegio de participar en este servicio para los santos.* Y no como lo esperábamos, sino que *a sí mismos se dieron primeramente al Señor*, y luego a nosotros por la voluntad de Dios; de manera que exhortamos a Tito para que tal como comenzó antes, así mismo acabe también en vosotros esta obra de gracia.
>
> 2 Corintios 8:1-6

Antes de leer más, toma unos minutos para meditar seriamente en estas palabras subrayadas. Es una gracia que Dios quiere que esté en todas nosotras. Ellos no tuvieron un debate acerca de dar diezmos o ofrendas. No había tal necesidad. Dieron más. A la luz del gran amor del Señor para con ellos, lo consideraron un privilegio dar "aún más allá de sus fuerzas". No hay ningún sentido de obligación. Era para ellos un gozo. ¿Y para ti?

Es una vergüenza y mal testimonio delante del mundo incrédulo que muchos de nuestros pastores sufren por falta de lo necesario, aunque Dios ordena que las iglesias deben pagar a sus pastores, y pagarles bien.

> Los ancianos (pastores) que gobiernan bien, sean tenidos por dignos de doble honor, mayormente los que trabajan en predicar y enseñar.
>
> 1 Timoteo 5:17

En este versículo está hablando del sostén de estos hombres fieles.

> Pues la Escritura dice: No pondrás bozal al buey que trilla; y: Digno es el obrero de su salario.
>
> 1 Timoteo 5:18

¿Cómo podemos esperar las bendiciones de Dios cuando tratamos a los siervos de Dios peor que a los animales? El buey que trillaba tenía el derecho de comer del trigo. Pero hay muchos creyentes e iglesias que no ven ninguna responsabilidad para con el hombre de Dios que les da a comer de la Palabra de Dios. Es hora de despertarnos y arreglar esta situación tan vergonzosa.

Tal actitud es causa de mucho desánimo en los jóvenes que quieren entrar en la obra del Señor. ¿Cómo podrán sostener una familia y darles aun las necesidades de la vida cuando saben que los creyentes no sostienen a sus pastores? Así que dejan de considerar el pastorado. Y las iglesias están pidiendo pastores. Un pastor debe recibir un sueldo que alcance a lo menos el promedio de lo que recibe en sueldo la mayoría de los miembros de su congregación. El debe recibir suficiente para que él y su familia pueden vivir en el mismo nivel de vida en el cual la mayoría de los miembros de su congregación vive. Si el pastor tiene que trabajar fuera de su iglesia para ganar suficiente fondos para sostener a su familia, este pastor no tendrá el tiempo necesario para preparar la comida saludable y espiritual que los miembros necesitan. No puede atender a las ovejas de su rebaño como lo debe hacer. Si Dios no permitiera que algún miembro recibiera un sueldo mayor que el de su pastor, creo que habría un aumento tremendo en dar diezmos u ofrendas para el sostén del pastor. Cuando seamos fieles en dar nuestros diezmos vamos a ver un cambio grande en la iglesia. Nosotros, los miembros de la congregación, tenemos la culpa.

c) *Ayudar a los necesitados.*

Esto era tan importante también que Pablo dijo en sus últimas palabras a los ancianos de Efeso:

> En todo os he enseñado que, trabajando así, se debe ayudar a los necesitados, y recordar las palabras del Señor Jesús, que dijo: Más bienaventurado es dar que recibir.
>
> Hechos 20:35

Hay muchas ilustraciones como Hechos 11:29 mostrando que lo que Dios mandó en el Antiguo Testamento fue una parte de la práctica de las iglesias del Nuevo Testamento. Dios siempre recuerda a los necesitados. En algunas iglesias se recoge una ofrenda cada primer domingo del mes, o una ofrenda al tiempo de la Santa Cena con este fin.

5) *La Manera Cómo Debemos Dar.*

a) Con Alegría

Las ofrendas se deben dar "no con tristeza, ni por necesidad, porque Dios ama al dador alegre", 2 Corintios 9:7. Así debes dar para la obra del Señor con alegría. Una creyente que da pero se deja sentir que le pesa lo que da, a veces llega a ser un estorbo en la iglesia. El creyente debe dar con alegría porque ama a Dios y a su obra.

b) Con Regularidad:

Según la enseñanza del Nuevo Testamento la ofrenda también se debe dar "con regularidad", "Cada primer día de la semana", 2 Corintios 16:2.

Es muy precioso traer las ofrendas de gratitud al Señor por todos los bienes y bendiciones recibidos durante la semana. El primer día de la semana, el domingo, tiene el propósito en dar "primero" a Dios antes de gastar todo para nosotras, llegando al fin de la semana sin nada para el Señor. Pero unos dicen, "Si doy primero al Señor, no voy a tener nada para mis necesidades". ¿Recuerdas la historia de la viuda en el tiempo de Elías? Era pobre. Después de decir al profeta, "No tengo pan cocido; solamente un puñado de harina tengo en al tinaja, y un poco de aceite en una vasija; y ahora recogía dos leños, para entrar y prepararlo para mí y para mi hijo, para que lo comamos, y nos dejemos morir", Elías le respondió, "Pero hazme a mí primero de ello una pequeña torta. . .y *después* harás para ti y para tu hijo". ***Y Jehová no multiplicó lo que tenía hasta después que ella obedeció al hombre de Dios.***

> Y la harina de la tinaja no escaseó, ni el aceite de la vasija menguó, conforme a la palabra que Jehová había dicho a Elías.
> 1 Reyes 17:12,1316.

Un día Cristo estuvo en el templo con sus discípulos. Ellos miraban y los ricos echaban en el arca de la ofrenda. No era así con Cristo.

> Estando Jesús sentado delante del arca de la ofrenda, miraba cómo el pueblo echaba dinero en el arca; y muchos ricos echaban mucho. Y vino una viuda pobre, y echó dos blancas,

o sea un cuadrante. Entonces llamando a sus discípulos, les dijo: De cierto os digo que esta viuda pobre echó más que todos que han echado en el arca; porque todos han echado de lo que les sobra; pero ésta, de su pobreza echó todo lo que tenía, todo su sustento.

Marcos 12:41-44

Estoy segura de que Dios no la dejó morir por falta de plata. El sabe suplir las necesidades de los que le aman. ¿Sabes que al tiempo de la ofrenda El está mirando, "cómo" le das tu ofrenda?

c) ¿Cuánto Debes Dar en Tus Ofrendas?

Si bajo la ley los israelitas fueron obligados a dar sus diezmos, una razón más poderosa que la ley debe movernos a nosotros, " EL AMOR A NUESTRO SEÑOR". Aunque en las epístolas a las iglesias del Nuevo Testamento no se menciona el diezmo, la experiencia nos muestra que al cumplir fielmente con nuestro diezmo al Señor, El cumple también su promesa:

> Derramaré sobre vosotros bendición hasta que sobreabunde.
> Malaquías 3:10

Pablo nos explica la manera por la cual debemos decidir cuánto debemos dar.

> Cada primer día de la semana cada uno de vosotros ponga aparte algo, según haya prosperado.
> 1 Corintios 16:2

Mi querida hermana, ¿Cumples dando tus diezmos y ofrendas al Señor? ¿Te gusta dar con alegría o siempre te estás quejando porque recogen las ofrendas? ¿Es privilegio para ti u obligación? Recuerda que tu ejemplo como líder en este aspecto tendrá gran influencia en las vidas de las hermanas, y puede ser una influencia positiva o negativa.

La iglesia necesita de tus diezmos y ofrendas generosas, si es que quieres que la obra sea generosa y el trabajo que con ella se desarrolla. La Sociedad Femenil también precisa de tus ofrendas para realizar todos los planes trazados y todas las cosas que desean hacer dentro y fuera de la iglesia. La obra de la iglesia, de la cual eres miembro, necesita de tu aporte material. Ese aporte que en forma de diezmo o de ofrenda traes al Señor, debes traerlo en espíritu de adoración y gratitud, de lo que el Señor te da. De veras esto debe formar una parte de tu adoración a tu Salvador. Debes dar con alegría recordando sus palabras.

Más bienaventurado es dar que recibir.

Los niños siempre quieren recibir. Cuando maduran, encuentran un gozo mayor en dar a los que aman. No debemos ser niños espiritualmente. El gozo mayor es madurar en la fe y aprender el gozo sublime de dar con alegría y gratitud a nuestro Dios. Cristo dió todo por nosotros sin pedirnos nada. Nos amó sin medida, sin pensar siquiera en su propia vida que como ofrenda de amor fue inmolada en el madero.

PREGUNTAS

1. ¿Qué quiere decir el diezmo?

2. ¿Para qué fue utilizado el diezmo --

    a. según Números 18:21-24 _____

    b. según Deuteronomio 4:28,29? _____

3. Cuando no dieron sus diezmos, ¿qué dijo Dios en Malaquías 3:8-9?

4. ¿Cuál es la diferencia entre los diezmos y las ofrendas?

5. ¿Para qué eran las ofrendas?

    a. _____ 1 Cor. 9:13,14; 1 Timoteo 5:17,18

    b. _____ Hechos 20:35

La Mujer Ideal

6. Malaquías 3:8,9 habla no solamente de diezmos sino también de OFRENDAS. Dios utilizó palabras muy fuertes en estos versículos, "MALDITOS SOIS CON MALDICION". ¿Por qué dijo Dios eso?

7. ¿Eres culpable de robar a Dios por retener tus ofrendas que en realidad pertenecen a Dios?

8. ¿Está el pastor tuyo o el encargado de tu iglesia sufriendo porque tú estás reteniendo ofrendas que pertenecen a Dios?

9. ¿Cuáles son las palabras que Dios utiliza para los que retienen sus ofrendas? (Malaquías 3:9)

10. ¿Debes dar con regularidad? (1 Cor. 16:2) _____

¿Quieres que tu pastor y su familia coman con regularidad? _____

d. *La Mujer Victoriosa Ejemplo Como Diaconisa:*

1) *Requisitos Para Una Diaconisa:*

> Las mujeres así mismo sean honestas, no calumniadoras, sino sobrias, fieles en todo.
>
> 1 Timoteo 3:11

a) *Honestas:*

Tu conducta debe ser digna y ejemplar. Eso es muy importante porque siendo así, puedes inspirar confianza en las demás y mantener un testimonio intachable.

> Para que seáis irreprensibles y sencillas (hijas) de Dios sin mancha.
>
> Filipenses 2:15

> Para que andéis como es digno del Señor, agradándole en todo, llevando fruto en toda buena obra, y creciendo en el conocimiento del Señor.
>
> Colosenses 1:10

b) *No Calumniadoras:*

La calumnia destruye la amistad entre personas, y es como veneno. La calumnia se basa en algo que no es verdad, y a veces se repiten chismes que acarrean discordias, causando que las hermanas se alejen de la iglesia.

> El chismoso aparta los mejores amigos.
>
> Proverbios 16:28

> Seis cosas aborrece Jehová...el testigo falso que habla mentiras, y él que siembra discordia entre hermanos.
>
> Proverbios 6:16,19

Si acusamos a una persona de ser ladrón reaccionará, siendo ofendido. Alguien afirmará que nunca ha robado nada a nadie aunque por su lengua ha calumniado a otro hermano, robándole su buen nombre. ¿Qué tiene más valor, unos pesos (o aun muchos) o el buen nombre?

La Biblia nos habla mucho acerca de la lengua y el daño que puede hacer en la vida tuya y en la vida de otras.

> Así también la lengua es un miembro pequeño, pero se jacta de grandes cosas. He aquí, ¡cuán grande bosque enciende un pequeño fuego!
>
> Santiago 3:5

Leí una vez que hay una clase de caracol que tiene treinta mil dientecitos en la lengua. Con estos dientecitos tan chiquitos puede cortar aun la hoja o yerba más dura para devorarle. Gálatas 6:15 nos dice:

Pero si os mordéis y os coméis unos a otros, mirad que también no os consumáis unos a otros

Santiago 4:11 dice:

Hermanos, no murmuréis los unos de los otros.

Y Pedro nos amonesta:

El que quiere amar la vida y ver días buenos, refrene su lengua de mal, y sus labios no hablen engaño.

1 Pedro 3:10

El salmista David clamó:

Pon guarda a mi boca, oh Jehová; guarda la puerta de mis labios.

Salmo 141:3

Nuestra manera de hablar revela mucho de nuestra personalidad. Según lo que vemos en Marcos 14:70 la gente que estaba con Pedro, fijándose solamente como hablaba él, podía distinguir su semejanza con Cristo, el acento o tono de la voz. Es importante recalcar que por ello fue identificado con Cristo. A pesar de su debilidad tan tremenda en ese momento, la gente sabía que Pedro anduvo con Cristo sin haberle conocido antes. Esto nos hace pensar también que nosotras debemos asemejarnos a El en nuestro modo de hablar y ver en nosotras cualidades atrayentes. Si otra habla mal de nosotras, ¿cuál debe ser nuestra reacción? ¿Enojarnos o reñirles? No. Si queremos mostrar nuestra personalidad cristiana, tendremos que buscar palabras que puedan identificarnos con Cristo, pensando siempre en agradar al Señor.

Lucas 4:22 dice de Jesús:

Y todos daban buen testimonio de El, y estaban maravillados de las palabras de gracia que salían de su boca.

En realidad muchas veces no son las palabras mismas, sino la manera en que las hablamos que es lo importante. Colosenses 4:6 nos exhorta:

Sea vuestra palabra siempre con gracia, sazonada con sal (no con ají), para que sepáis como debéis responder a cada uno.

Entonces, evita el calumniar, chismear y criticar, o de lo contrario perderás la influencia que tu vida pueda tener en otras vidas.

La blanda respuesta quita la ira, mas la palabra áspera hace subir el furor.

Proverbios 15:1

c) *Sobrias:*

Moderadas en todo, en la manera de hablar, de vestirse etc.

> Sean vuestras costumbres sin avaricia, contentos con lo que tenéis ahora; porque El dijo: No te desampararé, ni te dejaré.
> Hebreos 13:5

> Teniendo buena conciencia, para que en lo que murmuran de vosotros como de malhechores, sean avergonzados los que calumnian vuestra buena conducta en Cristo.
> 1 Pedro 3:16

d) *Fieles en Todo:*

Tanto en la manera de vivir como en su fe. ¿Pueden otros siempre contar contigo? ¿Eres fiel en cumplir tus promesas, tus responsabilidades?

> El que es fiel en lo muy poco, también en lo más es fiel.
> Lucas 16:10

> Doy gracias al que me fortaleció, a Cristo Jesús nuestro Señor, *porque me tuvo por fiel,* poniéndome en el ministerio.
> 1 Timoteo 1:12

El ser diaconisa es el ministerio que Dios te ha dado.

> Sé fiel hasta la muerte, y yo te daré la corona de la vida.
> Apocalipsis 2:10

3) *Cumplir Tus Responsabilidades:*

Las diaconisas ocupan un lugar de importancia, y parece que su mayor responsabilidad, como la de los diáconos, es en cuanto a los bienes de la iglesia, Hechos 6:1-4. Sus dones parecen ser de servicio, de ayuda, como son mencionados en Romanos 12:7 y 1 Corintios 12:28. Febe es un ejemplo muy precioso para nosotras, Romanos 16:1,2.

Muchas veces las diaconisas tienen la responsabilidad de cuidar el aseo de la iglesia, de poner flores etcétera. Hay las que menosprecian tales tareas, pero son importantes. La iglesia debe ser atractiva en todo aspecto para que la gente pueda adorar a Dios tranquilamente. El piso y bancas sucias no son un buen testimonio. No solamente el auditorio, sino los salones para la escuela dominical deben ser aseados y ordenados. Esto ayuda mucho a la presentación de la lección. Si de veras es la casa de Dios, merece lo mejor que podamos hacer para hacerla linda y atractiva.

Es cierto que la mujer debe adquirir más responsabilidad en la iglesia sirviendo de muchas maneras a su Señor. Sobre todo teniendo un puesto como diaconisa debe mostrarse una creyente activa y responsable. Debe saber cuándo callarse, cuando hablar y cómo portase, compartiendo el ministerio que hacen los demás. Al mostrarse así, ella no está contemplando desde lejos la tarea de los otros, sino trabajando conjunto.

Es una cosa cumplir responsabilidades, es otra cosa aceptarlas. Muchas veces en las iglesias en el tiempo de las elecciones, una persona quita su nombre de la lista para no tener que aceptar responsabilidades. Piensa en el puesto como una cosa que hay que evitar. Así muchas personas capaces no hacen lo que pueden y lo que deben, especialmente si el puesto es muy humilde. Pero si es algo que podemos hacer para servir a nuestro bendito Señor quien tomó el lugar más humilde por nosotros, debe ser considerado como un privilegio. Tal actitud quitará el aspecto desagradable de cualquier tarea. Haciéndola con un corazón lleno de amor para Cristo, encontrarás un gozo que te sorprenderá.

4) *Visitar a Los enfermos, Ancianos, Creyentes con necesidades:*

Esta es una de las tareas de una diaconisa que infelizmente muchas veces no se cumple. A veces el pastor no puede cumplir este ministerio. Puede ser por descuido, o tal vez porque no tiene tiempo para cumplir todo lo que tiene que hacer. El va a apreciar tu ministerio, ayudándole en esta obra tan importante.

Es imposible conocer desde el púlpito los problemas que vienen a los de la congregación. Por tu experiencia en visitar a las hermanas, puedes animar al pastor en hacerlo también. Puedes compartir con él los problemas que debe saber. Es cierto que aun si el pastor visita bien, hay personas (especialmente mujeres) que no van a compartir con él sus problemas. Tú puedes hacer muchísimo para ayudarlas. Cuando hay hermanas enfermas o con necesidades, es un gran aliento y gozo el recibir la visita de una diaconisa u otra hermana. No tienes que ser diaconisa para hacer esto. Es el deber de todos.

El visitar es un ministerio que llena la necesidad de quienes a veces se sienten tristes y solitarios en sus problemas. En la Biblia encontramos que la bondad y la justicia de la verdadera religión se demuestra en el hecho que Dios y sus hijos se compadecen de los sufrimientos de las viudas, enfermos, necesitados, y les alivian en sus necesidades.

> La religión pura y sin mácula delante de Dios el Padre es ésta: Visitar a los huérfanos y a las viudas en sus tribulaciones, y guardarse sin mancha del mundo.
> Santiago 1:27

La iglesia primitiva no se olvidó de proteger a estos necesitados, Hechos 6:1-3, y a través de las Escrituras se nos anima a cumplir con esta responsabilidad.

> Compartiendo para las necesidades de los santos.
> Romanos 12:13.

> De hacer bien y de la ayuda mutua no os olvidéis.
> Hebreos 13:16

Un consejo importante para cuando salgas a visitar, no importa a quien sea: no hables de tus propios problemas. Deja a ellos hablar y escucha con atención. Tampoco chismees o critiques a otras. Eso nunca edifica. Estás ahí para edificación, exhortación y consolación.

5) *Lista a Enseñar La Biblia:*

> Sino que según fuimos aprobados por Dios para que se nos confiase el evangelio.
> 1 Tesalonicenses 2:4

Tal vez piensas que no puedes enseñar porque no has asistido a un Instituto Bíblico. Aunque la preparación formal es importante, no es imprescindible. Cursos por correspondencia pueden ayudarte mucho.

La Biblia es la Palabra de Dios. Por eso es importante aprenderla y enseñarla a otros. Pero no podemos enseñarla a menos que nosotras la vivamos.

> Porque el siervo del Señor no debe ser contencioso, sino amable para con todos, **APTO PARA ENSEÑAR**, sufrido.
> 2 Timoteo 2:24

La enseñanza de la Biblia es una responsabilidad importantísima de la mujer cristiana como líder, y además una de las mejores oportunidades para servir al Señor.

> Retenedor de la fiel tal como ha sido enseñada, para que también pueda exhortar con sana enseñanza.
> Tito 1:9

¿Has pensado que si has podido enseñar a tus hijos, puedes enseñar a otras personas? Puedes hacer mucho más de lo que crees.

Pero tienes que tener mucho cuidado de no torcer el sentido de los versículos para tu propia conveniencia, para ejercer influencia en mala manera en otra persona. No -- "adulterando la Palabra de Dios:, 2 Corintios 4:2, ni -- "falsificándola", 2 Corintios 2:17, como algunos lo hacen.

Para enseñar es necesario familiarizarse con la Biblia, usándola en la vida personal y descubriendo cómo utilizarla en la enseñanza.

> La palabra de Cristo more en abundancia en vosotros.
> Colosenses 3:16

> Procura con diligencia presentarte a Dios aprobado como obrero que no tiene de que avergonzarse, que usa bien la palabra de verdad.
> 2 Timoteo 2:15

Cuando por algunos motivos un maestro de la escuela dominical no llega a su clase (y eso ocurre muchas veces), tú debes estar dispuesta y lista a tomar la clase para enseñarla. Pero sin duda las mejores oportunidades para enseñar que tendrás, las encontrarás al hacer visitas a las hermanas, contestando preguntas, animándolas con la Palabra de Dios, ayudándolas en problemas, etcétera.

Si tú nunca has hecho esto, puedes empezar a aprender, y seguro crecerás también. Si ya has tenido experiencia en enseñar la Biblia, te será más fácil. Es muy cierto que para enseñar la Biblia necesitamos poner nuestra confianza en Cristo Jesús, nuestro Maestro, quien nos guiará si estamos listas a hacerlo.

Para ayudarte en la preparación de lecciones o mensajes, más tarde vamos a darte algunas sugerencias prácticas.

PREGUNTAS

1. ¿Cuáles son los requisitos de Dios para ser diaconisa? (1 Timoteo 3:11)

2. ¿Tomas en cuenta los requisitos cuando votas para una diaconisa?

3. ¿Cuáles son algunas responsabilidades de una diaconisa?

2. *LA MUJER VICTORIOSA COMO LIDER DE LA SOCIEDAD:*

a. ¡Tú Puedes!

Tarde o temprano la mujer que vive para la gloria del Señor y experimenta sus bendiciones será reconocida como una que puede guiar a otras por la misma senda. ¿Serás tú?

"Ay no. No soy líder. ¿Cómo puedo yo iniciar una sociedad femenil o guiar una ya formada? Soy una persona humilde. No tengo talentos o habilidades. Nunca asistí a un Instituto Bíblico. No tengo enseñanza. No me siento capaz."

Bueno, quiero contarte una historia verdadera de una amiga. Su nombre es Valentina. Esta historia empieza en un pueblito de Bolivia cuando Valentina, una creyente, era jovencita.

Un día Valentina viajó a la Argentina. Lamentablemente las que mostraron interés en ella eran creyentes mundanas. No pasó mucho tiempo cuando Valentina se encontraba participando con ellas en fiestas, bebiendo y viviendo una vida de pecado. Aunque se reía y parecía feliz, no lo estaba. Se sentía como si estuviera llevando una pesada carga de culpa en su corazón. Ella quiso volver al Señor, pero no sabía cómo. No sabía si el Señor le recibiría. Pensó que la única manera para deshacerse de esta clase de amigas era volver a Bolivia, a su pueblo. Lo hizo. Pero seguía sintiéndose miserable. No había nadie ahí para ayudarla.

Escuchó que a 27 kilómetros de su pueblo vivían algunos misioneros. "Seguramente si alguien puede ayudarme son ellos. Iré a hablar con ellos."

Temprano en la mañana, Valentina salió de su pueblo caminando los 27 kilómetros. Al llegar a su destino encontró la casa de la señora Modesta de Harwood. Fue convidada a entrar.

Valentina le contó a la señora lo que había pasado en su vida. Entonces le preguntó si era posible que Dios la recibiera de nuevo. La Sra. Modesta aseguró a Valentina que el Señor siempre estaba listo a perdonar a la persona que le pidiera y que le confesara su pecado a Dios. Si Valentina estaba lista a hacer eso, el Señor le recibiría de nuevo. Entonces, Valentina oró, confesando sus pecados a Dios, pidiéndole perdón. Dios la perdonó. La restauró de nuevo a la comunión con El.

Al salir de la casa parecía que la carga pesada se había desaparecido de su corazón, y Valentina salió feliz y alegre. Ella decidió vivir para Cristo costara lo que costara. Pero, ¿qué podía hacer ella? No tenía talentos, ni habilidades. Tampoco tenía una enseñanza formal. Pero ella anhelaba que su pueblo experimentara el gozo y paz que ella ya tenía. "Bueno, no hay quien pueda decirles sino yo. Lo haré."

Valentina nunca había asistido a un Instituto Bíblico en aquel entonces. La única cosa que podía hacer era leer la Biblia. Explicaría entonces como ser salvo y como se podía volver al Señor si se estaba andando mal. Así ella convidó a sus vecinos y amigos a venir a su casa cada domingo. Ella les enseñó coros, e himnos; les leía la Biblia y oraba. Nada más. Cada domingo seguía la misma rutina. Dos bendijo sus esfuerzos.

La próxima vez que nosotros vimos a Valentina, nos dijo que trece personas habían recibido a Cristo como su Salvador. Después de un tiempo más nos contó que habían 18 nuevos creyentes ya. "Ahora", ella dijo a mi esposo, "queremos que venga a nuestro pueblo a bautizar a los creyentes." Jorge fue. Entre los creyentes que quisieron ser bautizados había una señora de 90 años, la abuela de Valentina. La abuelita fue bautizada también. No se le iba a negar este privilegio.

Valentina motivó a los creyentes a construir su propia iglesia. Y ellos empezaron a hacerlo. Cuando llegaron al punto que necesitaban tejas para el techo, vinieron a nosotros y pidieron a Jorge que llevara su maíz a la estación de tren. Quisieron llevar el maíz a Santa Cruz y venderlo allá porque podían conseguir mejor precio ahí. Valentina les había enseñado a los creyentes a diezmar y habían diezmado su maíz. Al volver de Santa Cruz con el dinero, compraron tejas en nuestro pueblo. Pidieron a Jorge que llevara las tejas a su pueblo y Jorge lo hizo. Ellos colocaron las tejas para su techo.

Un hombre incrédulo vió la iglesia y al llegar a nuestro pueblo, preguntó a Jorge: ¿Quién está construyendo aquella iglesia?" Jorge le respondió, "Los creyentes". "Sí, yo sé que ellos están haciendo el trabajo actual, pero quiero saber quién les está dando el dinero?"

"Nadie en particular," contestó Jorge. "Los creyentes están colaborando con sus diezmos y ellos mismos contribuyeron con su dinero y compararon las tejas. Cada uno dió su parte, lo que pudiera, y era suficiente."

Me alegro escuchar eso. Estoy asombrado. Me alegro que ellos mismos tienen ganas de trabajar. Dígales cuando necesiten cal, que vengan a mí y se los regalaré a ellos." Y lo hizo.

Tenían su iglesia ahora, así que Valentina les dijo, "Necesitamos ya a un pastor para enseñarnos más de la Biblia. Oremos que Dios lo mande a nosotros."

Mientras tanto había un joven con el nombre de Elí. Elí era uno de los 2 primeros graduados del Instituto Bíblico Hebrón. El estaba visitando todos los pueblos alrededor de nosotros con reuniones para niños. Muchos fueron salvos. Pero ya había terminado, casi de alcanzar a los pueblos. El último pueblo era el pueblo de Valentina. Elí pensaba, "Bueno, ya he alcanzado a todos los pueblos. Ahora es mejor que me quede en un lugar para ser pastor, pero, ¿dónde? Oraré que Dios me muestre." Elí llegó al pueblo de Valentina y en sus reuniones con niños varios recibieron a Cristo como Salvador.

Los creyentes averiguaron que Elí se había graduado del Instituto Hebrón. Le escucharon enseñar a los niños, entonces le pidieron que se quedara para ser su pastor y Elí aceptó.

Qué maravilla, ¿no? Ahora yo te desafío a meditar en la vida de Valentina. Ella no podía hacer mucho, solamente leer. Pero entregó esta habilidad al Señor. Entró en el yugo con Cristo y El le ayudó a ganar muchas almas para El, y establecer una iglesia. Valentina ha depositado mucho en el banco del cielo, y algún día será recompensada por Cristo mismo. ¿Y tú?

b. ¿Habrá Pérdida en Los Cielos?

¿Saben lo que me da mucha pena, y aun me asusta? Es ver a tantas mujeres sin motivación. No tienen interés en ser motivadas para hacer algo para al Señor. Se sientan plácidamente en los asientos para escuchar la Palabra de Dios año tras año, pero no para ponerla en práctica. Les gusta oir de la hemosura de los cielos y de lo que les espera allí sin darse cuenta que muchas de ellas sufrirán pérdida en los cielos.

¿Pérdida en los cielos? Claro que sí. La Biblia enseña claramente esta verdad en 1 Corintios 3:11-15. Léela por ti misma.

En 1 Corintios 3:12 se dice que Cristo evalúa lo que hacemos para El. Si lo que hacemos está hecho para la honra de El, seremos recompensadas.

> Si permaneciere la obra de alguno que sobreedificó, recibirá recompensa.
>
> 1 Corintios 3:14

Si lo que hacemos es para nuestra honra o beneficio sin pensar en Cristo, **NO** seremos recompensadas. Sufriremos pérdida.

> Si la obra de alguno se quemare, él sufrirá pérdida, si bien él mismo será salvo, aunque así como por fuego.
>
> 1 Corintios 3:15

Piensen en este versículo por un momento. ¿Puede sufrir pérdida una persona si no tiene nada para perder? Claro que no. Entonces este versículo insinúa que nosotros los creyentes "YA" tenemos recompensas que Dios ha puesto a nuestra cuenta. Lo ha hecho para cada creyente.

Aprendemos en Efesios 2:10 que:

> ...Somos creados EN CRISTO JESUS para buenas obras...

La única manera en que podemos estar "EN CRISTO", recuerdas, es por recibirle como Salvador. Al momento que lo hacemos, el Espíritu Santo nos pone "EN CRISTO.

> Porque por un solo Espíritu fuimos todo bautizados en un cuerpo...(el cuerpo de Cristo).
>
> 1 Corintios 12:13

Un vez que estamos "EN CRISTO" aprendemos en Efesios 2:10 que somos creados para buenas obras. No solamente aprendemos esto, sino también aprendemos según la última parte del mismo versículo, que "las cuales (las buenas obras) Dios preparó DE ANTEMANO para que anduviésemos en ellas". En otra palabras Dios ya ha preparado "DE ANTEMANO" un plan para tu vida que incluye ciertas buenas obras que El quisiera que tú las hagas. Y a la vez Dios ha puesto a un lado recompensas designadas para ti y serán despositadas a tu cuenta cuando tú cumples estas mismas buenas obras. Si no las cumples "sufrirás pérdida" en los cielos. Por eso Cristo nos amonesta en Apocalipsis 3:11:

> He aquí, yo vengo pronto; retén lo que tienes, para que **NINGUNO TOME TU CORONA.**

La Mujer Ideal 339

¿Alguien puede tomar mi corona (o recompensa), la corona que Cristo ha guardado para mí? Sí, amiga mía. Cristo está guardando esta recompensa o corona para ti si haces buenas obras para El. Buenas obras tal como: testificar a otras de El; ayudar a tu iglesia; ayudar en tu sociedad femenil; vivir una vida ejemplar en tu hogar, en tu barrio, en tu pueblo; esperar con ganas la segunda venida de Cristo; permanecer fiel a El; ayudar a los pobres y hambrientos, etcétera.

Si **NO** cumples lo que Cristo desea de ti, si rehusas cumplir la voluntad de Dios para ti, y si Cristo tiene que utilizar a otra persona para cumplir tu responsabilidad porque tú has rehusado hacerla, El dará la corona o recompensa designada para ti a la persona que cumplió tu responsabilidad. Esta persona "**HA TOMADO TU CORONA**". Tú sufrirás pérdida en los cielos.

¿Estás satisfecha con tu vida aquí en esta tierra, con tu hogar, con tu pueblo, con la manera que tú tienes que vivir? ¿Quieres seguir este tipo de vida en los cielos? ¿Si tuvieras la oportunidad, cambiarías tu situación aquí en esta tierra? Seguramente sí. Pero lamentablemente es casi imposible, hablando humanamente, cambiar nuesta situación aquí en esta tierra. No obstante, amigas mías, pueden cambiar su situación en los cielos. No tienen que sufrir pérdida allá. El lugar para cambiar su situación en los cielos es aquí en la tierra y el tiempo para hacerlo es ahora mismo. Una vez que están en los cielos ya es tarde.

> Me es necesario hacer las obras del que me envió, entre tanto que el día dura; *la noche viene, cuando nadie puede trabajar.*
>
> Juan 9:4

Pueden cambiar la situación por medio de lo que hacen aquí en la tierra para la gloria de Cristo. Así que, ¡Despiértense! ¡Motívense! No sufran más pérdida. Aprovechen bien el tiempo ahora. La noche viene cuando nadie puede trabajar. Uno no es coronado si no lucha, amiga mía.

Dios te ha puesto en el pueblo donde vives. Si hay una iglesia ahí que predica la verdad que se encuentra en la Biblia, Dios quiere que ayudes a tu iglesia, tu sociedad femenil si hay. Si no hay, empieza una.

En las siguientes páginas queremos dar a ti y a otras algunas ideas, sugerencias y ayudas que uds. puedan poner en práctica especialmente en una sociedad femenil.

La sociedad femenil es bíblica. En la iglesia primitiva, las mujeres se reunían con propósitos muy grandes, Hechos 1:14. Ellas sostenían a la iglesia espiritualmente con sus oraciones, Hechos 12:12, y también servían con sus manos en el trabajo material, Hechos 9:36.

Al comenzar una sociedad femenil, nos damos cuenta de la necesidad que existe de reunirnos con personas del mismo sexo, y sin duda en la iglesia primitiva las mujeres sintieron esta necesidad. Pero más que eso, ellas se reunían con el fin de aprender más de la Palabra y orar juntas por los problemas de la iglesia, los cuales sin duda serían los problemas de ellas mismas y de las muchas familias. Ese debe seguir siendo el motivo por el cual debemos reunirnos ahora.

Muchas sociedades femeniles son un "apoyo grande" a la iglesia porque las mujeres trabajan visitando, animando, ayudando con el sostén, listas para hacer el trabajo del Señor. Qué testimonio más precioso cuando ellas trabajan así. Por otro lado, hay sociedades femeniles que llegan a ser el "dolor de cabeza" para el pastor porque no cumplen con los propósitos. Siempre están quejándose, peleando unas con otras, creando problemas en vez de solucionarlos. Las reuniones llegan a ser el lugar donde hay más problemas que actividades para la gloria del Señor, y más chismes que oración y estudio de la Palabra. Estas maneras no deben ser seguidas.

c. *Propósitos de La Sociedad Femenil:*

Podemos llamarlos los cinco "C's" porque cada uno comienza con la letra "C".

1) Conversiones   4) Colaboración
2) Crecimiento   5) Capacitación
3) Comunión

Cada una de Uds. debe preguntarse a sí misma, ¿Qué puedo hacer yo para colaborar con mi sociedad femenil, para ayudarla a alcanzar los propósitos?

1) **CONVERSIONES:**

Bueno, puedes testificar a otras acerca de Cristo y llevarlas a las reuniones para que ellas puedan tener la oportunidad de recibir a Cristo como Salvador.

2) CRECIMIENTO:

Puedes orar, visitar y llevar a tus amigas y vecinas a los cultos. Si tienes hijos chiquititos y no puedes salir a visitar, puedes colaborar por cuidar a los niños de otras para que ellas puedan salir a visitar.

Una manera para aumentar el interés y para que crezca en número en la sociedad femenil es tener una competencia de vez en cuando. Se divide en grupos. Puede dar puntos por cada visita nueva que asiste; puntos por la participación en los cultos con mensajes, testimonios, solos, dúos, etcétera; puntos para el grupo que gane un concurso pequeño antes del mensaje en cada culto mientras la competencia dura.

a) Un juego que es interesante es el siguiente.

El líder escoge varios himnos para cantar. Antes (o después) que canten, el líder hace la pregunta,"La primera estrofa de este himno está basado, ¿en cuál versículo de la Biblia?" La respuesta puede ser cualquier versículo que contiene el tema de la estrofa. El grupo que puede encontrar primero un versículo que contiene el tema de la estrofa gana el punto. Claro, el líder debe tener respuestas listas cuando ellas no pueden contestar la pregunta.

b) Un juego semejante al "¿Quién soy yo?" es bueno porque puede cambiarlo en varias maneras.

Ejemplos -- cada semana puede utilizar uno del siguiente:
¿Cuál mujer soy?
¿Cuál reina soy?
¿Cuál rey soy?
¿Cuál profeta soy?
¿Cuál niño soy?
¿Cuál animal soy?
¿Cuál color soy?
¿Cuál objeto soy?
Etcétera------

Puedes preparar, digamos, diez preguntas (o lo que quieras) para un concurso cada semana. El grupo que gane la competencia en total tiene el privilegio de presentar lo que gana a su iglesia, o no tiene que haber un premio.

c) Para otro juego yo compré 4 cartulinas.

Las dividí con marcador en rectángulos. Cada rectángulo tiene que ser del igual tamaño. Puede haber 8,9,12 (o la suma que quieras) rectángulos. No hay que cortar las primeras dos cartulinas.

En las primeras dos cartulinas, escribí el nombre de un marido bíblico en cada rectángulo. Cada una de las primeras dos cartulinas tiene que contener los mismos nombres de maridos pero en diferente orden (para que no pueden copiar). En cada rectángulo de las primeras dos cartulinas puse (arriba y en el centro) un clavo (o alambre) de aproximadamente dos centímetros, perforando los rectángulos de atrás hacia adelante, y asegurando las cabezas de los clavos con cinta adhesiva

En las últimas dos cartulinas escribí los nombres de las esposas que corresponden a los maridos de las dos primeras cartulinas. Pero corté con tijeras cada rectángulo con el nombre de una esposa. En cada rectángulo que contiene el nombre de una esposa hice un agujero (arriba y en el centro) para que pudieran colocar este rectángulo sobre el clavo del propio marido durante el juego.

No mostré las dos cartulinas con nombres de maridos hasta que terminé explicando el juego. Los grupos tienen solamente cinco minutos (o el tiempo que tú quieras poner) para terminar colocando los rectángulos en sus asignados lugares.

Después de explicar las reglas, puse las primeras dos cartulinas, cada una separada, en su lugar. Una persona seleccionada de cada grupo vino delante de mí. Cuando quise comenzar el juego, entregué a cada una de las dos personas selecciondas todos los nombres de las esposas. Ellas tuvieron que correr a su grupo entregándolo los nombres. Su grupo tenía que colocar lo más pronto posible en el clavo, el nombre de la esposa que corresponde al marido. El grupo que colocó correctamente más nombres de parejas en el tiempo especificado ganó los puntos.

3) COMUNION:

Puedes motivar a las mujeres por medio de tiempos sociales de compañerismo. Cada grupo toma su turno en traer refrigerio. El refrigerio siempre debe ser sencillo. No debe haber competencia tocante el refrigerio por que si lo hace, pronto llegará al tiempo cuando muchos no pueden proporcionar lo que algunos han hecho y se desaniman. Nunca debe olvidarse de que es la comunión alrededor de la Palabra de Dios lo que es lo más importante, no el refrigerio. Durante este tiempo puedes jugar juegos aceptables a creyentes.

4) COLABORACION:

Puedes llegar temprano y quedarte después del mensaje para charlar con las que asisten, especialmente las nuevas, mostrando amistad y asegurándoles que son bienvenidas.

5) CAPACITACION:

Puedes dar mensajes y charlas para capacitar a las mujeres espiritual e intelectualmente para servir mejor en sus hogares como madres, esposas y vecinas.

(Para saber como preparar mensajes, vea la sección que sigue los "Estudios en Grupos".)

d. Organización:

1) Se organiza una Sociedad Femenil eligiendo una mesa directiva que funcionará por un año.

2) La mesa directiva estará formada por una presidenta, vice-presidenta, tesorera, secretaria, vocales y una consejera. Si no hay bastantes mujeres capaces de cumplir estos puestos, puede funcionar con una presidenta, vice-presidenta y tesorera solamente.

3) Esta mesa directiva será elegida por voto secreto en una reunión conjunta con todas las hermanas. Tendrán derecho a votar las hermanas miembros en plena comunión con el Señor.

4) Se recomienda elegir a hermanas maduras en el Señor y que serían responsables en tomar un puesto en la Directiva, ya que ellas serán las que dirigirán la Sociedad Femenil. Una líder es aquella que ocupa un puesto de autoridad y debe ser capaz de dirigir, conducir y administrar.

5) Aconsejamos no elegir a hermanas recién convertidas para estos puestos de gran responsabilidad. Su vida tiene que ser probada y aprobada (de Dios) para averiguar si lleva un buen testimonio. 1 Timoteo 3:6,7 dice que el "neófito" (un nuevo convertido) no puede ser "obispo" (pastor, administrador en la obra del Señor). Es sabio seguir este consejo para la Sociedad Femenil. Mientras tanto tal hermana puede tomar responsabilidades menores dentro de los programas, etc.

6) Todos los miembros de la Mesa Directiva deben ser hermanas bautizadas.

7) Aconsejamos que la persona cuyo nombre está puesto para una posición, si sabe que le es imposible para con el puesto que avise a los votantes ANTES DEL VOTO Y NO DESPUES. Si espera ser elegida y entonces les avise que no puede aceptar la posición, es malgastar el tiempo de Dios y de los votantes. Hay que tener respeto por el tiempo de Dios de los votantes.

e. Cómo Escoger a Miembros para Formar un Comité:

Las sugerencias siguientes sirven si tienen que formar una directiva o cualquier puesto de responsabilidad.

Amigas, mías, es una cosa seria el escoger a miembros para formar una directiva o un comité. Los miembros en un sentido son representantes de Dios. No debemos elegir a nadie que por causa de su vida mala o inmoral no puede respresentar a Dios. No debemos elegir nunca a una persona deshonesta, engañadora o mentirosa.

No debemos elegir a personas que no cumplirán su responsabilidad. Lamentablemente hay personas que quieren tener el honor de ser elegidas pero después no cumplen nada de lo que es requerido de su posición en el comité, ni toman el tiempo para asistir a las reuniones de planificación.

Mis amigas, un comité muerto produce solamente una obra muerta. Así que no hay que elegir a gente solamente porque son sus amigas, o porque son hermosas, o porque se visten de moda y tienen una linda apariencia. Hay que escudriñar las vidas de las personas juntamente con sus motivaciones para ser elegidas.

Queremos tomar algo de tiempo para darles algunas sugerencias en cuanto a como escoger a miembros para un comité o para una directiva. Hay que recordar que Dios te responsabiliza de la manera que votas. Hay tres cosas mayores que debes tomar en cuenta antes de votar.

1) La Relación de la persona con Dios.

No es suficiente que la persona sea creyente. La persona debe mostrar por su vida que su andar con Dios es continuo y constante. El fruto del Espíritu no es como el fruto de los frutales que dan fruto una o dos veces al año. El fruto del

Espíritu es fruto cotidiano mostrado en la vida de la persona que es espiritual.

1) Las Cualidades de la Persona.

Debes preguntarte de ella, ¿es responsable, confiable? Si no es en su trabajo diario, tampoco será en la obra del Señor. ¿Cómo trata a otros? ¿Les habla con respeto o con desacato? "¡Burro! ¡Estúpido!" ¿Has escuchado a otras hablando -- o mejor dicho gritando así? El creyente espiritual sabe controlar su lengua.

3) Las Habilidades o Dones del Espíritu.

Esto se refiere a su habilidad de cumplir una cierta posición. Si una persona no sabe escribir, no puede cumplir la responsabilidad de secretaría. Porque tiene que escribir notas o actas de las reuniones. Si no sabe sumar, no debe ser elegida como tesorera; tampoco si es deshonesta.

Muchas veces Dios utiliza objetos para visualizar verdades o algo de lo que Él quiere enseñar. Un ejemplo se encuentra en Salmo 92:12 la primera parte que dice: "EL JUSTO FLORECERA COMO LA PALMERA...". Qué interesante es este versículo. Pero ¿qué quiere decir florecerá el justo como la palmera? ¿Es porque la palmera tiene una apariencia de elegancia y nobleza? ¿Es porque se dice que la palmera es "EL PRINCIPE DEL REINO VEGETAL"? Parece que no. Creo que florece la palmera por causa de su *UTILIDAD* a la humanidad. La palmera florece porque de sus hojas hasta su corazón, sirve a la humanidad.

Podemos pasar mucho tiempo hablando de la palmera, cómo han sido usadas simbólicamente sus hojas para significar gozo, honor, premios, victoria; cómo sus diseños fueron incluídos en los planes de la construcción del templo de Dios (1 Reyes 6:29,32,35); como han sido los árboles favoritos de artistas; como obras artísticas de ellas se encuentran en palacios de reyes, y como sirven a la humanidad. Pero nuestro tema no es de "La Palmera" sino de las cualidades del "Liderazgo". Sin embargo yo creo que Dios utilizó la comparación en este versículo porque quiso enseñarnos algo.

Creo que las características de la palmera pueden enseñarnos algo de las características del liderazgo, porque la palmera es reconocida como "EL PRINCIPE DEL REINO VEGE-

TAL" por buenas razones. Hagámonos, entonces, una comparación de las cualidades de la estructura de la palmera, las cualidades del creyente espiritual, y un ejemplo de la vida de una líder espiritual de la Biblia.

El ejemplo bíblico que vamos a utilizar es el de Débora, Jueces 4 y 5. La Biblia no nos da muchas detalles de la vida de Débora, pero lo que aparece, revela mucho.

Ella gobernaba durante un tiempo de gran apostasía de los israelitas. Era un tiempo de aridez y sequía espiritual en las vidas de ellos. Los israelitas habían hecho lo malo a los ojos de Dios. Le habían abandonado (Jueces 4:1) para seguir los ídolos de naciones ajenas. Por eso Dios les entregó en las manos de los cananitas y fueron oprimidos con crueldad por veinte años, (4:3).

Cuando clamaron a Dios, Dios buscó a una persona que tenía una fe viviente en El, que le seguía, a pesar de la apostasía de los israelitas y a pesar del abuso de los enemigos. Dios la buscó para librar a los israelitas del dominio de sus enemigos, los cananitas, porque los israelitas volvieron a clamar a Dios (4:3), pidiendo su ayuda. Dios encontró a quien buscaba. Era Débora.

Jueces 4:4,5 nos dicen que Débora era profetisa, esposa, madre (5:7) y juez gobernante a quien los israelitas consultaban (4:5). Ella era justa, y florecía como la palmera bajo la cual ella se sentaba para gobernar (4:5).

LA PALMERA	EL LIDER Jueces 4-5	DEBORA
Príncipe: Reino Vegetal	*Príncipe: de Creyentes*	*Juez: de los Israelitas*
1. VIDA La palmera tiene una vida interna que es especial. Aunque los corazones de los otros árboles estén muertos, el de la palmera permanece viva.	**1. VIDA** El creyente también tiene vida interna que es especial porque es una vida eterna. El que tiene al Hijo tiene la vida. El que no tiene al Hijo de Dios NO	**1. VIDA** Débora era creyente. Tenía vida eterna y una vida interna que era excepcional. La Biblia dice que era profetisa, juez, y sierva de Dios. Su vida mostraba que ama-

La Mujer Ideal 347

TIENE LA VIDA.
1 Juan 5:12

Así su interior es más importante que su exterior porque la Biblia dice en 2 Corintios 4:16

Por tanto no desmayamos, antes aunque nuestro exterior se va desgastando, el interior no obstante se renueva de día en día.

ba a Dios y tenía un corazón compasivo hacia su gente.

2. RAICES: FUNDAMENTO

A. ESTABILIDAD:

La palmera tiene raíces extraordinarias, que crecen en una manera desacostumbrada en otros árboles. Todas son del mismo espesor Por eso dan estabilidad a la palmera aun durante tormentas. No disminuyen gradualmente como otras raíces.
Por eso la palmera no puede ser desarraigada fácilmente. Permanece firme.

2. RAICES: FUNDAMENTO

A. ESTABILIDAD:

Las raíces del creyente son en forma de su fe, la cual es el fundamento del creyente. Pero la fe del creyente espiritual está basada tan fuertemente en Dios y su Palabra que permanece invariable a pesar de los problemas y pruebas de la vida. No sufre altibajos. No puede ser desarraigada fácilmente de su de su fe. Su fe no disminuye en pruebas incomprensibles. Aguanta las tormentas de la vida. Permanece firme. No depende de cir-

2. RAICES: FUNDAMENTO

A. ESTABILIDAD:

Las raíces o fe de Débora era extraordinaria porque cuando los demás habían caído en la idolatría, Débora quedó firme y fiel al Dios vivo y verdadero. Por eso llegó a ser el instrumento y la portavoz de Dios a los israelitas. Ella aguantaba las pruebas y problemas difíciles causados por la infidelidad de los israelitas al correr tras otros dioses, ídolos. La fe de éstos disminuyó. Permanece fuerte.

cunstancias sino en la Palabra inalterable de Dios. Sal. 1:1-3, Mat. 7:24-27

B. CAPACITADA CONTRA LA ARIDEZ:

Sus raíces tienen la capacidad de penetrar hasta lo profundo de la tierra, y en esta manera se aprovechan del alimento y la humildad que no se encuentran en la superficie. Por eso la palmera puede sobrevivir la aridez y la sequía.

3. TRONCO FLEXIBLE:

El tronco de la palmera es firme pero flexible. Es decir que no resiste el viento sino coopera con él humildemente inclinándose delante de él.

Y porque su vida se encuentra en

B. CAPACITADA CONTRA LA ARIDEZ:

Como la palmera, el líder espiritual tiene la capacidad de penetrar hasta lo profundo de la Palabra de Dios, aprovechándose del alimento y fuerza que necesita para vencer los tiempos de aridez y sequía de la vida superficial.

3. ESPIRITU FLEXIBLE:

El viento en la Biblia es usado como cuadro del Espíritu Santo (Juan 3:8). Vemos entonces que el creyente espiritual no resiste al Espíritu sino coopera con El. Es flexible en su mano, bajo su direc-

B. CAPACITADA CONTRA LA ARIDEZ:

A pesar de la aridez en las vidas de los israelitas en aquel tiempo, la consistencia de la fe de Débora le ayudó penetrar hasta lo profundo de Dios para aprovecharse del alimento y fuerza espiritual ahí. Por eso ella sobrevivió la aridez y sequedad espiritual durante su época.

3. ESPIRITU FLEXIBLE:

Débora era firme en lo que creía y flexible en las manos del Espíri- Santo para ser una buena líder de los israelitas.

Aunque resistió los abusos del enemigo, su cora-

La Mujer Ideal 349

su interior, su exterior puede aguantar el abuso sin ser afectado su fruto o su interior. Su exterior es suave.

ción. El creyente es firme en lo que cree, pero flexible y cooperativo en métodos y circunstancias que no comprometen su testimonio. No busca lo suyo sino el bien de otros. Considera las ideas de otros y si son mejores que las suyas, las pone en práctica. Tiene una mente abierta y aplaude las soluciones de otros dando crédito a la persona que debe recibir el crédito.

zón fue sensible para saber y cumplir la voluntad del Espíritu.

Era intrépida. No temía ni a Sísara con sus novecientos carros de hierro, ni a su ejército. Aunque era compasiva, era fuerte. Dios le había dicho que los entregaría en sus manos, y ella lo creía, (4:7). Cuando el general Barac rehusó ir a la batalla contra los cananitas sin Débora, ella no vaciló. Se fue con él.

La palmera cuyo tronco parece más áspero o cicatrizado, produce vida fruto más dulce. Tal vez será porque ha sido flexible delante de las experiencias traumáticas de los elementos de la naturaleza.

Porque la vida que vale se encuentra en su interior, su exterior aguanta abusos como las críticas destructivas u otras ofensas. No es como la plantita sensible que reacciona al ser tocada. No se ofende fácilmente. Su exterior es casi insensible a los abusos como el exterior de la palmera, pero su corazón continúa inofensivo, benigno, gentil y compasivo.

4. FRUCTIFERA:

La palmera es fructífera, y su fruto es aun más dulce en su vejez.

4. FRUCTIFERA:

La creyente espiritual es fructífera. La vejez no es el tiempo para que el fruto dismi-, nuya, ni para que se seque, sino para que el líder espiritual sea más dulce en su vida y su fruto más visible y provechoso.

Las pruebas, problemas y disciplina (en forma de cicatrices) **NO** le dejan amargado, ni resentido, sino sirven para producir el fruto del Espíritu en su vida, más apreciado por otros si permanece humilde y arrodillado delante de su Señor.

Le hacen tener más comprensión, más compasión, y más paciencia con otros que pasan por pruebas. Le hacen ser más humilde.
Salmo 40:30-31.

4. FRUCTIFERA:

Porque Débora mostraba el fruto del Espíritu en su vida, la gente la aceptó como líder. Aceptó sus decisiones porque sabía que ella mostraba justicia correcta que vino de su comunión continúa y constante con su su Dios.

No sufría de altibajos en su vida. No dependía de las circunstancias para su gozo y felicidad sino en la Palabra inalterable de Dios.

No era egoísta. Aunque era esposa y madre, puso su tiempo en las manos de Dios y compartía su tiempo y su vida con los israelitas.

Ella era sensible a las necesidades de su gente. Mostraba sabiduría, compasión, y juzgaba justamente al pueblo. Si no, la gente no *"SUBIRIA A ELLA A JUICIO"*.
Jueces 4:5

La Mujer Ideal 351

Después de mirar las características de la palmera podemos comprender mejor la razón porque es llamada, "*EL PRINCIPE DEL REINO VEGETAL*". Estas características o cualidades son las que Dios busca en el creyente para hacerle un líder en su obra.

"El justo florecerá como la palmera...". El líder justo florece porque su vida no es una que demanda o exige sino una que sirve a otros. No es un dictador que busca ser preeminente sino un servidor quien enseña y motiva a otros por sus acciones y por su participación en la obra juntamente con ellos.

La justicia le aparta de otros a veces, porque cuesta ser justo. La justicia no favorece a las personas que se encuentran en injusticia, sean padres, parientes, amigos, o quienes que sean

No se cansará (Cristo) ni desmayará, hasta que establezca en la tierra justicia.

Isaías 42:4

Seguramente, a veces era difícil para Débora aplicar la justicia cuando la culpa se encontró en su familia o en sus amigos íntimos. Pero ella encontró que era mucho mejor seguir la justicia de Cristo aunque perdiera a sus amigos que juzgar injustamente a favor de sus amigos culpables. El resultado fue que Dios estuvo con ella y la bendijo, y ella floreció como la palmera bajo la cual ella se sentaba para gobernar.

Débora motivaba a otros por medio de su ejemplo personal. Vemos que los israelitas rehusaron ir a la guerra sin la presencia de ella. Pero con ella, la siguieron en la batalla aún contra fuerzas mayores que ellos. Dios les dió la victoria como les había prometido.

Fiel es El (Dios) que os llama. El cual también lo hará.

1 Tesalonicenses 5:24

Dios escogió a Débora porque ella era consagrada a El a pesar de la oposición de otros, sean familia, amigos, o quien sea. Era fiel al Señor y no prestó atención a los malos consejos de otros. Seguía a Dios y la gente reconocía que juzgaba fielmente a pesar de la oposición. El resultado fue que Dios la escogió ser juez de Israel, porque El podía confiar en ella. Y El le ayudó en todo dándole las fuerzas, para sabiduría y todo lo que era necesario para cumplir la carga que El le había dado.

Si Dios te ha escogido para ser líder, El te convida según Salmo 55:22:

Echa sobre Jehová tu carga, y El te sustentará. No dejará para siempre caído al justo.

Recuerda que el sentido de este versículo es, que Dios es quien te ha dado la carga y te convida a sobreponerla en El. Dios te promete darte la fortaleza y sabiduría necesarias para cumplir.

Tal vez debemos incluir algunas amonestaciones para los que son seguidores, es decir que no son líderes. Un líder no es líder si no tiene seguidores.

f.   ¡TEN CUIDADO DEL LIDER A QUIEN SIGUES!

1) Ten cuidado de la persona que dice que es espiritual pero su vida muestra lo contrario.

2) Ten cuidado de un líder que es dictador, que quita tu libertad para decidir por ti. Uno que quiere solo mandar pero no quiere ayudar.

3) Ten cuidado del que dice, "Yo tengo la razón y nadie más." Que dice, "Dios me ha dicho...", como si Dios no pudiera guiar a otros. Es el primer paso para dividir familias, amigas, e iglesias.

4) Ten cuidado del líder egoísta, que quiere manipular el dinero, que quiere que el dinero pase por su bolsillo. Usualmente su bolsillo no tiene salida. Se queda ahí. O el que dice, "El Señor vendrá en tal fecha. Debes vender todo lo que tienes y dármelo. Debemos vivir juntos y esperar su venida."

5) Ten cuidado del líder que no quiere dar cuenta a nadie. Que dice "Yo soy de Dios. No tengo que dar cuenta a otro."

6) Ten cuidado del líder que es sensual, que le falta la moralidad, que juega con el pecado, con la verdad, con el sexo ilegítimo, o que aprueba tales cosas.

7) Ten cuidado del líder que trata de racionalizar el mal que está haciendo. Que tuerce las Escrituras para aprobar sus hechos malos, que no tiene una conciencia sensible a Dios.

8) Ten cuidado del líder que utiliza su carisma como un modo de manipular para impulsar o excitar las emociones de un grupo en tal forma que las emociones gobiernen la mente en lugar de que la mente gobierne las emociones.

Esta clase de líderes son líderes malos, engañadores, ciegos guiando a los ciegos, y todos caerán.

El Señor Gordon Selfridge, fundador de una tienda grande en Londres, Inglaterra escribió un artículo con el título, "¿JEFE O LIDER?"

g.   ¿JEFE --   O   LIDER?

1) El jefe exige con fuerza a sus trabajadores.	1) El líder entrena a sus trabajadores. (Les hace sentir como una parte del programa).
2) El jefe cuenta con autoridad.	2) El líder cuenta con la buena voluntad.
3) El jefe produce temor en sus hombres.	3) El líder inspira entusiasmo en sus hombres.
4) El jefe dice, "¡YO!" o "¡USTED!".	4) El líder dice, "¡NOSOTROS!".
5) El jefe busca un culpable del problema.	5) El líder arregla el problema.
6) El jefe sabe hacer una cosa.	6) El líder enseña cómo hacerlo.
7) El jefe dice, "¡VAYA!"	7) El líder dice, "¡VaMOS!"

Dios dice que es "EL JUSTO (el que) FLORECERA COMO LA PALMERA..."

h. *Responsabilidades de La Mesa Directiva:*

1) PRESIDENTA:

a) Presidir todas las reuniones de la Mesa Directiva.

b) Vigilar que todas las demás miembros de la Mesa Directiva trabajen debidamente.

c) Cooperar con los demás miembros en planes y hacer que se realice todo lo planeado.

d) Representar a la Sociedad Femenil ante la iglesia local o cualquier otra Sociedad y también en los eventos nacionales.

e) Es responsable de la buena marcha de la Sociedad Femenil.

2) VICE-PRESIDENTE:

a) Tomar el lugar de la presidenta cuando ésta está ausente.

b) Debe colaborar con la presidenta en todo lo que sea posible.

c) Vigilar el buen desenvolvimiento de la Sociedad.

3) TESORERA:

a) Es responsable de todos los fondos de la Sociedad femenil.

b) Debe llevar un libro de caja y mantenerlo al día con todas las ofrendas anotadas de cada reunión.

c) Debe dar un informe cada mes de las ofrendas que se recogen y los gastos que se han realizado.

d) Debe tener dos talonarios: uno para "fondos recibidos" y el otro para "fondos de desembolso". Al recibir fondos, la tesorera debe firmar el recibo y entregarlo a la persona que da la ofrenda. La que saca fondos debe firmar el del desembolso, y entregar recibos según ha gastado el dinero.

e) Hacer planes para promover ofrendas.

f) Realizar los pagos que deben hacerse aprobados por la mesa directiva o la sociedad.

g) Si la tesorera tiene que ausentarse por un tiempo extenso, el comité debe designar a otra miembro del comité para reemplazarla hasta que vuelva.

4) SECRETARIA:

a) Tomar acta de todas las reuniones de la directiva.

b) Recibir toda correspondencia para la Sociedad.

c) Contestar la correspondencia lo más pronto posible.

d) Informar a la Sociedad Femenil de todos los acuerdos o planes con la directiva.

e) Enviar invitaciones a otras sociedades femeniles cuando hay alguna actividad especial.

f) Si es posible mantener un archivo con los nombres, direcciones y fecha de cumpleaños de las hermanas de la sociedad.

5) VOCALES:

a) Asistir a todas las reuniones de la mesa directiva.

b) Pueden suplir cualquier puesto de las miembros de la mesa directiva cuando están ausentes.

c) Colaborar estrechamente con toda la directiva en todos los planes de la sociedad.

6) CONSEJERA:

a) Generalmente la consejera es la esposa del pastor y tiene la responsabilidad de ayudar a la mesa directiva con sugerencias, etcétera.

b) Debe estar presente en las reuniones de la directiva y la sociedad.

c) Velar que en la sociedad se enseñe la sana doctrina.
d) Estar siempre lista para aconsejar cuando es necesario.
e) Ser un buen ejemplo en todo aspecto de su vida personal.

i. *Cómo Dirigir Reuniones:*

Cuando tú tengas la responsabilidad de dirigir programas en tu Sociedad Femenil, te recomendamos lo siguiente:

1) Oración:

Durante la semana ora, y también antes de comenzar a dirigir. La oración te preparará a ti.

2) Puntualidad:

Llega a la hora y no te hagas esperar con la concurrencia.

3) Preparación:

Prepara tu programa de antemano, incluyendo todo lo que se hará y los nombres de las que han de participar. NUNCA llegues a la iglesia recién a hacer tu programa, ni salgas a dirigir sin saber lo que harás.

4) Participación:

¡No hagas tú todo el programa! Aprende a asignar responsabilidades a varias mujeres en lo posible, con la lectura bíblica, ofrendas, números especiales, competencias, etcétera. Todas pueden hacer algo.

5) Variedad:

No hagas un programa más de rutina. Busca algo que sea novedoso y de interés. (Lee la sección: "Como Variar Programas)

6) Entusiasmo:

Al dirigir los himnos, sé tú una directora de canto muy entusiasta, sobre todo si los himnos son con ritmo marcial. No escojas todos los himnos lentos.

7) Propaganda:

Anuncia en los cultos acerca de la reunión. También puedes pedir la cooperación de otra hermana que haga cartelones bien llamativos, y colócalos en la iglesia con el permiso del pastor.

j. *Cómo Planear Programas:*

Dios ha hecho todas las cosas bien ordenadas, y El requiere que también nosotros hagamos las cosas en orden, 1 Corintios 14:40. Por eso debemos esforzarnos en planear los programas y hacer lo mejor para nuestro Dios.

Pero, ¿Qué es Planear Programas? Vamos a decir que es planear con anticipación lo que se va a presentar en un programa.

Infelizmente tenemos la costumbre de improvisar programas y llegar a la iglesia muchas veces sin saber lo que vamos a hacer. Pedimos que alguien dirija, o hacemos lo que podemos. Luego lo que resulta es un programa sin vida (y sin provecho), donde la mayoría está durmiendo o parecen estar atendiendo pero no lo está por no haber nada interesante para las personas, y no van a querer volver para malgastar su tiempo.

1) *Cuando estás planeando programas, recuerda lo siguiente:*

    a) Planea programas por adelantado; no lo dejes para la noche del programa.

    b) Ten la seguridad de que todas las que participan saben con anticipación exactamente lo que deben hacer.

    c) Ora al empezar a planear programas, pidiendo la sabiduría y dirección del Señor. "La oración cambia las cosas."

    d) Procura que participen el mayor número de mujeres posible.

    e) Haz un bosquejo escrito del programa. Incluye lista de nombres de las que participan y cuándo.

Es bueno planear programas con uno o dos meses de anticipación especialmente si tienen reuniones cada semana tomando en cuenta reuniones de diferentes clases.

Vas a encontrar una ayuda grande haciendo una lista de las miembros con lo que cada una puede hacer si tienen habilidad artística para hacer cartelones; si canta bien; si sabe leer con claridad para la lectura bíblica; si tiene buenas ideas para horas sociales; etcétera. El buscar en cada una habilidades que se pueden usar para la gloria de Dios es muchas veces una bendición para personas que por la timidez no hacen nada pero que tienen grandes talentos. Además, cualquier persona se anima a participar al encontrar que puede hacer algo que es apreciado por otras.

2) EJEMPLOS DE PROGRAMAS

VIDAS EJEMPLARES

Fecha: Día, Mes

Mensaje: OFRENDA EJEMPLAR -- LA VIUDA

Cita: Marcos 12:41-43 Lucas 21:1-4

Dirigir: Sra. Fulana de Tal

(Un himno)

Oración: (Puede ser la persona que dirige u otra)

(Himnos o coros)

Testimonio:_____

(Que sea una Sra. o Srta. fiel en dar sus ofrendas y que dé un corto testimonio de las bendiciones por ofrendar al Señor).

Número Especial: Sra. o Srta._____

Lectura (la cita):_____

Mensaje:_____

(Himno o Coro)

Oración de despedida:_____

Mensaje: ORACIONES EJEMPLARES -- Ana y Ester

Cita: 1 Samuel 1:10-28

Dirigir: Sra. Raquel y Sra. Alinda

(Himno o Coro)

Oración:_____

(Himnos y Coros)

Números Especiales: Un solo, seguido por un trío.

Lectura (las citas):_____

Mensaje: (Después del mensaje se puede tener un tiempo de oración)

(Himno o Coro)

Oración de despedida:_____

Mensaje: MADRES EJEMPLARES -- Loida, Eunice, María

(Una noche social)

Cita: 2 Timoteo 1:5; Hechos 16:1,2; 2 Timoteo 3:15
Lucas 2:52
Dirigir:_____
(Coro o himno)
Oración:_____
Número Especial:_____
(Dedicado a las madres)
Poesía:_____
(Dedicado a las madres)
Número Especial:_____
Juegos:_____
(Coro)
Competencia Bíblica:_____
(¿Quién fue la madre de Salomón?
¿Quién fue la madre de Moisés?
¿Quién fue la madre de Jacob?
Etcétera)
Meditación:_____
(Coro)
Oración de despedida:_____

NOTA: Esto es solamente un bosquejo de las cosas más importantes al hacer sus planes. Los demás detalles se dejan a la que dirige para que busque los himnos, las que oran, lectura bíblica, etc.

3) Cómo Variar Programas.

a) *Competencias:*

Se puede dividir en dos grupos con la misma cantidad de mujeres en cada grupo. Tener durante el programa primero una competencia de cantos entre los dos grupos y luego una competencia bíblica.

La Mujer Ideal 359

b) *Lectura Bíblica:*

Puede estar a cargo de dos o tres personas que lean el pasaje en forma alternada o en conjunto, y si desea, pueden hacer participar a los oyentes.

c) *Testimonio:*

Da oportunidad a una o dos hermanas para contar algo de una experiencia que Dios ha hecho en su vida. Pero que lo haga en tres ó cinco minutos.

d) *Música Especial:*

Esto es algo que gusta mucho y sirve para preparar los corazones antes del mensaje.

e) *Reuniones Musicales:*

Alguna vez se puede planear una reunión solamente de música, tener varios números especiales y cantar varios himnos. Luego se puede tener una meditación sobre la importancia de alabar a Dios por medio del canto. O invita a una persona para que exponga una conferencia sobre "LA MUSICA DE ROCK Y LA IGLESIA". (¿Qué es música de Rock? ¿Sus principios? ¿Qué efecto tiene en las vidas de la juventud? ¿Debe permitirla en la iglesia? Etc.)

f) *El Programa:*

No debes empezar siempre con un himno y luego oración, etc. Se puede comenzar con un número especial, con una poesía o con alguna persona que dé algunas palabras de bienvenida antes de empezar. También puedes utilizar a dos hermanas para que dirijan el programa y pueden turnarse.

Con variedad de cosas y responsabilidades dentro del programa, dando oportunidad a todas, vas a descubrir muchos talentos escondidos.

4) Sugerencias Para Programas de Sociedades Femeniles:

a) *Programa de Discusión:*

Relaciones entre esposos tal como: Sujeción-Límites en la Sujeción. ¿Divorcio? ¿Venganza de Algo?

b) Programa de Competencia Bíblica:

La Gran Comida (o algo que sea conocido para ellas; o un libro cortito de la Biblia, o un capítulo de la Biblia.)

Preparar un cuadro con todas las cosas que se necesita para una comida (dibujados). Luego la competencia se hará de la siguiente manera: Tres grupos de tres hermanas, cada uno, pasará al frente para concursar. Se dirige la pregunta bíblica a cada uno de los tres grupos, y así se alterna. Cada persona del grupo irá colocando una marca en cada cosa, según la comi-da en orden de prioridad. Si primero se coloca la carne, entonces debe colocar primero la carne y luego lo demás. El grupo que termina en preparar toda la comida contestando preguntas es el ganador.

c) Programa de Mesa Redonda:

Presentar un tema actual, por ejemplo tomar el tema sobre, "Ofrendas y Diezmos". Cada mujer que toma parte debe prepararse de antemano con cada punto. Ejemplo: La bendición de Dar: "No me alcanza el dinero para los gastos. Así, ¿debo dar?", etc.

d) Programa de Primavera:

Al ir llegando las hermanas, se puede poner a algunas un nombre de flor. En la mitad del programa más o menos, se hará una competencia de esta manera: Las hermanas que han recibido nombres de flor pasarán al frente y las demás se dividen en grupos. La hermana que tiene nombre de flor solo tiene que indicar o decir la forma de la flor, no decir el nombre porque los grupos tienen que adivinar el nombre de la flor. Cada grupo tendrá tres oportunidades para adivinar.

e) Programa para el Día del Trabajo:

Invita a todas las hermanas para ir y hacer algún trabajo específico ayudando quizás a alguna hermana que tiene mucha familia, o en la iglesia, dedicarse a limpiar los vidrios, ventanas, o quizás hacer juguetes para los niños para la Navidad.

f) Programa de Noche Social:

La entrada para esta noche debe ser que cada hermana traiga un pan, un pedazo de torta, galletas o algo que sirva para comer. Antes de servirse el refrigerio, se puede poner en círculos a todas y hacer girar dos o tres paquetitos al son de música, pasando de una a otra hermana el paquetito. Cuando la música deje de sonar, las hermanas que queden con los paquetitos deben salir del juego llevando sus paquetitos para tomar su té o refresco. Así deben girar todos, y harán un cambio de regalos o masitas. También se puede hacer que todos sean puestos en la mesa, y cada cual levanta lo que desee.

g) *Programa de Compañerismo:*

Se puede hacer una cena, que cada hermana traiga algo para comer. Luego todo se junta en una mesa y pueden servirse todas haciendo cola, y sentarse en el lugar de su preferencia para poder compartir con sus amigas.

h) *Reunión de Costura:*

Que las hermanas para esta reunión traigan sus ofrendas. En el campo algunas veces traen sus lanas, sus tejidos, gallinas, etc. Lo que se puede vender. Con la plata pueden comprar tela para coser. Si desean, se puede hacer una competencia entre las que saben coser, y dar un premio a quien lo haga mejor, etc. También se puede dividir en grupos y dar piezas para coser en un tiempo determinado. Después de este tiempo, hacer una exposición de todo el trabajo de ambos grupos. Al ser calificados los trabajos, el grupo que mejor hubiese trabajado recibirá una noche social de premio de parte del grupo perdedor.

i) *Programas Traídos por Otras Sociedades:*

Si hay otras Sociedades Femeniles en el lugar, se les puede invitar a que traigan todo el programa. Esto ayudará bastante para conocerse con otras hermanas.

j) *Programas de Concursos Musicales:*

Efesios 5:19b-20a. Hay mujeres con dones y talentos preciosos para cantar y tocar instrumentos. Es una gran oportunidad de despertar y animar a aquellas que no se animan a hacerlo por falta de una oportunidad.

k) *Programas Dramatizados:*

Hay un refrán, "Por los ojos al corazón". Se pueden dramatizar mensajes. Requiere mucho tiempo y preparación, pero hace un gran impacto en las personas. Todo debe ser bien coordinado, los himnos según el tema, la lectura bíblica, etc.

l) *Programas Culturales:*

Si se puede, sugerimos películas que instruyan a las mujeres.

Se puede invitar a un médico o enfermera para dar charla sobre las enfermedades, cómo tratarlas, cómo cuidarse durante el embarazo, qué hacer si hay enfermedades contagiosas, etc.

m) *Retiros Espirituales:*

Se puede planear con todas las hermanas o a veces con la Mesa Directiva solamente, salir a un lugar apartado para tener un tiempo de estudio y meditación sobre la Palabra. Es algo de gran utilidad en la vida espiritual y cotidiana. Quizás pensar en feriados o días especiales cuando las madres pueden llevar a sus hijos también.

NOTA: Vale la pena planear con mucha anticipación la asistencia del mayor número de las mujeres a congresos regionales o al Congreso Nacional. Si lo hacen en grupo, usualmente resulta en menos gastos para cada una. Y los resultados son para la eternidad.

n) *Visitación:*

Se puede hacer en grupos de dos o tres personas visitando zonas del pueblo, rancho o ciudad. Esto es de suma importancia y se puede hacer con dos propósitos. Visitando a los no creyentes, y también visitando a las hermanas que por desaliento o problemas ya no asisten a la iglesia. Pueden animarlas a venir. Parece que la visitación es lo que menos hacemos. Si visitáramos a lo menos una vez cada dos semanas, ayudaría mucho para la asistencia a las reuniones y cuánto más las bendiciones personales a las que visitan y a las visitadas también.

Todos estos puntos son solamente ideas. Recuerda que la cosa principal en las reuniones es estudiar la Palabra de Dios para crecer.

o) Temas Para Señoritas:

Algunas veces pueden tocar temas exclusivos para señoritas. Ellas tienen problemas y necesitan ayuda también. Sugerencias:

1) Cómo deben vestirse.

2) Cómo conducirse con los jóvenes, con quienes andar, etc.

3) Responsabilidades de la mujer en su iglesia: ¿Debe bautizarse? ¿Debe asistir a todos los cultos? ¿Debe visitar a otras iglesias la mayor parte del tiempo o debe asistir a una con regularidad?, etc.

4) La mujer y su comunidad: ¿Debe asistir a las fiestas del barrio? ¿Cómo debe portarse si te encuentras en una fiesta de la comunidad? ¿Debe aceptar una copita? etc.

CADA COSA DEBE SER APOYADA CON CITAS BIBLICAS.

NOTA: Una buena concordancia es de suma importancia para buscar pasajes bíblicos sobre temas, preguntas, problemas. Si cuesta demasiado para que tengas tu propia concordancia, tal vez con las ofrendas de la Sociedad Femenil será posible comprar una para el uso de todas las que tienen que preparar mensajes, estudios, competencias, etc. para los programas.

p) JUEGOS:

1) ¿QUIEN SOY?

Este juego consiste en que cada persona tiene el nombre de una persona bien conocida -- por ejemplo: El Rey David; María, madre de Jesús; etc., escrito en un papel y asegurado con un alfiler sobre su espalda. La idea es que cada persona tiene que tratar de encontrar quien es.

Puede hacer preguntas de su identidad, pero cada pregunta tiene que ser del tipo de respuesta de "SI" o "NO". No puede preguntar a la misma persona más de una pregunta a la vez. Cuando piensa que ha encontrado su identidad, puede preguntar al líder de los juegos. La primera en encontrar su identidad gana.

Las preguntas pueden ser como: ¿Soy mujer? ¿Soy soldado? ¿Viví en tiempos del Antiguo Testamento?, etc.

2) CARRERA ALFABETO:

Hay que dividir el grupo en dos equipos. Cada equipo tiene las letras del alfabeto divididas entre los miembros del equipo. Las letras deben ser bastante grandes para sostener en la mano.

El líder de los juegos dice una palabra para que los grupos formen esta palabra con sus letras. Un punto para el grupo que forma su palabra primero. Llega a ser más difícil si la palabra tiene repetida la letra. Entonces la persona con ésta letra tiene que moverse rápido entre los dos puestos de su palabra.

3) ANATOMIA REVUELTA:

Si es posible, todas deben sentarse en un círculo o por lo menos en dos filas. Una persona escogida empieza el juego así: se acerca a una persona en el círculo. Tocando su propia oreja dice, "Esta es mi nariz". La persona a quien se había acercado tiene un tiempo hasta contar cinco para responder en una forma opuesta: sería tocando su nariz y diciendo, "Esta es mi oreja". Si no responde correctamente en el tiempo dado, ella tiene que entrar en el círculo, y se empieza de nuevo. Se juega así usando diferentes partes de la anatomía, mezclándolas.

4) TOCAR Y RECORDAR:

En una bolsa hay que poner varios objetos de la cocina (15 ó 20 cosas) por lo menos, cosas como un cuchillo, una taza, etc.

Cada persona tiene 45 segundos para meter su mano y tocar las cosas sin mirar dentro de la bolsa. Después tiene que escribir en un papel todas las cosas que estaban en la bolsa. La persona que puede recordar correctamente el mayor número de objetos gana.

k. Sugerencias Para Estudios en Grupos:

MUJERES DE FE

1) Hebreos 11

    a) Según Hebreos 11:1 ¿cuál es la definición de la fe?

    b) Pon en tus propias palabras lo que quiere decir Hebreos 11:1.

    c) ¿Qué dice Hebreos 11:6?

    d) Dios habla en Hebreos 11:6 de dos cosas necesarias, ¿cuáles son?

    e) En Hebreos 11 hay tres mujeres mencionadas específicamente, ¿quiénes son?

Las tres mujeres pasaron por pruebas difíciles y tiempos peligrosos. Las tres agradaron a Dios porque ejercitaron su fe en El. Aunque ellas a veces mostraron flaquezas, debilidades en sus vidas, ellas creyeron que Dios era, y le buscaban. El resultado fue que Dios las galardonó. Estudiemos la fe de estas tres mujeres para que podamos seguir las buenas cosas en sus vidas y evitar las malas. Hay que utilizar la imaginación por ponerte en los calzados de ellas y andar en su camino en aquel entonces. Tienes que preguntarte, ¿Cómo habría reaccionado yo si yo estuviera en su lugar pasando por las mismas pruebas que ellas pasaron. ¿Habría sido yo una mujer aprobada de Dios? ¿Habría escrito Dios mi nombre en Hebreos 11?

SARA (SARAI), Hebreos 11:11,12

1. ¿Cuándo habló Dios la primera vez a Abraham (Abram), dónde vivían él y Sara (Sarai)? Hechos 7:2.

2. Cuando escogió Dios a Abram y Sarai, les sacó de una ciudad. ¿Qué se llamó este lugar? Nehemías 9:7.

(Si habría sido departamentos en aquel entonces, Ur de los caldeos se habría encontrado en el departamento de Babilonia de Mesopotamia. Era una ciudad grande, importante, próspera y enteramente pagana. Era un centro religioso donde los habitantes adoraban el dios de la luna que se llamaba, "Nannar" y su consorte, "Ningal".)

3. ¿Quién era Taré? Génesis 11:31.

4. ¿Era pagano Taré? ¿A quién adoraba y servía Taré? Josué 24:2.

(Vemos que Abram y Sarai crecían en este ambiente. Era posible que los dos eran paganos también, sirviendo al dios de la luna en igual manera que su padre y abuelo hacían cuando Jehová se reveló a Abram. La Biblia no nos cuenta como el Dios verdadero y viviente apareció a Abram. Tal vez lo hizo en una manera semejante a la que hizo con Saulo (el apóstol Pablo). O puede ser que ellos eran como Noé y su familia en medio de un pueblo incrédulo que guardaban su fe en Jehová. Pero sabemos que su encuentro con Dios afectó fuertemente la vida de Abram como hizo en la del apóstol Pablo.)

5. Hechos 7:2 dice que "Dios de la ¿_____? apareció a Abram.

(Seguramente cuando apareció Dios a Abram, le manifestó que El era el Dios de la "GLORIA", el Creador no solamente de la luna sino también de toda la creación. Que no había otro dios ni la luna ni otra cosa, y que debía adorarle solamente a El, el Creador de todo.)

6. Génesis 12:1 dice:
> Pero Jehová *había dicho* a Abram (la primera vez en Ur): Vete de tu tierra y de tu parentela, y de la casa de tu padre, a la tierra que te mostraré.

¿Qué piensas tú cómo reaccionó Sarai cuando Abram muy animado y conmovido al escuchar la voz de Dios, le apuró y le dijo con entusiasmo, "Alístate y todas nuestras cosas. El Dios verdadero me habló diciendo que saliéramos de nuestro lugar y marcháramos a otra tierra."?

(Hay que tomar en cuenta que Sarai ya tenía más o menos sesenta años de edad. Y que Abram y ella estuvieron bien establecidos en su hogar, en su manera de vivir, en su trabajo y en su ciudad donde tal vez siempre habían vivido. La sugerencia de Abram era que ellos vivirían en una carpa el resto de su vida, trasladándose de un lugar u otro buscando comida para animales. Vivirían como peregrinos sin tener un lugar fijo para vivir. Si tu marido te dijera la misma cosa, ¿cuál sería tu reacción, tu respuesta?)

a. "¿Estás bromeando? ¿Marcharemos -- a nuestra edad -- a otra tierra, y tú no sabes a dónde?" ¿Qué ha pasado contigo? O--

b. ¿Dejar a nuestros parientes, a nuestros amigos, nuestro hogar, nuestra ciudad para ir quien sabe a dónde? ¡Jamás! ¿Quién es este Dios del cual hablas? O--

c. ¿Bueno, mi amor, si me dices marchemos, ¡marchémonos!

7. Un comentarista dice que el nombre "Sarai" quiere decir "contenciosa". No sabemos si esta era una de las características de la vida de Sarai o no. El apóstol Pedro nos da un cuadro mejor de Sarai (Sara) en 1 Pedro 3:6, ¿Qué dice este versículo de ella?

8. Así Sarai obedeció a Abram y alistó las cosas y salieron de Ur con todo, incluyendo su abuelo Taré, Lot el sobrino y otros. Se quedaron en Harán hasta que murió Taré. Dios habló otra vez a Abram para que salieran. ¿Cuántos años tenía Abram cuando salió de Haran? Génesis 12:4.

9. ¿Cuántos años le llevaba Abram a Sarai? Génesis 17:17. Es decir, si Abram tenía 75 años, ¿cuántos años tenía Sarai al salir de Harán marchando a una tierra desconocida?

10. Al leer las palabras en Génesis 12:5:

"Tomó, pues, Abram, a Sarai su mujer. . .y todos sus bienes que habían ganado y las personas que habían adquirido en Harán, y salieron. . . .",

¿Crees tú que Abram y Sarai eran pobres o prósperos?

11. A los 65 años Sarai ya no era jovencita, pero se cuidaba de sí misma muy bien porque dos reyes le llegaron a desear. ¿Qué aspecto tenía Sarai? Génesis 12:11,14.

12. ¿Siempre llevaron los nombres Abram y Sarai?

¿Qué dice Génesis 17:5?

¿Qué dice Génesis 17:15?

13. El nombre Sara quiere decir "Princesa" (mejor que contenciosa ¿no?). Era un nombre apropiado para ella, "Princesa", porque Dios le dió una promesa en Génesis 17:15,16 ¿qué era?

14. ¿Cuál fue una promesa más específica que Dios dió a Sara? Génesis 17:19.

15. Diez años pasaron. Todavía Sara no tenía al hijo prometido. Se desanimó y decidió que si Dios no llevaba a cabo la promesa, ella lo haría. Ella volvió a la mala costumbre pagana

que aprendió cuando vivía en Ur. La costumbre era así, para que el marido pudiera tener heredero, la esposa estéril entregaría a su marido la sierva para que la sierva pudiera concebir por él. El niño nacido de la sierva ya no era de ella sino pertenecía a la esposa estéril y su marido. Así por un hecho de la carne Sara tomó el asunto de la mano de Dios y dió a Abraham su sirvienta, Agar, para que ella pudiera concebir por él.

¿Quién nació de la unión de Agar y Abraham? Génesis 16:15.

16. Los descendientes de Ismael son todas las tribus, las naciones de los árabes. ¿Son amigos o enemigos de los israelitas, descendientes de Isaac, hijo legítimo de Sara y Abraham? Salmo 83:3-6.

17. ¿Valía la pena el hecho de carne que cometió Sara?

(Aun hoy en día los periódicos y noticieros muestran que siguen las guerras y asesinatos entre Israel y los ismaelitas (los árabes). Ahora hay cerca de trece naciones de los árabes y todos son enemigos de Israel.)

18. ¿Qué dice Dios acerca de la carne? Romanos 8:7,8

19. Para que no pudieran cometer otro error de la carne, Dios hizo esperar a Abram y a Sara hasta el momento en que era imposible humanamente para ellos concebir hijos. Entonces Dios cumplió su promesa a ellos. Cumplió la imposibilidad. ¿Qué dijo Dios en Génesis 18:14?

20. ¿Cumplió Dios su promesa a Abraham y Sara? Génesis 21:2.

21. ¿Cuántos años tenía Abraham cuando nació Isaac? Génesis 21:5.

22. ¿Cuántos años tenía Sara cuando dió a luz a Isaac? Génesis 17:17.

23. La fe anima a Dios producir milagros. ¿Qué dice Hebreos 11:6?

24. No podemos comprender la razón por qué Sara hizo las cosas que hizo ella, pero podemos ver que ella, como nosotras, no era perfecta. Sufría por causa de sus flaquezas y se regocijaba en sus victorias. Sarai, la pagana, llegó a ser Sara, la

princesa, madre de naciones y de reyes. ¿Por qué? Hebreos 11:11.

25. Dios nos ama y quiere bendecirnos también. Pero se lo impedimos hacer si estamos cumpliendo Romanos 8:8. ¿Qué dice?

26. Para agradar a Dios y tenerle como nuestro galardón, ¿qué tenemos que hacer? Hebreos 11:6.

JOCABED, Hebreos 11:23

Exodo 2:1-10

1. Hebreos 11:23 habla de la fe de los padres de Moisés. ¿Cómo se llamó la madre de Moisés? Exodo 6:20.

2. Hebreos 11:23 habla de dos cualidades importantes en la vida de la madre (y el padre) de Moisés. ¿Cuáles eran?

3. ¿Dónde vivía Jocabed cuando nació Moisés? Exodo 1:8.

4. Describe las circunstancias de la vida por la cual pasaban ella y los demás de los israelitas. Exodo 1:11-14. 16,22.

5. ¿Qué te parece? Reconociendo las condiciones intolerables de la vida en aquel entonces, ¿era fácil para la madre de Moisés ejercitar fe?

6. ¿Cuál fue el mandato del Faraón, rey de Egipto, en cuanto a los bebés de los israelitas? Exodo 1:16,22.

7. ¿Qué piensas tú? ¿Cómo se sentían las madres israelitas que iban a dar a luz?

8. Si tú hubieras vivido en aquel entonces, lista a dar a luz a un bebé, sabiendo de la posibilidad que, si él que naciere sería un hijo precioso y que él sería arrebatado por hombres sadistas y echado cruelmente al río, ¿cómo afectaría tu fe?

9. ¿Cómo afectó la fe de Jocabed? Hebreos 11:23.

10. ¿Crees que afectó la manera de orar de Jocabed?

11. ¿Sería fácil ocultar a un bebé durante los primeros tres meses de su vida?

12. ¿Cómo respondió Dios al mandato cruel del Faraón? Exodo 1:17-20.

13. ¿Crees que Jocabed confiaba que Dios cuidaría de su hijito? Hebreos 11:23.

14. ¿Cuidaba Dios a Jocabed?   ¿Le dió sabiduría?

15. ¿Cómo puso en práctica Jocabed el dicho, "Prudentes como serpientes, sencillos como palomas"? Exodo 2:3-6.

16. ¿Crees que fue "SUERTE" el que Jocabed escogió el lugar donde la hija de Faraón acostumbraba lavarse para dejar la arquilla con su hijito, o era el cumplimiento de Efesios 1:11b?

17. ¿Qué dice la última parte de Efesios 1:11?

18. ¿Crees que Efesios 1:11 era la verdad en la vida de Jocabed?

19. Lo que Jocabed hizo, lo hizo con propósito y con fe. ¿Cómo la galardonó Dios?

   a. Exodo 2:9

   b. Exodo 11:3; Deuteronomio 33:1; 34:10; Números 12:7 nos dicen que su hijito llegó a ser ¿qué?

20. ¿Crees suficientemente en Romanos 8:28 y Efesios 1:16b para aceptarlos cuando estás pasando por pruebas y problemas causados por otros?

21. ¿Crees que Dios podría añadir tu nombre a la lista de mujeres y hombres que El empezó en Hebreos 11?

RAHAB, Hebreos 11:31

Josué 2:1-21

1. En Hebreos 11:31 Dios registró el nombre de Rahab en esta lista. Pero, Rahab era una ramera, una prostituta. ¿Acaso una ramera puede tener fe, puede ser salva, puede ser hija de Dios? A ver.

2. Rahab era cananea. Los cananeos eran enemigos de Israel y de Dios. Eran idólatras--tenían sus falsos dioses. No conocían al Dios vivo y verdadero. No tenían la Palabra de Dios. ¿Cómo fue posible entonces que Rahab llegó a conocer al Dios vivo y verdadero? No habían creyentes entre los cananeos para testificar de Dios. No habían predicadores predicando por radio y televisión acerca de Dios. No había tal

cosa como radio ni televisión en aquel entonces. Así ¿cómo fue posible que Rahab llegó a tener fe en el Dios verdadero? Puedes encontrar la respuesta en Josué 2:9-11.

3. ¿Crees que cuando Rahab confesó a los dos espías en Josué 2:11, "*Jehová vuestro Dios es Dios arriba en los cielos y abajo en la tierra*", era el momento que Rahab llegó a ser salva? ¿Qué dice Romanos 10:10? Para mí éste era el momento que Rahab dejó de ser ramera para andar en una vida nueva como una hija verdadera de Dios.

4. ¿En qué parte de Jericó vivía Rahab? Josué 2:15.

(En aquel entonces los muros fueron construídos muy altos y muy anchos -- tan anchos que podían ser usados como una calle. Y algunos construyeron sus casas encima de los muros.)

5. ¿Crees que fue por "**SUERTE**" que los espías de Israel entraron en la casa de Rahab o era un cumplimiento de Efesios 1:11b?

¿Cuál fue la promesa que Dios les dió en Deuteronomio 31:3, 6?

Entonces, ¿quién era El que guió a los espías a la casa de la única persona en Jericó que reconoció que el Dios de Israel era el Dios verdadero, y que estuvo lista para ayudarles?

6. Hay una promesa linda para nosotros en Salmo 32:8. ¿Cuál es?

Para el creyente no hay tal cosa como "suerte". Tenemos al Dios vivo guiándonos y cuidándonos día tras día.

7. Una prueba de que Rahab había puesto su fe en Dios fue que puso su vida en riesgo a favor de los dos espías israelitas. ¿Qué hizo ella para salvar sus vidas? Josué 26.

8. Suponga que hubiese un tiempo de persecución de creyentes en tu país y algunos creyentes te pidieran esconderles de los soldados, ¿Lo harías?

9. ¿Cómo te sentirías tú si soldados fuertemente armados llegaron a tu casa durante tiempos de persecución buscando a los creyentes que tú habías escondido?

10. ¿Cuál fue la señal que Rahab tuvo que colgar en su ventana para mostrar al ejército de Israel que ella le salvó la vida a los espías? Josué 2:18.

11. ¿Crees que fue solamente "**SUERTE**" que el color del cordón que Rahab utilizó para salvar las vidas de los espías era de color de grana? Josué 2:18.

¿Crees que Dios había puesto de antemano este **cordón rojo** a la alcance de Rahab para ser utilizado para salvar las vidas de los espías?

12. ¿Crees que Dios proveyó este cordón de grana para ser un tipo, *un cuadro de la "SANGRE DE JESUS"* la cual en el futuro Cristo derramaría para salvarnos?

13. ¿Cumplió Rahab la orden de las espías? Josué 2:21.

14. ¿Después de la destrucción de Jericó, ¿Dónde fue a vivir Rahab?

15. ¿Cómo galardonó Dios a Rahab por su fe y su obediencia?

   a. Josué 6:25_____

   b. Mateo 1:1,5,16. En este pasaje vemos el linaje de Jesucristo. Según Mateo 1:5, ¿cuáles mujeres encontramos en el linaje de Jesucristo?

Vemos que Rahab se casó con el israelita, Salmón y empezando con Mateo 1:5 es el linaje de ellos. Rahab dió a luz a Booz. ¿Recuerdas Booz en el libro de Rut? Booz se casó con Rut. Rut era la Moabita que se había casado con el hijo de Noemí. Pero este marido de Rut murió. Después Rut se casó con Booz. Es interesante notar que cuando lo hizo, Rahab llegó a ser la suegra de Rut porque Rahab era madre de Booz. También el rey David era de este mismo linaje de Rahab y seguían sus descendientes hasta que vemos en vs. 16 que Jesucristo nació de este linaje. ¿Crees que era una gran recompensa para Rahab estar en el linaje de Jesús?

16. ¿Hay esperanza para una ramera? Sí, si ella recibe a Cristo como su Salvador. "La sangre de Jesús nos limpia de todo pecado", 1 Juan 1:7.

OTRAS SUGERENCIAS PARA ESTUDIOS EN GRUPOS

Sobre la Vida de Dorcas.

1. Lee detenidamente Hechos 9:36-43.

2. Se dice que Dorcas era discípula. ¿Qué quiere decir?

3. ¿Cuál era el trabajo que Dorcas hacía?

4. Nota las características que se mencionan en vs. 36.

5. ¿Era Dorcas una mujer rica?

6. ¿Dónde vivía Dorcas? (Se puede buscar en el mapa)

7. ¿Qué le ocurrió a Dorcas?

8. ¿Qué hicieron los discípulos de Jope?

9. ¿Dónde se encontraba Pedro?

10. ¿Quiénes mostraban llorando las ropas que Dorcas hacía?

11. ¿Cuál fue el resultado de la resurrección de Dorcas?

12. Dorcas es una de las pocas personas que fueron resucitadas. ¿Por qué sería?

13. ¿Cuáles fueron los resultados de una simple aguja en las manos de una mujer consagrada?

14. En Colosenses 3:17, nos dice que todo lo que hagamos, debemos hacerlo para el Señor, y esto incluye también el trabajo. Pero, ¿Cómo se explica que haya creyentes que deshonran al Señor en sus trabajos? ¿Cómo?

15. ¿Las buenas obras deben ser el fruto de la salvación?

16. ¿Qué quiere decir, "Las buenas obras que Dorcas hacía"?

17. ¿Podemos testificar por medio de las buenas obras? Da ejemplos:

18. ¿Hay mujeres como Dorcas en tu iglesia?

19. Si no hay, ¿por qué piensas que es así?

20. ¿Piensas que el trabajo de Dorcas es algo que la iglesia necesita hoy en día?

21. ¿En qué otras maneras una mujer puede ser útil a su iglesia?

22. Dones que tenía Dorcas:

Servicio	Generosidad
Misericordia	Discípula
Caridad	Amor

Sobre La Sunamita.

2 Reyes 4:8-37

1. Según versículo 8, ¿Quién pasaba por Sunem?

2. ¿Quién vivía en Sunem?

3. ¿Era ella una mujer insignificante?

4. ¿Qué hizo la mujer según el versículo 8?

5. ¿Para hacer qué rogó ella a su esposo según el versículo 10?

6. ¿Para qué quería ella hacer el cuarto?

7. Por el amor y bondad de la sunamita, ¿qué dijo Eliseo?

8. ¿Qué recibió la mujer?

9. En pocas palabras cuenta que pasó con el niño de la sunamita:

10. ¿Dónde fue la sunamita?

11. ¿Sanó el hijo?   ¿Cómo?

12. Qué tipo de mujer era la sunamita?

13. Siguió ella a Jehová?

14. ¿Qué dones tenía la Sunamita?

15. ¿Qué características admiras tú más en la sunamita?

16. ¿Hay mujeres como la sunamita en nuestras iglesias hoy en día?

17. ¿Puede usar Dios una mujer así hoy en día?

18. Dones de la sunamita:
    fe   ayuda
    honestidad   bondad
    madre   puede haber más

Sobre Loida y Eunice.

1. Lee detenidamente 2 Timoteo 1:15 y Hechos 16:1,2.

2. ¿En qué ciudad vivían estas dos mujeres?

3. ¿Cuáles eran las características mencionadas acerca de ellas?

4. ¿Qué quiere decir "fe no fingida"?

5. ¿En qué consistía la fidelidad de Eunice?

6. ¿De qué nacionalidad era el esposo de Eunice? Hechos 16:1?

7. En tu opinión, ¿cuáles deben ser las características para una madre cristiana en nuestros días?

8. ¿Por qué es el hogar un lugar importante en la formación del carácter de los niños?

9. ¿En qué consiste la educación en el hogar?

10. La tarea de toda madre debe ser enviar a sus hijos a la iglesia, ¿verdadero o falso?

Explica tu respuesta:

11. Anota todas las maneras en que Timoteo era útil:
   Romanos 16:21
   1 Tesalonicenses 3:2
   1 Corintios 16:10

12. ¿Cuál será la causa por la que existen muchos hogares en los cuales los hijos no siguen al Señor?

13. ¿Cuál fue la recompensa de estas mujeres que instruyeron a Timoteo? (Hechos 16:2)

14.. Lee otra vez 2 Timoteo 1:2-5 y 3:15. ¿Puede una madre pedir o esperar mejor recompensa?

15. Dones que tenían:
   Enseñar   Fidelidad
   Sinceridad   ¿Otras?

Sobre la Vida de Débora.

1. Lee en tu Biblia: Jueces 4:1-24 y 5:1-7 dos veces.

2. Según versículo uno, ¿eran los hijos de Israel fieles siervos delante de Jehová? Si_____ No_____

¿Qué dice el versículo uno?

3. ¿Fueron castigados por Jehová?

4. ¿Por cuánto tiempo tenían que sufrir los hijos de Israel?

5. En aquel entonces ¿quién gobernaba Israel? ¿Cómo se llamaba?

6. Según versículo cuatro, ¿Qué era Débora?

7. ¿Era Débora soltera?

8. ¿Cómo se llamaba su esposo?

9. ¿Dónde se sentaba Débora y por qué?

10. ¿Con quién fue Débora para pelear contra Sísara?

11. ¿Quiénes ganaron la batalla?

12. En capítulo cinco encontramos un cántico de Débora y de Barac. ¿Era una canción triste o alegre?

13. Lee Jueces 5:31. ¿Volvieron a amar a Jehová los hijos de Israel?

14. ¿Cuántos años de reposo tuvo la tierra?

15 ¿Qué tipo de mujer era Débora?

16. ¿Siguió ella Jehová como fiel sierva?

17. No hemos leído de ningún pecado de Débora. ¿Era perfecta ella?

18. A tu parecer, ¿qué dones tenía Débora?

19. ¿Que dice versículo siete de capítulo cinco acerca de ella?

20. ¿Qué característica admiras más en Débora?

21. ¿Hay mujeres como Débora en nuestras iglesias hoy día?

22. ¿Puede usar Dios una mujer así hoy en día?

23. Dones de Débora:
    líder   aliento, ánimo
    fe   sabiduría
    administración   profetiza
    valiente características

¡QUIERO SABER!

PREGUNTAS Y RESPUESTAS

Quiero saber lo que la Biblia dice acerca del "AYUNO". Por favor conteste las preguntas siguientes.

1. ¿Qué quiere decir la palabra "ayuno"?

a. Larousse dice: "Ayunar" es "no comer".
"Ayuno" es "el accionar de ayunar".

b. El idioma hebreo (Antiguo Testamento) dice: "Ayuno" es "cubrir la boca".

c. El idioma griego (Nuevo Testamento) dice: "Ayuno" es abstenerse".

2. ¿Nos manda Dios ayunar? No, no a nosotros, la iglesia.

Aunque la palabra misma, "ayuno" o "ayunar", no se encuentra en los primeros seis libros de la Biblia, hay una frase que es utilizada en su lugar en los libros de Levítico y Números. La frase es -- "**AFLIGIR SUS ALMAS**".

Hay un solo mandato en la Biblia acerca del ayuno y este mandato fue dado a Israel, y no a la iglesia. Se encuentra en Levítico 16:29,30,34 y dice:

Y esto tendréis por *estatuto perpetuo*: En el *mes séptimo, a los diez días del mes* "*afligiréis vuestras almas*", y *ninguna obra haréis* ni el natural ni el extranjero que more entre vosotros. . .Porque en este día *se hará expiación por vosotros*. . .y esto tendréis como estatuto perpetuo, para hacer expiación *UNA VEZ AL AÑO*. . .

Levítico 23:27 llama este día, "*El Día de Expiación*". **Levítico 23:32** dice que "*el afligir sus almas*" había de *empezar el día nueve en la tarde (al poner el sol) y continuaba el día diez hasta la tarde (al poner el sol).*

"El día nueve en la tarde y continuaba el día diez hasta la tarde" *es según el calendario religioso de los judíos* el cual es muy diferente del nuestro. Para los judíos el 24 horas empiezan en la tarde de un día (al poner el sol) y termina en la tarde del día próximo. Como Génesis 1 dice: "Noche y día" en lugar de decir, "día y noche" como nosotros decimos.

Aunque el mandato no dice, "no comeréis", sí, se dice "no haréis ninguna obra", y esto incluyo no cocinar, poner la mesa etcétera.

3. ¿Qué está incluído en la palabra "afligir"?

Hay que notar que dice "afligir sus almas" no "afligir sus cuerpos" como muchas religiones demandan de sus adherentes.

La palabra hebrea quiere decir "humillarse", "someterse", "tratar duramente" -- el pecado y la voluntad rebelde en la vida. Y en donde uno reconoce que es pecador sin mérito delante de Dios, que merece el castigo del pecado pero a la vez reconociendo la gracia y misericordia del único Dios vivo y verdadero que está siempre listo a perdonar a los verdaderos arrepentidos.

4. Pero la Biblia utiliza las palabras ayuno y ayunar, ¿no es cierto?

Sí. Del libro de Jueces 20:26 hasta 2 Corintios 11:27 conté las palabras "ayuno" y "ayunar" y sus derivados setenta cuatro veces.

5. ¿Hay una diferencia en la manera que fue puesto en práctica "el ayuno" y "el afligir sus almas"? Sí. Lo siguiente:

AYUNO	AFLIGIR SUS ALMAS
a. Era Voluntario.	a. Era mandado.
b. No especificó un día.	b. Un día fue especicado 10 de Octubre.
c. No dice cuánta veces durante el año tenía que tomar lugar. Puede ser ninguno. No dice una a la semana, dos veces al mes, o una vez al año.	c. Dice definitivamente UNA VEZ AL AÑO.
d. No dice (si lo hace) cuántas horas	d. Dice definitivamente: del día nueve de la tarde hasta el día diez en la tarde (al poner el sol).
e. No dice que tiene que tener una razón específica.	e. Era definitivamente para el Día de la Expiación.
f. No especificó que tenía que haber sacrificios de animales u ofrendas (aunque a veces lo hizo la gente).	f. Especificó definitivamente que había que tener sacrificio de animales.
g. Usualmente (no cada vez) se rompieron su ropa y pusieron	g. No dice que practicaban eso durante

La Mujer Ideal 379

cenizas o tierra en la cabeza.
h. Puede ser practicado a solas, en grupos o toda la nación.

i. Los profetas y maestros en Hechos 13:1-3 ayunaron sirviendo al Señor.

j. No especifica ningún lugar.

k. No especifica qué clase de gente. Todos los creyentes en comunión con Dios, o los desviados quienes quieren renovar su relación de comunión con el Señor, los incrédulos quienes quieren arrepentirse como la ciudad de Nínive durante el tiempo de Jonás o Cornelio en el libro de Hechos.

este tiempo.
h. Toda la nación de Israel tenía que participar.

i. Todo tipo de trabajo fue prohibido bajo pena de muerte.

j. Tuvieron que hacerlo en el templo tabernáculo de los judíos.

k. Era solamente para los israelitas.

6. ¿Había individuos que lo practicaban? Sí.

a. David: Cuando el hijo, que nació por la relación adúltera entre David y Betsabé, estaba muriendo, 2 Samuel 12:16,21-23.

Cuando Saúl y Jonatán fueron matados en batalla. 2 Samuel 1:11-12; 2 Crónicas 10:12.

b.   Nehemías: Cuando recibió las malas noticias acerca de la terrible condición de su amado Jerusalén y de los judíos ahí. Nehemías 1:4.

c. Daniel: Después de tener una visión incomprensible. Daniel 9:3-5

d. El rey Darío: Cuando fue engañado y condenó, sin saberlo, a Daniel al foso de leones, Daniel 6:18-20.

e. El rey Acab: Cuando el profeta le avisó que Dios iba a castigarle por su maldad, 1 Reyes 21:25-29

f. Cristo: En su tentación, Mateo 4:2

g. Ana: La viuda que servía a Dios en el templo noche y día, Lucas 2:37.

h. Cornelio: Cuando buscaba al Dios verdadero, Hechos 10:30.

i. Pablo: 2 Corintios 11:27; 2 Corintios 6:4.

7. ¿Tiene que ser practicado el ayuno en un cierto lugar, por ejemplo la iglesia? No. La Biblia no especifica.

a. Cristo ayunó a solas en el desierto, Mateo 4:2.
b. Cornelio ayunó en su hogar, Hechos 10:30.
c. Los marineros en el barco, Hechos 27:33.
d. Ana ayunaba en el templo. (Parece que vivía en el templo), Lucas 2:37.

Debe tomar en cuenta que cuando ayuna, es mejor estar en un lugar donde no habrán distracciones, un lugar que sea tranquilo porque es no solamente un tiempo para orar sino también meditar sobre Dios.

8. ¿Hay ocasiones cuando un grupo puede ayunar juntos? Sí.

a. Los discípulos de Juan parece que ayunaban juntos, Mateo 9:14.
b. Los profetas y maestros ayunaron juntos en las iglesias cuando era necesario hacer decisiones y escoger líderes de la iglesia, Hechos 13:1-3; 14:23.

Es interesante notar que la Biblia nos cuenta de solo una vez cuando Cristo ayunó. Era antes de su encuentro con Satanás en la gran tentación que era tan importantísimo no solamente para El y su ministerio futuro sino también para nosotros, Hebreos 4:14-16.

Los doce discípulos de Jesús no ayunaron mientras que Cristo vivía. Marcos 2:18-20:

> Y los discípulos de Juan y los de los fariseos ayunaban; y vinieron y le dijeron: ¿Por qué los discípulos de Juan y los de los fariseos ayunan, y tus discípulos no ayunan? Jesús les dijo: ¿Acaso pueden los que están de bodas ayunar mientras

está con ellos el esposo Entre tanto que tienen consigo al esposo, no pueden ayunar. Pero vendrán días cuando el esposo les será quitado, y entonces en aquellos días ayunarán.

Los doce discípulos de Cristo estuvieron constantemente con El. *No* ayunaron. Los discípulos de Juan el bautista no estuvieron con Cristo. *Sí,* ayunaron.

9. ¿Hay un mandato en la Biblia que dice que nosotros, los creyentes, tenemos que ayunar? No.

No lo hay, solamente la sugerencia de Cristo cuando dijo en Marcos 2:20:
> Pero vendrán días cuando el esposo les será quitado y entonces en aquellos días *ayunarán.*

No dice en este versículo que **TENDRAN QUE AYUNAR**, solamente **AYUNARAN.**

TAMPOCO en las epístolas dicen que los creyentes **TIENEN QUE AYUNAR.** Solamente nos avisa que el apóstol Pablo lo practicaba, 2 Corintios 6:4; 11:27.

Pero, parece por la manera que habló Cristo, que El diera por descontado que cuando iría a los cielos, los suyos practicarían el ayuno.

10. ¿Hay tiempos específicos cuando el ayuno es definitivamente necesario? Sí.

En algunos casos cuando demonios no pueden ser echados fuera en la manera acostumbrada, Marcos 9:28,29. Hablando del demonio, Jesús dijo a sus discípulos: *"Este género con nada puede salir, sino con oración y ayuno."*

11. ¿Hay cosas que no debe hacer en el ayuno?

Cristo es más específico en lo que uno **NO DEBE HACER.**

a. No hay que hacerlo para ser vistos de otros -- es decir *no para impresionar a otros.* Mateo 6:16-18:
> Cuando ayunéis, no seáis austeros, como los hipócritas; porque ellos demudan sus rostros para mostrar a los hombres que ayunan: de cierto os digo que ya tienen su recompensa. Pero tú, cuando ayunes, unge tu cabeza y lava tu rostro para no mostrar a los hombres que ayunas sino a tu Padre que está en secreto; y tu Padre que ve en lo secreto te recompensará en público.

b. **No hay** que hacerlo *para ganar mérito.*

No hay que ser farisaico -- es decir -- no digas a otros,
  "Yo ayuno; tú no lo haces."
  "Mi iglesia ayuna; tu iglesia no lo hace."
  "Mi denominación lo practica; tu denominación no lo hace."
  A unos que confiaban en sí mismos como justos, y menospreciaban a los otros, dijo (Jesús) también esta parábola:...El fariseo, puesto en pie, oraba consigo mismo... Dios, te doy gracias porque no soy como los otros... ayuno dos veces a la semana, doy diezmos de todo lo que gano... Mas el publicano ...golpeaba el pecho diciendo: Dios sé propicio a mí pecador. Os digo que éste descendió a su casa antes que el otro (el fariseo) porque cualquiera que se enaltece será humillado; y el que se humilla será enaltecido.

Lucas 18:9-14

12. ¿Contesta siempre Dios cuando uno ayuna? No.

a. Si la persona o personas no son arrepentidas:
  ...Así ha dicho Jehová...Jehová no se agrada de ellos, se acordará ahora de su maldad y castigará sus pecados...Cuando ayunen, yo no oiré su clamor....
Jeremías 14:10-12

b. Cuando ayuna para conseguir alguna cosa que no es la voluntad de Dios.

Por causa de la relación adúltera de David y Betsabé, Dios dijo que el hijo nacido de esta relación, moriría, 2 Samuel 12:14. Pero versículo 16 y 18 dicen:
  Entonces David rogó a Dios por el niño; y ayunó David, y entró y pasó la noche acostado en tierra...Y al séptimo día murió el niño;....

c. Cuando es un ayuno para engañar.

1 Reyes 21:7-16 nos cuenta del ayuno engañador de Jezabel. Porque lo hizo, Dios dijo en 1 Reyes 21:23, "...Las perras comerán a Jezabel en el muro de Jezreel." Fue cumplido según 2 Reyes 9:33-36.

d. Cuando el ayuno ha llegado a ser un rito religioso, y en ella buscan su propio gusto. Isaías 58:1-5 dice:
  ...Anuncia a mi pueblo su rebelión...que me buscan cada día y quieren saber mis caminos, como gente que hubiese hecho justicia y que no hubiese dejado la ley de su Dios; me

piden justos juicios y quieren acercarse a Dios. ¿Por qué, dicen ayunamos, y no hiciste caso; humillamos nuestras almas, y no te diste por entendido? He aquí que en el día de vuestro ayuno buscáis vuestro propio gusto, y oprimís a todos vuestros trabajadores. He aquí que para contiendas y debates ayunáis, y para herir con el puño inicuamente; no ayunéis como hoy, para que vuestra voz sea oída en lo alto. ¿Es tal el ayuno que yo escogí, que de día aflija el hombre su alma, que incline su cabezo como junco, y haga cama de cilicio y de ceniza? ¿Llamaréis esto ayuno, y día agradable a Jehová?

13. ¿Cómo se puede agradar a Dios con el ayuno?

a. Joel 2:12,13a dice:

Por eso pues, ahora, dice Jehová convertíos a mí con todo vuestro corazón, con ayuno y lloro y lamento. Rasgad vuestro corazón, y no vuestros vestidos. . . .

b. Isaías 58:6-9 dice:

¿No es más bien el ayuno que yo escogí, desatar las ligaduras de impiedad, soltar las cargas de opresión, y dejar ir libres a los quebrantados, y que rompáis todo yugo? ¿No es que partas tu pan con el hambriento, y a los pobres errantes albergues en casa; que cuando veas al desnudo, lo cubras, y no te escondas de tu hermano? Entonces nacerá tu luz como el alba, y tu salvación se dejará de ti, y la gloria de Jehová será tu retaguardia. Entonces invocarás, y te oirá Jehová. . . .

14. ¿Nos hace más espiritual el ayuno? No.

No es lo que hacemos ni lo que no hacemos que nos hace espiritual. Dios mide nuestra espiritualidad según la medida de control que permitimos al Espíritu Santo asumir en cada área de nuestra vida. Nuestra espiritualidad depende de hasta qué punto somos llenos (o controlados) del Espíritu Santo.

CONCLUSION BIBLICA:

a. El ayuno para el creyente no es obligatorio. Es voluntario.

b. Uno puede ayunar a solas o en grupos.

c. Un cierto lugar no es obligatorio. Uno puede escoger el lugar mejor para pasar un tiempo profundo con Dios.

d. Un cierto día tampoco es obligatorio. Uno tiene que escoger el día más conveniente para él o ella o el grupo.

e. La hora o las horas depende de la persona o personas.

f. Las veces en que se hace depende de la persona o las personas. Se puede ser una vez a la semana, dos veces al mes, tres veces al año, o solamente cuando la persona siente una necesidad para hacerlo o no tiene que hacerlo ninguna vez durante el año. El ayuno es un asunto personal entre el creyente (o los creyentes) y Dios.

g. El ayuno no nos hace más espiritual pero debe provocar en el creyente un amor más profundo para Dios y un deseo para ayudar a otros. Si no, no parece que tenga valor ante los ojos de Dios.

h. Usualmente uno ayuna (o ayunan) cuando hay graves problemas para resolver. Jueces 20:26; 2 Crónicas 20:3; Ester 4:3,16.

i. O cuando uno busca la voluntad o la sabiduría de Dios para su vida, Esdras 8:21.

j. O cuando quiere una comunión más profunda con Dios.

k. No tiene que tener una razón definitivamente, pero tiene que ser muy sincero de corazón.

l. Desde que Dios no ha puesto leyes o reglas para el ayuno, nosotros no debemos hacerlo tampoco, o llegaremos a ser como los fariseos enseñando tradiciones de hombres.

1. Cómo Preparar Mensajes:

A veces cuando a una persona le han pedido dar un mensaje, hay una incertidumbre en saber exactamente cómo puede juntar o combinar sus meditaciones en la Biblia, sus pensamientos y sus experiencias en tal forma que salga un mensaje de bendición para otras. La fórmula que vamos a presentar para ayudar a cualquier persona es una fórmula sencilla, pero muy efectiva. Es evidente que la oradora tomará el tiempo necesario para:

1) Orar porque sin esta preparación es inútil seguir.

2) Leer y meditar en el versículo o pasaje que quiere utilizar para el mensaje.

3) Estudiar el contexto o ambiente en que se encuentra el versículo o los versículos que quiere utilizar.

4) Aplicar: ¿Cómo se puede aplicar el pasaje o versículos a la vida actual --a la situación en la cual los oyentes se encuentran viviendo ahora?

5) Confiar que el Espíritu Santo utilizará el mensaje para conmover corazones.

6) Descansar en la promesa de Dios que su Palabra no volverá vacía a El, Isaías 55:11.

Dios ha hecho a cada persona distinta, y es natural que cada persona desarrollará en su debido tiempo su propio método o estilo para preparar y presentar su mensaje.

-- PERO --

Aunque el método puede ser distinto, lo que es de suma importancia es que cada mensaje, no importa de quién, debe ser basado sobre los principios de la Palabra de Dios. Tu mensaje tiene que estar conforme a lo que Dios dice en la Biblia. Si tú o yo exponemos algo contrario a lo que enseña la Biblia, estamos en error. Estamos exponiendo solamente nuestra propia filosofía de la vida. La filosofía de la vida del creyente debe ser única y enteramente fundada en las enseñanzas de la Palabra de Dios.

A. El Bosquejo del Mensaje:

Cada mensaje generalmente consta de tres partes. Puedes llamarlas "el bosquejo del mensaje". Lo que estará incluído en el mensaje y la manera de dividir el mensaje es el siguiente:

>   I. La Introducción
>   II. El Cuerpo
>   III. La Conclusión

B. El Contenido del Bosquejo:

¿Qué contiene cada punto del bosquejo?
>   **I. La Introducción:**

a. *Un Gancho:* utilizado para --
>   1) **Captar** la atención de los oyentes
>   2) **Despertar** el interés de ellos.

b. *La Entrada* de "la Comida": utilizada para
>   1) **Estimular** "el apetito" para la comida venidera.
>   2) **Conmover** las Emociones: Les hacer anticipar lo que vendrá.

c. Sirve a veces para presentar el problema o necesidad que el tema va a desarrollar.

II. El Cuerpo:

El mensaje mismo, la comida espiritual que servirás.

Es el desarrollo del tema o la solución del problema contenido en el tema. Es la exposición del texto paso por paso para que el tema se entienda en su totalidad.

III. La Conclusión:

Es un breve repaso (o sumario, o resumen) del mensaje contenido en el cuerpo, y la aplicación de la solución del problema del mensaje a la vida cotidiana.

Un mensaje por bueno que sea, no sirve hasta que el oyente es llamado a actuar sobre la enseñanza que acaba de recibir. La conclusión debe llevarle al punto de aplicar la solución para su propio problema. Si no tiene una buena conclusión, los oyentes tendrán dificultad en aplicar la solución a su vida. La oradora será como el piloto de un avión que sabe despegar y manejar su máquina, pero no sabe aterrizarlo bien. Hay muchos predicadores que saben "despegar" y "volar", pero no tienen ni idea de cómo aterrizar. Muchas veces dejan a los oyentes "en el aire". Y concluyen con la siguiente frase, "Y ahora una última palabra" y siguen hablando más de la cuenta. O simplemente despiden a la congregación con, "Dios les bendiga". No lo hagas así. Hay que hacer una aplicación personal a los oyentes y terminar.

C. El Tema del Mensaje:

Cada mensaje tiene su tema. Los puntos del bosquejo tienen que relacionarse con el tema. El tema empieza con la introducción del mensaje, continúa en el cuerpo y termina con la conclusión. Así cada punto del bosquejo tiene que relacionarse el uno con el otro en una manera u otra.

Cada punto del bosquejo debe ser:

1. *Conectado* el uno con el otro. Es decir que la introducción, el cuerpo y la conclusión estén tan enlazados que lleguen a ser un mensaje íntegro.

2. *Coordinado* el uno con el otro. Es decir que cada punto esté en orden metódicamente.

3. *Combinado* el uno con el otro. Es decir que los puntos van bien unos con otros.

Para ayudarnos a comprender de las relaciones de los puntos del bosquejo podemos utilizar como una ilustración el ser humano. Vamos a dividir el ser humano en tres partes: 1) la cabeza, 2) el cuerpo, y 3) las extremidades. *La cabeza es una ilustración de la introducción del mensaje. El cuerpo es una ilustración del cuerpo del mensaje. Y las extremidades son una ilustración de la conclusión del mensaje*

Todas las partes del ser humano tienen que ser conectadas las unas con las otras. Todas tiene que ser coordinadas las con las otras. Y todas tienen que ser combinadas unas con las otras. Si no, el ser humano no funciona bien. Por ejemplo:

EL SER HUMANO

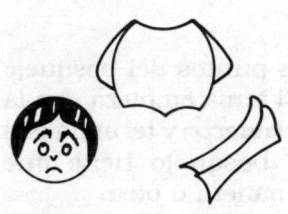

Suponga que todas las partes del ser humano no hubieran sido conectadas; que la cabeza se encontrara aparte en el suelo y las piernas flotando en el aire aparte.

¿Cómo sería? No sería comprensible.

¿CONECTADO?

Tampoco sería comprensible a tus oyentes, si tu mensaje con sus puntos no están conectados en tal forma que la INTRODUCCION, el CUERPO y la CONCLUSION se desarrollen como un mensaje entero con un solo tema corriendo desde la introducción hasta la conclusión.

Recuerda que el propósito del bosquejo con sus puntos es para ayudarte:

1) a exponer el tema con continuidad.
2) a no desviarte del tema.
3) a recordar lo que quieres decir.

O suponga que el cuerpo no hubiera sido coordinado bien, la cabeza intentando llevar el cuerpo en una dirección mientras los pies están procurando levar el cuerpo en la dirección opuesta. Habría confusión.

¿COORDINADO?

También habrá confusión si la introducción del mensaje intenta llevar el cuerpo del mensaje en una dirección y la conclusión procura llevarlo en la dirección opuesta. No hay orden.

¿Cómo será ver un cuerpo cuya cabeza sale de su costado; las piernas saliendo del cuello y los brazos se encuentren en el lugar hecho para las piernas? ¡Este ser humano no sería bien combinado!

¿COMBINADO?

Así sería el mensaje si la introducción (la cabeza), el cuerpo (el cuerpo) y la conclusión (las extremidades) no van bien los unos con los otros. La introducción, el cuerpo y la conclusión deben combinarse bien. Un tema, y solo uno, debe empezar en la introducción y terminar en la conclusión.

¡PROBLEMAS!

¿HAY MAS? Sí, hay.

El ser humano tiene:
A. Un problema   un dolor del estómago.
B. La solución   remedios.
C. La aplicación   que tome los remedios.

El mensaje contiene:
A. Una introducción   que presenta el problema.
B. El cuerpo   que provee la solución.
C. La conclusión   que se aplica de la solución.

La Mujer Ideal 389

A. **Un Problema (o una necesidad):** Tal vez sea un problema con el temor, con el enojo, con la ansiedad, con la depresión -- sea lo que sea. O tal vez se trate de una necesidad. Puede ser una necesidad económica o una necesidad de sabiduría, o una necesidad espiritual. Quizás haya problemas con el marido, con el comprometido, con un amigo, con hijos rebeldes, etcétera.

B. **La Solución**: El remedio es lo que Dios dice acerca del problema y lo que la persona debe hacer para que Dios pueda resolver el problema. "Dios dice. . . ." (citas bíblicas).

C. **La Aplicación**: Es mostrar a la persona su responsabilidad en el problema. Si ella cumple su propia parte primero (aplicar a su vida el remedio de Dios) Dios cumplirá con su parte.

El bosquejo del mensaje es el esqueleto. La oradora pone carne a los huesos al desarrollar el tema. Pero el cuerpo necesita adornos para hacerlo más atractivo, más viviente. Los adornos son experiencias, ilustraciones, anécdotas, etcétera que son añadidas al mensaje para que hagan resaltar el mensaje o dar énfasis a él.

Hay que recordar que el mensaje es lo que Dios te ha dado para alcanzar a los oyentes en tal forma que ellos respondan a Dios. Por eso estamos aprendiendo a desarrollar el mensaje con este propósito en mente.

¿Qué puedes utilizar en la introducción?

1. Relata una experiencia propia relacionada con el tema.

2. Cuenta en una manera breve una anécdota conectada con el tema.

3. Haz una pregunta relacionada al tema para hacerles despertar y pensar.

4. Algo tocante a la naturaleza: flores, animales, insectos relacionados con el tema.

5. Utiliza cualquier ilustración o idea sana y novedosa relacionada con el tema. Sé creativa.

6. Los dichos de personas famosas que pueden relacionarse con el tema.

7. Lee una noticia del periódico relacionada al tema para provocar su interés.

8. Algo interesante de la historia antigua o modernas relacionada con el tema.

Lo que no debes hacer es:

1. Dar excusas o disculparte por tu mensaje o charla.

2. No debes comenzar diciendo, "Mi tema es", o "El título de mi mensaje es...", o "Mi lección es acerca de..."

3. No debes desanimarte si ves que hay personas que duermen. Hay gente que trabaja fuerte todo el día y hay momentos en que quieren dormir, no importa quién está dando el mensaje. Hay otras que cantan con entusiasmo, pero cuando la oradora se levanta para dar el mensaje, se ponen a dormir. Si Dios te ha dado un mensaje, sigue con el mensaje, confiando que hay personas con corazones preparados para recibir el mensaje.

¿Dónde hallarás las ilustraciones y versículos necesarios para tu tema o información acerca del tema?

1. La primera cosa que puedes hacer, y no te va a costar mucho, es comprar un cuaderno que puedas dividir con temas o títulos tales como: el temor, la ansiedad, el enojo, la depresión, los celos, el sexo, las necesidades económicas, la oración, el gozo, la fe, la confianza, etcétera. Al leer tu Biblia diariamente, cuando hallas un versículo precioso o un pasaje lindo tocante a un cierto tema, anótalo en tu cuaderno bajo el tema o título.

2. Debes tener una concordancia. También hay comentarios que puedes comprar.

3. Puedes hallar ilustraciones e ideas relacionadas con los temas en varios lugares: en periódicos o revistas. Cuando la familia ha terminado de leerlos, puedes cortar los artículos y pegarlos en tu cuaderno bajo el tema específico.

4. Si escuchas un relato interesante, anótalo en tu cuaderno bajo el tema apropiado. No confíes sólo en tu memoria.

5. Presta atención a los sermones. A veces un sermón o un versículo te hace pensar en otra idea para un mensaje nuevo.

6. Si has tenido experiencias verdaderas o escuchas a otros contando de experiencias verdaderas, anótalas en tu cuaderno, siempre bajo el título apropiado.

7. Si has tenido respuestas a tus oraciones anótalas también en tu cuaderno bajo el tema de "la oración". Haz lo mismo si escuchas cómo Dios ha contestado las oraciones de otros.

Aprende a utilizar visuales y objetos para ilustrar tu mensaje o como la base de un mensaje.

Algunas ideas:

1. *La bandera y el escudo del país.* Aprende lo que los colores quieren decir y también los símbolos. Yo misma saqué verdades espirituales lindas de los de Bolivia.

2. *Una llama u oveja de jugar.* Hay gente en Bolivia que hace todavía sacrificios de ellas. Hebreos 9:11,12 ". . .Cristo. . ., no por sangre de machos cabríos ni de becerros, sino por su propia sangre, . . .obtenido eterna redención" para nosotros. Hebreos 10:10-18.

3. *Sombreros típicos:* Los sombreros bolivianos pueden ser utilizados como la introducción si das un mensaje acerca de obras, "Por sus sombreros los conoceréis". Mateo 7:16 "Por sus frutos los conoceréis. . . ."

4. *Tinajas de diferente tamaños.* Ejemplos lindos si quieres hablar acerca de la soberanía de Dios. Jeremías 18:1-10.

Bueno, yo estoy segura de que puedes pensar en muchos ejemplos más.

Hay algunas cosas que debes tomar en cuenta tocante al mensaje:

1. No hagas tu mensaje demasiado técnico o detallado.

2. Quédate dentro del tiempo asignado.

3. Asegúrate de estar familiarizada con tu tema.

4. No leas tu mensaje. Puedes referir a tus notas de vez en cuando, sí. Pero evita leer todo el mensaje.

5. No aprendas de memoria tu mensaje.

EJEMPLOS DE BOSQUEJOS:

TEMA: LA ORACION

I. La Introducción:

La necesidad de oración, la pobreza en nuestra vida porque no oramos.

II. El Cuerpo:

El desarrollo del mensaje.
1. ¿Qué es la oración?
2. ¿A quién oramos?
3. ¿Por qué oramos?

III. La Conclusión:

La aplicación del mensaje a las vidas de los oyentes.

Haga la decisión que de ahora en adelante pondrás aparte un tiempo cada día para orar.

TEMA: LA SALVACION

I. La Introducción:

Presentación del problema:

El hombre perdido, apartado de Dios. No hay excepción. Romanos 3:23; 6:23

II. El Cuerpo:

El desarrollo -- la solución del problema.
1. El Hijo de Dios se hizo hombre, Juan 1:14.
2. Vivía sin pecado -- no era perdido, Hebreos 4:15.
3. Por eso podía morir en lugar del pecador, 1 Pedro 3:18; 2 Corintios 5:21; Romanos 5:8.

III. La Conclusión:

La aplicación de la solución.

La necesidad de recibir a Cristo personalmente, Hechos 16:30,31.

UN BOSQUEJO MAS DETALLADO

TEMA: *La Libertad*

I. La Introducción:

En el silencio sombrío del cuarto, el gran General, Simón Bolívar, yacía en su lecho agonizando. Le faltaba solamente un tiempito antes de pasar de esta vida a la eternidad. Solamente unos pocos hombres habían quedado fieles al General. Se sentía solo y abandonado. Con una gran depresión que llenaba su alma, el General hizo una señal a su médico. El doctor se acercó a la cama y se inclinó para escuchar mejor las palabras entrecortadas del General. En voz muy baja y débil el General le hizo una pregunta. "¿Sabe, Doctor, quiénes fueron las tres personas más necias que han vivido en este mundo? Don Quijote, Jesucristo, y yo."

El General Simón Bolívar dió su vida para librar a los países de Sur América de la esclavitud del imperio español. Pero al punto de morir el único resultado que él pudo ver eran hombres, que anteriormente consideraba sus amigos, pero que le habían abandonado ya en las pocas horas antes de su muerte. Que los gobiernos de los países por los cuales había luchado estaban en caos. En su avaricia por poder y ganancia los amigos superficiales del General estuvieron peleando entre sí por los mejores puestos en los gobiernos. Simón Bolívar creía que había fracasado. Dijo, "Siento que he arado en el mar."

¿Dió su vida en vano el General? No, amigas mías. Sabemos que el General estaba muy equivocado. Nosotras podemos ver en nuestra época el gran éxito de su vida. De veras valía la pena mucho lo que hizo. Podemos ver ahora a los países por los cuales él había luchado, gozándose en su libertad y gobernándose con dignidad.

¿Dió su vida en vano el Señor Jesucristo? ¿Aró en el mar Jesús?

II. El Cuerpo:

Tocante a la vida del Señor Jesucristo, el General también se equivocó. Jesús tampoco dió su vida en vano. El pagó el último precio para librarte a ti y al mundo de su pecado.

A. El Problema:

1. Juzgada: La humanidad se encontró culpable delante del Dios Justo por causa de su pecado.
2. Veredicto: Dios decretó su veredicto, "CULPABLE, DIGNO DE LA MUERTE". "Por cuanto todos pecaron, y están destituidos de la gloria de Dios."
Romanos 3:23
3. El Castigo: "Porque la paga del pecado es muerte"
Romanos 6:23
4. El Destino: El infierno. "Y vi a los muertos, grandes y pequeños, de pie ante Dios; y los libros fueron abiertos, y otro libro fue abierto, el cual es EL LIBRO DE LA VIDA: y fueron juzgados los muertos por las cosas que estaban escritas en los libros... Y él que no se halló inscrito en EL LIBRO DE LA VIDA fue lanzado AL LAGO DE FUEGO."
Apocalipsis 20:12,15
5. El Tiempo: Para la eternidad. "Y el diablo que los engañaba fue lanzado en EL LAGO DE FUEGO y AZUFRE donde estaban la bestia y el falso profeta; y serán atormentados día y noche POR LOS SIGLOS DE LOS SIGLOS."
Apocalipsis 20:10

B. La Solución:

1. ¿Había Recurso?
Sí, si hubiera un sacrificio perfecto listo a pagar la pena de muerte para la humanidad. "Porque de tal manera amó Dios al mundo, que ha dado a su Hijo unigénito, para que todo aquel que en El cree, no se pierda, mas tenga vida eterna."
Juan 3:16
2. ¡Había Recurso!
Jesucristo se adelantó y dijo, "Yo daré mi vida por ellos. Tomaré su lugar. Llevaré sus pecados. La pena de muerte de ellos caerá sobre mí. "Yo soy el buen pastor; el buen pastor su vida da por las ovejas."
Juan 10:11

3. Recurso Cumplido:
>
> Cristo, el sacrificio perfecto, murió en la cruz por la humanidad. Toda la culpa de los pecados de la humanidad fue cargada sobre El.
> "Quien llevó El mismo nuestros pecados en su cuerpo sobre el madero, para que nosotros, estando muertos a los pecados, vivamos a la justicia; y por cuya herida fuisteis sanados.
>
> 1 Pedro 2:24

4. Recurso Satisfactorio:
>
> Cristo cumplió los requisitos requeridos por el Juez Justo, para conseguir el perdón de sus pecados para la humanidad.
> "...Cuando haya puesto su vida en expiación por el pecado...verá Dios el fruto de la aflicción de su alma, y quedará satisfecho.
>
> Isaías 53:10b y 11a

III. La Conclusión:

A. La Aplicación:

1. Recurso Aplicado:
>
> Cristo mismo era el sacrificio que satisfizo las demandas de Dios, el Juez Justo. Para aplicar este perdón a sus vidas cada individuo tiene que recibirle como su propio Sustituto y Salvador. Al recibirle Dios declara." Tu deuda ha si do pagada. Tus pecados han sido perdonados. Tú estás libre de la pena de muerte.
> Tu destino es los cielos. Bienvenido."

2. Recurso Rechazado:
>
> Si cualquier individuo rechaza a Cristo como Sustituto y Salvador, esta persona sufrirá el castigo eterno en el infierno para la eternidad.
> "El que en El cree, no es condenado; pero EL QUE NO CREE, YA HA SIDO CONDENADO, PORQUE NO HA CREIDO EN EL NOMBRE DEL UNIGENITO HIJO DE DIOS."
>
> Juan 3:18

Así, amigas mías, Dios ha decretado que todo el mundo es culpable delante de El. Esto incluye a ti y a mí. Y que todos tienen que pagar con su vida por los pecados que han cometido. Pero, gracias a Dios, El aceptó al Sustituto, su Hijo Jesucristo, para morir en nuestro lugar. Jesús murió en la cruz en nuestro lugar para quitar de nosotros los pecados y resucitó para darnos vida eterna. Pero no es suficiente saber estas verdades. Tenemos que hacer algo -- hacer lo que la Biblia dice que tenemos que hacer. Y eso es, recibir a Cristo como nuestro propio Sustituto y Salvador. El es el único que puede librarnos de la condenación que se cierne sobre cada persona que ha nacido en este mundo.

> Mas a todos los que le recibieron, a los que creen en su nombre, les dió potestad de ser hechos hijos de Dios.
> Juan 1:12

> El que en El cree, no es condenado; pero él que no cree, ya ha sido condenado, porque no ha creído en el nombre del unigénito Hijo de Dios.
> Juan 3:18

> De cierto, de cierto os digo: El que oye mi palabra, y cree al que me envió, tiene vida eterna; y no vendrá a condenación, mas ha pasado de muerte a vida.
> Juan 5:24

Si tú quieres recibir a Cristo como tu Salvador y ser libre de la condenación de Dios, hazlo en este momento. Si todavía no comprendes, quédate después de la reunión y te ayudaremos.

PARTE D
SECTAS FALSAS

Antes de terminar, quisiera hablarte de otra área que la mujer creyente enfrenta. Si tú eres líder, eres líder porque tienes seguidores. Por eso tú eres el blanco del diablo. Si él puede hacerte caer en error, tus seguidores te van a seguir. De día en día hay un aumento formidable de sectas falsas. Esto estaba profetizado.

> Pero hubo también falsos profetas entre el pueblo, *como habrá entre vosotros falsos maestros*, que introducirán encubiertamente herejías destructoras, y aún negarán al Señor que los rescató, atrayendo sobre sí mismos destrucción repentina. *Y muchos seguirán sus disoluciones*, por causa de los cuales el camino de la verdad será blasfemado.
> 2 Pedro 2:1,2

Ellos "introducirán encubiertamente" sus herejías. Nunca llegarán a tu puerta diciendo, "Somos herejes. Hemos venido a destruir tu fe en la Biblia." Pero Cristo dice de ellos:

> Dejadlos; son ciegos guías de ciegos; y si el ciego guiare al ciego, ambos caerán en el hoyo.
> Mateo 15:14

> Porque estos son falsos apóstoles, obreros fraudulentos que *se disfrazan como apóstoles de Cristo*. Y no es maravilla, porque el mismo *Satanás se disfraza como ángel de luz*. Así que no es extraño que *también sus ministros se disfracen como ministros de justicia*; cuyo fin será conforme a sus obras."
> 2 Corintios 11:13-15

Llegarán a tu hogar con una Biblia bajo su brazo. Con una sonrisa te van a hablar de ayudarte a estudiar la Biblia. Buscan una entrada en tu hogar para que tú puedas escuchar sus discos o estudiar sus lecciones. Van a utilizar el nombre de Cristo, pero solamente como cebo. No te olvides de que el mismo diablo citó las Escrituras cuando tentó a Jesús, Mateo 4:6. Satanás es un "estudiante" de la Palabra de Dios. Su tentación a Eva era, "Serán abiertos vuestros ojos, y seréis como Dios", Génesis 3:5. Felizmente, "no ignoramos sus maquinaciones", 2 Corintios 2:11. Satanás no ha cambiado.

Primero, ¿Cómo puedes descubrir si una enseñanza es verdadera o no? No tienes que estudiar a fondo cada error. En el banco, no estudian cada moneda o billete falso; estudian el verdadero. Cualquier billete que sea diferente es falso. Entonces hay que procurar siempre aprender más y más de la verdad de la Palabra de Dios.

Hay tres áreas que el diablo atacará con sus enseñanzas:

1) La Palabra de Dios:

La Biblia es inspirada de Dios y tiene todo lo que necesitas para tu vida espiritual.

> *Toda la Escritura es inspirada por Dios*, y útil para enseñar, para redargüir, para corregir, para instruir en justicia, *a fin de que el hombre de Dios sea perfecto (maduro) enteramente (no falta nada) preparado para toda buena obra.*
> 2 Timoteo 3:16-17

Con la Biblia ya no nos falta nada. Ya que es la Palabra de Dios, por tanto es la verdad. No es mentira. No tiene errores ni contradicciones. (A veces por falta de buen conocimiento de la Biblia parece que hubiera errores o contradicciones, pero con más estudio, los problemas desaparecen). Si Satanás puede destruir tu confianza en la Palabra de Dios, ha hecho mucho. Sin la infalible voz de Dios, la cual es la Biblia, el hombre puede creer cualquier cosa.

Un ejemplo son los Mormones con los libros de José Smith. Para ellos, lo que José Smith escribió hace un siglo tiene la misma autoridad que la Biblia. Para ellos estos libros de José Smith son la Palabra de Dios, y buscan la autoridad para sus enseñanzas principalmente en ellos. Sin estos libros el Mormón no puede encontrar apoyo en la Biblia para muchas de sus enseñanzas.

2) La Persona de Dios (La Trinidad):

El diablo quiere decir que no hay Dios, pero Dios dice que es el necio quien dice tal cosa.

> Dice el necio en su corazón: No hay Dios.
>
> Salmo 14:1

¿Cómo puede una persona mirar toda la creación y decir que existe por casualidad nada más? No importa dondequiera se encuentren -- en la universidad o en el púlpito, Dios dice que los tales son necios.

Pero si tú rechazas negar que hay Dios, el diablo tiene otras tácticas. Atacará la persona de Dios el Padre, de Dios el Hijo, de Dios el Espíritu Santo o a la Trinidad misma. Por ejemplo, *los TESTIGOS DE JEHOVA niegan la personalidad del Espíritu Santo.* Para ellos no existe. Es una influencia no más. No es difícil probar que el Espíritu Santo es Dios y que existe. Una comparación de los versículos en Hechos 5:3 y 5 nos muestra que Pedro dijo a Ananías, ¿"Por qué llenó Satanás tu corazón para que *mintieses al Espíritu Santo...?* No has mentido a los hombres sino a Dios". Uno no puede mentir a una influencia.

También ellos dicen que Cristo NO es el eterno Hijo de Dios; que antes de su llegada al mundo, era Miguel, el arcángel. ¿Cómo podemos refutar tal herejía? Para mostrar la superioridad de Cristo sobre los ángeles Hebreos 1:4 nos dice que Jesús fue "hecho tanto superior a los ángeles". Sigue con la pregunta en versículo 13:

Pues, ¿a cuál de los ángeles dijo Dios jamás: Siéntate a mi diestra, hasta que ponga a tus enemigos por estrado de tus pies?

La respuesta es clara. No lo dijo a ningún ángel sino a su hijo Jesucristo. El Hijo es eterno. No tenemos que usar Juan 1:1-3. Estos versículos los Testigos de Jehová tuercen. Miqueas 5:2 dice:

> Pero tú, Belén Efrata, pequeño para estar entre las familias de Judá, de ti *me saldrá él que será Señor* en Israel; *y sus salidas son desde el principio, desde los días se la eternidad.*

Para los Testigos de Jehová, hay solamente una Persona -- Dios el Padre. Nos acusan de creer en tres Dioses por creer en el Hijo de Dios y en el Espíritu Santo. Es cierto que no podemos explicar la Trinidad. Dios nunca nos ha dicho que tenemos que comprenderla sino solo creerla. Y podemos creerla porque Dios dijo así en su Palabra y Dios no puede mentir. Dios es uno.

> Oye, Israel: Jehová nuestro Dios. Jehová uno es.
>
> Deuteronomio 6:4

Cristo se llama Dios.

> Pero *sabemos que el Hijo de Dios ha venido*, y nos ha dado entendimiento para conocer al que es verdadero; y estamos en el verdadero, en su Hijo Jesucristo. *Este es el verdadero Dios, y la vida eterna.*
>
> 1 Juan 5:20

Ya hemos probado la deidad del Espíritu Santo.

No obstante han llegado en estos años otros que dicen que son seguidores del profeta de Dios para estos postreros días, **GUILLERMO BRANHAM. SU CREENCIA ES QUE NO HAY DIOS EL PADRE, TAMPOCO DIOS EL ESPIRITU. ES SOLO JESUS.** Hablan del Padre y del Espíritu Santo, pero dicen que estos son solo manifestaciones del único Dios quien es Jesucristo. Es decir que a veces Cristo actúa como el Padre y otras veces como el Espíritu. Pero Cristo es el único. Es muy interesante que en el bautismo de Cristo, Mateo 3:13-17, tenemos las tres personas de la Trinidad presentes -- el Hijo siendo bautizado, el Espíritu en forma de paloma sobre El, y el testimonio del Padre, la voz de los cielos que decía: "Este es mi Hijo amado, en quien tengo complacencia". Dios no quería engañarnos haciéndonos creer que eran personas distintas si no son. Dios no es engañador.

3) La Obra de Dios en la Redención:

Esta es la tercera área atacada por Satanás. La salvación, el punto más importante para el hombre perdido. En un sentido, este punto depende de los primeros -- la autoridad infalible de la Palabra de Dios que muestra que no hay salvación fuera de Cristo.

> Jesús le dijo: Yo soy el camino, la verdad, y la vida; **nadie viene al Padre, sino por mí.**
> Juan 14:6

> **Y en ningún otro hay salvación**; porque no hay otro nombre bajo el cielo dado a los hombres, en que podamos ser salvos.
> Hechos 4:12

Solamente Dios en las tres personas de la Trinidad podía proveer una salvación perfecta para el hombre perdido.

1) Dios el Padre nos amó de tal manera que envió a su Hijo.

2) Dios El Hijo siendo obediente al Padre, vino se identificó con el hombre, naciendo de la virgen, vivió sin pecado para reemplazarnos a nosotros. El llevó nuestra condenación. Cristo murió por nuestros pecados y resucitó de los muertos para darnos a nosotros la vida eterna.

3) Es Dios el Espíritu que hace efectiva en nuestra vida la obra terminada de Cristo -- primero para convencernos de "pecado, de justicia, y de juicio", Juan 16:7-11. Para mostrarnos nuestra necesidad de la salvación. Entonces cuando ponemos nuestra fe en Cristo, es el Espíritu:

a) quien nos hace renacer en la familia de Dios el Padre, Juan 3:3-5,

b) quien nos bautiza (pone) en el cuerpo de Cristo, 1 Corintios 12:13,

c) quien nos sella en este cuerpo guardándonos eternamente salvos, Efesios 4:30,

d) y quien quiere llenarnos para producir en nosotros el fruto del Espíritu ahora, Efesios 5:18, Gálatas 5:22,23.

Por eso el diablo se opone a Dios en estas tres áreas. Miremos por un momento cómo lo hace por medio de estas sectas.

Los Sabatistas (o Adventistas) requieren que guardemos el sábado si queremos ser salvos. ¿Cómo pueden contradecir al Dios Soberano que dice que *la ley fue anulada en la cruz,* Colosenses 2:14. Hay otra referencia muy buena, 2 Corintios 3:6-18. Hay que subrayar las palabras:

Vs. 7: "*La cual había de perecer*", (la gloria de la ley) que Pablo dice en el mismo versículo que era "*el ministerio de muerte grabado con letras en piedra*" (los diez mandamientos);

Vs. 9 "*ministerio de condenación*", *(la ley)*,

Vs. 10 "*la gloria más eminente*" (la gracia que reemplaza la ley);

Vs. 11 "*Lo que perece*" en comparación a "*lo que permanece*".

Vs. 13 "*En el fin de aquello que había de ser abolido*".

No puede haber palabra más fuerte que ésta. Por eso,

> Por gracia sois salvos por medio de la fe; y esto no es de vosotros, pues es dón de Dios; **NO POR OBRAS** *(guardando la ley o cualquier otra obra),* para que nadie se glorie.
> Efesios 2:8-9

El guardar el sábado, o el bautizarse, o hacer buenas obras -- todo es de parte del hombre. No hay otra religión en todo el mundo que ofrezca la salvación solamente por la gracia. Siempre es por mérito de una manera u otra.

Para los Testigos de Jehová no hay una salvación como la que conocemos. Para ellos es: solamente escapar de la tribulación que caerá sobre el mundo. Solamente "los 144,000" son los realmente salvos. La referencia a éste número es Apocalipsis 7:1-8 que se refiere a los israelitas sellados durante la tribulación. No tiene nada que ver con nosotros.

Para los Mormones ni hay acuerdo entre ellos mismos de la salvación, de la manera de ser salvos, etc. Lo único que pueden decir es que hay tres cielos:

a) el más alto es *el "celestial"* donde solamente los más fieles de los Mormones irán.

b) El *"telestial"*, el lugar intermedio donde los Mormones que no han sido tal fieles, que no han participado en el "matrimonio celestial", vivirán.

c) El *"terrestrial"*, el más bajo donde vivirán todos los que no son Mormones, sean quienes sean.

Por supuesto no encuentran ningún apoyo para estas ideas en la Biblia.

Aun *los Sabatistas no creen en el infierno eterno para los perdidos*. Para ellos los perdidos serán aniquilados, dejarán de existir. La Biblia muesta claramente que: "el lago del fuego" no quiere decir aniquilación. "La Bestia" (el anticristo) y el "falso profeta" son hombres que aparecerán durante el tiempo de la tribulación. Cuando Cristo vuelva al mundo con nosotros para establecer su reino, leemos:

Estos dos fueron lanzados vivos dentro de un lago de fuego que arde con azufre, Apocalipsis 19:20.

En el siguiente capítulo, Apocalipsis 20:10, leemos que después de mil años:

> El diablo que los engañaba fue lanzado en el lago de fuego y azufre donde *estaban* la bestia y el falso profeta; y serán atormentados día y noche por los siglos de los siglos.

Después de mil años estos hombres seguirán en el mismo lago de fuego y seguirán día y noche eternamente.

Entonces puedes ver que cada grupo, cada secta falsa tiene diferente énfasis. Si no te engaña por una, Satanás procura hacerlo por otra. Aún *los de Solo Jesús* predican claramente el evangelio (cuando lo hacen). El peligro es que entran en iglesias ya establecidas para sembrar sus otras doctrinas y dividen a los creyentes. La división no viene del Espíritu Santo. En realidad Pablo nos amonesta a ser **"solícitos en guardar la unidad del Espíritu en el vínculo de la paz"**, Efesios 4:3. *Cualquier esfuerzo que procura dividir a los del cuerpo de Cristo no son guiados por el Espíritu.* Es otra evidencia que debes cuidar como indicación de sectas falsas. *Los seguidores de Branham dividen a los creyentes* por predicar que el bautismo tiene que ser solamente en el nombre de Jesús. Cualquier otro no es válido. Por supuesto tienen que negar Mateo 28:19 y decir que es un pasaje falso, fradulento que fue añadido a las Escrituras por otros. Tienen que hacer eso porque Mateo 28:19 es un buen argumento, un argumento fuerte para probar la Trinidad, la cual niegan los de Branham. Es interesante que esta es una porción que ninguno de los críticos de la Biblia rechaza. Entonces vemos la mano satánica otra vez tratando de destruir la validez de la Palabra de Dios.

Es imposible hablar en detalle sobre todos los grupos. Entonces creo que es mejor darte las herramientas para averiguar si una enseñanza, sea la que sea, es verdadera o es falsa.

Si es falsa, ¿Cuál debe ser tu actitud? Pablo nos dice, que "Los malos hombres y engañadores irán de mal en peor, engañando y siendo engañados", 2 Timoteo 3:13. Así hay los que son engañados y hay otros que engañan. Si tienes la oportunidad de ayudar a una persona engañada, hay que hacerlo. Pero es mucho mejor dar tu testimonio de lo que Cristo ha hecho para ti en lugar de discutir con ellos. La realidad de una vida transformada por Cristo es una realidad que ellos no pueden negar.

No trates de contestar a todas sus preguntas. Ellos no quieren saber la verdad usualmente, y por eso emplean la práctica que Satanás usó en el huerto de Edén -- hacer preguntas para meter la duda. Tú, pues, puedes hacer preguntas tal como:

a) ¿Cree Ud. que la Biblia es nuestra única autoridad infalible para ser nuestra guía de vida y práctica? Si dice que sí, entonces puedes usar la espada del Espíritu, la Palabra de Dios para mostrarles su error. Si dicen que no lo es, debes decirle que no tienes tiempo para entrar en discusiones inútiles.

b) ¿Cómo puedo ser salvo de mis pecados? O ¿Qué tengo que hacer para ser salvo? O ¿Cómo puedo saber sin duda en esta vida que ya soy salva? 1 Juan 5:12,13 es la respuesta:

> El que tiene al Hijo, tiene la vida; el que no tiene al Hijo de Dios no tiene la vida. *Estas cosas os he escrito a vosotros que creéis en el nombre del Hijo de Dios, para que sepáis que tenéis vida eterna.*

Tales preguntas te pueden revelar mucho en un minuto. No te desvíes porque él o ellos saltarán de una cosa a otra como una pulga en un sartén caliente.

> Al hombre que causa divisiones, después de una y otra amonestación, deséchalo.
>
> Tito 3:10

Es claro en el griego, el idioma original del Nuevo Testamento, que tales divisiones son causadas por falsa doctrina.

> Si alguno viene a vosotros, y no trae esta doctrina, no lo recibáis en casa, ni le digáis: ¡Bienvenido! Porque el que le dice: ¡Bienvenido! participa en sus malas obras.
>
> 2 Juan 1:10-11

La actitud de Dios no deja lugar para ningún compromiso.

> Mas si aún nosotros (dice Pablo), o un ángel del cielo, os anunciare otro evangelio diferente del que os hemos anunciado, *sea anatema*. Como antes hemos dicho, también ahora lo repito: si alguno os predica diferente evangelio del que habéis recibido sea anatema.
>
> Gálatas 1:8,9

Es interesante que **Guillermo Branham** declaró que siempre cuando predicaba, un ángel (seguramente un ángel caído -- o demonio) estaba a su lado diciéndole lo que debía decir. También **las revelaciones a José Smith** eran por medio de un ángel (también es seguro que era un ángel caído -- o un demonio). No debemos olvidar que el diablo tiene sus propios ángeles. Y tú sabes ya que son, y quienes son.

Si no recibes a tal persona en tu casa, tampoco hay que cerrar de golpe la puerta en la cara de él. Hay que mostrar siempre el amor de Cristo. En realidad *a los Testigos de Jehová* les gusta ser perseguidos, contando tal hecho como una bendición porque han ganado más mérito.

Si quieres estudiar a fondo acerca de algunas de estas sectas, puedes conseguir libros sobre estos temas en las librerías evangélicas.

Así, hermana, mi anhelo para contigo es que por medio de estas palabras haya podido alentarte, animarte, fortalecerte en tu vida espiritual para que tú puedas ser una líder en tu hogar, en tu iglesia, en tu comunidad, mostrando a todos un verdadero testimonio de la gracia y poder de Dios en tu vida. Que seas una influencia magnífica de nuestro bendito Señor y Salvador Jesucristo.

Que Dios "te bendiga, y te guarde. Jehová haga resplandecer su rostro sobre ti, y tenga de ti misericordia. Jehová alce sobre ti su rostro, y ponga en ti paz."

PREGUNTAS

1. ¿Cuál es el motivo del diablo al tenerte a ti como blanco si tú eres líder?

2. ¿Qué dice la Biblia acerca de las falsas enseñanzas en los postreros días?

3. ¿Por qué será difícil reconocerles?

4. ¿Qué usó Satanás para tentar a Cristo?

5. Para descubrir si una doctrina es falsa o no, ¿qué es necesario que hagamos?

6. Mayormente, ¿cuáles son las tres áreas de doctrina atacadas por Satanás?

   a._____
   b._____
   c._____

7. ¿Qué busca Satanás en cuanto a ti y la Biblia?

8. ¿Cuál es el error principal de los Mormones?

9. ¿Cuál es el problema de los Testigos de Jehová?

10. Prueba por la Biblia que el Espíritu Santo de veras es Dios y no una mera influencia.

11. ¿Qué enseñan los Testigos de Jehová acerca de Cristo?

12. ¿Cómo puedes probar que Jesús es divino?

13. ¿Cómo puedes probar que Jesús es eterno?

14. ¿Cuál es el error de los de "Solo Jesús"?

15. ¿Cómo podemos refutar este error de la pregunta N° 14.

16. Brevemente muestra la parte de cada persona de la Trinidad en nuestra salvación:

   a. El Padre Dios:

   b. El Hijo Dios:

   c. El Espíritu Santo Dios:

17. ¿Cuál es el error de los Adventistas (o Sabatistas) referente a la salvación?

18. En contraste a la salvación por la gracia, ¿qué podemos decir acerca de cualquier otra religión en el mundo?

19. ¿Cómo puedes probar que los hombres sufrirán eternamente en el lago de fuego y que no son aniquilados?

20. ¿Cuál es el mal resultado en las iglesias que permiten la predicación de las doctrinas de los "Solo Jesús"?

21. ¿Qué debemos usar como nuestra única autoridad infalible de fe?

22. ¿Debemos procurar poder contestar a todas las preguntas de tales personas?

23. ¿Cuál es una mejor manera de tratar con los de una secta falsa?

24. ¿Cómo podemos saber sin duda en esta vida que tenemos la vida eterna?

25. ¿Cuál debe ser nuestra actitud acerca de un hombre que causa divisiones?

26. ¿Cuál es la actitud de Dios en cuanto a falsos maestros?